# 税務・法務
# モバイルブック
# 2020

TOHOSHOBO

# 目次

## Ⅰ.税制改正



## Ⅱ.税務（税目別）

## Ⅲ.税務・会計（テーマ別）

## Ⅳ.法務

## V.資料

# Ⅰ.税制改正

## 1.令和2年度税制改正の概略

令和2年度税制改正は、人口減少と少子高齢化が進む中においても、経済発展と社会的課題の解決を両立するSociety5.0の実現に向けたイノベーションの促進など中長期的に成長していく基盤を構築することが必要との認識の下行われました。

第一に個人所得税制については、まずNISA制度について、少額からの積立・分散投資をさらに促進する方向で制度の見直しが行われます。また、全てのひとり親家庭の子供に対して公平な税制を実現する観点から、婚姻歴の有無による不公平、男性のひとり親と女性のひとり親の間の不公平が解消されます。さらに、少額の投資家にもエンジェル投資の裾野が広がってきていることからクラウドファンディングを通じたエンジェル投資の利便性を向上するため、エンジェル税制が見直されます。

第二に法人税制については、まず、イノベーションの強化のため、特定株式を取得した一定の法人についてその取得価額の25%相当額の所得控除が認められる措置が創設されます。また、連結納税制度について、税額計算が煩雑であり、税務調査後の修正・更正等に時間がかかり過ぎるため見直され、グループ通算制度となります。その際、開始・加入時の時価評価課税・欠損金の持込み等について組織再編税制と整合性が取れた制度とします。さらに、交際費等の損金不算入制度について、接待飲食費に係る損金算入の特例の対象法人から資本金の額が100億円を超える法人が除外されます。

第三に資産税制については、所有者不明土地等に係る固定資産税について、現に所有している者の申告が制度化されるとともに、使用者を所有者とみなす制度が拡大されます。また、取引価額が低額の土地については、取引コスト等が相対的に高いことがネックになり取引が進まない場合があるため、こうした土地のうち一定のものに係る譲渡所得を対象に100万円の特別控除が設けられます。さらに、相続税・贈与税における一定の届出書等について、添付書類が簡素化されます。

第四に消費税制では、法人税の確定申告書の提出期限の延長の特例の適用を受ける法人を対象に、消費税の確定申告書の提出期限について、1月延長が認められるようになります。

第五に国際税制では、子会社からの配当と子会社株式の譲渡を組み合わせた租税回避に対して一定の対応がされます。

最後に納税環境整備の面では、納税地の異動があった場合の振替納税手続が簡素化されます。また、国税関係帳簿書類の保存義務者が電子取引を行った場合の電磁的記録の保存方法の範囲が拡大されます。さらに、納税者による適切な情報開示を促す観点から国外財産調書制度及び更正・決定の除斥期間について見直しがされます。

## 2.令和2年度税制改正の内容

### (1) 所得税制

| 項目 | 内容 | 影響 |
|---|---|---|
| NISA | ①一般NISAの終了後、新NISAを創設し、積立NISAと選択制にする<br>②新NISAは、公募等株式投資信託を受け入れる特定累積投資勘定と上場株式等を受け入れる特定非課税管理勘定からなる<br>③設定期間は令和6～10年、特定累積投資勘定は新規投資額で毎年20万円、特定非課税管理勘定は毎年102万円が上限 | ⇩ |
| 国外中古建物の不動産所得 | 個人が、国外中古建物から生ずる不動産所得を有し、かつ、その年分の不動産所得の金額の計算上、国外不動産所得の損失の金額があるときは、その国外不動産所得の損失の金額のうち、国外中古建物の償却費に相当する部分の金額は、生じなかったものとみなす | ⇧ |
| 寡婦(寡夫)控除 | ①未婚のひとり親について、寡婦(寡夫)控除を適用する<br>②寡婦に寡夫と同じく所得制限を設ける<br>③事実婚であることが住民票から判断できる場合は控除の対象外とする<br>④子ありの寡夫の控除額を、子ありの寡婦と同額とする | ⇧⇩ |

### (2) 法人税制

| 項目 | 内容 | 影響 |
|---|---|---|
| イノベーション促進税制 | 対象法人が、特定株式を取得し、これをその取得した日を含む事業年度末まで有しているときは、その特定株式の取得価額の25%以下の金額を特別勘定の金額として経理することで、その事業年度の所得の金額を上限として、その経理した金額の合計額を損金算入できる | ⇩ |
| 連結納税制度からグループ通算制度への移行 | ①各法人それぞれを納税単位とする個別申告方式を採用する<br>②青色申告の承認を前提とした制度にする<br>③グループ内において損益通算を可能とする基本的な枠組みは維持する<br>④開始・加入時の時価評価課税・欠損金の持込み等について組織再編税制と整合性がとれた制度とする | ⇧⇩ |

## (3) 消費税制

| 項目 | 内容 | 影響 |
| --- | --- | --- |
| **申告期限の延長の特例** | 法人税の確定申告書の提出期限の延長の特例の適用を受ける法人が、消費税の確定申告書の提出期限を延長する旨の届出書を提出することで、その届出書を提出した日の属する事業年度以後の各事業年度の末日の属する課税期間に係る消費税の確定申告書の提出期限を１月延長する | — |
| **居住用賃貸建物の取得に係る消費税の仕入税額控除** | ①居住用賃貸建物の課税仕入れについては、仕入税額控除制度の適用を認めない、ただし、居住用賃貸建物のうち、住宅の貸付けの用に供しないことが明らかな部分については、仕入税額控除制度の対象とする<br>②①により仕入税額控除制度の適用を認めないこととされた居住用賃貸建物について、その仕入れの日から同日の属する課税期間の初日以後３年を経過する日の属する課税期間の末日までの間に住宅の貸付け以外の貸付けの用に供した場合又は譲渡した場合には、それまでの居住用賃貸建物の貸付け及び譲渡の対価の額を基礎として計算した額を、当該課税期間又は譲渡した日の属する課税期間の仕入控除税額に加算して調整する | ⇧ |

# Ⅱ.税務（税目別）

## 1.国税通則法

### 1 期間

① 期間

期間とは、ある時点からある時点までの継続した時の区分

② 期間の初日（起算日）

ア 原則：初日不算入

（例）その理由のやんだ日から2月以内

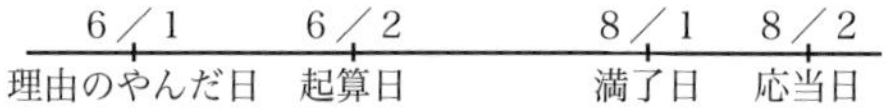


イ 例外：初日算入

期間が午前0時から始まるとき、または特に初日を算入する旨の定めがあるとき

（例）終了の日の翌日から2月以内

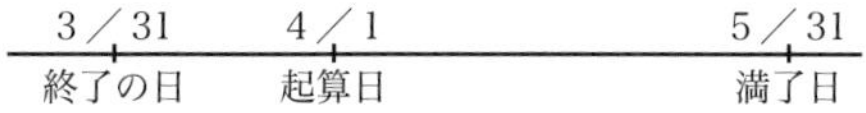


（例）開始以後6月を経過した日から2月以内

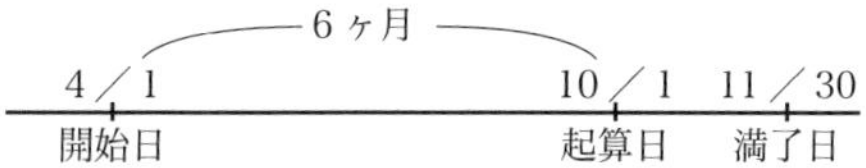


③ 暦による計算と満了点

ア 暦による計算

1月の場合…翌月の起算日の応当日の前日が期間の末日

1年の場合…翌年の起算日の応当日の前日が期間の末日

（例）損失を受けた日以後1年以内に納付すべき国税

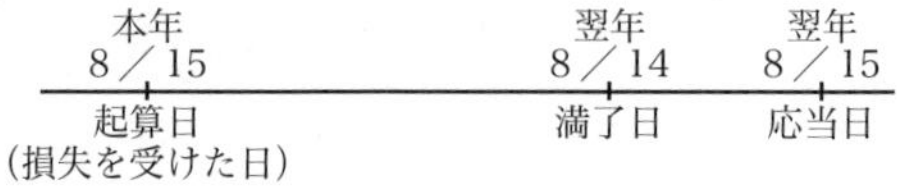


イ 満了点

ⅰ）月または年の始めから期間を起算するとき

最後の月または年の末日の終了時点が期間の満了点

（例）

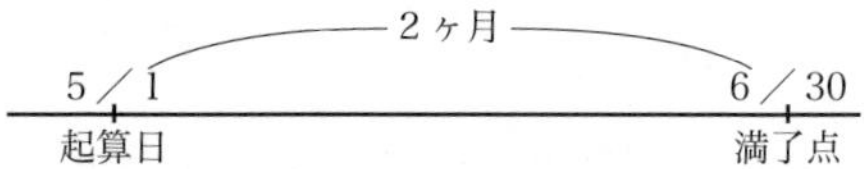


ⅱ）月または年の始めから期間を起算しないとき

最後の月または年において起算日の応当日の前日の終了時点が期間の満了点

（例）

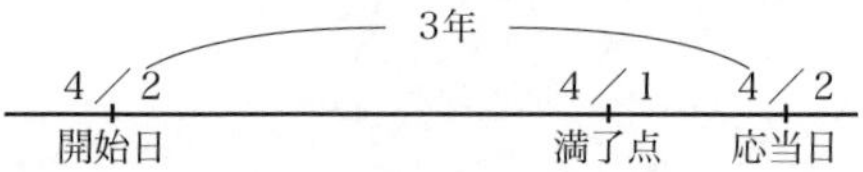

(例)

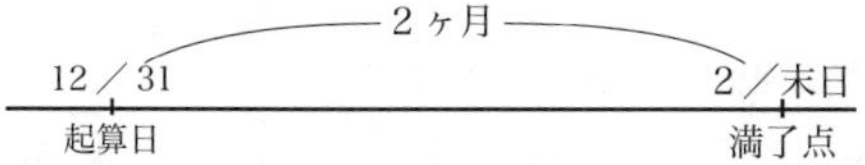


④　**前にさかのぼる期間の計算**

その前日を第1日として過去にさかのぼって期間を計算（丸1日として計算できる場合を除く）

(例) 公売日の少なくとも10日前までに

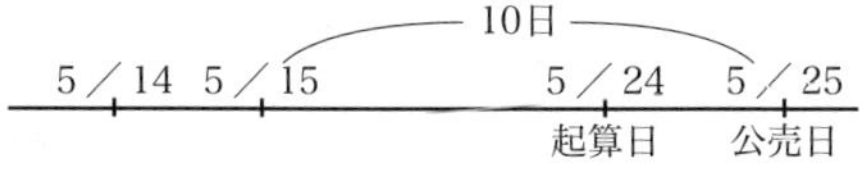


## 2 期間制限

### (1) 賦課権の除斥期間（申告納税方式による国税の場合）

| | | | |
|---|---|---|---|
| 起算日 | 法定申告期限の翌日（還付請求申告書に係る更正の場合は、当該申告書を提出した日の翌日）、ただしⅲについては更正の請求があった日の翌日 | | |
| 内容 | ⅰ）原則（更正又は決定） | | 5年 |
| | ⅱ）法人税に係る純損失の金額を増加若しくは減少させる更正、又は当該金額があるものとする更正 | | 9年 |
| | ⅲ）更正をすることができないこととなる日前6月以内にされた更正の請求に係る更正 | | 6月 |
| | ⅳ）偽りその他不正の行為により、税額の全部若しくは一部を免れ又は還付を受けた場合における更正決定等及び偽りその他不正の行為により、その課税期間において純損失等の金額が過大であるとして納税申告した場合（ⅱ、ⅲの適用がある法人税等の純損失等の金額に係る場合を除く） | | 7年 |
| | ⅴ）その他 | 贈与税に係る更正 | 6年 |
| | | 移転価格税制に基づく更正 | 7年 |

### (2) 徴収権の消滅時効

| | | |
|---|---|---|
| 起算日 | その国税の法定納期限の翌日（原則） | |
| 内容 | ⅰ）原則 | 5年 |
| | ⅱ）脱税の場合 | 7年 |

### (3) 還付請求権の消滅時効

| | | |
|---|---|---|
| 起算日 | 過誤納金の発生した日の翌日 | |
| | 還付金の還付請求ができる日 | |
| 内容 | | 5年 |

## 2.所得税

### (1) 所得税・住民税概算速算表（平成19年分以降）

| 課税所得金額 | 税率 | | | 控除額 |
|---|---|---|---|---|
| | 所得税 | 住民税 | 合算 | 合算 |
| 1,950千円以下 | 5% | 10% | 15% | 千円 |
| 1,950千円超　3,300千円以下 | 10 | 10 | 20 | 97.5 |
| 3,300千円超　6,950千円以下 | 20 | 10 | 30 | 427.5 |
| 6,950千円超　9,000千円以下 | 23 | 10 | 33 | 636 |
| 9,000千円超　18,000千円以下 | 33 | 10 | 43 | 1,536 |
| 18,000千円超　40,000千円以下 | 40 | 10 | 50 | 2,796 |
| 40,000千円超 | 45 | 10 | 55 | 4,796 |

※1　所得税と住民税の所得控除の差額及び均等割は考慮していません。
※2　課税山林所得については、5分5乗方式によって上記表を適用します。

### (2) 所得税の概算速算表（平成19年分以降）

| 課税所得金額 | 税率（%） | 控除額（千円） |
|---|---|---|
| 1,950千円以下 | 5 | — |
| 1,950千円超　3,300千円以下 | 10 | 97.5 |
| 3,300千円超　6,950千円以下 | 20 | 427.5 |
| 6,950千円超　9,000千円以下 | 23 | 636 |
| 9,000千円超　18,000千円以下 | 33 | 1,536 |
| 18,000千円超　40,000千円以下 | 40 | 2,796 |
| 40,000千円超 | 45 | 4,796 |

※　平成25年から令和19年までは復興特別所得税（＝基準所得税額×2.1%）あり

### (3) 住民税の概算速算表（平成19年度分以降）

| 課税所得金額 | 道府県民税 | 市町村民税 |
|---|---|---|
| 一律 | 4% | 6% |

### (4) 所得税・住民税の税負担額及び実質税率（平成19年度分以降） (単位：千円)

| 課税所得金額 | 所得税 | 住民税 | 所得税・住民税合計 | |
|---|---|---|---|---|
| | | | 税負担額 | 実質税率 |
| 2,000 | 103 | 200 | 303 | 15.2% |
| 4,000 | 373 | 400 | 773 | 19.4% |
| 6,000 | 773 | 600 | 1,373 | 22.9% |
| 8,000 | 1,204 | 800 | 2,004 | 25.1% |
| 10,000 | 1,764 | 1,000 | 2,764 | 27.7% |
| 12,000 | 2,424 | 1,200 | 3,624 | 30.2% |
| 14,000 | 3,084 | 1,400 | 4,484 | 32.1% |
| 16,000 | 3,744 | 1,600 | 5,344 | 33.4% |
| 18,000 | 4,404 | 1,800 | 6,204 | 34.5% |
| 20,000 | 5,204 | 2,000 | 7,204 | 36.1% |
| 22,000 | 6,004 | 2,200 | 8,204 | 37.3% |
| 24,000 | 6,804 | 2,400 | 9,204 | 38.4% |
| 26,000 | 7,604 | 2,600 | 10,204 | 39.3% |
| 28,000 | 8,404 | 2,800 | 11,204 | 40.1% |
| 30,000 | 9,204 | 3,000 | 12,204 | 40.7% |
| 35,000 | 11,204 | 3,500 | 14,704 | 42.1% |
| 40,000 | 13,204 | 4,000 | 17,204 | 43.1% |

### (5) 給与所得の計算

令和2年分以降

| 収入金額A | 給与所得金額 |
|---|---|
| 1,625千円以下 | A－550千円 |
| 1,625千円超　1,800千円以下 | A×60%＋100千円 |
| 1,800千円超　3,600千円以下 | A×70%－80千円 |
| 3,600千円超　6,600千円以下 | A×80%－440千円 |
| 6,600千円超　8,500千円以下 | A×90%－1,100千円 |
| 8,500千円超 | A－1,950千円 |

※　収入金額660万円未満の人は、242ページ以降の簡易給与所得表によります。

## (6) 退職金と税引後の概算手取額

(単位：千円)

| 勤続年数 / 退職金 | 10年 | 15年 | 20年 | 25年 | 30年 | 35年 |
|---|---|---|---|---|---|---|
| 10,000 | 9,498 | 9,698 | 9,850 | 10,000 | 10,000 | 10,000 |
| 20,000 | 17,996 | 18,326 | 18,628 | 19,153 | 19,598 | 19,888 |
| 30,000 | 25,946 | 26,376 | 26,806 | 27,559 | 28,161 | 28,703 |
| 40,000 | 33,796 | 34,226 | 34,656 | 35,409 | 36,161 | 36,914 |
| 50,000 | 41,296 | 41,796 | 42,296 | 43,171 | 44,011 | 44,764 |
| 100,000 | 78,396 | 78,946 | 79,496 | 80,458 | 81,421 | 82,383 |
| 200,000 | 150,896 | 151,446 | 151,996 | 152,958 | 153,921 | 154,883 |

※1　この表は税引後の概算手取額です（退職金−税額）。

※2　退職金に対する税金（所得税・住民税）（平成25年以後は、役員等としての勤続年数が5年以下の役員にかかわる退職金について1／2課税なし）
（収入金額−退職所得控除額）×1／2＝退職所得金額
退職所得金額×税率−控除額＝税額

※3　退職所得控除額の計算
勤続年数20年以下　40万円×勤続年数
勤続年数20年超　800万円＋70万円×（勤続年数−20年）

## (7) 公的年金控除額

### 令和2年分以降

X：公的年金等に係る雑所得以外の所得に係る合計所得金額

・X≦10,000千円

| | 公的年金等の収入金額A | | 控除額 |
|---|---|---|---|
| 受給者が65歳以上 | 330万円未満 | | 110万円 |
| | 330万円以上 | 410万円未満 | 27.5万円＋A×25% |
| | 410万円以上 | 770万円未満 | 68.5万円＋A×15% |
| | 770万円以上 | 1,000万円以下 | 145.5万円＋A×5% |
| | 1,000万円超 | | 195.5万円 |
| 受給者が65歳未満 | 130万円未満 | | 60万円 |
| | 130万円以上 | 410万円未満 | 27.5万円＋A×25% |
| | 410万円以上 | 770万円未満 | 68.5万円＋A×15% |
| | 770万円以上 | 1,000万円以下 | 145.5万円＋A×5% |
| | 1,000万円超 | | 195.5万円 |

・10,000千円＜X≦20,000千円

| | 公的年金等の収入金額A | | 控除額 |
|---|---|---|---|
| 受給者が65歳以上 | 330万円未満 | | 100万円 |
| | 330万円以上 | 410万円未満 | 17.5万円＋A×25% |
| | 410万円以上 | 770万円未満 | 58.5万円＋A×15% |
| | 770万円以上 | 1,000万円以下 | 135.5万円＋A×5% |
| | 1,000万円超 | | 185.5万円 |
| 受給者が65歳未満 | 130万円未満 | | 50万円 |
| | 130万円以上 | 410万円未満 | 17.5万円＋A×25% |
| | 410万円以上 | 770万円未満 | 58.5万円＋A×15% |
| | 770万円以上 | 1,000万円以下 | 135.5万円＋A×5% |
| | 1,000万円超 | | 185.5万円 |

・X＞20,000千円

| | 公的年金等の収入金額A | | 控除額 |
|---|---|---|---|
| 受給者が65歳以上 | 330万円未満 | | 90万円 |
| | 330万円以上 | 410万円未満 | 7.5万円＋A×25% |
| | 410万円以上 | 770万円未満 | 48.5万円＋A×15% |
| | 770万円以上 | 1,000万円以下 | 125.5万円＋A×5% |
| | 1,000万円超 | | 175.5万円 |
| 受給者が65歳未満 | 130万円未満 | | 40万円 |
| | 130万円以上 | 410万円未満 | 7.5万円＋A×25% |
| | 410万円以上 | 770万円未満 | 48.5万円＋A×15% |
| | 770万円以上 | 1,000万円以下 | 125.5万円＋A×5% |
| | 1,000万円超 | | 175.5万円 |

## (8) 所得控除比較表（抜粋）

| 項目 | | 所得税 | | 住民税 | |
|---|---|---|---|---|---|
| 医療費控除 | 原則 | 支払金額−10万円<br>又は総所得金額×5%の<br>いずれか少ないほう<br>（上限200万円） | | 所得税に同じ | |
| | 特例 | 支払金額−12,000円<br>（上限88,000円） | | 所得税に同じ | |
| 生命保険料控除 | 一般 | 20,000円以下 | 全額 | 12,000円以下 | 全額 |
| | | 20,000円超<br>40,000円以下 | 支払金額×1／2<br>＋10,000円 | 12,000円超<br>32,000円以下 | 支払金額×1／2<br>＋6,000円 |
| | | 40,000円超<br>80,000円以下 | 支払金額×1／4<br>＋20,000円 | 32,000円超<br>56,000円以下 | 支払金額×1／4<br>＋14,000円 |
| | | 80,000円超 | 40,000円 | 56,000円超 | 28,000円 |
| | 介護医療 | 同上 | | 同上 | |
| | 個人年金 | 同上 | | 同上 | |
| | 合算 | 12万円（上限） | | 7万円（上限） | |
| 地震保険料控除<br>(H19年分以降) | 地震 | 50,000円以下<br>50,000円超 | 全額<br>50,000円 | 50,000円以下<br>50,000円超 | 支払金額×1／2<br>25,000円 |
| | 長期 | 改正前に同じ | | 改正前に同じ | |
| | 合算 | 50,000円（上限） | | 25,000円（上限） | |
| 損害保険料控除<br>(H18年分まで) | 短期 | 2,000円以下 | 全額 | 1,000円以下 | 全額 |
| | | 2,000円超<br>4,000円以下 | 支払金額×1／2<br>＋1,000円 | 1,000円超<br>3,000円以下 | 支払金額×1／2<br>＋500円 |
| | | 4,000円超 | 3,000円 | 3,000円超 | 2,000円 |
| | 長期 | 10,000円以下 | 全額 | 5,000円以下 | 全額 |
| | | 10,000円超<br>20,000円以下 | 支払金額×1／2<br>＋5,000円 | 5,000円超<br>15,000円以下 | 支払金額×1／2<br>＋2,500円 |
| | | 20,000円超 | 15,000円 | 15,000円超 | 10,000円 |
| | 合算 | 15,000円（上限） | | 10,000円（上限） | |
| 寡婦控除<br>（注１） | 一般 | 27万円 | | 26万円 | |
| | 特別 | 35万円 | | 30万円 | |
| 寡夫控除<br>（注１） | | 27万円 | | 26万円 | |
| 障害者控除 | 一般 | 27万円 | | 26万円 | |
| | 特別 | 40万円（扶養親族又は控除対象配偶者が同居特別障害者の場合は75万円） | | 30万円（扶養親族又は控除対象配偶者が同居特別障害者の場合は53万円） | |

<table>
<tr><th colspan="4">項目</th><th colspan="2">所得税</th><th colspan="2">住民税</th></tr>
<tr><td rowspan="8">配偶者控除<br>(H30年分<br>以降)</td><td rowspan="4">一般</td><td rowspan="4">居住者の所得</td><td>900万円以下</td><td colspan="2">38万円</td><td colspan="2">33万円</td></tr>
<tr><td>950万円以下</td><td colspan="2">26万円</td><td colspan="2">22万円</td></tr>
<tr><td>1,000万円以下</td><td colspan="2">13万円</td><td colspan="2">11万円</td></tr>
<tr><td>1,000万円超</td><td colspan="2">−</td><td colspan="2">−</td></tr>
<tr><td rowspan="4">老人</td><td rowspan="4">居住者の所得</td><td>900万円以下</td><td colspan="2">48万円</td><td colspan="2">38万円</td></tr>
<tr><td>950万円以下</td><td colspan="2">32万円</td><td colspan="2">26万円</td></tr>
<tr><td>1,000万円以下</td><td colspan="2">16万円</td><td colspan="2">13万円</td></tr>
<tr><td>1,000万円超</td><td colspan="2">−</td><td colspan="2">−</td></tr>
<tr><td colspan="2" rowspan="10">配偶者特別控除<br>(H30年分以降)</td><td rowspan="10">居住者の所得</td><td rowspan="10">900万円以下</td><td>38万円超<br>85万円以下</td><td>38万円</td><td rowspan="2">38万円超<br>90万円以下</td><td rowspan="2">33万円</td></tr>
<tr><td>85万円超<br>90万円以下</td><td>36万円</td></tr>
<tr><td>90万円超<br>95万円以下</td><td>31万円</td><td>90万円超<br>95万円以下</td><td>31万円</td></tr>
<tr><td>95万円超<br>100万円以下</td><td>26万円</td><td>95万円超<br>100万円以下</td><td>26万円</td></tr>
<tr><td>100万円超<br>105万円以下</td><td>21万円</td><td>100万円超<br>105万円以下</td><td>21万円</td></tr>
<tr><td>105万円超<br>110万円以下</td><td>16万円</td><td>105万円超<br>110万円以下</td><td>16万円</td></tr>
<tr><td>110万円超<br>115万円以下</td><td>11万円</td><td>110万円超<br>115万円以下</td><td>11万円</td></tr>
<tr><td>115万円超<br>120万円以下</td><td>6万円</td><td>115万円超<br>120万円以下</td><td>6万円</td></tr>
<tr><td>120万円超<br>123万円以下</td><td>3万円</td><td>120万円超<br>123万円以下</td><td>3万円</td></tr>
<tr><td>123万円超</td><td>−</td><td>123万円超</td><td>−</td></tr>
</table>

| 項目 | | | 所得税 | | 住民税 | |
|---|---|---|---|---|---|---|
| 配偶者特別控除(H30年分以降) | 居住者の所得 | 950万円以下 | 38万円超<br>85万円以下 | 26万円 | 38万円超<br>90万円以下 | 22万円 |
| | | | 85万円超<br>90万円以下 | 24万円 | | |
| | | | 90万円超<br>95万円以下 | 21万円 | 90万円超<br>95万円以下 | 21万円 |
| | | | 95万円超<br>100万円以下 | 18万円 | 95万円超<br>100万円以下 | 18万円 |
| | | | 100万円超<br>105万円以下 | 14万円 | 100万円超<br>105万円以下 | 14万円 |
| | | | 105万円超<br>110万円以下 | 11万円 | 105万円超<br>110万円以下 | 11万円 |
| | | | 110万円超<br>115万円以下 | 8万円 | 110万円超<br>115万円以下 | 8万円 |
| | | | 115万円超<br>120万円以下 | 4万円 | 115万円超<br>120万円以下 | 4万円 |
| | | | 120万円超<br>123万円以下 | 2万円 | 120万円超<br>123万円以下 | 2万円 |
| | | | 123万円超 | – | 123万円超 | – |
| | | 1,000万円以下 | 38万円超<br>85万円以下 | 13万円 | 38万円超<br>95万円以下 | 11万円 |
| | | | 85万円超<br>90万円以下 | 12万円 | | |
| | | | 90万円超<br>95万円以下 | 11万円 | | |
| | | | 95万円超<br>100万円以下 | 9万円 | 95万円超<br>100万円以下 | 9万円 |
| | | | 100万円超<br>105万円以下 | 7万円 | 100万円超<br>105万円以下 | 7万円 |
| | | | 105万円超<br>110万円以下 | 6万円 | 105万円超<br>110万円以下 | 6万円 |
| | | | 110万円超<br>115万円以下 | 4万円 | 110万円超<br>115万円以下 | 4万円 |
| | | | 115万円超<br>120万円以下 | 2万円 | 115万円超<br>120万円以下 | 2万円 |
| | | | 120万円超<br>123万円以下 | 1万円 | 120万円超<br>123万円以下 | 1万円 |
| | | | 123万円超 | – | 123万円超 | – |

| 項目 | | 所得税 | 住民税 |
|---|---|---|---|
| 扶養控除 | 年少（16歳未満） | － | － |
| | 一般（16歳以上） | 38万円 | 33万円 |
| | 特定（19歳以上23歳未満） | 63万円 | 45万円 |
| | 老人（70歳以上） | 48万円 | 38万円 |
| | 同居老親 | 58万円 | 45万円 |
| 基礎控除（注２） | | 38万円 | 33万円 |

注１：令和2年以降（住民税は令和3年度以降）は下記を参照

注２：令和2年以降（住民税は令和3年度以降）は下記を参照

## 注１：寡婦控除・ひとり親控除

## 所得税（R２年分以後）,住民税（R３年度以後）

| 項目 | 所得税 | 住民税 |
|---|---|---|
| 寡婦控除 | 27万円 | 26万円 |
| ひとり親控除 | 35万円 | 30万円 |

## 注２：基礎控除

## 所得税（R2年分以後）、住民税（R3年度以後）

| 項目 | 所得税 | | 住民税 | |
|---|---|---|---|---|
| 基礎控除 | 2,400万円以下 | 48万円 | 2,400万円以下 | 43万円 |
| | 2,450万円以下 | 32万円 | 2,450万円以下 | 29万円 |
| | 2,500万円以下 | 16万円 | 2,500万円以下 | 15万円 |
| | 2,500万円超 | － | 2,500万円超 | － |

# 3.法人税

## (1) 法人税等税率表

### ① 資本金1億円以下の普通法人

令和元年10月1日以後開始事業年度

| 所得金額 | 法人税 | 事業税 | 特別法人事業税 | 住民税 | 地方法人税 | 総合税率 | 実効税率 |
|---|---|---|---|---|---|---|---|
| 年4,000千円以下 | 19.0% | 3.5% | 1.30% | 1.33% | 1.96% | 27.08% | 25.84% |
| 年4,000千円超<br>8,000千円以下 | 19.0% | 5.3% | 1.96% | 1.33% | 1.96% | 29.55% | 27.55% |
| 年8,000千円超 | 23.2% | 7.0% | 2.59% | 1.62% | 2.39% | 36.80% | 33.58% |

### ② 資本金1億円超の普通法人

令和元年10月1日以後開始事業年度

| 所得金額 | 法人税 | 事業税 | 特別法人事業税 | 住民税 | 地方法人税 | 総合税率 | 実効税率 |
|---|---|---|---|---|---|---|---|
| 年4,000千円以下 | 23.2% | 0.4% | 1.04% | 1.62% | 2.39% | 28.65% | 28.25% |
| 年4,000千円超<br>8,000千円以下 | 23.2% | 0.7% | 1.82% | 1.62% | 2.39% | 29.73% | 29.00% |
| 年8,000千円超 | 23.2% | 1.0% | 2.60% | 1.62% | 2.39% | 30.81% | 29.74% |

※1　各種税率は下記の通り算定

特別法人事業税は、①は事業税率×37%、②は事業税率×260%で算定

住民税は、①は法人税率×7.0%で算定（②も同様）

地方法人税は、①は法人税率×10.3%で算定（②も同様）

実効税率は、総合税率／（1＋事業税率＋特別法人事業税率）で算定

※2　特定同族会社の留保金課税は考慮していません。

（留保金額−留保控除額）×税率＝留保金にかかる税金

・留保金額は当期の所得金額のうち留保した金額から当期の法人税や住民税を差し引いた金額です。

・留保控除額は、下記のうち最も大きい金額です。

　① 期末資本金×25%−期首利益積立金

　② 当期の所得金額×40%

　③ 2,000万円（事業年度が12月未満の場合は月数按分）

・税率は留保金額から留保控除額を差し引いた後の金額（課税留保金額）に乗じますが、課税留保金額に応じ次のとおりです。

　年3,000万円以下の部分：10%

　年3,000万円を超え、1億円以下の部分：15%

　年1億円を超える部分：20%

　※資本金1億円以下の会社は特定同族会社から除外。

※3　地方税の制限税率及び均等割は考慮していません。

※4　資本金1億円以下の普通法人の平成24年4月1日から令和3年3月31日までの間に開始する各事業年度の所得金額のうち、年800万円以下の金額に対する法人税の軽減税率は、19%から15%に引き下げられます。

## (2) 外形標準課税

<table>
<tr><td>対象法人</td><td colspan="5">資本金1億円超の法人（公益法人等、医療法人、人格のない社団等を除く）</td></tr>
<tr><td rowspan="7">課税標準</td><td>所得割</td><td colspan="4">各事業年度の所得金額及び清算所得金額</td></tr>
<tr><td rowspan="5">付加価値割</td><td colspan="4">報酬給与額＋純支払利子＋純支払賃借料±単年度損益</td></tr>
<tr><td>報酬給与額</td><td colspan="3">報酬、給与、賃金、賞与及び退職給与ならびにこれらの性質を有するもので、原則として賃金の額に算入された金額の合計額（労働者派遣者の派遣契約料のうち当期に係るものの75%相当額（みなし派遣給与額）は報酬給与額に加算する、労働者派遣を行う法人についてはみなし派遣給与額を控除する）</td></tr>
<tr><td>純支払利子</td><td colspan="3">支払利子−受取利子</td></tr>
<tr><td>純支払賃借料</td><td colspan="3">支払賃借料−受取賃借料</td></tr>
<tr><td>単年度損益</td><td colspan="3">欠損金繰越控除前の金額で、この金額に欠損が生じた場合には収益配分額から控除（※1）</td></tr>
<tr><td>資本割</td><td colspan="4">資本等の金額（資本または出資金額＋資本積立金額）</td></tr>
<tr><td rowspan="7">税率</td><td rowspan="5">所得割</td><td></td><td>H27.4.1 〜</td><td>H28.4.1 〜</td><td>R1.10.1 〜</td></tr>
<tr><td>年400万円以下の所得金額</td><td>1.6%</td><td>0.3%</td><td>0.4%</td></tr>
<tr><td>年400万円超800万円以下の所得金額</td><td>2.3%</td><td>0.5%</td><td>0.7%</td></tr>
<tr><td>年800万円超の所得金額</td><td>3.1%</td><td>0.7%</td><td>1.0%</td></tr>
<tr><td>（地方法人特別税／特別法人事業税）</td><td>93.5%</td><td>414.2%</td><td>260.0%</td></tr>
<tr><td colspan="2">付加価値割</td><td>0.72%</td><td>1.2%</td><td>1.2%</td></tr>
<tr><td colspan="2">資本割</td><td>0.3%</td><td>0.5%</td><td>0.5%</td></tr>
<tr><td>徴収猶予</td><td colspan="5">赤字が3年以上継続する一定の法人や創業5年以内の一定の赤字法人につき最長6年間の猶予</td></tr>
<tr><td>適用期日</td><td colspan="5">平成16年4月1日以降開始事業年度から適用</td></tr>
</table>

※1　報酬給与額が収益配分額（報酬給与額＋純支払利子＋純支払賃借料）の70%を超える場合には、その超える額（雇用安定控除額）を収益配分額から控除します。

※2　一定の持株会社については、資本等の金額から、その資本等の金額に総資産のうちに占める子会社株式の帳簿価額の割合を乗じて得た金額を控除します。

※3　資本金等の額のうち、1,000億円を超える部分を次のとおり段階的に圧縮します。

| 資本金等の額 | | 算入率 |
|---|---|---|
| | 1,000億円以下の部分 | 100% |
| 1,000億円超の部分 | 5,000億円以下の部分 | 50% |
| 5,000億円超の部分 | 1兆円以下の部分 | 25% |
| 1兆円超の部分 | | 0% |

※4　無償減資等→ 資本金等の額から控除
　　無償増資等 →資本金等の額に加算
　　資本金等の額が（資本金+資本準備金）の額を下回る場合には（資本金+資本準備金）

### (3) 適正価格で取引されない場合の課税関係

#### ① 低額譲渡

| 売主 | 買主 | 譲渡価額 | 売主の課税 | 譲渡損の通算 | 買主の課税 | 取得価額等 |
|---|---|---|---|---|---|---|
| 個人 | 個人 | 時価の1／2以上時価未満 | 通常の譲渡所得課税「みなし譲渡」規定なし | ○ | 譲受価額と時価（※1）との差額についてみなし贈与課税 | 実際の譲受価額 |
| 個人 | 個人 | 時価の1／2未満 | | ×<br>（なかったものとみなす） | | 実際の譲受価額。但し、譲渡損の場合には、譲渡者の取得価額及び取得時期を引き継ぐ |
| 個人 | 法人 | 時価の1／2以上時価未満 | 通常の譲渡所得課税（※2） | ○ | 時価との差額は受贈益 | 時価 |
| 個人 | 法人 | 時価の1／2未満 | みなし譲渡課税（時価で譲渡したものとして課税） | ○ | | |
| 法人 | 個人（役員等） | 時価未満 | 買主が法人（売主）の役員の場合、時価との差額は役員賞与 | | 時価との差額は給与所得課税 | 時価 |
| 法人 | 個人（役員等以外） | | 買主が上記以外の場合、時価との差額は寄附金 | | 時価との差額は一時所得課税 | 時価 |
| 法人 | 法人 | 時価未満 | 時価との差額は寄附金 | | 時価との差額は受贈益 | 時価 |

※1　土地・建物の場合：時価は相続税評価額ではなく、「通常の取引価額」
　　土地・建物以外の場合：時価は「相続税評価額」

※2　所得税を不当に減少させる結果になると税務署長が認めた場合は時価に相当する金額で譲渡所得の計算が行われることがあります。

#### ② 高額譲渡

| 売主 | 買主 | 譲渡価額 | 売主の課税 | 買主の課税 |
|---|---|---|---|---|
| 個人 | 個人 | 時価以上 | 時価との差額について<br>贈与税課税 | －<br>（取得価額は時価） |
| 個人 | 法人 | 時価以上 | 時価との差額について<br>給与所得課税 | 売主が法人（買主）の役員の場合<br>時価との差額は役員賞与 |
| | | | 時価との差額について<br>一時所得課税 | 売主が上記以外の場合<br>時価との差額は寄附金 |

| 売主 | 買主 | 譲渡価額 | 売主の課税 | 買主の課税 |
|---|---|---|---|---|
| 法人 | 法人 | 時価以上 | 通常課税 | 時価との差額は寄附金 |
| 法人 | 個人 | 時価以上 | 通常課税 | －<br>（取得価額は時価） |

## (4) 社宅家賃の月額計算

### ① 豪華社宅の判定

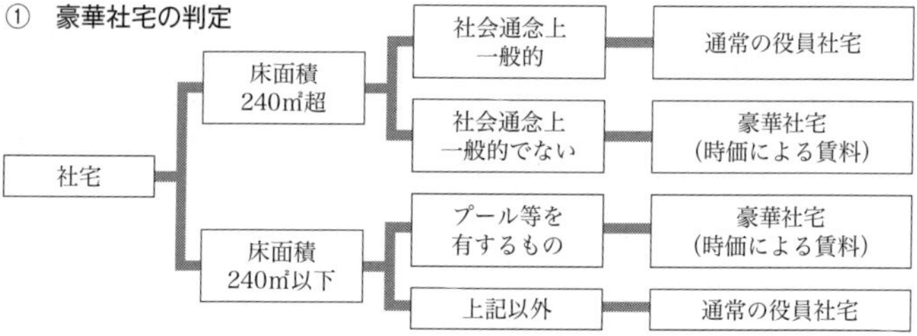


### ② 役員社宅の賃料の判定

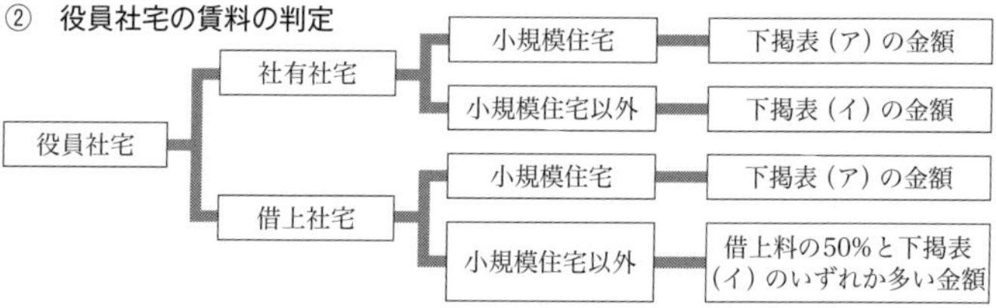


### ③ 従業員社宅の賃料の判定

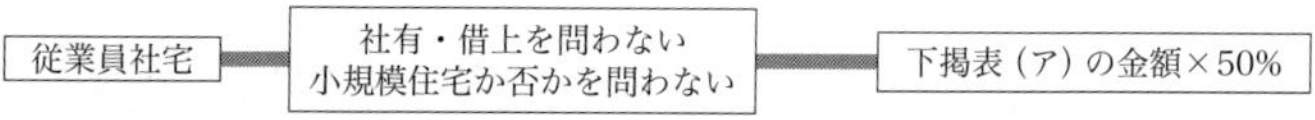


| | 家賃相当額 | 地代相当額 |
|---|---|---|
| （ア） | （その年度の家屋の固定資産税の課税標準額 $\times 0.2\% + \dfrac{12円 \times 床面積（㎡）}{3.3（㎡）}$ | $+$ その年度の敷地の固定資産税の課税標準額 $\times 0.22\%$） |
| （イ） | （その年度の家屋の固定資産税の課税標準額（木造以外は10%）$\times 12\% \times \dfrac{1}{12}$ | $+$ その年度の敷地の固定資産税の課税標準額 $\times 6\% \times \dfrac{1}{12}$） |

※1　「小規模住宅」とは家屋の床面積が132㎡（木造家屋以外の場合は99㎡）以下のものをいいます。

※2　役員社宅については、公的使用部分がある場合には30%減額等の特例があります。

※3　貸与を受けた役員あるいは従業員ごとに、それぞれ、そのすべてから徴収している家賃の額の合計額が上記の計算による家賃相当額の合計額（従業員の場合はその50%）以上のときはそのすべての役員、あるいは従業員について経済的利益（現物給与）はないものとします。ただし、豪華社宅については適用はありません。

## (5) 現物給与にならない福利厚生費の範囲

| 科目 | 現物給与にならない範囲 | 消費税の取扱い |
| --- | --- | --- |
| 忘年会・新年会費用 | 全員参加（部・事業所単位も可）が原則 | 課税仕入 |
| 社内同好会・クラブに対する補助金 | 同好会・クラブ活動の通常の運営費で支出明細書が作成されていること | 金銭補助の場合には原則として不課税 |
| 保養所の維持費 | 全員が公平に利用できるような仕組みになっていること | 課税仕入（保険料・税金等は非課税または不課税） |
| 社員慰安旅行 | ・通常行われる程度の範囲内（1人当たり10万円程度）であること（海外旅行は現地4泊5日まで）<br>・不参加者に対して金銭を支給しないこと | 課税仕入（海外旅行については、国内移動運賃を除き、不課税） |
| 金銭による慶弔費 | 慶弔規定、慣行に基づき支払われる通常の範囲内の金額であること | 不課税 |
| 物品による慶弔費 | 同上 | 課税仕入<br>（商品券等は非課税） |
| 創業記念品の支給 | 従業員に支給されるもので処分見込み可能価額が10,000円を超えないこと（金銭の場合は課税） | 課税仕入<br>（テレホンカード等は除く） |
| 永年勤続者の表彰 | ・記念品及び旅行招待については特別に高額でないこと（金銭・商品券の場合は賞与になる）<br>・対象者は勤続10年以上で、かつ5年以上の間隔があいていること | 課税仕入<br>（金銭・商品券は除く） |
| 食事代の補助 | 従業員が半額以上負担し、かつ会社の負担額が月額3,500円以下であること（残業・宿直食事代は通常の金額の範囲内であれば回数・金額に関係なく非課税） | 課税仕入<br>（金銭支給は不課税） |
| 制服代 | 職務の性質上着用が義務付けられていること | 課税仕入 |
| 資格取得費用 | 資格または免許の取得がその職務に直接必要なもの | 課税仕入 |
| 人間ドック費用 | 全員対象が原則（一定年齢以上としてもよい）で、検診費用が会社から直接支払われること | 課税仕入 |
| 住宅ローンの利子補給 | ・特別基準割合以上または会社の平均調達金利以上 | 非課税 |
| 社宅家賃 | (5) 参照 | 非課税 |

## (6) 設備投資税制

### ① 中小企業投資促進税制

ア　対象法人

i ) 特別償却

中小企業者（※1）又は農業協同組合等で、青色申告書を提出するもの（中小企業者等）

ii ) 税額控除

中小企業者等のうち、資本金（出資金）の額が3,000万円超の法人（農業協同組合等を除く）以外の法人（特定中小企業者等）

※1　中小企業者とは以下の法人をいいます。

①　資本金（出資金）が1億円以下の法人のうち、下記以外の法人

(1) 同一の大規模法人（※2）が発行済株式の総数の2分の1以上を所有している法人

(2) 2以上の大規模法人が発行済株式の総数の3分の2以上を所有している法人

②　資本（出資）を有しない法人のうち、常時使用する従業員数が1,000人以下の法人

※2　大規模法人とは以下の法人をいいます。

①　資本金（出資金）の額が1億円超の法人

②　大法人の100%子法人（①に該当するものを除く）

③　100%グループ内の複数の大法人に発行済株式の全部を保有されている法人（①に該当するものを除く）

④　資本（出資）を有しない法人のうち常時使用する従業員数が1,000人超の法人

イ　取得期間

指定期間（平成10年6月1日～令和3年3月31日）内に取得又は製作

ウ　事業供用

i ) 国内において下記の事業の用に供すること

製造業、建設業、卸売業、道路貨物運送業、倉庫業、ガス業、小売業、料理店業その他の飲食店業（料亭、バー、キャバレー、ナイトクラブその他これらに類する事業を除く）、一般旅客自動車運送業、旅行業、通信業、損害保険代理業、サービス業（物品賃貸業及び娯楽業（映画業を除く）を除く）など

ii ) 貸付は適用対象外（内航船舶貸渡業を営む法人を除く）

エ　対象設備

i ) 中古資産は、適用対象外

ii ) 機械装置

1台又は1基の取得価額が160万円以上

iii ) 工具

測定工具・検査工具（1台が120万円以上又は、1台が30万円以上で複

数台の合計が120万円以上）

iv）ソフトウエア

一の取得価額が70万円以上のもの、又は取得価額の合計額が70万円以上のもの

v）車両運搬具

大型貨物自動車（普通自動車で、貨物運送用に供されるもののうち車両総重量が3.5トン以上のもの）

vi）船舶

内航運送業及び内航船舶貸渡業の用に供される船舶

オ　特別償却

特別償却限度額＝基準取得価額×30%

基準取得価額＝取得価額（又は、取得価額×75%）（※3）

※3　内航運送業及び内航船舶貸渡業の用に供される船舶

カ　税額控除

税額控除限度額＝基準取得価額×7%（商業・サービス業等活性化税制、中小企業経営強化税制と合わせて法人税額×20%が限度）

基準取得価額は、特別償却と同様

② 中小企業経営強化税制

ア　対象法人

青色申告書を提出する中小企業者等（注）で中小企業等経営強化法の経営力向上計画の認定を受けたもの

注：中小企業者等

中小企業投資促進税制の中小企業者等のうち、中小企業等経営強化法の中小企業者等に該当すること

イ　取得期間

平成29年4月1日から令和3年3月31日までの間に取得等

ウ　事業供用

国内にあるその法人の指定事業（注）の用に供すること

注：指定事業

中小企業投資促進税制及び商業・サービス業等活性化税制のそれぞれの対象事業に該当する全ての事業

エ　対象設備

i）中古資産は、適用対象外

ii）生産等設備（指定事業の用に直接供される減価償却資産で構成されているもの）を構成するiii又はivに該当するもの（事務用器具備品、本店、寄宿舎当に係る建物附属設備、福利厚生施設に係るもの等は該当しない）

iii）生産性向上設備

A　要件

| | |
|---|---|
| ①販売開始時期 | それぞれ下記の年数以内に販売が開始されたものであること |
| ②生産性向上 | 旧モデル比で経営力向上に資するものの指標が年平均1％以上向上するものであること（注） |

B　対象資産

| 種類 | 用途・細目 | 販売開始時期 |
|---|---|---|
| 機械装置 | 主として売電を行うために取得する発電設備を除く | 10年以内 |
| 器具備品 | 電子計算機にあっては情報通信業のうち自己の電子計算機の情報処理機能の全部又は一部の提供を行う事業を行う法人が取得するものを除く（ivも同様）<br>医療機器にあっては医療保健業を行う事業者が取得するものを除く（ivも同様） | 6年以内 |
| 工具 | 測定工具及び検査工具 | 5年以内 |
| 建物附属設備 | 医療保健業を行う事業者が取得するものを除く（ivも同様） | 14年以内 |
| ソフトウエア | 設備の稼働状況等に係る情報収集機能及び分析・指示機能を有するもの | 5年以内 |

注：ソフトウェア及び旧モデルがないものは②の要件は不要

iv）収益力強化設備

A　要件

| | |
|---|---|
| 投資利益率 | 投資計画における投資利益率が5％以上であることにつき経済産業大臣の確認を受けること |

B　対象資産

機械装置、工具、器具備品、建物附属設備、ソフトウェア

・金額基準

| 種類 | 種類 |
|---|---|
| 機械装置 | 1台（基）の取得価額≧160万円 |
| 工具、器具備品 | それぞれ1台（基）の取得価額≧30万円 |
| 建物附属設備 | 一の取得価額≧60万円 |
| ソフトウェア | 一の取得価額≧70万円 |

オ　特別償却

特別償却限度額＝取得価額－普通償却限度額

カ　税額控除

税額控除限度額＝取得価額×7％（特定中小企業者等が取得した場合は10％）

（中小企業投資促進税制、商業・サービス業活性化税制と合わせて、法人税額の20％が限度）

## (7) 賃上げ・投資促進税制

ア　対象法人

　　青色申告法人

イ　適用年度

　　平成30年4月1日～令和3年3月31日に開始する各事業年度

ウ　適用要件

　a　中小企業者等以外

　　ⅰ）(継続雇用者給与等支給額－継続雇用者比較給与等支給額)／継続雇用者比較給与等支給額≧3％（注1）

　　ⅱ）国内設備投資額（注2）≧当期の減価償却費の総額（注3）×90％（令和2年4月1日以後開始事業年度から95％）

　　　注1：継続雇用者（当期及び前期の全期間の各月において給与等の支給がある雇用者で一定のもの）に対する給与等をもとに判定

　　　注2：法人が当期において取得等をした国内にある減価償却資産となる資産で当期末において有するものの取得価額の合計額

　　　注3：当期の償却費として損金経理した金額（前期の償却超過額等を除き、特別償却準備金として積み立てた金額を含む）

　　ⅲ）雇用者給与等支給額＞比較雇用者給与等支給額

　b　中小企業者等（aとの選択適用）

　　ⅰ）(継続雇用者給与等支給額－継続雇用者比較給与等支給額)／継続雇用者比較給与等支給額≧1.5％

　　ⅱ）雇用者給与等支給額＞比較雇用者給与等支給額

エ　税額控除限度額

　a　中小企業者等以外

　　ⅰ）原則：給与等支給増加額（＝雇用者給与等支給額－比較雇用者給与等支給額）×15％（法人税額×20％が限度）

　　ⅱ）特例：(教育訓練費（注1）－比較教育訓練費（注2))／比較教育訓練費≧20％を満たす場合

　　　給与等支給増加額×20％（法人税額×20％が限度）

　　　注1：国内雇用者の職務に必要な技術又は知識を習得させ、又は向上させるための費用で一定のもの

　　　注2：前期及び前々期の教育訓練費の額の年平均額

　b　中小企業者等（aとの選択適用）

　　ⅰ）原則：給与等支給増加額×15％（法人税額×20％が限度）

　　ⅱ）特例：次に掲げる要件を満たす場合

　　　給与等支給増加額×25％（法人税額×20％が限度）

　　　1）(継続雇用者給与等支給額－継続雇用者比較給与等支給額)／継続雇用者比較給与等支給額≧2.5％

2）次のいずれかの要件を満たすこと

ア　（教育訓練費－前期の教育訓練費）／前期の教育訓練費≧10%

イ　その事業年度終了の日までに中小企業等経営強化法の経営力向上計画の認定を受けたもので、経営力向上が確実に行われたものとして証明がされたこと

### (8) 資本的支出と修繕費の判定基準

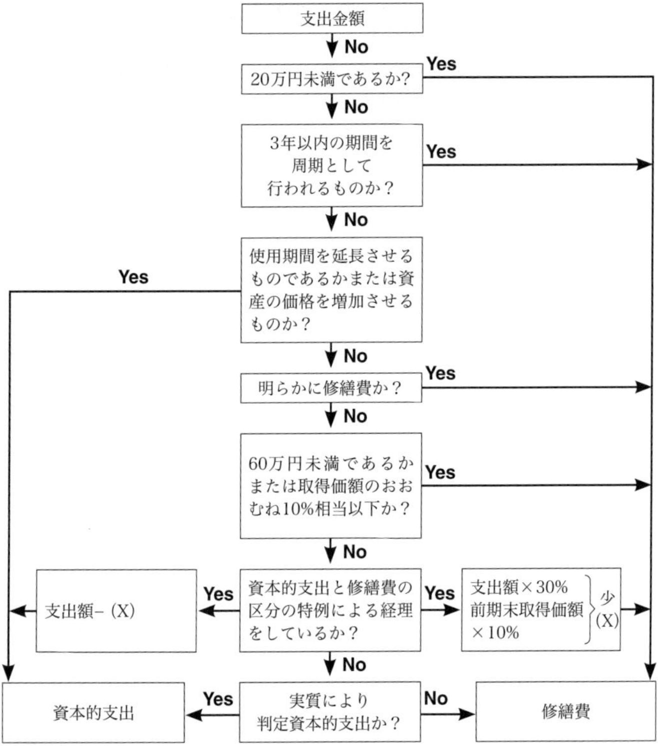
支出金額
No
20万円未満であるか?
Yes
No
3年以内の期間を
周期として
行われるものか?
Yes
No
使用期間を延長させるものであるかまたは資産の価格を増加させるものか?
Yes
No
明らかに修繕費か?
Yes
No
60万円未満であるかまたは取得価額のおおむね10%相当以下か?
Yes
No
資本的支出と修繕費の区分の特例による経理をしているか?
Yes
支出額－(X)
Yes
支出額×30%
前期末取得価額×10%
少
(X)
No
実質により
判定資本的支出か?
Yes
資本的支出
No
修繕費

## (9) 耐用年数表

| 種類 | 細目 | 構造別総合又は個別耐用年数（年） | | | | | | | |
|---|---|---|---|---|---|---|---|---|---|
| | | 鉄骨鉄筋コンクリート造又は鉄筋コンクリート造 | れんが造・石造・ブロック造 | 金属造 骨格材の肉厚4ミリ超 | 金属造 骨格材の肉厚3ミリ超4ミリ以下 | 金属造 骨格材の肉厚3ミリ以下 | 木造又は合成樹脂造 | 木骨モルタル造 | 簡易建物 |
| 建物 | 事務所又は美術館用のもの・下記以外のもの | 50 | 41 | 38 | 30 | 22 | 24 | 22 | |
| | 住宅、寄宿舎、宿泊所、学校又は体育館用のもの | 47 | 38 | 34 | 27 | 19 | 22 | 20 | |
| | 飲食店、貸席、劇場、演奏場、映画館又は舞踏場用のもの | – | 38 | 31 | 25 | 19 | 20 | 19 | |
| | 飲食店又は貸席用のもので、延べ面積のうちに占める木造内装部分の面積が3割を超えるもの | 34 | | | | | | | |
| | その他のもの | 41 | | | | | | | |
| | 旅館用又はホテル用のもの | – | 36 | 29 | 24 | 17 | 17 | 15 | |
| | 延べ面積のうちに占める木造内装部分の面積が3割を超えるもの | 31 | | | | | | | |
| | その他のもの | 39 | | | | | | | |
| | 店舗用のもの | 39 | 38 | 34 | 27 | 19 | 22 | 20 | |
| | 病院用のもの | 39 | 36 | 29 | 24 | 17 | 17 | 15 | |
| | 変電所、発電所、送受信所、停車場、車庫、格納庫、荷扱所、映画製作ステージ、屋内スケート場、魚市場又はと畜場用のもの | 38 | 34 | 31 | 25 | 19 | 17 | 15 | |
| | 公衆浴場用のもの | 31 | 30 | 27 | 19 | 15 | 12 | 11 | |
| | 工場（作業場を含む。）又は倉庫用のもの | | | | | | | | |
| | 塩素、塩酸、硫酸、硝酸、その他の著しい腐食性を有する液体又は気体の影響を直接全面的に受けるもの、冷蔵倉庫用のもの（倉庫事業の倉庫用のものを除く。）・放射性同位元素の放射線を直接受けるもの | 24 | 22 | 20 | 15 | 12 | 9 | 7 | |
| | 塩、チリ硝石その他著しい潮解性を有する固体を常時蔵置するためのもの及び著しい蒸気の影響を直接全面的に受けるもの | 31 | 28 | 25 | 19 | 14 | 11 | 10 | |
| | その他のもの | – | – | – | 24 | 17 | 15 | 14 | |
| | 倉庫事業用のもの | | | | | | | | |
| | 冷蔵庫用のもの | 21 | 20 | 19 | – | – | – | – | |
| | その他のもの | 31 | 30 | 26 | – | – | – | – | |
| | その他のもの | 38 | 34 | 31 | – | – | – | – | |
| | 木製主要柱が10cm角以下のもので、土居ぶき、杉皮ぶき、ルーフィングぶき又はトタンぶきのもの | | | | | | | | 10 |
| | 掘立造のもの及び仮設のもの | | | | | | | | 7 |

| 種類 | 構造・用途 | 細目 | 耐用年数（年） |
| --- | --- | --- | --- |
| 建物附属設備 | 電気設備 | 蓄電池電源設備<br>その他のもの | 6<br>15 |
| | 給排水、衛生、ガス設備 | | 15 |
| | 冷暖房　通風ボイラー | 冷暖房設備（冷凍機の出力22kW以下）<br>その他のもの | 13<br>15 |
| | 昇降機設備 | エレベーター<br>エスカレーター | 17<br>15 |
| | 消火、排煙、災害報知設備及び格納式避難設備 | | 8 |
| | 特殊ドアー設備 | エヤーカーテン又はドアー自動開閉設備 | 12 |
| | アーケード、日よけ | 主として金属製<br>その他のもの | 15<br>8 |
| | 店用簡易装備 | | 3 |
| | 可動間仕切り | 簡易なもの<br>その他のもの | 3<br>15 |
| | 前掲以外 | 主として金属製<br>その他のもの | 18<br>10 |
| 構築物 | 発電用 | 小水力発電用（農山漁村電気導入促進法による）<br>その他の水力発電用（貯水池、調整池、水路）<br>汽力発電用（岩壁、さん橋、堤防、防波堤、煙突、その他） | 30<br>57<br>41 |
| | 送電用 | 地中電線路<br>塔、柱、がい子、送電線、地線、添架電話線 | 25<br>36 |
| | 配電用 | 鉄塔、鉄柱<br>鉄筋コンクリート柱<br>木柱<br>配電線<br>引込線<br>添架電話線<br>地中電線路 | 50<br>42<br>15<br>30<br>20<br>30<br>25 |
| | 放送・無線通信用 | 鉄塔、鉄柱<br>　円筒空中線式<br>　その他のもの<br>鉄筋コンクリート柱<br>木塔・本柱<br>アンテナ、接地線及び放送用配線 | <br>30<br>40<br>42<br>10<br>10 |
| | 広告用 | 金属造のもの<br>その他のもの | 20<br>10 |
| | 競技場用・運動場用等 | スタンド<br>　鉄骨鉄筋コンクリート造、鉄筋コンクリート造<br>　主として鉄骨造のもの<br>　主として木造のもの | <br>45<br>30<br>10 |

| 種類 | 構造・用途 | 細目 | 耐用年数（年） |
|---|---|---|---|
| | | 競輪場用競争路 | |
| | | コンクリート敷のもの | 15 |
| | | その他のもの | 10 |
| | | ネット設備 | 15 |
| | | 野球場、陸上競技場等の排水施設等 | 30 |
| | | 水泳プール | 30 |
| | | 児童用すべり台等遊戯用 | 10 |
| | | その他の児童用のもの | 15 |
| | | その他のもの | |
| | | 主として木造のもの | 15 |
| | | その他のもの | 30 |
| | 農林業用のもの | 主としてコンクリート造、れんが造、石造又はブロック造のもの | |
| | | 果樹又はホップだな | 14 |
| | | その他のもの | 17 |
| | | 主として金属造のもの | 14 |
| | | 主として木造のもの | 5 |
| | | 土管を主としたもの | 10 |
| | | その他のもの | 8 |
| | 緑化施設及び庭園 | 工場緑化施設 | 7 |
| | | その他の緑化施設・庭園（工場緑化施設に含まれるものを除く。） | 20 |
| | 舗装道路・路面 | コンクリート、ブロック、れんが、石敷 | 15 |
| | | アスファルト、木れんが敷 | 10 |
| | | ビチューマルス敷 | 3 |
| | 鉄骨鉄筋コンクリート造、鉄筋コンクリート造 | 水道用ダム | 80 |
| | | トンネル | 75 |
| | | 橋 | 60 |
| | | 岸壁、さん橋、防壁、防波堤、塔、やぐら、上水道、水そう、用水用ダム | 50 |
| | | 乾ドック | 45 |
| | | サイロ | 35 |
| | | 下水道、煙突及び焼却炉 | 35 |
| | | 高架道路、飼育場、へい | 30 |
| | | 爆発物用防壁、防油堤 | 25 |
| | | 造船台 | 24 |
| | | 放射線を直接受けるもの | 15 |
| | | その他のもの | 60 |
| | コンクリート造・コンクリートブロック造 | やぐら及び用水池 | 40 |
| | | サイロ | 34 |
| | | 岩壁、さん橋、防壁、防波堤、トンネル、上水道、水そう | 30 |
| | | 下水道、飼育場、へい | 15 |
| | | 爆発物用防壁 | 13 |
| | | 引湯管 | 10 |
| | | 鉱業用廃石捨場 | 5 |

| 種類 | 構造・用途 | 細目 | 耐用年数（年） |
|---|---|---|---|
| | | その他のもの | 40 |
| | れんが造 | 防壁、堤防、防波堤、トンネル | 50 |
| | | 煙突、煙道、焼却炉、へい、爆発物用防壁 | |
| | | 腐食性を有する気体の影響を受けるもの | 7 |
| | | その他のもの | 25 |
| | | その他のもの | 40 |
| | 石造 | 岩壁、さん橋、防壁、防波堤、上水道、用水池 | 50 |
| | | 乾ドック | 45 |
| | | 下水道、へい、爆発物用防壁 | 35 |
| | | その他のもの | 50 |
| | 土造 | 防壁、防波堤、自動車道 | 40 |
| | | 上水道、用水池 | 30 |
| | | 下水道 | 15 |
| | | へい | 20 |
| | | 爆発物用防壁、防油堤 | 17 |
| | | その他のもの | 40 |
| | 金属造 | 橋（はね上げ橋を除く。） | 45 |
| | | はね上げ橋及び鋼矢 | 25 |
| | | 板岸壁 | |
| | | サイロ | 22 |
| | | 送配管 | |
| | | 鋳鉄製のもの | 30 |
| | | 鋼鉄製のもの | 15 |
| | | ガス貯そう | |
| | | 液化ガス用のもの | 10 |
| | | その他のもの | 20 |
| | | 薬品貯そう | |
| | | 塩酸等発煙性を有する無機酸用のもの | 8 |
| | | 有機酸用又は硫酸、硝酸その他前掲のもの以外の無機酸用のもの | 10 |
| | | アルカリ類用、塩水用、アルコール用その他のもの | 15 |
| | | 水そう・油そう | |
| | | 鋳鉄製のもの | 25 |
| | | 鋼鉄製のもの | 15 |
| | | 浮きドック | 20 |
| | | 飼育場 | 15 |
| | | つり橋、煙突、焼却炉、打込み、井戸、へい、街路灯、ガードレール | 10 |
| | | 露天式立体駐車設備 | 15 |
| | | その他のもの | 45 |
| | 合成樹脂造 | | 10 |
| | 木造 | 橋、塔、やぐら、ドック | 15 |
| | | 岸壁、さん橋、防壁、防波堤、トンネル、水そう、へい | 10 |
| | | 飼育場 | 7 |
| | | その他のもの | 15 |

| 種類 | 構造・用途 | 細目 | 耐用年数（年） |
|---|---|---|---|
| | 前掲区分以外 | 主として木造のもの | 15 |
| | | その他のもの | 50 |
| 車両及び運搬具 | 特殊自動車等 | 消防車、救急車、レントゲン車、散水車、放送宣伝車、移動無線車、チップ製造車 | 5 |
| | | モータースイーパー・除雪車 | 4 |
| | | タンク車、じんかい車、し尿車、霊きゅう車、トラックミキサー等その他特殊車体を架装したもの | |
| | | 　小型車（じんかい車、し尿車にあっては積載量が2t以下、その他のものにあっては総排気量が2ℓ以下） | 3 |
| | | 　その他のもの | 4 |
| | 運送・貸自動車業用・自動車教習所用の車両・運搬具 | 自動車（二輪又は三輪自動車を含み、乗合自動車を除く。） | |
| | | 　小型車（貨物自動車にあっては積載量が2t以下、その他のものにあっては総排気量が2ℓ以下） | 3 |
| | | 　その他のもの | |
| | | 　　大型乗用車（総排気量が3ℓ以上） | 5 |
| | | 　　その他のもの | 4 |
| | | 乗合自動車 | 5 |
| | | 自転車、リヤカー | 2 |
| | | 被けん引車その他のもの | 4 |
| | 前掲以外のもの | 自動車（二輪・三輪自動車を除く。） | |
| | | 　小型車（総排気量が0.66ℓ以下） | 4 |
| | | 　その他のもの | |
| | | 　　貨物自動車 | |
| | | 　　　ダンプ式 | 4 |
| | | 　　　その他 | 5 |
| | | 　　報道通信用のもの | 5 |
| | | 　　その他のもの | 6 |
| | | 二輪又は三輪自動車 | 3 |
| | | 自転車 | 2 |
| | | 鉱山用人車、炭車、鉱車、台車 | |
| | | 　金属製のもの | 7 |
| | | 　その他のもの | 4 |
| | | フォークリフト | 4 |
| | | トロッコ | |
| | | 金属製のもの | 5 |
| | | その他のもの | 3 |

| 種類 | 構造・用途 | 細目 | 耐用年数（年） |
| --- | --- | --- | --- |
| | | その他<br>自走能力を有するもの<br>その他のもの | <br>7<br>4 |
| 工具 | 測定・検査工具 | | 5 |
| | 治具・取付工具 | | 3 |
| | ロール | 金属圧延用もの<br>なつ染めロール、粉砕ロール、混練ロールその他 | 4<br>3 |
| | 型、鍛圧・打抜工具 | プレスその他の金属加工用、合成樹脂、ゴム、ガラス成型用金属及び鋳造用型<br>その他のもの | 2<br>3 |
| | 切削工具 | | 2 |
| | 柱等 | 金属製柱・カッペ | 3 |
| | 活字等 | 購入活字（活字の形状のまま反復使用するものに限る。）<br>自製活字等に常用される金属 | 2<br>8 |
| | 前掲以外 | 白金ノズル<br>その他のもの | 13<br>3 |
| | 前掲区分以外 | 白金ノズル<br>その他主として金属製<br>その他のもの | 13<br>8<br>4 |
| 器具及び備品 | 1　家具、電気・ガス機器、家庭用品 | 事務机・いす、キャビネット<br>主として金属製のもの<br>その他のもの<br>応接セット<br>接客業用のもの<br>その他のもの<br>ベッド<br>児童用机・いす<br>陳列だな、陳列ケース<br>冷凍機付のもの<br>その他のもの<br>その他の家具<br>接客業用のもの<br>その他のもの<br>主として金属製<br>その他のもの<br>ラジオ、テレビジョン、テープレコーダーその他音響機器<br>冷房用又は暖房用機器<br>電気冷蔵庫、電気洗濯機その他類似の電気、ガス機器<br>氷冷蔵庫、冷蔵ストッカー（電気式を除く。）<br>カーテン、座ぶとん、寝具、丹前その他類似の繊維製品 | <br>15<br>8<br><br>5<br>8<br>8<br>5<br><br>6<br>8<br><br>5<br><br>15<br>8<br>5<br>6<br>6<br>4<br>3 |

| 種類 | 構造・用途 | 細目 | 耐用年数（年） |
| --- | --- | --- | --- |
| | | じゅうたんその他床用敷物 | |
| | | 接客業用、放送用、レコード吹込用、劇場用のもの | 3 |
| | | その他のもの | 6 |
| | | 室内装飾品 | |
| | | 主として金属製のもの | 15 |
| | | その他のもの | 8 |
| | | 食器又はちゅう房用品 | |
| | | 陶磁器製又はガラス製のもの | 2 |
| | | その他のもの | 5 |
| | | その他のもの | |
| | | 主として金属製のもの | 15 |
| | | その他のもの | 8 |
| | 2　事務、通信機器 | 謄写機器、タイプライター | |
| | | 孔版印刷又は印書業用のもの | 3 |
| | | その他のもの | 5 |
| | | 電子計算機 | |
| | | パーソナルコンピュータ（サーバー用のものを除く。） | 4 |
| | | その他のもの | 5 |
| | | 複写機、計算機（電子計算機を除く）、金銭登録機、タイムレコーダーその他類似のもの | 5 |
| | | その他の事務機器 | 5 |
| | | テレタイプライター・ファクシミリ | 5 |
| | | インターホン、放送用設備 | 6 |
| | | 電話設備その他の通信機器 | |
| | | デジタル構内交換設備及びデジタルボタン電話設備 | 6 |
| | | その他のもの | 10 |
| | 3　時計、試験機器、測定機器 | 時計 | 10 |
| | | 度量衡器 | 5 |
| | | 試験又は測定機器 | 5 |
| | 4　光学、写真製作機器 | オペラグラス | 2 |
| | | カメラ、撮影機映写機、望遠鏡 | 5 |
| | | 引伸機、焼付機、乾燥機、顕微鏡その他の機器 | 8 |
| | 5　看板・広告器具 | 看板、ネオンサイン・気球 | 3 |
| | | マネキン人形及び模型 | 2 |
| | | その他のもの | |
| | | 主として金属製のもの | 10 |
| | | その他のもの | 5 |
| | 6　容器、金庫 | ボンベ | |
| | | 溶接製 | 6 |
| | | 鍛造製 | |
| | | 塩素用のもの | 8 |
| | | その他のもの | 10 |
| | | ドラムかん、コンテナーその他容器 | |
| | | 大型コンテナー | 7 |

| 種類 | 構造・用途 | 細目 | 耐用年数（年） |
| --- | --- | --- | --- |
| | | その他のもの | |
| | | 金属製のもの | 3 |
| | | その他のもの | 2 |
| | | 金庫 | |
| | | 手さげ金庫 | 5 |
| | | その他のもの | 20 |
| | 7 理・美容機器 | | 5 |
| | 8 医療機器 | 消毒殺菌用機器 | 4 |
| | | 手術機器 | 5 |
| | | 血液透析又は血しょう交換用機器 | 7 |
| | | ハーバードタンクその他の作動部分を有する機能回復訓練機器 | 6 |
| | | 調剤機器 | 6 |
| | | 歯科診療用ユニット | 7 |
| | | 光学検査機器 | |
| | | ファイバースコープ | 6 |
| | | その他のもの | 8 |
| | | その他のもの | |
| | | レントゲンその他の電子装置使用の機器 | |
| | | 移動用のもの、救急医療用のもの及び自動血液分析器 | 4 |
| | | その他のもの | 6 |
| | | (その他のもの) | |
| | | 陶磁器製、ガラス製のもの | 3 |
| | | 主として金属製のもの | 10 |
| | | その他のもの | 5 |
| | 9 娯楽、スポーツ器具、興行又は演劇用具 | たまつき用具 | 8 |
| | | パチンコ、ビンゴその他類似の球戯・射的用具 | 2 |
| | | 碁、将棋、マージャン等の遊戯具 | 5 |
| | | スポーツ具 | 3 |
| | | 劇場用観客椅子 | 3 |
| | | どんちょう、幕 | 5 |
| | | 衣しょう、かつら、小道具、大道具　興行又は演劇用具 | 2 |
| | | その他のもの | |
| | | 主として金属製 | 10 |
| | | その他のもの | 5 |
| | 10 生物 | 植物 | |
| | | 貸付業用のもの | 2 |
| | | その他のもの | 15 |
| | | 動物 | |
| | | 魚類 | 2 |
| | | 鳥類 | 4 |
| | | その他のもの | 8 |
| | 11 前掲以外 | 映画フィルム（スライドを含む。）、磁気テープ、レコード | 2 |
| | | シート及びロープ | 2 |
| | | 漁具 | 3 |

| 種類 | 構造・用途 | 細目 | 耐用年数（年） |
|---|---|---|---|
| | | 葬儀用具 | 3 |
| | | 楽器 | 5 |
| | | 自動販売機（手動を含む。） | 5 |
| | | 焼却炉 | 5 |
| | | きのこ栽培用ほだ木 | 3 |
| | | 無人駐車管理装置 | 5 |
| | | その他のもの | |
| | | 主として金属製 | 10 |
| | | その他のもの | 5 |
| | 12　前掲区分以外 | 主として金属製のもの | 15 |
| | | その他のもの | 8 |
| 無形固定資産 | 漁業権 | | 10 |
| | ダム使用権 | | 55 |
| | 水利権 | | 20 |
| | 特許権 | | 8 |
| | 実用新案権 | | 5 |
| | 意匠権 | | 7 |
| | 商標権 | | 10 |
| | ソフトウエア　販売用 | | 3 |
| | その他 | | 5 |
| | 育成者権 | | 10 |
| | その他の育成者権 | | 8 |
| | 専用測線利用権 | | 30 |
| | 鉄道軌道連絡通行施設利用権 | | 30 |
| | 電気ガス供給施設利用権 | | 15 |
| | 熱供給施設利用権 | | 15 |
| | 水道施設利用権 | | 15 |
| | 工業用水道施設利用権 | | 15 |
| | 電気通信施設利用権 | | 20 |

### (10) 中古資産の耐用年数（簡便法）

中古資産の耐用年数については、次に掲げる区分に応じ、それぞれに定める年数とすることができます（その年数が2年に満たないときは、2年とします）。

**① 法定耐用年数の全部を経過した資産**

$$\text{法定耐用年数} \times \frac{20}{100}$$

**② 法定耐用年数の一部を経過した資産**

$$(\text{法定耐用年数} - \text{経過年数}) + \text{経過年数} \times \frac{20}{100}$$

※年数は、暦に従って計算し、1年に満たない端数を生じたときは切り捨てます。

## (11) 減価償却率表

① 平成24年4月1日以後に取得をされた減価償却資産の償却率、改定償却率及び保証率の表（定率法）

| 耐用年数 | 償却率 | 改定償却率 | 保証率 |
|---|---|---|---|
| 2 | 1.000 | — | — |
| 3 | 0.667 | 1.000 | 0.11089 |
| 4 | 0.500 | 1.000 | 0.12499 |
| 5 | 0.400 | 0.500 | 0.10800 |
| 6 | 0.333 | 0.334 | 0.09911 |
| 7 | 0.286 | 0.334 | 0.08680 |
| 8 | 0.250 | 0.334 | 0.07909 |
| 9 | 0.222 | 0.250 | 0.07126 |
| 10 | 0.200 | 0.250 | 0.06552 |
| 11 | 0.182 | 0.200 | 0.05992 |
| 12 | 0.167 | 0.200 | 0.05566 |
| 13 | 0.154 | 0.167 | 0.05180 |
| 14 | 0.143 | 0.167 | 0.04854 |
| 15 | 0.133 | 0.143 | 0.04565 |
| 16 | 0.125 | 0.143 | 0.04294 |
| 17 | 0.118 | 0.125 | 0.04038 |
| 18 | 0.111 | 0.112 | 0.03884 |
| 19 | 0.105 | 0.112 | 0.03693 |
| 20 | 0.100 | 0.112 | 0.03486 |
| 21 | 0.095 | 0.100 | 0.03335 |
| 22 | 0.091 | 0.100 | 0.03182 |
| 23 | 0.087 | 0.091 | 0.03052 |
| 24 | 0.083 | 0.084 | 0.02969 |
| 25 | 0.080 | 0.084 | 0.02841 |
| 26 | 0.077 | 0.084 | 0.02716 |
| 27 | 0.074 | 0.077 | 0.02624 |
| 28 | 0.071 | 0.072 | 0.02568 |
| 29 | 0.069 | 0.072 | 0.02463 |
| 30 | 0.067 | 0.072 | 0.02366 |
| 31 | 0.065 | 0.067 | 0.02286 |
| 32 | 0.063 | 0.067 | 0.02216 |
| 33 | 0.061 | 0.063 | 0.02161 |
| 34 | 0.059 | 0.063 | 0.02097 |
| 35 | 0.057 | 0.059 | 0.02051 |
| 36 | 0.056 | 0.059 | 0.01974 |
| 37 | 0.054 | 0.056 | 0.01950 |
| 38 | 0.053 | 0.056 | 0.01882 |
| 39 | 0.051 | 0.053 | 0.01860 |
| 40 | 0.050 | 0.053 | 0.01791 |
| 41 | 0.049 | 0.050 | 0.01741 |
| 42 | 0.048 | 0.050 | 0.01694 |
| 43 | 0.047 | 0.048 | 0.01664 |
| 44 | 0.045 | 0.046 | 0.01664 |
| 45 | 0.044 | 0.046 | 0.01634 |
| 46 | 0.043 | 0.044 | 0.01601 |
| 47 | 0.043 | 0.044 | 0.01532 |
| 48 | 0.042 | 0.044 | 0.01499 |
| 49 | 0.041 | 0.042 | 0.01475 |
| 50 | 0.040 | 0.042 | 0.01440 |
| 51 | 0.039 | 0.040 | 0.01422 |
| 52 | 0.038 | 0.039 | 0.01422 |
| 53 | 0.038 | 0.039 | 0.01370 |
| 54 | 0.037 | 0.038 | 0.01370 |
| 55 | 0.036 | 0.038 | 0.01337 |
| 56 | 0.036 | 0.038 | 0.01288 |
| 57 | 0.035 | 0.036 | 0.01281 |
| 58 | 0.034 | 0.035 | 0.01281 |
| 59 | 0.034 | 0.035 | 0.01240 |
| 60 | 0.033 | 0.034 | 0.01240 |
| 61 | 0.033 | 0.034 | 0.01201 |
| 62 | 0.032 | 0.033 | 0.01201 |
| 63 | 0.032 | 0.033 | 0.01165 |
| 64 | 0.031 | 0.032 | 0.01165 |
| 65 | 0.031 | 0.032 | 0.01130 |
| 66 | 0.030 | 0.031 | 0.01130 |
| 67 | 0.030 | 0.031 | 0.01097 |
| 68 | 0.029 | 0.030 | 0.01097 |
| 69 | 0.029 | 0.030 | 0.01065 |
| 70 | 0.029 | 0.030 | 0.01034 |
| 71 | 0.028 | 0.029 | 0.01034 |
| 72 | 0.028 | 0.029 | 0.01006 |
| 73 | 0.027 | 0.027 | 0.01063 |
| 74 | 0.027 | 0.027 | 0.01035 |
| 75 | 0.027 | 0.027 | 0.01007 |
| 76 | 0.026 | 0.027 | 0.00980 |
| 77 | 0.026 | 0.027 | 0.00954 |
| 78 | 0.026 | 0.027 | 0.00929 |
| 79 | 0.025 | 0.026 | 0.00929 |
| 80 | 0.025 | 0.026 | 0.00907 |
| 81 | 0.025 | 0.026 | 0.00884 |
| 82 | 0.024 | 0.024 | 0.00929 |
| 83 | 0.024 | 0.024 | 0.00907 |
| 84 | 0.024 | 0.024 | 0.00885 |
| 85 | 0.024 | 0.024 | 0.00864 |
| 86 | 0.023 | 0.023 | 0.00885 |
| 87 | 0.023 | 0.023 | 0.00864 |
| 88 | 0.023 | 0.023 | 0.00844 |
| 89 | 0.022 | 0.022 | 0.00863 |
| 90 | 0.022 | 0.022 | 0.00844 |
| 91 | 0.022 | 0.022 | 0.00825 |
| 92 | 0.022 | 0.022 | 0.00807 |
| 93 | 0.022 | 0.022 | 0.00790 |
| 94 | 0.021 | 0.021 | 0.00807 |
| 95 | 0.021 | 0.021 | 0.00790 |
| 96 | 0.021 | 0.021 | 0.00773 |
| 97 | 0.021 | 0.021 | 0.00757 |
| 98 | 0.020 | 0.020 | 0.00773 |
| 99 | 0.020 | 0.020 | 0.00757 |
| 100 | 0.020 | 0.020 | 0.00742 |

② 平成19年4月1日から平成24年3月31日までの間に取得をされた減価償却資産の償却率、改定償却率及び保証率の表

| 耐用年数 | 定額法の償却率 | 定率法の償却率 | 改定償却率 | 保証率 |
|---|---|---|---|---|
| 2 | 0.500 | 1.000 | — | — |
| 3 | 0.334 | 0.833 | 1.000 | 0.02789 |
| 4 | 0.250 | 0.625 | 1.000 | 0.05274 |
| 5 | 0.200 | 0.500 | 1.000 | 0.06249 |
| 6 | 0.167 | 0.417 | 0.500 | 0.05776 |
| 7 | 0.143 | 0.357 | 0.500 | 0.05496 |
| 8 | 0.125 | 0.313 | 0.334 | 0.05111 |
| 9 | 0.112 | 0.278 | 0.334 | 0.04731 |
| 10 | 0.100 | 0.250 | 0.334 | 0.04448 |
| 11 | 0.091 | 0.227 | 0.250 | 0.04123 |
| 12 | 0.084 | 0.208 | 0.250 | 0.03870 |
| 13 | 0.077 | 0.192 | 0.200 | 0.03633 |
| 14 | 0.072 | 0.179 | 0.200 | 0.03389 |
| 15 | 0.067 | 0.167 | 0.200 | 0.03217 |
| 16 | 0.063 | 0.156 | 0.167 | 0.03063 |
| 17 | 0.059 | 0.147 | 0.167 | 0.02905 |
| 18 | 0.056 | 0.139 | 0.143 | 0.02757 |
| 19 | 0.053 | 0.132 | 0.143 | 0.02616 |
| 20 | 0.050 | 0.125 | 0.143 | 0.02517 |
| 21 | 0.048 | 0.119 | 0.125 | 0.02408 |
| 22 | 0.046 | 0.114 | 0.125 | 0.02296 |
| 23 | 0.044 | 0.109 | 0.112 | 0.02226 |
| 24 | 0.042 | 0.104 | 0.112 | 0.02157 |
| 25 | 0.040 | 0.100 | 0.112 | 0.02058 |
| 26 | 0.039 | 0.096 | 0.100 | 0.01989 |
| 27 | 0.038 | 0.093 | 0.100 | 0.01902 |
| 28 | 0.036 | 0.089 | 0.091 | 0.01866 |
| 29 | 0.035 | 0.086 | 0.091 | 0.01803 |
| 30 | 0.034 | 0.083 | 0.084 | 0.01766 |
| 31 | 0.033 | 0.081 | 0.084 | 0.01688 |
| 32 | 0.032 | 0.078 | 0.084 | 0.01655 |
| 33 | 0.031 | 0.076 | 0.077 | 0.01585 |
| 34 | 0.030 | 0.074 | 0.077 | 0.01532 |
| 35 | 0.029 | 0.071 | 0.072 | 0.01532 |
| 36 | 0.028 | 0.069 | 0.072 | 0.01494 |
| 37 | 0.028 | 0.068 | 0.072 | 0.01425 |
| 38 | 0.027 | 0.066 | 0.067 | 0.01393 |
| 39 | 0.026 | 0.064 | 0.067 | 0.01370 |
| 40 | 0.025 | 0.063 | 0.067 | 0.01317 |
| 41 | 0.025 | 0.061 | 0.063 | 0.01306 |
| 42 | 0.024 | 0.060 | 0.063 | 0.01261 |
| 43 | 0.024 | 0.058 | 0.059 | 0.01248 |
| 44 | 0.023 | 0.057 | 0.059 | 0.01210 |
| 45 | 0.023 | 0.056 | 0.059 | 0.01175 |
| 46 | 0.022 | 0.054 | 0.056 | 0.01175 |
| 47 | 0.022 | 0.053 | 0.056 | 0.01153 |
| 48 | 0.021 | 0.052 | 0.053 | 0.01126 |
| 49 | 0.021 | 0.051 | 0.053 | 0.01102 |
| 50 | 0.020 | 0.050 | 0.053 | 0.01072 |
| 51 | 0.020 | 0.049 | 0.050 | 0.01053 |

| 耐用年数 | 定額法の償却率 | 定率法の償却率 | 改定償却率 | 保証率 |
|---|---|---|---|---|
| 52 | 0.020 | 0.048 | 0.050 | 0.01036 |
| 53 | 0.019 | 0.047 | 0.048 | 0.01028 |
| 54 | 0.019 | 0.046 | 0.048 | 0.01015 |
| 55 | 0.019 | 0.045 | 0.046 | 0.01007 |
| 56 | 0.018 | 0.045 | 0.046 | 0.00961 |
| 57 | 0.018 | 0.044 | 0.046 | 0.00952 |
| 58 | 0.018 | 0.043 | 0.044 | 0.00945 |
| 59 | 0.017 | 0.042 | 0.044 | 0.00934 |
| 60 | 0.017 | 0.042 | 0.044 | 0.00895 |
| 61 | 0.017 | 0.041 | 0.042 | 0.00892 |
| 62 | 0.017 | 0.040 | 0.042 | 0.00882 |
| 63 | 0.016 | 0.040 | 0.042 | 0.00847 |
| 64 | 0.016 | 0.039 | 0.040 | 0.00847 |
| 65 | 0.016 | 0.038 | 0.039 | 0.00847 |
| 66 | 0.016 | 0.038 | 0.039 | 0.00828 |
| 67 | 0.015 | 0.037 | 0.038 | 0.00828 |
| 68 | 0.015 | 0.037 | 0.038 | 0.00810 |
| 69 | 0.015 | 0.036 | 0.038 | 0.00800 |
| 70 | 0.015 | 0.036 | 0.038 | 0.00771 |
| 71 | 0.015 | 0.035 | 0.036 | 0.00771 |
| 72 | 0.014 | 0.035 | 0.036 | 0.00751 |
| 73 | 0.014 | 0.034 | 0.035 | 0.00751 |
| 74 | 0.014 | 0.034 | 0.035 | 0.00738 |
| 75 | 0.014 | 0.033 | 0.034 | 0.00738 |
| 76 | 0.014 | 0.033 | 0.034 | 0.00726 |
| 77 | 0.013 | 0.032 | 0.033 | 0.00726 |
| 78 | 0.013 | 0.032 | 0.033 | 0.00716 |
| 79 | 0.013 | 0.032 | 0.033 | 0.00693 |
| 80 | 0.013 | 0.031 | 0.032 | 0.00693 |
| 81 | 0.013 | 0.031 | 0.032 | 0.00683 |
| 82 | 0.013 | 0.030 | 0.031 | 0.00683 |
| 83 | 0.013 | 0.030 | 0.031 | 0.00673 |
| 84 | 0.012 | 0.030 | 0.031 | 0.00653 |
| 85 | 0.012 | 0.029 | 0.030 | 0.00653 |
| 86 | 0.012 | 0.029 | 0.030 | 0.00645 |
| 87 | 0.012 | 0.029 | 0.030 | 0.00627 |
| 88 | 0.012 | 0.028 | 0.029 | 0.00627 |
| 89 | 0.012 | 0.028 | 0.029 | 0.00620 |
| 90 | 0.012 | 0.028 | 0.029 | 0.00603 |
| 91 | 0.011 | 0.027 | 0.027 | 0.00649 |
| 92 | 0.011 | 0.027 | 0.027 | 0.00632 |
| 93 | 0.011 | 0.027 | 0.027 | 0.00615 |
| 94 | 0.011 | 0.027 | 0.027 | 0.00598 |
| 95 | 0.011 | 0.026 | 0.027 | 0.00594 |
| 96 | 0.011 | 0.026 | 0.027 | 0.00578 |
| 97 | 0.011 | 0.026 | 0.027 | 0.00563 |
| 98 | 0.011 | 0.026 | 0.027 | 0.00549 |
| 99 | 0.011 | 0.025 | 0.026 | 0.00549 |
| 100 | 0.010 | 0.025 | 0.026 | 0.00546 |

③　平成19年3月31日以前に取得をされた減価償却資産の償却率表

| 耐用年数 | 旧定額法の償却率 | 旧定率法の償却率 |
|---|---|---|
| 2 | 0.500 | 0.684 |
| 3 | 0.333 | 0.536 |
| 4 | 0.250 | 0.438 |
| 5 | 0.200 | 0.369 |
| 6 | 0.166 | 0.319 |
| 7 | 0.142 | 0.280 |
| 8 | 0.125 | 0.250 |
| 9 | 0.111 | 0.226 |
| 10 | 0.100 | 0.206 |
| 11 | 0.090 | 0.189 |
| 12 | 0.083 | 0.175 |
| 13 | 0.076 | 0.162 |
| 14 | 0.071 | 0.152 |
| 15 | 0.066 | 0.142 |
| 16 | 0.062 | 0.134 |
| 17 | 0.058 | 0.127 |
| 18 | 0.055 | 0.120 |
| 19 | 0.052 | 0.114 |
| 20 | 0.050 | 0.109 |
| 21 | 0.048 | 0.104 |
| 22 | 0.046 | 0.099 |
| 23 | 0.044 | 0.095 |
| 24 | 0.042 | 0.092 |
| 25 | 0.040 | 0.088 |
| 26 | 0.039 | 0.085 |
| 27 | 0.037 | 0.082 |
| 28 | 0.036 | 0.079 |
| 29 | 0.035 | 0.076 |
| 30 | 0.034 | 0.074 |
| 31 | 0.033 | 0.072 |
| 32 | 0.032 | 0.069 |
| 33 | 0.031 | 0.067 |
| 34 | 0.030 | 0.066 |

| 耐用年数 | 旧定額法の償却率 | 旧定率法の償却率 |
|---|---|---|
| 35 | 0.029 | 0.064 |
| 36 | 0.028 | 0.062 |
| 37 | 0.027 | 0.060 |
| 38 | 0.027 | 0.059 |
| 39 | 0.026 | 0.057 |
| 40 | 0.025 | 0.056 |
| 41 | 0.025 | 0.055 |
| 42 | 0.024 | 0.053 |
| 43 | 0.024 | 0.052 |
| 44 | 0.023 | 0.051 |
| 45 | 0.023 | 0.050 |
| 46 | 0.022 | 0.049 |
| 47 | 0.022 | 0.048 |
| 48 | 0.021 | 0.047 |
| 49 | 0.021 | 0.046 |
| 50 | 0.020 | 0.045 |
| 51 | 0.020 | 0.044 |
| 52 | 0.020 | 0.043 |
| 53 | 0.019 | 0.043 |
| 54 | 0.019 | 0.042 |
| 55 | 0.019 | 0.041 |
| 56 | 0.018 | 0.040 |
| 57 | 0.018 | 0.040 |
| 58 | 0.018 | 0.039 |
| 59 | 0.017 | 0.038 |
| 60 | 0.017 | 0.038 |
| 61 | 0.017 | 0.037 |
| 62 | 0.017 | 0.036 |
| 63 | 0.016 | 0.036 |
| 64 | 0.016 | 0.035 |
| 65 | 0.016 | 0.035 |
| 66 | 0.016 | 0.034 |
| 67 | 0.015 | 0.034 |

| 耐用年数 | 旧定額法の償却率 | 旧定率法の償却率 |
|---|---|---|
| 68 | 0.015 | 0.033 |
| 69 | 0.015 | 0.033 |
| 70 | 0.015 | 0.032 |
| 71 | 0.014 | 0.032 |
| 72 | 0.014 | 0.032 |
| 73 | 0.014 | 0.031 |
| 74 | 0.014 | 0.031 |
| 75 | 0.014 | 0.030 |
| 76 | 0.014 | 0.030 |
| 77 | 0.013 | 0.030 |
| 78 | 0.013 | 0.029 |
| 79 | 0.013 | 0.029 |
| 80 | 0.013 | 0.028 |
| 81 | 0.013 | 0.028 |
| 82 | 0.013 | 0.028 |
| 83 | 0.012 | 0.027 |
| 84 | 0.012 | 0.027 |
| 85 | 0.012 | 0.026 |
| 86 | 0.012 | 0.026 |
| 87 | 0.012 | 0.026 |
| 88 | 0.012 | 0.026 |
| 89 | 0.012 | 0.026 |
| 90 | 0.012 | 0.025 |
| 91 | 0.011 | 0.025 |
| 92 | 0.011 | 0.025 |
| 93 | 0.011 | 0.025 |
| 94 | 0.011 | 0.024 |
| 95 | 0.011 | 0.024 |
| 96 | 0.011 | 0.024 |
| 97 | 0.011 | 0.023 |
| 98 | 0.011 | 0.023 |
| 99 | 0.011 | 0.023 |
| 100 | 0.010 | 0.023 |

## 4.相続税・贈与税

### (1) 相続税・贈与税速算表

平成27年以降

ア　贈与税の速算表

i ) 原則（下記ii以外の贈与財産に係る贈与税の速算表）

| 課税価格 | 税率(%) | 控除額(千円) |
|---|---|---|
| 2,000千円以下 | 10 | − |
| 3,000　〃 | 15 | 100 |
| 4,000　〃 | 20 | 250 |
| 6,000　〃 | 30 | 650 |
| 10,000　〃 | 40 | 1,250 |
| 15,000　〃 | 45 | 1,750 |
| 30,000　〃 | 50 | 2,500 |
| 30,000千円超 | 55 | 4,000 |

※　課税価格＝贈与金額－110万円

ii ) 特例（20歳以上の者が直系尊属から贈与を受けた財産に係る贈与税の速算表）

| 課税価格 | 税率(%) | 控除額(千円) |
|---|---|---|
| 2,000千円以下 | 10 | − |
| 4,000　〃 | 15 | 100 |
| 6,000　〃 | 20 | 300 |
| 10,000　〃 | 30 | 900 |
| 15,000　〃 | 40 | 1,900 |
| 30,000　〃 | 45 | 2,650 |
| 45,000　〃 | 50 | 4,150 |
| 45,000千円超 | 55 | 6,400 |

イ　相続税の速算表

| 各法定相続人の取得金額 | 税率（%） | 控除額（千円） |
|---|---|---|
| 10,000千円以下 | 10 | − |
| 30,000　〃 | 15 | 500 |
| 50,000　〃 | 20 | 2,000 |
| 100,000　〃 | 30 | 7,000 |
| 200,000　〃 | 40 | 17,000 |
| 300,000　〃 | 45 | 27,000 |
| 600,000　〃 | 50 | 42,000 |
| 600,000千円超 | 55 | 72,000 |

## (2) 贈与税早見表

平成27年以降

(単位：千円)

| 贈与金額 | 一般 | | 特例 | |
|---|---|---|---|---|
| | 税額 | 実質税率 | 税額 | 実質税率 |
| 1,000 | 0 | 0.00% | 0 | 0.00% |
| 1,500 | 40 | 2.70% | 40 | 2.70% |
| 2,000 | 90 | 4.50% | 90 | 4.50% |
| 2,500 | 140 | 5.60% | 140 | 5.60% |
| 3,000 | 190 | 6.30% | 190 | 6.30% |
| 3,500 | 260 | 7.40% | 260 | 7.40% |
| 4,000 | 335 | 8.40% | 335 | 8.40% |
| 4,500 | 430 | 9.60% | 410 | 9.10% |
| 5,000 | 530 | 10.60% | 485 | 9.70% |
| 5,500 | 670 | 12.20% | 580 | 10.50% |
| 6,000 | 820 | 13.70% | 680 | 11.30% |
| 6,500 | 970 | 14.90% | 780 | 12.00% |
| 7,000 | 1,120 | 16.00% | 880 | 12.60% |
| 7,500 | 1,310 | 17.50% | 1,020 | 13.60% |
| 8,000 | 1,510 | 18.90% | 1,170 | 14.60% |
| 8,500 | 1,710 | 20.10% | 1,320 | 15.50% |
| 9,000 | 1,910 | 21.20% | 1,470 | 16.30% |
| 9,500 | 2,110 | 22.20% | 1,620 | 17.10% |
| 10,000 | 2,310 | 23.10% | 1,770 | 17.70% |
| 15,000 | 4,505 | 30.00% | 3,660 | 24.40% |
| 20,000 | 6,950 | 34.80% | 5,855 | 29.30% |
| 25,000 | 9,450 | 37.80% | 8,105 | 32.40% |
| 30,000 | 11,950 | 39.80% | 10,355 | 34.50% |
| 40,000 | 17,395 | 43.50% | 15,300 | 38.30% |
| 50,000 | 22,895 | 45.80% | 20,495 | 41.00% |
| 60,000 | 28,395 | 47.30% | 25,995 | 43.30% |
| 70,000 | 33,895 | 48.40% | 31,495 | 45.00% |
| 80,000 | 39,395 | 49.20% | 36,995 | 46.20% |
| 90,000 | 44,895 | 49.90% | 42,495 | 47.20% |
| 100,000 | 50,395 | 50.40% | 47,995 | 48.00% |
| 120,000 | 61,395 | 51.20% | 58,995 | 49.20% |
| 150,000 | 77,895 | 51.90% | 75,495 | 50.30% |

※ 贈与税額の計算式は次のとおりです。 (贈与金額−110万円) ×税率−控除額

### (3) 相続税早見表

平成27年以降

ア　配偶者あり

(単位：千円)

| 子供の数／課税価格 | 1人 | 2人 | 3人 | 4人 | 5人 |
|---|---|---|---|---|---|
| 100,000 | 3,850 | 3,150 | 2,625 | 2,250 | 1,875 |
| 150,000 | 9,200 | 7,475 | 6,650 | 5,875 | 5,300 |
| 200,000 | 16,700 | 13,500 | 12,175 | 11,250 | 10,325 |
| 250,000 | 24,600 | 19,850 | 18,000 | 16,875 | 15,950 |
| 300,000 | 34,600 | 28,600 | 25,400 | 23,500 | 22,425 |
| 350,000 | 44,600 | 37,350 | 32,900 | 31,000 | 29,300 |
| 400,000 | 54,600 | 46,100 | 41,550 | 38,500 | 36,600 |
| 450,000 | 64,800 | 54,925 | 50,300 | 46,000 | 44,100 |
| 500,000 | 76,050 | 65,550 | 59,625 | 55,000 | 52,025 |
| 550,000 | 87,300 | 76,175 | 69,000 | 64,375 | 60,150 |
| 600,000 | 98,550 | 86,800 | 78,375 | 73,750 | 69,125 |
| 650,000 | 110,000 | 97,450 | 87,750 | 83,125 | 78,500 |
| 700,000 | 122,500 | 108,700 | 98,850 | 93,000 | 88,300 |
| 750,000 | 135,000 | 119,950 | 110,100 | 103,000 | 98,300 |
| 800,000 | 147,500 | 131,200 | 121,350 | 113,000 | 108,300 |
| 850,000 | 160,000 | 142,475 | 132,600 | 123,000 | 118,300 |
| 900,000 | 172,500 | 154,350 | 143,850 | 134,000 | 128,300 |
| 950,000 | 185,000 | 166,225 | 155,100 | 145,250 | 138,300 |
| 1,000,000 | 197,500 | 178,100 | 166,350 | 156,500 | 148,300 |
| 1,100,000 | 222,500 | 201,850 | 188,850 | 179,000 | 169,150 |
| 1,200,000 | 247,500 | 225,600 | 211,350 | 201,500 | 191,650 |
| 1,300,000 | 273,950 | 250,650 | 235,000 | 224,500 | 214,575 |
| 1,400,000 | 301,450 | 276,900 | 260,000 | 248,250 | 238,325 |
| 1,500,000 | 328,950 | 303,150 | 285,000 | 272,000 | 262,075 |
| 2,000,000 | 466,450 | 434,400 | 411,825 | 395,000 | 380,825 |
| 2,500,000 | 603,950 | 566,300 | 543,075 | 520,500 | 505,000 |
| 3,000,000 | 741,450 | 703,800 | 674,325 | 651,750 | 630,000 |

※1　課税価格＝相続財産−債務・葬式費用

※2　配偶者の税額軽減を法定相続分まで活用するものとします。

※3　子供はすべて成人とします。

イ　配偶者なし

(単位：千円)

| 子供の数 / 課税価格 | 1人 | 2人 | 3人 | 4人 | 5人 |
|---|---|---|---|---|---|
| 100,000 | 12,200 | 7,700 | 6,300 | 4,900 | 4,000 |
| 150,000 | 28,600 | 18,400 | 14,400 | 12,400 | 11,000 |
| 200,000 | 48,600 | 33,400 | 24,600 | 21,200 | 18,500 |
| 250,000 | 69,300 | 49,200 | 39,600 | 31,200 | 28,000 |
| 300,000 | 91,800 | 69,200 | 54,600 | 45,800 | 38,000 |
| 350,000 | 115,000 | 89,200 | 69,800 | 60,800 | 52,000 |
| 400,000 | 140,000 | 109,200 | 89,800 | 75,800 | 67,000 |
| 450,000 | 165,000 | 129,600 | 109,800 | 90,800 | 82,000 |
| 500,000 | 190,000 | 152,100 | 129,800 | 110,400 | 97,000 |
| 550,000 | 215,000 | 174,600 | 149,800 | 130,400 | 112,000 |
| 600,000 | 240,000 | 197,100 | 169,800 | 150,400 | 131,000 |
| 650,000 | 247,000 | 220,000 | 189,900 | 170,400 | 151,000 |
| 700,000 | 293,200 | 245,000 | 212,400 | 190,400 | 171,000 |
| 750,000 | 320,700 | 270,000 | 234,900 | 210,400 | 191,000 |
| 800,000 | 348,200 | 295,000 | 257,400 | 230,400 | 211,000 |
| 850,000 | 375,700 | 320,000 | 279,900 | 250,400 | 231,000 |
| 900,000 | 403,200 | 345,000 | 302,400 | 272,700 | 251,000 |
| 950,000 | 430,700 | 370,000 | 324,999 | 295,200 | 271,000 |
| 1,000,000 | 458,200 | 395,000 | 350,000 | 317,700 | 291,000 |
| 1,100,000 | 513,200 | 445,000 | 399,999 | 362,700 | 333,000 |
| 1,200,000 | 568,200 | 495,000 | 450,000 | 407,700 | 378,000 |
| 1,300,000 | 623,200 | 547,900 | 500,000 | 455,000 | 423,000 |
| 1,400,000 | 678,200 | 602,900 | 549,999 | 505,000 | 468,000 |
| 1,500,000 | 733,200 | 657,900 | 600,000 | 555,000 | 513,000 |
| 2,000,000 | 1,008,200 | 932,900 | 857,599 | 805,000 | 760,000 |
| 2,500,000 | 1,283,200 | 1,207,900 | 1,132,600 | 1,057,300 | 1,010,000 |
| 3,000,000 | 1,558,200 | 1,482,900 | 1,407,600 | 1,332,300 | 1,260,000 |

## (4) 相続分と遺留分

| 相続人 | 配偶者と子供 | | 配偶者と子供と孫 | | 配偶者と親 | | 配偶者と兄弟姉妹 | | 配偶者と兄弟姉妹と甥姪 | |
|---|---|---|---|---|---|---|---|---|---|---|
| | 相続分 | 遺留分 | 相続分 | 遺留分 | 相続分 | 遺留分 | 相続分 | 遺留分 | 相続分 | 遺留分 |
| 配偶者 | 1／2 | 1／4 | 1／2 | 1／4 | 2／3 | 1／3 | 3／4 | 1／2 | 3／4 | 1／2 |
| 子供A | 1／6 | 1／12 | 1／6 | 1／12 | | | | | | |
| 子供B | 1／6 | 1／12 | 1／6 | 1／12 | | | | | | |
| 子供C | 1／6 | 1／12 | — | — | | | | | | |
| 孫D | | | 1／12 | 1／24 | | | | | | |
| 孫E | | | 1／12 | 1／24 | | | | | | |
| 母F | | | | | 1／3 | 1／6 | | | | |
| 兄G | | | | | | | 1／8 | — | 1／8 | — |
| 妹H | | | | | | | 1／8 | — | 1／8 | — |
| 甥I | | | | | | | | | 1／16 | — |
| 姪J | | | | | | | | | 1／16 | — |
| 合計 | 1 | 1／2 | 1 | 1／2 | 1 | 1／2 | 1 | 1／2 | 1 | 1／2 |

※1　遺留分とは、相続財産のうち、必ず相続人に対して遺さなければならない部分をいいます。

※2　遺留分権利者は兄弟姉妹を除く相続人であり、遺留分割合は下記のとおりです。

(1) 相続人が直系尊属のみ：相続財産の3分の1

(2) 相続人がその他の場合：相続財産の2分の1

## (5) 遺言

### ① 遺言の方式

| 方式 | 証人 | 書く人 | 日付 | 署名・捺印 | 印鑑 | 検認 |
|---|---|---|---|---|---|---|
| 自筆証書遺言 | 不要 | 本人 | 必要<br>特定日 | 本人 | 実印<br>認印 | 必要 |
| 公正証書遺言 | 証人2人以上 | 公証人が口述筆記 | 必要<br>特定日 | 本人<br>証人<br>公証人 | 本人実印<br>証人実印・認印 | 不要 |
| 秘密証書遺言 | 証人2人以上・公証人1人に提出 | 本人が望ましい | 必要・ただし公証人が封紙に記載 | 本人<br>証人<br>公証人 | 本人実印<br>証人実印・認印 | 必要 |

### ② 遺言により行うことができる事項

- 相続分の指定またはその指定の委託（遺留分に注意）
- 遺産分割の方法の指定または指定の委託
- 遺産分割の禁止
- 遺言執行者の指定または指定の委託
- 認知など

## (6) 贈与税の配偶者控除

### ① 適用要件

・法律上の婚姻期間が20年以上であること
・国内にある居住用不動産または居住用不動産を購入するための金銭の贈与であること
・贈与の年の翌年3月15日までに、その居住用不動産に居住し、または贈与を受けた資金で居住用不動産を購入かつ居住し、その後も引き続き居住の用に供する見込みであること
・過去に、当該配偶者からこの特例の適用を受けていないこと

### ② 税額早見表（平成27年以後）

（単位：千円）

| 居住用不動産等 | 20,000 | 25,000 | 30,000 | 35,000 | 40,000 | 50,000 |
|---|---|---|---|---|---|---|
| 税　額 | 0 | 530 | 2,310 | 4,505 | 6,950 | 11,950 |

※1　他に一切贈与を受けていないものと仮定しています。
※2　登録免許税、不動産取得税は別途かかります。

### ③ 添付書類

・戸籍謄本又は抄本及び戸籍の附票の写し（財産の贈与を受けた日から10日を経過した日以後に作成されたものに限る）
・居住用不動産を取得したことを証する書類
・住民票の写し（居住用不動産を受贈者の居住の用に供した日以後に作成されたものに限る）
　※　戸籍の附票の写しに記載されている受贈者の住所が取得した居住用不動産の所在場所である場合には、住民票の添付は不要です。

## (7) 最高路線価の推移

| 順位 | 都市 | 所在地 | 令和元年 | 平成30年 |
|---|---|---|---|---|
| 1 | 東京 | 中央区銀座5丁目　銀座中央通り | 45600<br>2.9% | 44320<br>9.9% |
| 2 | 大阪 | 北区角田町　御堂筋 | 16000<br>27.4% | 12560<br>6.8% |
| 3 | 横浜 | 西区南幸1丁目　横浜駅西口バスターミナル前通り | 11600<br>13.3% | 10240<br>13.3% |
| 4 | 名古屋 | 中村区名駅1丁目　名駅通り | 11040<br>10.4% | 10000<br>13.6% |
| 5 | 福岡 | 中央区天神2丁目　渡辺通り | 7870<br>12.4% | 7000<br>11.1% |
| 6 | 京都 | 下京区四条通寺町東入2丁目御旅町　四条通 | 5700<br>20.0% | 4750<br>21.2% |
| 7 | 神戸 | 中央区三宮町1丁目　三宮センター街 | 4900<br>25.0% | 3920<br>22.5% |
| 8 | 札幌 | 中央区北5条西3丁目　札幌停車場線通り | 4880<br>15.1% | 4240<br>15.2% |
| 9 | さいたま | 大宮区桜木町2丁目　大宮駅西口駅前ロータリー | 3700<br>12.1% | 3300<br>10.4% |
| 10 | 広島 | 中区胡町　相生通り | 3050<br>8.9% | 2800<br>9.4% |
| 11 | 仙台 | 青葉区中央1丁目　青葉通り | 2900<br>14.2% | 2540<br>12.4% |
| 12 | 熊本 | 中央区手取本町　下通り | 1820<br>21.3% | 1500<br>22.0% |
| 13 | 岡山 | 北区本町　市役所筋 | 1370<br>8.7% | 1260<br>6.8% |
| 14 | 静岡 | 葵区紺屋町　紺屋町名店街呉服町通り | 1200<br>1.7% | 1180<br>0.9% |
| 15 | 千葉 | 中央区富士見2丁目　千葉駅前大通り | 1040<br>9.5% | 950<br>4.4% |
| 16 | 那覇 | 久茂地3丁目　国際通り | 1030<br>39.2% | 740<br>10.4% |
| 17 | 鹿児島 | 東千石町　天文館電車通り | 900<br>8.4% | 830<br>2.5% |
| 18 | 金沢 | 堀川新町　金沢駅東広場通り | 900<br>8.4% | 830<br>7.8% |
| 19 | 長崎 | 浜町　浜市アーケード | 750<br>1.4% | 740<br>1.4% |
| 20 | 奈良 | 東向中町　大宮通り | 660<br>11.9% | 590<br>5.4% |
| 21 | 松山 | 大街道2丁目　大街道商店街 | 650<br>1.6% | 640<br>3.2% |
| 22 | 富山 | 桜町1丁目　駅前広場通り | 490<br>2.1% | 480<br>2.1% |
| 23 | 大分 | 末広町1丁目　大分駅北口ロータリー | 490<br>11.4% | 440<br>10.0% |
| 24 | 岐阜 | 吉野町5丁目　岐阜停車場線通り | 460<br>0.0% | 460<br>4.5% |
| 25 | 新潟 | 中央区東大通1丁目　新潟駅前通り | 440<br>2.3% | 430<br>0.0% |
| 26 | 和歌山 | 友田町5丁目　JR和歌山駅前 | 360<br>0.0% | 360<br>0.0% |

| | 平成29年 | 平成28年 | 平成26年 | 平成26年 | 平成25年 | 平成24年 | 平成23年 | 平成22年 |
|---|---|---|---|---|---|---|---|---|
| | 40320<br>26.0% | 32000<br>18.7% | 26960<br>14.2% | 23600<br>9.7% | 21520<br>0.0% | 21520<br>-2.2% | 22000<br>-5.2% | 23200<br>-25.6% |
| | 11760<br>15.7% | 10160<br>22.1% | 8320<br>10.1% | 7560<br>6.2% | 7120<br>4.7% | 6800<br>0.0% | 6800<br>-6.1% | 7240<br>-19.9% |
| | 9040<br>15.7% | 7810<br>9.5% | 7130<br>7.1% | 6660<br>7.8% | 6180<br>5.1% | 5880<br>-0.5% | 5910<br>-2.2% | 6040<br>-7.4% |
| | 8800<br>4.8% | 8400<br>14.1% | 7360<br>11.5% | 6600<br>10.0% | 6000<br>2.4% | 5860<br>0.9% | 5810<br>0.0% | 5810<br>-20.2% |
| | 6300<br>12.5% | 5600<br>12.0% | 5000<br>5.3% | 4750<br>2.4% | 4640<br>0.0% | 4640<br>0.0% | 4640<br>1.1% | 4590<br>-16.2% |
| | 3920<br>20.6% | 3250<br>16.9% | 2780<br>5.3% | 2640<br>4.8% | 2520<br>0.0% | 2520<br>0.0% | 2520<br>-1.6% | 2560<br>-12.0% |
| | 3200<br>14.3% | 2800<br>12.9% | 2480<br>3.3% | 2400<br>1.7% | 2360<br>-1.3% | 2390<br>-1.2% | 2420<br>-1.6% | 2460<br>-8.9% |
| | 3680<br>17.9% | 3120<br>11.8% | 2790<br>4.9% | 2660<br>3.9% | 2560<br>3.2% | 2480<br>3.3% | 2400<br>-3.2% | 2480<br>-10.1% |
| | 2990<br>8.3% | 2760<br>7.0% | 2580<br>7.1% | 2410<br>7.1% | 2250<br>1.4% | 2220<br>-1.3% | 2250<br>-2.2% | 2300<br>-8.0% |
| | 2560<br>11.3% | 2300<br>12.2% | 2050<br>10.2% | 1860<br>5.1% | 1770<br>0.0% | 1770<br>-3.8% | 1840<br>-6.1% | 1960<br>-7.5% |
| | 2260<br>14.1% | 1980<br>12.5% | 1760<br>4.8% | 1680<br>1.2% | 1660<br>-1.2% | 1680<br>-8.7% | 1840<br>-10.2% | 2050<br>-12.8% |
| | 1230<br>3.4% | 1190<br>3.5% | 1150<br>0.0% | 1150<br>-1.7% | 1170<br>-2.5% | 1200<br>-5.5% | 1270<br>-6.6% | 1360<br>-12.3% |
| | 1180<br>6.3% | 1110<br>7.8% | 1030<br>9.6% | 940<br>4.4% | 900<br>-2.2% | 920<br>-5.2% | 970<br>-7.6% | 1050<br>-5.4% |
| | 1170<br>2.6% | 1140<br>1.8% | 1120<br>0.9% | 1110<br>0.9% | 1100<br>-0.9% | 1110<br>-4.3% | 1160<br>-4.1% | 1210<br>-4.0% |
| | 910<br>-18.8% | 1120<br>2.8% | 1090<br>-1.8% | 1110<br>-1.8% | 1130<br>-4.2% | 1180<br>-7.1% | 1270<br>-5.9% | 1350<br>-11.8% |
| | 670<br>6.3% | 630<br>5.0% | 600<br>3.4% | 580<br>5.5% | 550<br>5.8% | 520<br>0.0% | 520<br>-3.7% | 540<br>-3.6% |
| | 810<br>0.0% | 810<br>0.0% | 810<br>0.0% | 810<br>0.0% | 810<br>0.0% | 810<br>-1.2% | 820<br>-2.4% | 840<br>-2.3% |
| | 770<br>14.9% | 670<br>13.6% | 590<br>9.3% | 540<br>5.9% | 510<br>6.3% | 480<br>0.0% | 480<br>-2.0% | 490<br>-3.9% |
| | 730<br>0.0% | 730<br>0.0% | 730<br>0.0% | 730<br>-2.7% | 750<br>-3.8% | 780<br>-4.9% | 820<br>-4.7% | 860<br>-4.4% |
| | 560<br>3.7% | 540<br>1.9% | 530<br>1.9% | 520<br>2.0% | 510<br>0.0% | 510<br>0.0% | 510<br>0.0% | 510<br>-3.8% |
| | 620<br>1.6% | 610<br>3.4% | 590<br>0.0% | 590<br>-1.7% | 600<br>-4.8% | 630<br>-6.0% | 670<br>-5.6% | 710<br>-5.3% |
| | 470<br>2.2% | 460<br>4.5% | 440<br>4.8% | 420<br>0.0% | 420<br>0.0% | 420<br>-2.3% | 430<br>-2.3% | 440<br>-4.3% |
| | 400<br>5.3% | 380<br>5.6% | 360<br>-2.7% | 370<br>-2.6% | 380<br>-7.3% | 410<br>-8.9% | 450<br>-8.2% | 490<br>-12.5% |
| | 440<br>2.3% | 430<br>2.4% | 420<br>2.4% | 410<br>2.5% | 400<br>-2.4% | 410<br>-2.4% | 420<br>-4.5% | 440<br>-4.3% |
| | 430<br>-2.3% | 440<br>-2.2% | 450<br>-2.2% | 460<br>0.0% | 460<br>-6.1% | 490<br>-2.0% | 500<br>-5.7% | 530<br>-3.6% |
| | 360<br>0.0% | 360<br>0.0% | 360<br>0.0% | 360<br>0.0% | 360<br>-5.3% | 380<br>-5.0% | 400<br>-2.4% | 410<br>-4.7% |

| 順位 | 都市 | 所在地 | 令和元年 | 平成30年 |
|---|---|---|---|---|
| 27 | 高松 | 丸亀町　高松丸亀町商店街 | 340<br>3.0% | 330<br>3.1% |
| 28 | 徳島 | 一番町3丁目　徳島駅前広場通り | 300<br>0.0% | 300<br>1.7% |
| 29 | 福井 | 中央1丁目　福井駅西口広場通り | 300<br>3.4% | 290<br>3.6% |
| 30 | 長野 | 大字南長野　長野駅前通り | 285<br>0.0% | 285<br>0.0% |
| 31 | 宇都宮 | 馬場通り2丁目　大通り | 280<br>0.0% | 280<br>0.0% |
| 32 | 大津 | 春日町　JR大津駅前通り | 270<br>1.9% | 265<br>1.9% |
| 33 | 甲府 | 丸の内1丁目　甲府駅前通り | 270<br>1.9% | 265<br>3.9% |
| 34 | 盛岡 | 大通2丁目　大通り | 245<br>2.1% | 240<br>2.1% |
| 35 | 水戸 | 宮町1丁目　水戸駅北口ロータリー | 230<br>0.0% | 230<br>-2.1% |
| 36 | 宮崎 | 橘通西3丁目　橘通り | 230<br>0.0% | 230<br>0.0% |
| 37 | 高知 | 帯屋町1丁目　帯屋町商店街 | 210<br>2.4% | 205<br>0.0% |
| 38 | 津 | 羽所町　津停車場線通り | 195<br>0.0% | 195<br>0.0% |
| 39 | 福島 | 栄町　福島駅前通り | 190<br>11.8% | 170<br>3.0% |
| 40 | 佐賀 | 駅前中央1丁目　駅前中央通り | 185<br>5.7% | 175<br>6.1% |
| 41 | 山形 | 香澄町1丁目　山形駅前大通り | 170<br>0.0% | 170<br>3.0% |
| 42 | 青森 | 新町1丁目　新町通り | 155<br>0.0% | 155<br>0.0% |
| 43 | 山口 | 小郡黄金町　山口阿知須宇部線通り | 145<br>0.0% | 145<br>0.0% |
| 44 | 松江 | 朝日町　駅通り | 135<br>0.0% | 135<br>0.0% |
| 45 | 前橋 | 本町2丁目　本町通り | 130<br>0.0% | 130<br>0.0% |
| 46 | 秋田 | 中通2丁目　秋田駅前通り | 125<br>4.2% | 120<br>0.0% |
| 47 | 鳥取 | 栄町　若桜街道通り | 105<br>-4.5% | 110<br>0.0% |

※　順位、都市及び所在地は最新のもの（高知市は平成28年までは本町１丁目電車通り、広島市は平成24年以前は中区基町相生通り、高松市は平成25年以前は兵庫町中央通り、松山市は平成26年以前は湊町5丁目伊予鉄松山市駅前通り、福井市は平成28年以前は中央1丁目駅前電車通り、千葉市は平成28年以前は中央区富士見2丁目千葉駅側通り、大分市は平成29年以前は府内町1丁目中央通りの路線価）、％は対前年増減比

| | 平成29年 | 平成28年 | 平成27年 | 平成26年 | 平成25年 | 平成24年 | 平成23年 | 平成22年 |
|---|---|---|---|---|---|---|---|---|
| | 320 | 310 | 310 | 310 | 310 | 340 | 370 | 400 |
| | 3.2% | 0.0% | 0.0% | 0.0% | -8.8% | -8.1% | -7.5% | -7.0% |
| | 295 | 295 | 295 | 310 | 320 | 340 | 370 | 400 |
| | 0.0% | 0.0% | -4.8% | -3.1% | -5.9% | -8.1% | -7.5% | -9.1% |
| | 280 | 265 | 265 | 265 | 270 | 280 | 290 | 295 |
| | 5.7% | 0.0% | 0.0% | -1.9% | -3.6% | -3.4% | -1.7% | -4.8% |
| | 285 | 285 | 285 | 285 | 300 | 320 | 340 | 370 |
| | 0.0% | 0.0% | 0.0% | -5.0% | -6.3% | -5.9% | -8.1% | -5.1% |
| | 280 | 280 | 280 | 290 | 300 | 320 | 340 | 350 |
| | 0.0% | 0.0% | -3.4% | -3.3% | -6.3% | -5.9% | -2.9% | -5.4% |
| | 260 | 250 | 245 | 235 | 225 | 225 | 225 | 240 |
| | 4.0% | 2.0% | 4.3% | 4.4% | 0.0% | 0.0% | -6.3% | -9.4% |
| | 255 | 250 | 245 | 245 | 250 | 260 | 275 | 285 |
| | 2.0% | 2.0% | 0.0% | -2.0% | -3.8% | -5.5% | -3.5% | -5.0% |
| | 235 | 235 | 235 | 235 | 240 | 255 | 275 | 300 |
| | 0.0% | 0.0% | 0.0% | -2.1% | -5.9% | -7.3% | -8.3% | -14.3% |
| | 235 | 240 | 245 | 260 | 275 | 300 | 320 | 340 |
| | -2.1% | -2.0% | -5.8% | -5.5% | -8.3% | -6.3% | -5.9% | -2.9% |
| | 230 | 230 | 230 | 240 | 255 | 270 | 290 | 310 |
| | 0.0% | 0.0% | -4.2% | -5.9% | -5.6% | -6.9% | -6.5% | -6.1% |
| | 205 | 205 | 205 | 210 | 215 | 225 | 245 | 270 |
| | 0.0% | 0.0% | -2.4% | -2.3% | -4.4% | -8.2% | -9.3% | -6.9% |
| | 195 | 195 | 195 | 195 | 195 | 200 | 200 | 200 |
| | 0.0% | 0.0% | 0.0% | 0.0% | -2.5% | 0.0% | 0.0% | 0.0% |
| | 165 | 160 | 155 | 150 | 150 | 160 | 175 | 185 |
| | 3.1% | 3.2% | 3.3% | 0.0% | -6.3% | -8.6% | -5.4% | -5.1% |
| | 165 | 160 | 160 | 160 | 165 | 175 | 190 | 200 |
| | 3.1% | 0.0% | 0.0% | -3.0% | -5.7% | -7.9% | -5.0% | -7.0% |
| | 165 | 165 | 165 | 170 | 170 | 180 | 185 | 200 |
| | 0.0% | 0.0% | -2.9% | 0.0% | -5.6% | -2.7% | -7.5% | -9.1% |
| | 155 | 155 | 160 | 160 | 165 | 175 | 190 | 210 |
| | 0.0% | -3.1% | 0.0% | -3.0% | -5.7% | -7.9% | -9.5% | -6.7% |
| | 145 | 145 | 145 | 150 | 155 | 170 | 180 | 190 |
| | 0.0% | 0.0% | -3.3% | -3.2% | -8.8% | -5.6% | -5.3% | 0.0% |
| | 135 | 135 | 135 | 135 | 140 | 155 | 175 | 195 |
| | 0.0% | 0.0% | 0.0% | -3.6% | -9.7% | -11.4% | -10.3% | -7.1% |
| | 130 | 130 | 130 | 130 | 135 | 140 | 150 | 160 |
| | 0.0% | 0.0% | 0.0% | -3.7% | -3.6% | -6.7% | -6.3% | -5.9% |
| | 120 | 125 | 130 | 135 | 140 | 150 | 160 | 180 |
| | -4.0% | -3.8% | -3.7% | -3.6% | -6.7% | -6.3% | -11.1% | -7.7% |
| | 110 | 110 | 115 | 120 | 130 | 140 | 155 | 170 |
| | 0.0% | -4.3% | -4.2% | -7.7% | -7.1% | -9.7% | -8.8% | -8.1% |

## (8) 土地評価の調整率表

### ① 奥行価格補正率表

| 地区区分／奥行距離（メートル） | ビル街地区 | 高度商業地区 | 繁華街地区 | 普通商業・併用住宅地区 | 普通住宅地区 | 中小工場地区 | 大工場地区 |
|---|---|---|---|---|---|---|---|
| 4未満 | 0.80 | 0.90 | 0.90 | 0.90 | 0.90 | 0.85 | 0.85 |
| 4以上　6未満 | | 0.92 | 0.92 | 0.92 | 0.92 | 0.90 | 0.90 |
| 6 〃　8 〃 | 0.84 | 0.94 | 0.95 | 0.95 | 0.95 | 0.93 | 0.93 |
| 8 〃　10 〃 | 0.88 | 0.96 | 0.97 | 0.97 | 0.97 | 0.95 | 0.95 |
| 10 〃　12 〃 | 0.90 | 0.98 | 0.99 | 0.99 | 1.00 | 0.96 | 0.96 |
| 12 〃　14 〃 | 0.91 | 0.99 | 1.00 | 1.00 | | 0.97 | 0.97 |
| 14 〃　16 〃 | 0.92 | 1.00 | | | | 0.98 | 0.98 |
| 16 〃　20 〃 | 0.93 | | | | | 0.99 | 0.99 |
| 20 〃　24 〃 | 0.94 | | | | | 1.00 | 1.00 |
| 24 〃　28 〃 | 0.95 | | | | 0.97 | | |
| 28 〃　32 〃 | 0.96 | | 0.98 | | 0.95 | | |
| 32 〃　36 〃 | 0.97 | | 0.96 | 0.97 | 0.93 | | |
| 36 〃　40 〃 | 0.98 | | 0.94 | 0.95 | 0.92 | | |
| 40 〃　44 〃 | 0.99 | | 0.92 | 0.93 | 0.91 | | |
| 44 〃　48 〃 | 1.00 | | 0.90 | 0.91 | 0.90 | | |
| 48 〃　52 〃 | | 0.99 | 0.88 | 0.89 | 0.89 | | |
| 52 〃　56 〃 | | 0.98 | 0.87 | 0.88 | 0.88 | | |
| 56 〃　60 〃 | | 0.97 | 0.86 | 0.87 | 0.87 | | |
| 60 〃　64 〃 | | 0.96 | 0.85 | 0.86 | 0.86 | 0.99 | |
| 64 〃　68 〃 | | 0.95 | 0.84 | 0.85 | 0.85 | 0.98 | |
| 68 〃　72 〃 | | 0.94 | 0.83 | 0.84 | 0.84 | 0.97 | |
| 72 〃　76 〃 | | 0.93 | 0.82 | 0.83 | 0.83 | 0.96 | |
| 76 〃　80 〃 | | 0.92 | 0.81 | 0.82 | | | |
| 80 〃　84 〃 | | 0.90 | 0.80 | 0.81 | 0.82 | 0.93 | |
| 84 〃　88 〃 | | 0.88 | | 0.80 | | | |
| 88 〃　92 〃 | | 0.86 | | | 0.81 | 0.90 | |
| 92 〃　96 〃 | 0.99 | 0.84 | | | | | |
| 96 〃　100 〃 | 0.97 | 0.82 | | | | | |
| 100 〃 | 0.95 | 0.80 | | | 0.80 | | |

### ② 側方路線影響加算率表

| 地区区分 | 加算率 | |
|---|---|---|
| | 角地の場合 | 準角地の場合 |
| ビル街地区 | 0.07 | 0.03 |
| 高度商業地区<br>繁華街地区 | 0.10 | 0.05 |
| 普通商業・併用住宅地区 | 0.08 | 0.04 |
| 普通住宅地区<br>中小工場地区 | 0.03 | 0.02 |
| 大工場地区 | 0.02 | 0.01 |

### ③ 二方路線影響加算率表

| 地区区分 | 加算率 |
|---|---|
| ビル街地区 | 0.03 |
| 高度商業地区<br>繁華街地区 | 0.07 |
| 普通商業・併用住宅地区 | 0.05 |
| 普通住宅地区<br>中小工場地区<br>大工場地区 | 0.02 |

## ④ 側方路線影響加算率表

| 地区区分<br>間口距離（メートル） | ビル街地区 | 高度商業地区 | 繁華街地区 | 普通商業・併用住宅地区 | 普通住宅地区 | 中小工場地区 | 大工場地区 |
|---|---|---|---|---|---|---|---|
| 4未満 | — | 0.85 | 0.90 | 0.90 | 0.90 | 0.80 | 0.80 |
| 4以上6未満 | — | 0.94 | 1.00 | 0.97 | 0.94 | 0.85 | 0.85 |
| 6 〃 8 〃 | — | 0.97 | | 1.00 | 0.97 | 0.90 | 0.90 |
| 8 〃 10 〃 | 0.95 | 1.00 | | | 1.00 | 0.95 | 0.95 |
| 10 〃 16 〃 | 0.97 | | | | | 1.00 | 0.97 |
| 16 〃 22 〃 | 0.98 | | | | | | 0.98 |
| 22 〃 28 〃 | 0.99 | | | | | | 0.99 |
| 28 〃 | 1.00 | | | | | | 1.00 |

## ⑤ 奥行長大補正率表

| 地区区分<br>奥行距離<br>間口距離 | ビル街地区 | 高度商業地区<br>繁華街地区<br>普通商業・<br>併用住宅地区 | 普通住宅地区 | 中小工場地区 | 大工場地区 |
|---|---|---|---|---|---|
| 2以上3未満 | 1.00 | 1.00 | 0.98 | 1.00 | 1.00 |
| 3 〃 4 〃 | | 0.99 | 0.96 | 0.99 | |
| 4 〃 5 〃 | | 0.98 | 0.94 | 0.98 | |
| 5 〃 6 〃 | | 0.96 | 0.92 | 0.96 | |
| 6 〃 7 〃 | | 0.94 | 0.90 | 0.94 | |
| 7 〃 8 〃 | | 0.92 | | 0.95 | |
| 8 〃 | | 0.90 | | 0.90 | |

## ⑥ がけ地補正率表

| がけ地地積／総地積 | 南斜面 | 東斜面 | 西斜面 | 北斜面 |
|---|---|---|---|---|
| 0.10以上 | 0.96 | 0.95 | 0.94 | 0.93 |
| 0.20 〃 | 0.92 | 0.91 | 0.90 | 0.88 |
| 0.30 〃 | 0.88 | 0.87 | 0.86 | 0.83 |
| 0.40 〃 | 0.85 | 0.84 | 0.82 | 0.78 |
| 0.50 〃 | 0.82 | 0.81 | 0.78 | 0.73 |
| 0.60 〃 | 0.79 | 0.77 | 0.74 | 0.68 |
| 0.70 〃 | 0.76 | 0.74 | 0.70 | 0.63 |
| 0.80 〃 | 0.73 | 0.70 | 0.66 | 0.58 |
| 0.90 〃 | 0.70 | 0.65 | 0.60 | 0.53 |

## ⑦ 不整形補正率表

### ア 地積区分表

| がけ地地積<br>総地積 | A | B | C |
|---|---|---|---|
| 高度商業地区 | 1,000㎡未満 | 1,000㎡以上<br>1,500㎡未満 | 1,500㎡以上 |
| 繁華街地区 | 450㎡ 〃 | 450㎡以上<br>700㎡未満 | 700㎡〃 |
| 普通商業・<br>併用住宅地区 | 650㎡ 〃 | 650㎡以上<br>1,000㎡未満 | 1,000㎡〃 |
| 普通住宅地区 | 500㎡ 〃 | 500㎡以上<br>750㎡未満 | 750㎡〃 |
| 中小工場地区 | 3,500㎡ 〃 | 3,500㎡以上<br>5,000㎡未満 | 5,000㎡〃 |

イ　不整形地補正率表

| 地区区分 / 地積区分 / かげ地割合 | 高度商業地区、繁華街地区、普通商業・併用住宅地区、中小工場地区 | | | 普通住宅地区 | | |
|---|---|---|---|---|---|---|
| | A | B | C | A | B | C |
| 10%以上 | 0.99 | 0.99 | 1.00 | 0.98 | 0.99 | 0.99 |
| 15% 〃 | 0.98 | 0.99 | 0.99 | 0.96 | 0.98 | 0.99 |
| 20% 〃 | 0.97 | 0.98 | 0.99 | 0.94 | 0.97 | 0.98 |
| 25% 〃 | 0.96 | 0.98 | 0.99 | 0.92 | 0.95 | 0.97 |
| 30% 〃 | 0.94 | 0.97 | 0.98 | 0.90 | 0.93 | 0.96 |
| 35% 〃 | 0.92 | 0.95 | 0.98 | 0.88 | 0.91 | 0.94 |
| 40% 〃 | 0.90 | 0.93 | 0.97 | 0.85 | 0.88 | 0.92 |
| 45% 〃 | 0.87 | 0.91 | 0.95 | 0.82 | 0.85 | 0.90 |
| 50% 〃 | 0.84 | 0.89 | 0.93 | 0.79 | 0.82 | 0.87 |
| 55% 〃 | 0.80 | 0.87 | 0.90 | 0.75 | 0.78 | 0.83 |
| 60% 〃 | 0.76 | 0.84 | 0.86 | 0.70 | 0.73 | 0.78 |
| 65% 〃 | 0.70 | 0.75 | 0.80 | 0.60 | 0.65 | 0.70 |

| 記号 | 借地権割合 | 貸宅地割合 | 貸家建付地割合 | 貸家建付借地権割合 | 転貸借地権割合 | 転借権割合 | 貸家建付転貸借割合 | 借家権割合 |
|---|---|---|---|---|---|---|---|---|
| A | 90% | 10% | 73% | 63% | 9% | 81% | 56.70% | 30% |
| B | 80% | 20% | 76% | 56% | 16% | 64% | 44.80% | 30% |
| C | 70% | 30% | 79% | 49% | 21% | 49% | 34.30% | 30% |
| D | 60% | 40% | 82% | 42% | 24% | 36% | 25.20% | 30% |
| E | 50% | 50% | 85% | 35% | 25% | 25% | 17.50% | 30% |
| F | 40% | 60% | 88% | 28% | 24% | 16% | 11.20% | 30% |
| G | 30% | 70% | 91% | 21% | 21% | 9% | 6.30% | 30% |

## (9) 相続税の計算

### ①　課税価格の合計額の計算

ア　財産合計の計算

イ　債務、葬式費用を控除

ウ　3年以内贈与財産を加算

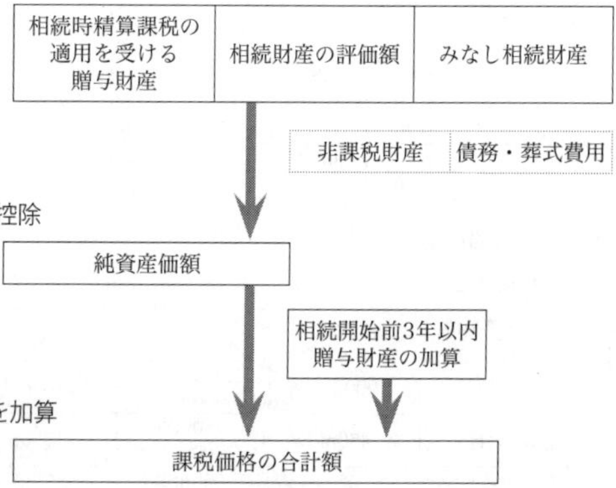

② 相続税の総額の計算

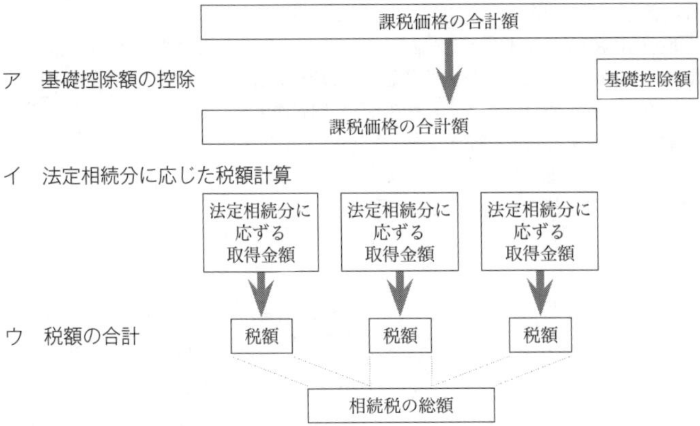
課税価格の合計額
ア　基礎控除額の控除
基礎控除額
課税価格の合計額
イ　法定相続分に応じた税額計算
法定相続分に応ずる取得金額
法定相続分に応ずる取得金額
法定相続分に応ずる取得金額
ウ　税額の合計
税額
税額
税額
相続税の総額

③ 各相続人の負担する相続税の計算

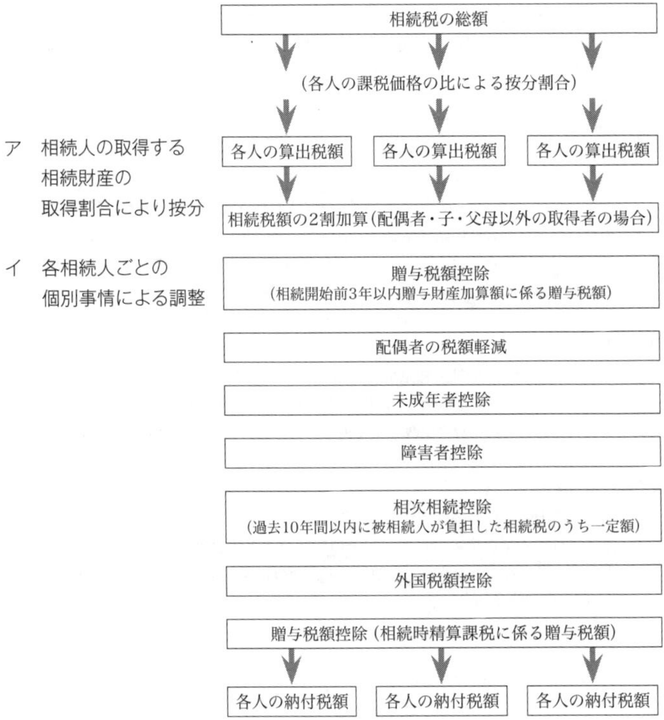
相続税の総額
(各人の課税価格の比による按分割合)
ア　相続人の取得する相続財産の取得割合により按分
各人の算出税額
各人の算出税額
各人の算出税額
相続税額の2割加算(配偶者・子・父母以外の取得者の場合)
イ　各相続人ごとの個別事情による調整
贈与税額控除
(相続開始前3年以内贈与財産加算額に係る贈与税額)
配偶者の税額軽減
未成年者控除
障害者控除
相次相続控除
(過去10年間以内に被相続人が負担した相続税のうち一定額)
外国税額控除
贈与税額控除(相続時精算課税に係る贈与税額)
各人の納付税額
各人の納付税額
各人の納付税額

## (10) 取引所の相場のない株式の評価

### ① 評価方法の判定

取引相場のない株式の評価方法については、その取得者の株式の所有状況に応じて、原則的評価方式と特例的評価方式の2つの評価方法に区分されています。評価方法の判定については、下表のように同族株主がいる場合といない場合とに分類し、それぞれ判定を行うことになります。

**原則的評価方式と特例的評価方式の区分**

<table>
<tr><th>会社区分</th><th colspan="4">株主区分</th><th>評価方式</th></tr>
<tr><td rowspan="6">同族株主あり</td><td rowspan="5">同族株主</td><td colspan="3">取得後の議決権割合5%以上</td><td rowspan="4">原則的評価方式</td></tr>
<tr><td rowspan="4">取得後の議決権割合5%未満</td><td colspan="2">中心的な同族株主がいない場合</td></tr>
<tr><td rowspan="3">中心的な同族株主がいる場合</td><td>中心的な同族株主</td></tr>
<tr><td>役員</td></tr>
<tr><td>その他</td><td rowspan="2">特例的評価方式</td></tr>
<tr><td colspan="4">同族株主以外の株主</td></tr>
<tr><td rowspan="5">同族株主なし</td><td rowspan="4">議決権割合の合計が15%以上のグループに属する株主</td><td colspan="3">取得後の議決権割合5%以上</td><td rowspan="3">原則的評価方式</td></tr>
<tr><td rowspan="3">取得後の議決権割合5%未満</td><td colspan="2">中心的な株主がいない場合</td></tr>
<tr><td rowspan="2">中心的な株主がいる場合</td><td>役員</td></tr>
<tr><td>その他</td><td rowspan="2">特例的評価方式</td></tr>
<tr><td colspan="4">議決権割合の合計が15%未満のグループに属する株主</td></tr>
</table>

※1 同族株主

同族株主とは、評価時期において株主の1人及びその同族関係者が有する議決権の合計が、評価会社の議決権総数の50%超（議決権総数の50%超を所有する株主グループがない場合には、30%以上）である場合におけるその株主及び同族関係者のことをいいます。

※2 中心的同族株主

同族株主のいる会社の株主で、評価時期において、同族株主の1人ならびにその株主の配偶者、直系血族、兄弟姉妹及び1親等の姻族等の有する議決権の合計数が、その会社の議決権総数の25%以上である場合の当該株主のことをいいます。

※3 中心的株主

同族株主のいない会社の株主で、課税時期において、株主の1人及びその同族関係者の有する議決権の合計数が、その会社の議決権総数の15%以上である株主グループに属する株主のうち、単独でその会社の議決権総数の10%以上の株式を有している株主のことをいいます。

## ② 会社規模の判定

取引相場のない株式の評価は、特例的評価方法を適用する場合を除き評価会社の規模（大会社・中会社・小会社）に応じて、それぞれに定める評価方法が適用されます。

この会社規模の判定は、評価会社の業種を卸売業、小売・サービス業、その他の業種の3つの業種に区分し、従業員数が70人以上の会社は大会社に区分されます。

従業員数が70人未満の会社については、総資産価額と従業員数とを併用する基準（下表ア i ））と直前期末以前1年間における取引金額による基準（下表ア ii ））があります。

## ③ 評価方式の判定

評価会社の会社規模を判定した後は、その会社規模に応じ、それぞれの評価方式により評価を行います（次ページ表イ）。

ア　会社規模の判定

i ）従業員数を加味した総資産基準

| 総資産価額 | | | 従業員数 | | | |
|---|---|---|---|---|---|---|
| **卸売業** | **小売・サービス業** | **その他** | 35人超69人以下 | 20人超35人以下 | 5人超20人以下 | 5人以下 |
| 20億円以上 | 15億円以上 | 15億円以上 | 大会社 | | | |
| 4～20億円 | 5～15億円 | 5～15億円 | 中の大 | | | |
| 2～4億円 | 2.5～5億円 | 2.5～5億円 | | 中の中 | | |
| 7千万～2億円 | 4千万～2.5億円 | 5千万～2.5億円 | | | 中の小 | |
| 7千万円未満 | 4千万円未満 | 5千万円未満 | | | | 小会社 |

ii ）取引高基準

| 取引高金額 | | | 会社区分 |
|---|---|---|---|
| **卸売業** | **小売・サービス業** | **その他** | |
| 30億円以上 | 20億円以上 | 15億円以上 | 大会社 |
| 7～30億円 | 5～20億円 | 4～15億円 | 中会社の大 |
| 3.5～7億円 | 2.5～5億円 | 2～4億円 | 中会社の中 |
| 2～3.5億円 | 6千万～2.5億円 | 8千万～2億円 | 中会社の小 |
| 2億円未満 | 6千万円未満 | 8千万円未満 | 小会社 |

イ　会社規模による評価方式の区分

<table>
<tr><th colspan="2" rowspan="3">評価方式 ＼ 会社規模</th><th colspan="4">原則的評価方式</th><th>特例的評価方式</th></tr>
<tr><th rowspan="2">類似業種<br>比準価額</th><th colspan="2">併用方式<br>(数値は併用割合)</th><th rowspan="2">純資産価額</th><td rowspan="7">配当還元方式<br>(原則的評価方式との選択可能)</td></tr>
<tr><th>類似業種<br>比準価額</th><th>純資産価額</th></tr>
<tr><td colspan="2">大会社</td><td>○</td><td>—</td><td>—</td><td>○</td></tr>
<tr><td rowspan="3">中会社</td><td>大</td><td>—</td><td>0.9</td><td>0.1</td><td>○</td></tr>
<tr><td>中</td><td>—</td><td>0.75</td><td>0.25</td><td>○</td></tr>
<tr><td>小</td><td>—</td><td>0.6</td><td>0.4</td><td>○</td></tr>
<tr><td colspan="2">小会社</td><td>—</td><td>0.5</td><td>0.5</td><td>○</td></tr>
</table>

ｉ）大会社の評価方法

**類似業種比準価額**
**純資産価額**
｝**いずれか低い金額**

ⅱ）中会社の評価方法

**類似業種比準価額×L（上記イ表の割合）＋純資産価額×（1－L）**

ⅲ）小会社の評価方法

**類似業種比準価額×L（0.5）＋純資産価額×（1－L（0.5））**

※1　上記計算式の類似業種比準価額については、純資産価額を用いて計算することができます。

※2　上記計算式の純資産価額は、同族株主グループの持株割合が50%以下であるときは、通常の純資産価額の80%相当額で評価します。

④　**評価方法**

ア　原則的評価方法（純資産価額）

$$\frac{A-(A-B)\times 37\%}{\text{課税時期の発行済株式総数}}$$

A＝課税時期の相続税評価額による総資産価額 － 課税時期の相続税評価額による負債金額の合計額

B＝課税時期の帳簿価額による総資産価額 － 課税時期の帳簿価額による負債金額の合計額

※1　AまたはBの額が負になる場合はAまたはBの額は0となります。

※2　分数算式中の（A–B）の額が負になる場合は（A–B）の額は0となります。

イ　原則的評価方法（類似業種比準価額）

$$A \times \frac{\frac{(B)}{B} + \frac{(C)}{C} + \frac{(D)}{D}}{3} \times \text{しんしゃく率（※1）}$$

A ＝　類似業種の株価

(B)＝　評価会社の直前期末における1株当たりの年配当金額

(C)＝　評価会社の直前期末以前1年間における1株当たりの年利益金額

(D)＝　評価会社の直前期末における1株当たりの純資産価額
（帳簿価額により計算した金額）

B ＝　課税時期の属する年の類似業種の1株当たりの年配当額

C ＝　課税時期の属する年の類似業種の1株当たりの年利益金額

D ＝　課税時期の属する年の類似業種の1株当たりの純資産額
（帳簿価額により計算した金額）

※1　しんしゃく率は、会社規模に応じそれぞれの割合となります。

※2　(B) ～ (D) を計算する際に用いる直前期末における発行済株式数は、一株あたりの資本金等の額を50円とした場合の株式数とし、自己株式を有する場合は、当該自己株式の数を控除した株式数とします。

| | 大会社 | 中会社 | 小会社 |
|---|---|---|---|
| しんしゃく率 | 0.7 | 0.6 | 0.5 |

ウ　特例的評価方式（配当還元価額）

$$\frac{\text{その株式にかかる年配当額}}{10\%} \times \frac{\text{その株式の1株当たりの資本金等の額}}{50\text{円}}$$

※　年配当金額が2円50銭または配当がない場合には、2円50銭の配当金額があったものとして計算します。

### ⑤　土地保有特定会社

「土地保有特定会社」とは、土地の保有割合が高い会社をいい、具体的には会社の規模により下記の割合以上の会社をいいます。

$$\text{土地の保有割合} = \frac{\text{土地等の価額（相続税評価額）}}{\text{総資産価額（相続税評価額）}}$$

会社の規模による土地保有割合

| 大会社 | 中会社 | 小会社 |
|---|---|---|
| 70%以上 | 90%以上 | ア　70%又は　イ　90%若しくは　ウ　該当なし |

※1　小会社の判定基準

ア　従業員の数が5人以下で、総資産価額が卸売業の会社は20億円以上、卸売業以外の会社では15億円以上の会社：70%以上

イ　従業員の数が5人以下で、総資産価額が卸売業の会社は7,000万円以上20億円未満、小売サービス業の会社では4,000万円以上15億円未満、それ以外の会社では5,000万円以上15億円未満の会社：90%以上

ウ　ア、イ以外の小会社

※2　土地等とは、「土地及び土地の上に存する権利」をいい、固定資産に限らず、販売用の棚卸資産についても含まれます。

⑥　株式保有特定会社

「株式保有特定会社」とは、株式会社等の保有割合が高い会社をいい、具体的には会社の規模により下記の割合以上の会社をいいます。

$$\text{株式会社等の保有割合} = \frac{\text{株式等の価額（相続税評価額）}}{\text{総資産の価額（相続税評価額）}}$$

会社の規模による株式保有割合

| 大会社 | 中会社 | 小会社 |
|---|---|---|
| 50%以上 | 50%以上 | 50%以上 |

※　評価の特例

「株式保有特定会社」は原則として純資産価額により評価しますが、「S1＋S2」の簡易方式により、評価することもできます。

簡易評価方式＝S1＋S2

S1＝株式保有特定会社の所有する株式及びその株式から生ずる受取配当がなかったとした場合のその会社の原則的評価方式による評価額

S2＝株式保有特定会社が所有する株式について、純資産価額方式100%で評価した価額

⑦　種類株式の評価方法

ア　配当優先の無議決権株式

ｉ）配当優先の株式の評価

同族株主が相続等により取得した配当（資本金等の額の減少に伴うものを除く、以下同じ）優先の株式の価額については以下の方法により評価します。

a　類似業種比準価額により評価する場合→財産評価基本通達183の（1）②の定める「1株当たりの配当金額」については、株式の種類ごとに計算して評価します。

b　純資産価額方式により評価する場合→財産評価基本通達185の定めにより評価します。

ii）無議決権株式の評価

原則：議決権の有無を考慮せずに評価します。

特例：次に掲げる条件をすべて満たす場合には、調整計算によることができます。

〈条件〉

a　同族株主が無議決権株式（後述イに掲げる社債類似株式を除く）を相続または遺贈により取得すること

b　当該会社の株式について、相続税の法定申告期限までに、遺産分割協議が確定していること

c　当該相続または遺贈により、当該会社の株式を取得したすべての同族株主から、相続税の法定申告期限までに、当該相続または遺贈により同族株主が取得した無議決権株式の価額について、調整計算により申告することについて届出書を所轄税務署長に提出していること

※　無議決権株式を相続または遺贈により取得した同族株主間及び議決権のある株式を相続または遺贈により取得した同族株主間では、それぞれの株式の1株当たりの評価額は同一となります。

d　当該相続税の申告に当たり、「取引相場のない株式（出資）の評価明細書」に、次の算式に基づく無議決権株式及び議決権のある株式の評価額の算定根拠を適宜の様式に記載し、添付していること（調整計算）同族株主が相続または遺贈により取得した無議決権株式の価額については、上記ｉ）または原則的評価方式により評価した価額から、その価額に5%を乗じて計算した金額を控除した金額により評価するとともに、当該控除した金額を当該相続または遺贈により同族株主が取得した当該会社の議決権のある株式の価額に加算する

〈算式〉

|  |
|---|
| 無議決権株式の評価額（単価）＝A×0.95<br>議決権のある株式への加算額＝<br>（A×無議決権株式の株式総数（※）×0.05）＝X<br>議決権のある株式の評価額（単価）＝<br>（B×議決権のある株式の株式総数(※)＋X)÷議決権のある株式の株式総数(※) |

A：調整計算前の無議決権株式の1株当たりの評価額

B：調整計算前の議決権のある株式の1株当たりの評価額

※1　※の「株式総数」は、同族株主が当該相続または遺贈により取得した当該株式の総数をいいます（配当還元方式により評価する株式及び下記イにより評価する社債類似株式を除く）。

※2　A及びBの計算において、当該会社が社債類似株式を発行している場合は、下記イのなお書きにより、議決権のある株式及び無議決権株式を評価した後の評価額

イ　社債類似株式の評価

次の条件を満たす株式（社債類似株式）については、財産評価基本通達197-2の（3）に準じて、発行価額により評価しますが、株式であることから、既経過利息に相当する配当金の加算は行いません。

なお、社債類似株式を発行している会社の社債類似株式以外の株式の評価に当たっては、社債類似株式を社債として計算します。

〈条件〉

i）配当金については優先して分配する。また、ある事業年度の配当金が、優先配当金に達しないときは、その不足額は翌事業年度以降に累積することとするが、優先配当金を超えて配当しない。

ii）残余財産の分配については、発行価額を超えて分配は行わない。

iii）一定期日において、発行会社は本件株式の全部を発行価額で償還する。

iv）議決権を有しない。

v）他の株式を対価とする取得請求権を有しない。

ウ　拒否権付株式の評価

拒否権付株式（会社法第108条第1項第8号に掲げる株式）については、拒否権を考慮せずに評価します。

## (11) 小規模宅地等の特例

### ①　内容

| 相続開始直前の状況 | 区分 | 軽減割合 |
|---|---|---|
| 被相続人等の事業用宅地等で、建物や構築物の敷地の用に供されているもの | 特定事業用宅地等 | 80% |
| | 特定同族会社事業用宅地等 | 80% |
| | 貸付事業用宅地等 | 50% |
| 被相続人等の居住用宅地等で、建物や構築物の敷地の用に供されているもの | 特定居住用宅地等 | 80% |

※1　被相続人等とは、被相続人または被相続人と生計を一にしていた被相続人の親族（生計一親族）をいいます。

※2　事業には、事業と称するに至らない不動産の貸付けその他これに類する行為で、相当の対価を得て継続的に行うもの（準事業）を含みます。

※3　宅地等には、土地または土地の上に存する権利をいいます。

② **特定事業用宅地等**

注：相続開始前3年以内に新たに事業の用に供された宅地等（当該宅地等の上で事業の用に供されている減価償却資産の価額が、当該宅地等の相続時の価額の15%以上である場合を除く）を除く

ア　被相続人の事業用の場合

| 被相続人の事業用宅地等で、<br>次のすべての要件に該当する被相続人の親族が相続又は遺贈により取得したもの | |
|---|---|
| ⅰ）事業承継要件 | 被相続人の親族が被相続人の事業を相続税の申告期限までに承継 |
| ⅱ）事業継続要件 | 事業承継親族が事業承継後相続税の申告期限まで事業継続 |
| ⅲ）保有継続要件 | 事業承継親族が当該宅地等を相続開始時から相続税の申告期限まで保有継続 |

※　被相続人等の事業には、不動産貸付業等（不動産貸付業、駐車場業、自転車駐車場業及び準事業）を除きます。

イ　被相続人の生計一親族の事業用の場合

| 被相続人の生計一親族の事業用宅地等で、<br>当該被相続人の生計一親族が相続又は遺贈により取得したもの | |
|---|---|
| ⅰ）事業継続要件 | 相続開始前から相続税の申告期限まで事業継続 |
| ⅱ）保有継続要件 | 事業承継親族が当該宅地等を相続開始時から相続税の申告期限まで保有継続 |

③ **特定同族会社事業用宅地等**

| 被相続人等の事業用宅地等（次のⅰからⅲの要件に該当する法人の事業の用に供されているものに限る）で、次のⅳおよびⅴの要件に該当する被相続人の親族が相続又は遺贈により取得したもの | |
|---|---|
| ⅰ）法人の出資者の要件 | 相続開始直前に被相続人及び被相続人の親族その他被相続人と一定の特別の関係にある者が株式等の50%超を有する法人 |
| ⅱ）法人の事業の範囲 | 不動産貸付業等を除く |
| ⅲ）法人の事業継続要件 | 相続開始直前から相続税の申告期限まで当該法人の事業の用に供していること |
| ⅳ）取得者の要件 | 相続税の申告期限において上記法人の役員（法人税法第2条第15号）であること |
| ⅴ）保有継続要件 | 当該宅地等を取得した当該親族が相続開始時から相続税の申告期限まで保有継続 |

※　被相続人等の事業は、不動産貸付業等に限ります。

### ④　貸付事業用宅地等

注：相続開始前3年以内に新たに貸付事業の用に供された宅地等（相続開始の日まで3年超継続して事業的規模の貸付事業を行っていた被相続人等の当該貸付事業の用に供されたものを除く）を除く

ア　被相続人の貸付事業用の場合

| 被相続人の貸付事業用宅地等で、<br>次のすべての要件に該当する被相続人の親族が相続又は遺贈により取得したもの | |
|---|---|
| ｉ）事業承継要件 | 被相続人の親族が被相続人の貸付事業を相続税の申告期限までに承継 |
| ⅱ）事業継続要件 | 事業承継親族が事業承継後相続税の申告期限まで事業継続 |
| ⅲ）保有継続要件 | 事業承継親族が当該宅地等を相続開始時から相続税の申告期限まで保有継続 |

イ　被相続人の生計一親族の貸付事業用の場合

| 被相続人の生計一親族の貸付事業用宅地等で、<br>当該被相続人の生計一親族が相続又は遺贈により取得したもの | |
|---|---|
| ｉ）事業継続要件 | 相続開始前から相続税の申告期限まで事業継続 |
| ⅱ）保有継続要件 | 事業承継親族が当該宅地等を相続開始時から相続税の申告期限まで保有継続 |

### ⑤　特定居住用宅地等

ア　被相続人の居住用の場合

| 被相続人の居住用宅地等で、被相続人の配偶者又は次のⅰ又はⅱのいずれかの要件を満たす被相続人の親族が相続又は遺贈により取得したもの | |
|---|---|
| ⅰ）同居親族（次のすべての要件に該当する場合） | |
| a　同居親族の要件 | 相続開始直前に当該宅地等の上に存する被相続人の居住用の一棟の建物に居住居 |
| b　居住継続要件 | 相続開始時から相続税の申告期限まで居住継続 |
| c　保有継続要件 | 居住継続親族が当該宅地等を相続開始時から相続税の申告期限まで保有継続 |
| ⅱ）非同居親族（次のすべての要件に該当する場合） | |
| a　配偶者・一定の同居親族の不存在の要件 | 被相続人の配偶者または相続開始直前に被相続人の居住の用に供されていた家屋に居住していた親族（被相続人の法定相続人（相続の放棄があった場合には、その放棄がなかったものとした場合における相続人））がいないこと |
| b　自己所有家屋に非居住の要件 | b1 相続開始前3年以内に国内にある当該親族、当該親族の配偶者、当該親族の3親等内の親族、当該親族の特別関係法人の所有家屋（相続開始直前に被相続人の居住の用に供されていた家屋を除く）に居住したことがないこと<br>b2 相続開始時に当該親族が居住している家屋を相続開始前のいずれの時においても所有していたことがないこと |
| c　保有継続要件 | 当該宅地等を相続開始時から相続税の申告期限まで保有継続 |
| d　取得者の要件 | 制限納税義務者で、日本国籍を有しない者でないこと |

イ　被相続人の生計一親族の居住用の場合

| 被相続人の生計一親族の居住用宅地等で、被相続人の配偶者又は次の要件を満たす被相続人の親族が相続又は遺贈により取得したもの | |
|---|---|
| 居住親族（次のすべての要件に該当する場合） | |
| a　居住継続要件 | 相続開始前から相続税の申告期限まで居住継続 |
| b　保有継続要件 | 居住継続親族が当該宅地等を相続税の申告期限まで保有継続 |

**⑥　限度面積の調整**

平成27年以降

ア　特定事業用等宅地等である選択特例対象宅地等
　選択特例対象宅地等の面積の合計が400㎡以下であること
イ　特定居住用宅地等である選択特例対象宅地等
　選択特例対象宅地等の面積の合計が330㎡以下であること
ウ　貸付事業用宅地等である選択特例対象宅地等
　次の算式により計算した面積が200㎡以下であること

$$A \times 200 / 400 + B \times 200 / 330 + C$$

A：特定事業用等宅地等である選択特例対象宅地等がある場合の当該選択特例対象宅地等の合計面積
B：特定居住用宅地等である選択特例対象宅地等がある場合の当該選択特例対象宅地等の合計面積
C：貸付事業用宅地等である選択特例対象宅地等の合計面積

⑦　添付書類

小規模宅地の特例の適用を受けるためには、相続税の申告書に特例の適用を受けようとする旨を記載し、計算に関する明細書を添付する必要があります。

| No. | 書類 |
| --- | --- |
| 1 | 被相続人の戸籍謄本等 |
| 2 | 遺言書の写し又は遺産分割協議書の写し |
| 3 | 相続人全員の印鑑証明書（遺産分割協議書に押印したもの） |
| 4 | 申告期限後３年以内の分割見込書（申告期限内に分割ができない場合） |
| 5 | 申告書第11・11の2表の付表1、同別表 |
| 6 | 特定居住用宅地等に該当する場合 |
| | (1) 被相続人の居住の用に供されていた一棟の建物に居住していた親族が取得する場合又は被相続人の生計一親族が取得する場合 |
| | 当該親族が特例の適用を受ける宅地等を自己の居住の用に供していることを明らかにする書類（当該親族が個人番号を有しない場合） |
| | (2) 被相続人の配偶者及び (1) に掲げる親族以外の親族が取得する場合 |
| | ①相続開始前３年以内における住所又は居所を明らかにする書類（当該親族が個人番号を有しない場合） |
| | ②相続開始前３年以内に居住していた家屋が、自己、自己の配偶者、三親等内の親族又は特別の関係がある一定の法人の所有する家屋以外の家屋である旨を証する書類 |
| | ③相続開始の時において自己の居住している家屋を相続開始前のいずれの時においても所有していたことがないことを証する書類 |
| | (3) 被相続人が一定の事由により相続開始の直前において被相続人の居住の用に供されていなかった宅地等について特例の適用を受ける場合 |
| | ①被相続人の戸籍の附票の写し |
| | ②介護保険の被保険者証の写し、障害福祉サービス受給者証の写し等 |
| | ③施設への入所時における契約書の写し等 |

| No. | 書類 |
| --- | --- |
| 7 | 特定同族会社事業用宅地等に該当する場合 |
| | ①法人の定款の写し |
| | ②法人の発行済株式の総数及び被相続人等が有するその法人の株式の総数を記載した書類でその法人が証明したもの |
| 8 | 貸付事業用宅地等に該当する場合 |
| | 被相続人等が相続開始の日まで３年を超えて特定貸付事業を行っていたことを明らかにする書類（当該貸付事業用宅地等が平成30年4月1日以後に新たに被相続人等の特定貸付事業の用に供されたものである場合） |

| | | |
| --- | --- | --- |
| 注意点 | 特定事業用宅地等 | 被相続人の事業用宅地等で、被相続人の親族が被相続人の事業を承継した場合の特例については、事業を承継する親族は被相続人と生計が一であるという要件は必要ありません。 |
| | 特定居住用宅地等 | a　被相続人等の居住用宅地等で、被相続人の配偶者が取得した場合には、取得という事実以外に、居住要件や保有要件など他の要件は特に定められていません。<br>b　被相続人の居住用宅地等で、被相続人の非同居親族が取得した場合には、当該親族の居住要件は特に定められていません。また、相続権を有していた被相続人の親族が被相続人と同居していた場合に限り、他の相続人が取得した宅地等について特定居住用宅地等に該当しないことになり、相続権を有しない被相続人の親族が被相続人と同居していた場合でも、特定居住用宅地等に該当することになります。 |

## （12）相続時精算課税制度

| | |
| --- | --- |
| 適用対象者 | ・贈与者は、満65歳以上の親（平成27年以降は、満60歳以上の親又は祖父母） |
| | ・受贈者は、満20歳以上の子である推定相続人（代襲相続人を含む）人数制限はない。（平成27年以降は、満20歳以上の子である推定相続人又は孫） |
| 適用手続 | ・贈与を受けた年の翌年3月15日までに税務署へ本制度を選択する旨を届出<br>・最初の贈与の際に届け出れば、相続時までに本制度の適用が継続<br>・①受贈者である兄弟姉妹が別々に<br>②贈与者である父、母ごとに、選択可能 |
| 適用対象となる贈与財産等 | ・贈与財産の種類、贈与金額、贈与回数に制限はない |

| | | |
|---|---|---|
| 税額の計算等 | 〈贈与時〉 | ・制度の対象となる親からの贈与財産について、他の贈与財産と区別して、贈与時に贈与税（軽減）を納税<br>・申告を前提に、2,500万円の非課税枠（限度額まで多年にわたり使用可）、これを超える部分について税率20%で課税 |
| | 〈相続時〉 | ・選択した子は、制度の対象となる親からの相続時に、それまでの贈与財産と相続財産とを合算して計算した金額（計算方法は従来と同じ）から、すでに支払った贈与税相当額を控除<br>・相続税額から控除しきれない贈与税額相当額は還付<br>・相続財産と合算する贈与財産の価額は、贈与時の相続税評価額 |

## 相続時精算課税と暦年課税

| | 相続時精算課税 | 暦年課税 |
|---|---|---|
| 贈与者 | 満65歳以上の親<br>（平成27年以降は、満60歳以上の親又は祖父母） | 制限なし |
| 受贈者 | 満20歳以上の子<br>（平成27年以降は、満20歳以上の子である推定相続人又は孫） | 制限なし |
| 贈与財産 | 制限なし | 制限なし |
| 非課税枠 | 2,500万円（累積） | 110万円（暦年） |
| 贈与税率 | 20%（定率） | 10～55%（累進） |
| 相続時 | 贈与時の時価で相続財産と合算 | 相続開始3年以内の贈与財産のみ<br>贈与時の時価で相続財産に加算 |
| 精算 | 相続時に精算（還付あり） | 相続時に精算（還付なし） |
| 制限 | 一度選択したら相続時まで継続適用 | 制限なし<br>（いつでも相続時精算課税に移行可） |

## (13) 住宅取得資金の贈与 (非課税制度)

### ① 暦年課税の場合

| | | | |
|---|---|---|---|
| 適用期間 | 平成27年1月1日～令和3年12月31日 | | |
| 贈与者 | 受贈者の直系尊属 (祖父母も可) | | |
| 受贈者 | 贈与年の1月1日において20歳以上<br>＋受贈年の合計所得2,000万円以下 | | |
| 非課税限度額 | 契約年 | 消費税率10%適用 | 左記以外 (注1) |
| | H27 | － | 1,000万円 (1,500万円) |
| | H28.1 ～ H31.3 | | 700万円 (1,200万円) |
| | H31.4 ～ R2.3 | 2,500万円 (3,000万円) | |
| | R2.4 ～ R3.3 | 1,000万円 (1,500万円) | 500万円 (1,000万円) |
| | R3.4 ～ R3.12 | 700万円 (1,200万円) | 300万円 (800万円) |
| 床面積 | 50㎡以上240㎡以下 | | |
| その他 | 贈与者相続時の3年以内贈与加算の適用なし | | |

(注1) 消費税率8%適用の場合のほか、個人間売買により中古住宅を取得した場合

(注2) カッコ書きは、省エネルギー性・耐震性・バリアフリー性を備えた良質な住宅用家屋の場合

(注3) 平成31年3月以前に「左記以外」欄の非課税限度額の適用を受けた場合、再度「消費税率10%適用」欄の非課税限度額の適用を受けることが可能

### ② 精算課税の場合

| | | | |
|---|---|---|---|
| 適用期間 | 平成27年1月1日～令和3年12月31日 | | |
| 贈与者 | 父母 (祖父母も可)、年齢要件なし | | |
| 受贈者 | 贈与年の1月1日において20歳以上<br>＋受贈年の合計所得2,000万円以下 | | |
| 非課税限度額 | 契約年 | 消費税率10%適用 | 左記以外 (注1) |
| | H27 | － | 1,000万円 (1,500万円) |
| | H28.1 ～ H31.3 | | 700万円 (1,200万円) |
| | H31.4 ～ R2.3 | 2,500万円 (3,000万円) | |
| | R2.4 ～ R3.3 | 1,000万円 (1,500万円) | 500万円 (1,000万円) |
| | R3.4 ～ R3.12 | 700万円 (1,200万円) | 300万円 (800万円) |
| 床面積 | 50㎡以上240㎡以下 | | |
| その他 | 贈与者相続時の持ち戻しの適用なし | | |

(注1) 消費税率8%適用の場合のほか、個人間売買により中古住宅を取得した場合

(注2) カッコ書きは、省エネルギー性・耐震性・バリアフリー性を備えた良質な住宅用家屋の場合

(注3) 平成31年3月以前に「左記以外」欄の非課税限度額の適用を受けた場合、再度「消費税率10%適用」欄の非課税限度額の適用を受けることが可能

※受贈者は上記以外に次の要件を満たす必要があります。

ア 贈与年の翌年3月15日までに、住宅取得資金の額を住宅用家屋の新築、取得又は増改築（工事費用100万円以上）に充てること
イ 贈与年の翌年3月15日までに、住宅用家屋を居住の用に供すること（又は同日後遅滞なく居住の用に供することが確実であると見込まれること）
ウ 居住無制限納税義務者又は非居住無制限納税義務者であること

### (14) 教育資金の一括贈与に係る贈与税の非課税措置

① 受贈者（30歳未満の者に限る）の教育資金に充てるためにその直系尊属が金銭等を拠出し、金融機関に信託等をすること
② 信託受益権の価額又は拠出された金銭等の額のうち受贈者一人につき1,500万円（学校等以外の者に支払われる金銭については500万円を限度とする）までの金額であること
③ 平成25年4月1日から令和3年3月31日までの間に拠出されるものであること
④ 受贈者が一定の申告書を、金融機関を経由し受贈者の納税地の所轄税務署長に提出するとともに、払い出した金銭を教育資金の支払いに充当したことを証する書類を金融機関に提出すること
　注：教育資金とは、文部科学大臣が定める次の金銭をいいます。
　　ア　学校等に支払われる入学金その他の金銭
　　イ　学校等以外の者に支払われる金銭のうち一定のもの
⑤ 信託等をする日の属する年の前年の受贈者の合計所得金額が1,000万円以下であること

### (15) 結婚・子育て資金の一括贈与に係る贈与税の非課税措置

① 受贈者（20歳以上50歳未満の者に限る）の結婚・子育て資金に充てるためにその直系尊属が金銭等を拠出し、金融機関に信託等をすること

② 信託受益権の価額又は拠出された金銭等の額のうち受贈者一人につき1,000万円（結婚に際して支出する費用については300万円を限度とする）までの金額であること

③ 平成27年4月1日から令和3年3月31日までの間に拠出されるものであること

④ 受贈者が一定の申告書、金融機関を経由し受贈者の納税地の所轄税務署長に提出するとともに、払い出した金銭を結婚・子育て資金の支払いに充当したことを証する書類を金融機関に提出すること

注：結婚・子育て資金とは、内閣総理大臣が定める次の金銭をいいます。

ア 結婚に際して支出する婚礼（結婚披露を含む）に要する費用、住居に要する費用及び引越に要する費用のうち一定のもの

イ 妊娠に要する費用、出産に要する費用、子の医療費及び子の保育料のうち一定のもの

⑤ 信託等をする日の属する年の前年の受贈者の合計所得金額が1,000万円以下であること

MEMO

## (16) 相続税の納税

### ① 納税の概要

相続税の納期限

| 期限内申告 | 期限内申告書の提出期限 |
|---|---|
| **期限後申告・修正申告** | その申告書を提出した日 |
| **更正または決定** | 更正または決定の通知書が発せられた日の<br>翌日から起算して1か月以内 |

相続税の納付の種類

| 金銭一括納付 | 原則 |
|---|---|
| **延納** | 金銭一括納付困難なとき |
| **物納** | 延納によっても金銭で納付できないとき |

### ② 延納

| 延納の要件 | 提出書類 |
|---|---|
| 相続税が10万円超 | |
| 納期限までに申請書を提出 | 延納申請書 |
| 金銭一括納付が困難であること | 金銭納付を困難とする理由書 |
| 担保を提供 | 担保目録、担保提供書 |

ア 概要

納期限までに金銭で一括納付できない場合には、最高20年の元金均等の年賦払いによる延納により相続税を納めることができます。

イ 担保の提供

延納を受けるためには、下記の金額に相当する担保を提供しなければなりません。

担保の必要額＝延納税額×第1回目の利子税額×3

(第１回目の利子税の額が１年未満の場合は１年として計算した金額)

提供する担保の評価は、おおむね土地は時価の8割、建物は時価の7割とみます。

### ③　利子税

延納の期間の利子税

| 相続財産に占める<br>不動産等の割合 | 区分 | 延納期間<br>（最高） | 利子税<br>（原則） |
|---|---|---|---|
| 75%以上の場合 | 不動産等にかかわる延納相続税額 | 20年 | 3.60% |
| | その他財産にかかわる延納相続税額 | 10年 | 5.40% |
| 50%以上75%未満の場合 | 不動産等にかかわる延納相続税額 | 15年 | 3.60% |
| | その他財産にかかわる延納相続税額 | 10年 | 5.40% |
| 50%未満の場合 | 一般の延納相続税額 | 5年 | 6.00% |

ア　概要

延納の利子税の率は、上記のように相続財産のうちに不動産等の占める割合によって異なります。

イ　利子税の率の特例

平成12年1月1日以後の期間に対応する利子税の率は、基準割引率に連動する利子税の率となりました。

$$\text{原則の利子税の率} \times \frac{(\text{基準時点の基準割引率} + 4\%)}{7.3\%} = \text{延納特例割合}$$

（0.1% 未満の端数切捨て）

基準時点は、各分納期間の開始月の2月前の月の末日です。

ただし、基準時点の基準割引率＋4%の金額が、7.3%以上の場合は7.3%となり、原則の利子税の率になります。

平成26年1月1日以降の期間に対応する利子税の率は、特例基準割合に連動する利子税の率となりました。

$$\text{原則の利子税の率} \times \frac{\text{基準年の特例基準割合}}{7.3\%} = \text{延納特例割合}$$

（0.1% 未満の端数切捨て）

基準年は各分納期間の開始日の日の属する年です。

特例基準割合は、国内銀行の貸出約定平均金利（新規・短期）の年平均に1%を加えた割合です。

ただし、基準年の特例基準割合が7.3%以上の場合は7.3%となり、原則の利子税の率になります。

④　延納税額早見表（延納税額1,000千円当たりの年支払い）

下掲表及び次ページを参照してください。

平成27年以降（特例基準割合2%の場合）　　（単位：千円）

A　利子税率　0.9%

| 延納期間 | 年数 | 相続税 | 利子税 | 合計額 |
|---|---|---|---|---|
| 10年 | 1年目 | 100 | 9.0 | 109.0 |
| | 2年目 | 100 | 8.1 | 108.1 |
| | 3年目 | 100 | 7.2 | 107.2 |
| | 4年目 | 100 | 6.3 | 106.3 |
| | 5年目 | 100 | 5.4 | 105.4 |
| | 6年目 | 100 | 4.5 | 104.5 |
| | 7年目 | 100 | 3.6 | 103.6 |
| | 8年目 | 100 | 2.7 | 102.7 |
| | 9年目 | 100 | 1.8 | 101.8 |
| | 10年目 | 100 | 0.9 | 100.9 |
| | 合計 | 1,000 | 49.5 | 1,049.5 |
| 15年 | 1年目 | 76 | 9 | 85.0 |
| | 2年目 | 66 | 8.3 | 74.3 |
| | 3年目 | 66 | 7.7 | 73.7 |
| | 4年目 | 66 | 7.1 | 73.1 |
| | 5年目 | 66 | 6.5 | 72.5 |
| | 6年目 | 66 | 5.9 | 71.9 |
| | 7年目 | 66 | 5.3 | 71.3 |
| | 8年目 | 66 | 4.8 | 70.8 |
| | 9年目 | 66 | 4.2 | 70.2 |
| | 10年目 | 66 | 3.6 | 69.6 |
| | 11年目 | 66 | 3 | 69.0 |
| | 12年目 | 66 | 2.4 | 68.4 |
| | 13年目 | 66 | 1.8 | 67.8 |
| | 14年目 | 66 | 1.2 | 67.2 |
| | 15年目 | 66 | 0.6 | 66.6 |
| | 合計 | 1,000 | 71.4 | 1,071.4 |
| 20年 | 1年目 | 50 | 9.0 | 59.0 |
| | 2年目 | 50 | 8.6 | 58.6 |
| | 3年目 | 50 | 8.1 | 58.1 |
| | 4年目 | 50 | 7.7 | 57.7 |
| | 5年目 | 50 | 7.2 | 57.2 |
| | 6年目 | 50 | 6.8 | 56.8 |
| | 7年目 | 50 | 6.3 | 56.3 |
| | 8年目 | 50 | 5.9 | 55.9 |
| | 9年目 | 50 | 5.4 | 55.4 |
| | 10年目 | 50 | 5.0 | 55.0 |
| | 11年目 | 50 | 4.5 | 54.5 |
| | 12年目 | 50 | 4.1 | 54.1 |
| | 13年目 | 50 | 3.6 | 53.6 |
| | 14年目 | 50 | 3.2 | 53.2 |
| | 15年目 | 50 | 2.7 | 52.7 |
| | 16年目 | 50 | 2.3 | 52.3 |
| | 17年目 | 50 | 1.8 | 51.8 |
| | 18年目 | 50 | 1.4 | 51.4 |
| | 19年目 | 50 | 0.9 | 50.9 |
| | 20年目 | 50 | 0.5 | 50.5 |
| | 合計 | 1,000 | 94.5 | 1,094.5 |

（単位：千円）

| B　利子税率　1.4% | | | | |
|---|---|---|---|---|
| 延納期間 | 年数 | 相続税 | 利子税 | 合計額 |
| 10年 | 1年目 | 100 | 14.0 | 114.0 |
| | 2年目 | 100 | 12.6 | 112.6 |
| | 3年目 | 100 | 11.2 | 111.2 |
| | 4年目 | 100 | 9.8 | 109.8 |
| | 5年目 | 100 | 8.4 | 108.4 |
| | 6年目 | 100 | 7.0 | 107.0 |
| | 7年目 | 100 | 5.6 | 105.6 |
| | 8年目 | 100 | 4.2 | 104.2 |
| | 9年目 | 100 | 2.8 | 102.8 |
| | 10年目 | 100 | 1.4 | 101.4 |
| | 合計 | 1,000 | 77.0 | 1,077.0 |

| C　利子税率　1.6% | | | | |
|---|---|---|---|---|
| 延納期間 | 年数 | 相続税 | 利子税 | 合計額 |
| 5年 | 1年目 | 200 | 16.0 | 216.0 |
| | 2年目 | 200 | 12.8 | 212.8 |
| | 3年目 | 200 | 9.6 | 209.6 |
| | 4年目 | 200 | 6.4 | 206.4 |
| | 5年目 | 200 | 3.2 | 203.2 |
| | 合計 | 1,000 | 48.0 | 1,048.0 |

⑤　物納（平成18年4月1日以後に相続又は遺贈により取得した財産に係る相続税について適用）

| 物納の要件 | 提出書類 |
|---|---|
| 延納によっても金銭納付が困難 | 金銭納付を困難とする理由書 |
| 金銭納付困難である金額の限度内 | 物納申請書 |
| 納期限までに申請書を提出 | 物納財産目録 |
| 物納不適格財産以外の財産であること | 登記事項証明書<br>測量図<br>境界確認書 |

※　一定の確約書等の要請があれば、これを定め提出する必要があります。

ア　物納できない財産（物納不適格財産）

　ⅰ）抵当権付不動産

　ⅱ）境界不明確な土地等

　ⅲ）その他の管理又は処分をするのに不適格な財産

イ　他に物納適格財産がない場合に限り物納できる財産（物納劣後財産）

　ⅰ）市街化調整区域内の土地

　ⅱ）接道条件を充足していない土地（いわゆる無道路地）等

ウ　物納できる財産（物納適格財産）

　ア、イ以外の財産。物納適格財産を有する場合において、物納不適格財産又は物納劣後財産をもって物納申請をしたときは、その申請は却下されます。この場合、申請者はその却下の日から20日以内に一度に限り再申請をすることができます。

## ⑥　不動産の物納条件

| | |
|---|---|
| 道路関連 | 接道道路は建築基準法に認定されているか |
| | 合法的な建築確認通知が取得できるか |
| | 公道の幅員確定（官民査定）は終了しているか |
| | 接道道路は査定幅員が確保されているか |
| 測量関連 | 利用区画毎に分筆されているか |
| | 隣接地との境界は確定し杭は入っているか |
| | 対象地の確定測量は終了しているか |
| | 実測面積と公簿面積は公差範囲内に入るか |
| 登記関連 | 登記簿の地目は現況と合致しているか |
| | 登記簿の地目が農地（田・畑）ではないか |
| | 相続登記は終了しているか |
| | 登記簿の甲区または乙区に所有権以外の権利設定はないか |
| | 物納申請しない共有者がいないか |
| 越境埋設物関連 | 対象敷地に道路や隣地から越境物はないか |
| | 対象地に管理者不明の電柱が埋設されていないか |
| | 隣接地に構造物や樹木等が越境していないか |
| | 道路に構造物や樹木等が越境していないか |
| | 境界線上のブロック塀の所有者が明らかになるか |
| | 対象地内に第三者の利用する埋設管はないか |
| | 対象地内に文化財や廃棄物等の埋設物はないか |
| その他の関連事項 | 敷地面積に対する建蔽・容積率を確保できるか |
| | 対象地上の建物は違反建築物にならないか |
| | 隣接地の建蔽・容積率に影響を及ぼさないか |
| | 隣接地上の建物が違反建築物にならないか |
| | 現在の利用形態が管理上・処分上の問題となることはないか |
| | 道路計画や再開発が事業決定されていないか |
| | 事業決定された区画整理地域に該当しないか |

| | |
|---|---|
| 建物物納関連 | 申請建物は大規模な修繕等を必要としないか |
| | 申請建物の維持管理に多大な費用を必要としないか |
| | 申請建物の利用状況に管理・処分上の問題はないか |
| | 申請建物の構造は維持管理に問題はないか |
| | 建物賃貸借の契約内容に管理・処分の問題はないか |
| | 申請建物は建築基準法に抵触していないか |
| | 区分マンションの管理費・修繕金等の遅延滞納はないか |
| | 申請建物の建設地も物納申請を行っているか |
| 底地権物納関連事項 | 申請地上の建物は登記されているか |
| | 申請地上の建物は土地貸借人と同一名義であるか |
| | 申請地上の建物は違反建築物でないか |
| | 申請地で新たな建築確認の取得ができるか |
| | 有効期限内の賃貸借契約が締結されているか |
| | 契約内容に不利益な条件を設定していないか |
| | 契約内容は借地法に抵触していないか |
| | 賃借人は契約内容に違反していないか |
| | 契約書以外に契約内容にかかる合意をしていないか |
| | 地代金額は適正水準を満たしているか |
| | 賃借人の利用状況に合わせ賃料設定をしているか |
| | 前払い地代に遅延・滞納等はないか |
| | 更新料・承諾料等の未払金はないか |
| | 借地権ごとの境界は決定しているか |
| | 借地境界ごとに分筆されているか |
| 個別懸案事項 | マンションの底地は区分登記分の持分を持っているか |
| | 建物の借上げ法人は設立3年以上経過しているか |
| | 建物の借上げ法人の前3期は赤字決算でないか |
| | 自用底地を設定する場合に地代の支払いが可能か |

⑦　物納の手続き

ア　前掲⑤の提出書類を物納申請時（相続税の納期限まで）に提出

↓

イ　アの不備または未提出の場合は、税務署長の請求後20日以内に補正または提出

↓

ウ　税務署長の請求により、1年以内に廃材の撤去、その他の物納財産を収用するために必要な措置を講ずる。

↓

エ　アの提出書類の提出期限から原則3か月以内（一定の場合は6か月または9か月以内）に許可または却下の判定

※1　イ、ウの提出または補正は申請者の届出により最長1年間延長することができます。ただし一度の届出につき延長期間は3か月までとなります。

※2　イ、ウについてはその期限内に補正もしくは提出または措置がなされなかった場合には、その申請を取り下げたものとみなされます。

※3　許可または却下がウの期間内にないときは、物納の許可があったものとみなされます。

※4　物納申請の全部または一部が却下された場合は20日以内に延納の申請をすることができます。

⑧　利子税の取扱い

物納による納付が完了するまでの間については、利子税が課税されます。ただし、審査事務に要する期間については利子税は免除されます。

⑨　延納から物納への切替え

相続税の延納中の者が延納による納付が困難となった場合には、申告期限から10年以内に限り物納に切替えることができます。この場合の物納財産の収納価額はその物納にかかる申請時の価額とされます。

## ⑩ 物納制度改正による新旧対照表（不動産物納の場合）

| 項目 | これまでの対応 | 改正の対応 | 改正後の対応 |
|---|---|---|---|
| 適用時期 | 平成18年3月31日までに相続が開始した方<br>平成18年12月31日までに贈与を受けた方 | | 平成18年4月1日以後に相続が開始した方<br>平成19年1月1日以後に贈与を受けた方 |
| 金銭納付を困難とする事由 | 物納申請の添付書面「金銭納付を困難とする理由書」により判断していましたが、制度改正の2年程前から、延納による納付困難な理由を厳しく追及されていました。 | × | 相続税法基本通達に「物納の許可限度額」の計算式が明確にされた事から、この計算式の算出金額以上の物納申請は不可能になると思われます。<br>【物納の許可限度額計算式】<br>A−（B＋C＋D）−（E＋F＋G）<br>A＝相続税額<br>B＝納税義務者が相続税納期限または納付すべき日において有する現金及び有価証券等<br>C＝納税義務者が相続税納期限または納付すべき日において有する預貯金の額<br>D＝納税義務者が相続税納期限または納付すべき日において有する換価容易な財産の価格<br>例）・評価が容易で、かつ市場性のある財産で、速やかに売却等の処分をする事ができるもの<br>・納期限又は納付すべき日において、確実に取り立てる事ができるとみとめられるもの<br>・納期限又は納付すべき日に取り立てる事ができるとみとめられる債権<br>E＝生活の為に通常必要とされる3ヶ月分の費用<br>F＝事業継続の為に当面必要な1ヶ月分の運転資金<br>G＝相続債務、葬式費用、その他相続した現金・預金等から支払った必要経費 |
| 物納財産の順位 | 第1順位：国債・地方債<br>不動産・船舶<br>第2順位：社債・株式・<br>証券投資信託または<br>貸付信託の受益証券<br>第3順位：動産 | ○ | 第1順位：①国債・地方債・不動産・船舶・上場されている株式・社債・証券投資信託等の受益証券・投資証券等<br>②物納劣後財産に該当する不動産<br>第2順位：③上場されていない社債・株式・証券投資信託または貸付信託の受益証券<br>④物納劣後財産に該当する株式<br>第3順位：⑤動産 |
| | 特定登録美術品は、上記の順位にかかわらず物納に充てることができます。 | | |

| 項目 | これまでの対応 | 改正の対応 | 改正後の対応 |
| --- | --- | --- | --- |
| 物納申請時の必須提出書類 | ・物納申請書<br>・物納申請財産の物件目録<br>・金銭納付を困難とする理由書 | ▲ | ・物納申請書<br>・物納物件目録（申請書別紙）<br>・金銭納付を困難とする理由書（申請書別紙）<br>・上記内容を説明する資料の写し<br>・他に適当な財産がないことについての申出書※物納申請財産が物納劣後財産の場合<br>・物納手続関係書類（別表参照）<br>・物納手続関係書類提出期限延長届出書<br>※上記書面が提出できない場合<br>・物納申請財産チェックリスト |
| 利子税の納付 | 物納申請中は利子税の納付はありませんが、物納申請を取下げ、延納申請へ切替えが認められると、利子税の納付義務が発生します。 | × | 物納申請から物納許可迄の間、利子税の納付が必要となりました。但し、税務署の手続に要する期間は利子税が免除されます。<br>【利子税計算式】<br>$\frac{納付すべき本税×利子税率×日数}{365}=利子税$<br>利子税率は年7.3％または特例基準割合1.6％のいずれか低い方（平成31年度は年4.1％） |
| 審査期間 | 物納申請から許可または却下迄の期限は定められておりませんでした。物納審査期間中に、「物納申請不動産に関する補完等の通知書」の提出期限が、概ね1～3ヶ月程度とされていました。 | ○ | 物納申請期間から3ヶ月以内に却下または許可を行いますが、以下の場合には9ヶ月迄審査期間が延長される場合があります。<br>・申請財産が多数ある場合<br>・申請財産が遠方で調査に時間を要する場合<br>・財産性質や特徴等により管理処分不適格財産に該当するか否かの審査期間が掛る場合<br>・風水害等により調査不可な期間がある場合 |
| 物納手続関係書類の提出 | 改正後の「物納手続関係書類」（案内図・公図・謄本・測量図・境界確認書・道路査定図等）の書面は、物納申請段階での提出義務はありませんでした。 | × | 「物納手続関係書類」を申請時に提出できない場合は、届出により1年以内の提出期限の延長（1度に3ヶ月程度）が認められます。ただし、期限内に延長申請の届出がされない場合は、物納申請を自ら取下げたものと見做され、延滞税の対象となります。 |
| 条件付物納許可 | 「地下埋設物がないこと等の確認書」の提出を求められた財産は、土壌汚染対策法に適合しない汚染が判明し、国がその除去を講じた場合、まず国が汚染原因者に費用請求するものとし、汚染原因者が特定できない時には、納税者が負担すると規定していました。 | ▲ | 汚染物質除去の履行義務などの条件を付されて物納許可を受けた後に、物納許可財産に土壌汚染などの瑕疵がある事が判明し、物納許可5年以内に汚染の除去等を求められ、その措置ができない場合には、物納許可が取り消される事があります。 |

| 項目 | これまでの対応 | 改正の対応 | 改正後の対応 |
|---|---|---|---|
| 物納の再申請 | 申請財産が、管理処分に不適当であると認められる場合は、物件変更を求められ「相続税物納財産変更要求通知書」が通知後20日以内に「物納財産変更申請書」の提出がない場合は、申請を取下げたものと見做し、他に物納できる財産が無い事が明らかな場合には、変更要求を行わずに却下処分がなされていました。 | × | 物納申請財産が「管理処分不適格財産（場合によって物納劣後財産も含む)」と判断された時点（物納申請から原則3ヶ月以内）で、物納申請が却下されることになりました。<br>ただし、物納を却下された財産に代えて、1回に限り他の財産による物納の再申請を行う事ができますが、再申請財産が却下された場合には、救済措置がありません。 |
| 延納への変更 | 物納申請を取下げる際に、必要書面（延納申請書・担保提供書・抵当権設定承諾書・印鑑証明書・登記簿謄本等)を提出する事で、延納申請への変更は容易に認められていました。 | × | 延納による納付が困難でないとの理由で、物納申請を却下された場合は、物納から延納へ変更ができますが、物納申請を自ら取下げた場合には、延滞税を納付しなければならなくなりました。 |
| 延納からの変更 | 一度延納申請を行った税額は、物納申請へ変更できませんでした。<br>※平成7年の特例物納申請期間を除く | ○ | 延納許可を受けた相続税額で、延納条件の履行が困難となった場合は、申告期限から10年以内の分納期限未到来の税額部分に限り、物納に変更できる、特定物納制度が創設されました。この場合、物納申請から許可迄は当初の延納条件による利子税（不動産割合に応じて年2.0～3.3%）を納付することとなります。 |

## ⑪ 物納制度改正後の提出書類チェックリスト

| 申請財産の状況 | | 提出書類 | |
|---|---|---|---|
| **物納申請共通** | | ○延納申請書 | |
| | | ○金銭納付を困難とする理由書 | |
| | | ○延納許可限度額の計算書（計算根拠資料を添付） | |
| | | ○担保提供関係書類（延納担保目録、抵当権設定承諾書、印鑑証明書、固定資産税評価証明書、不動産登記事項証明或いは登記簿謄本） | |
| | | □物納申請書 | |
| | | □金銭納付を困難とする理由書 | |
| | | □物納許可限度額の計算書（計算根拠資料を添付） | |
| | | □物納申請財産目録 | |
| | | □物納手続関係書類（共通項目／申請財産毎の項目参照） | |
| | | ※物納は、相続税納付方法の「例外」と位置付けられ、「原則」の金銭納付、「特例」の延納申請による納付が困難であると認められる必要があるため、延納申請時の必要書面は物納申請にも必要となります。 | |
| 土地 | **共通項目（所有権）** | □物納案内図 | ⇒航空写真等の住宅地図 |
| | | □公図の写し | ⇒公図境の場合隣接公図も提出 |
| | | □登記事項証明書 | ⇒相続登記・分筆完了後の登記簿謄本 |
| | | □地積測量図 | ⇒土地家屋調査士或いは測量士の作成図面 |
| | | □隣接境界確認書 | ⇒自書押印（認印）、図面添付、法人は実印＋印証 |
| | | □官民境界確認書 | ⇒主に道路・水路等公共用地の境界確認書面 |
| | | □電柱等の契約書 | ⇒東京電力・NTT柱がある場合、契約書或いは使用承諾書の写しを提出、底地の場合は借地権者を契約者に変更する |
| | | □工作物の図面 | ⇒土地と共に物納する場合は、設計図等を提出 |
| | | □工作物の配置図 | ⇒申請地上の建物・ブロック塀・樹木等の位置図 |
| | | □物納申請地の維持管理費用の明細書 | ⇒申請地を維持・管理する為に、経常的に負担する必要がある費用の明細書を提出 |
| | | □物納財産収納手続書類提出等確認書 | ⇒物納許可に伴う、所有権移転登記承諾書、印鑑証明書等を後日提出する旨の確認書 |

| 申請財産の状況 | | 提出書類 | |
|---|---|---|---|
| 土地 | **権利付財産（貸宅地等）の基本事項** | □賃貸借契約書 | ⇒物納申請者名で作成した契約書の写し或いは旧契約書＋対象地番、賃料、面積、契約者等の変更確認書を提出 |
| | | □賃借地境界確認書 | ⇒契約書で賃借地範囲が明らかになってない場合に提出。境界確認書に図面を添付し、賃借人の自署押印＋割印が必要 |
| | | □敷金等の確認書 | ⇒敷金や保証金等の債権債務を国に引継がない旨の確認書<br>書面は債務がある場合と無い場合の2種類あり |
| | | □地代領収書の写し | ⇒物納申請前3ヶ月間の支払い状況が判る書面 |
| | | □建物登記簿謄本 | ⇒申請地上に建物が存在している場合に提出 |
| | **権利付財産（貸宅地等）の特殊事項** | ○賃借料の領収書等の提出に関する確約 | ⇒物納申請後1年以内に許可されていない場合、要請があった際に3ヶ月前の支払い状況書面の提出を約する書類 |
| | | ○賃借地毎の面積が確認できる実測図面 | ⇒1筆の申請地に賃借人が複数いる場合、借地境界や面積が確認できる図面。測量図で確認できれば提出不要 |
| | | ○建物評価証明書 | ⇒表示登記や増築登記がなされてない場合に提出 |
| | | ○使用貸借に関する確認書 | ⇒借地権者と建物所有者が異なる場合に提出 |
| | | ○相続人代表借地権者確認書 | ⇒建物所有者が死亡して相続登記がされてない場合に、戸籍謄本と共に提出 |
| | | ○工作物に関する確認書 | ⇒境界上等の工作物の設置状況に応じて書面提出 |
| | | ○越境物に関する確認書 | ⇒隣地の庇や雨樋等が、申請地上に越境している場合、越境状況を示した図面と共に確認書を提出 |

※　□は必須提出書面（物納手続関係書類を含みます）

## ⑫　相続開始後のタイムスケジュール

**通夜・葬儀等**

- 被相続人の死亡
- 関係者への連絡、葬儀の準備
- 通夜
- 死亡届の提出…死亡届は、7日以内に死亡診断書を添付して市区町村長に提出
- 葬儀
- 葬式費用の領収書等の整理保管
- 初七日法要…形見分けなどが行われます。
- 遺言書の有無の確認…遺言書があれば家庭裁判所で検認を受けた後、開封します。
- 香典返し…三十五日忌又は四十九日忌法要のころに行われます（ただし、葬式費用には含まれません）。
- 四十九日忌法要…このころまでに納骨が行われます。

**情報収集・遺産分割等**

- 遺産や債務の概要の把握…相続の放棄をするかどうか決めます。

3ヶ月以内

- 相続の放棄又は限定承認…家庭裁判所に申述します。
- 相続人の確認…被相続人と相続人の本籍地から戸籍謄本を取り寄せます。

4ヶ月以内

- 被相続人の所得税の申告と納付…被相続人の死亡した日までの所得を申告します（準確定申告）。

4ヶ月以内

- 相続人の青色申告承認申請の提出（被相続人が青色申告者で、相続人が新たに業務を開始した場合）…例外　9月1日～10月31日までに相続開始の場合…その年12月31日　11月1日～12月31日までに相続開始の場合…翌年2月15日
- 遺産や債務の調査…チェックシートに基づき現物でチェックします。
- 遺産の評価・鑑定…評価の仕方がわからないときは、専門家に相談します。
- 遺産分割協議書の作成…相続人全員の実印と印鑑証明書が必要となります。

**申告・納税・事後手続**

- 相続税の申告書の作成…納税資金の準備、延納又は物納にするか検討します。

10ヶ月以内

- 相続税の申告と納税…被相続人の死亡した時の住所地の税務署に申告、納税します（延納、物納の申請も同時です）。未分割であっても、申告は必要です。
- 遺産の名義変更手続…不動産の相続登記や預貯金、有価証券の名義書換をします（申告前の名義書換も可）。

申告期限より3年以内

- 未分割の場合の特例適用期限

配偶者の税額軽減…………訴えの提起等やむを得ない事情がある場合にはさらに延長することができます。<br>
小規模宅地の評価減………　〃<br>
譲渡所得の取得費加算……原始取得費の確認が必要です。

※物納の撤回期限…収納の許可を受けた日から1年以内の申請により、その物納の撤回の承認を受けることができます。

※各種届出書の提出期限

所得税（減価償却資産の償却方法、棚卸資産の評価方法）…翌年3月15日<br>
消費税（簡易課税制度選択届出書等）…相続のあった日を含む課税期間

## 5.消費税

### (1) 課税取引判定表

| 科目 | 内容 | 取扱い |
|---|---|---|
| 売上 | 商品売上・事務所店舗家賃 | 課税 |
| | 輸出売上 | 免税 |
| | 住宅家賃・土地の地代収入 | 非課税 |
| | 社保収入・国保収入（医師） | 非課税 |
| | 自由診療収入（医師） | 課税 |
| 期首棚卸高 | 免税事業者から課税事業者になったときは調整あり | 不課税 |
| 当期仕入 | 購入費用の保険料は非課税・製造原価の労務費は不課税 | 課税 |
| 期末棚卸高 | 課税事業者から免税事業者になったときは調整あり | 不課税 |
| 外注費 | 実質的にパートなどと変わらない場合は不課税 | 課税 |
| 広告宣伝費 | テレホンカードは非課税 | 課税 |
| 荷造運賃 | 国際運賃は免税 | 課税 |
| 役員報酬・給与手当・賞与・退職金・雑給 | 人件費は不課税 | 不課税 |
| 法定福利費 | 社会保険料等は非課税 | 非課税 |
| 福利厚生費 | 「3.法人税（6）」福利厚生費の範囲参照 | 課税 |
| 減価償却費・租税公課 | | 不課税 |
| 賃借料 | 店舗・事務所・工場等・ガレージ代 | 課税 |
| | 土地（1月未満は課税）・住宅 | 非課税 |
| 事務用品費・水道光熱費・消耗品費・修繕費・新聞図書費 | これらの諸経費は海外にかかるもの以外は課税 | 課税 |
| 旅費交通費 | 海外渡航費は免税 | 課税 |
| 手数料 | 行政手数料やクレジット会社手数料は非課税 | 課税 |
| 接待交際費 | 慶弔費関係（現金）は不課税・物品切手等は非課税 | 課税 |
| 保険料 | | 非課税 |
| 通信費 | 国際通信・国際郵便は免税 | 課税 |
| 諸会費 | 実質的利用料金（購読料、飲食等）であるときは課税 | 不課税 |
| 燃料 | 軽油引取税は不課税 | 課税 |

| 科目 | 内容 | 取扱い |
|---|---|---|
| 貸倒引当金繰入 | 貸倒損失（売掛債権）は税額控除 | 不課税 |
| リース料 | 利子相当分は非課税 | 課税 |
| 雑費 | 内容により判断 | 課税 |
| 受取利息 | | 非課税 |
| 受取配当金 | 証券投資信託の収益分配金は非課税 | 不課税 |
| 支払利息 | 割引料・保証料も非課税 | 非課税 |
| 雑収入 | 内容により判断（なお、保険金や補助金は不課税） | 課税 |
| 固定資産売却損益 | 売却額が課税（土地・有価証券の売却額は非課税） | 不課税 |

※　上記表は課税対象または仕入税額控除の対象になるかどうかの一応の目安を示したものであり、具体的な取扱いに当たっては、その内容を吟味する必要があります。

## (2) 消費税届出書等一覧表

| 様式 | 様式名 | 内容 | 期限 |
|---|---|---|---|
| 第1号 | 消費税課税事業者選択届出書 | 免税事業者が課税事業者になることを選択しようとするとき | 適用課税期間の初日の前日（※1） |
| 第2号 | 消費税課税事業者選択不適用届出書 | 課税事業者になることを選択していた事業者が免税事業者に戻ろうとするとき | 適用課税期間の初日の前日（※2、※3） |
| 第3号 | 消費税課税事業者届出書 | 基準期間又は特定期間における課税売上高が1,000万円を超えることとなったとき | 速やかに提出 |
| 第5号 | 消費税の納税義務者でなくなった旨の届出書 | 基準期間における課税売上高が1,000万円以下となったとき | 速やかに提出 |
| 第5－(2)号 | 高額特定資産の取得に係る課税事業者である旨の届出書 | 高額特定資産の仕入れ等を行ったことにより納税義務の免除の特例の適用を受ける場合において、その適用を受ける課税期間の基準期間の課税売上高が1,000万円以下となったとき | 速やかに提出 |
| 第6号 | 事業廃止届出書 | 課税事業者が事業を廃止したとき | 速やかに提出 |
| 第7号 | 個人事業者の死亡届出書 | 個人の課税事業者が死亡したとき（相続人が届出） | 速やかに提出 |

| 様式 | 様式名 | 内容 | 期限 |
|---|---|---|---|
| 第8号 | 合併による法人の消滅届出書 | 法人の課税事業者が合併により消滅したとき（合併法人が届出） | 速やかに提出 |
| 第10-(2)号 | 消費税の新設法人に該当する旨の届出書 | 基準期間がない法人のうち、その事業年度開始日の資本金が1,000万円以上であるとき | 速やかに提出 |
| 第10-(3)号 | 消費税の特定新規設立法人に該当する旨の届出書 | 基準期間がない資本金1,000万円未満の法人（新規設立法人）のうち、その事業年度開始日（新設開始日）において特定要件に該当し、かつ、新規設立法人が特定要件に該当する旨の判定の基礎となった他の者及びその特殊関係法人のうちいずれかの者（判定対象者）の当該新規設立法人の新設開始日の属する事業年度の基準期間に相当する期間における課税売上高が5億円超であるとき | 速やかに提出 |
| 第11号 | 消費税異動届出書 | 納税地等に異動があったとき（異動前の税務署長に届出） | 速やかに提出 |
| 第13号 | 消費税課税期間特例選択届出書 | 課税期間の短縮を選択しようとするとき | 適用課税期間の初日の前日（※5、※6） |
| 第14号 | 消費税課税期間特例選択不適用届出書 | 課税期間の短縮の適用をやめようとするとき | 適用課税期間の初日の前日（※2） |
| 第22号 | 消費税課税売上割合に準ずる割合の適用承認申請書 | 個別対応による計算の際、課税売上割合に準じた割合を用いるとき | 承認日の属する課税期間から適用可 |
| 第23号 | 消費税課税売上割合に準ずる割合の不適用届出書 | 個別対応による計算の際、課税売上割合に準じた割合を用いていた事業者がその使用をやめようとするとき | 適用課税期間の末日 |
| 第24号 | 消費税簡易課税制度選択届出書 | 簡易課税制度の適用を選択しようとするとき | 適用課税期間の初日の前日（※4） |
| 第25号 | 消費税簡易課税制度選択不適用届出書 | 簡易課税制度の適用をやめようとするとき | 適用課税期間の初日の前日（※2） |

※1：新規開業事業者等は、開業課税期間の末日までに提出すれば、開業日の属する課税期間から適用可

※2：事業を廃止した場合を除き、選択届出書の効力が生じた日から2年経過日の属する課税期間の初日以後でなければ提出不可

※3：課税事業者となった日から2年経過日までの間に開始した各課税期間中に調整対象固定資産の課税仕入れ等を行っている場合には、その仕入れ等の日の属する課税期間の初日から3年経過日の属する課税期間の初日以後でなければ、事業を廃止した場合を除き、提出不可

※4：課税事業者選択により課税事業者となった日から2年経過日までの間に開始した各課税期間中又は新設法人若しくは特定新規設立法人が基準期間のない事業年度に含まれる各課税期間中に調整対象固定資産の課税仕入れ等を行っている場合には、その仕入れ等の日の属する課税期間の初日から3年経過日の属する課税期間の初日以後でなければ提出不可（課税事業者選択課税期間が事業開始課税期間である場合の当該課税期間又は設立課税期間から簡易課税を適用しようとする場合は提出可）
高額特定資産の仕入れ等を行ったことにより、納税義務の免除の特例の適用を受ける場合には、その仕入れ等の日の属する課税期間の初日から3年経過日の属する課税期間の初日以後でなければ提出不可

※5：新規開業事業者等は、提出日の属する期間から適用可

※6：3月ごとの課税期間を1月ごとの課税期間へ変更する場合は、3月ごとの課税期間特例の効力発生日から2年経過日の属する月の初日、又は1月ごとの課税期間を3月ごとの課税期間へ変更する場合は、1月ごとの課税期間特例の効力発生日から2年経過日の属する月の前々月の初日以後でなければ提出不可

### (3) 納税義務の免除の特例

① 相続

ア その年に相続があった場合

被相続人のその年の基準期間の課税売上高により判定（※）

※ 課税事業者に該当する場合、相続のあった日の翌日からその年の12月31日までの間の納税義務は免除されません。

イ その年の前年又は前々年に相続があった場合

相続人及び被相続人のその年の基準期間の課税売上高の合計額により判定

ウ 上記以外の年に相続があった場合

原則（相続人のその年の基準期間の課税売上高により判定）

② 合併（吸収合併）

ア その事業年度に合併があった場合

被合併法人の合併法人の基準期間に対応する期間における課税売上高（※1）により判定（※2）

| |
|---|
| （合併法人の合併の日の属する事業年度開始日の2年前の日の前日から同日以後1年経過日までに終了した被合併法人の各事業年度における課税売上高の合計額）÷当該各事業年度の月数の合計数×12 |

※1 被合併法人が2以上ある場合は、いずれかの被合併法人に係る金額

※2 課税事業者に該当する場合、合併のあった日から合併のあった日の属する事業年度終了の日までの間の納税義務は免除されません。

イ その事業年度の基準期間の初日の翌日からその事業年度開始日の前日までに合併があった場合

「合併法人の当該事業年度の基準期間における課税売上高（A）」＋「被合併法人の合併法人の基準期間に対応する期間における課税売上高（B）（※3）」により判定

| |
|---|
| （合併法人の当該事業年度の基準期間の初日から同日以後1年経過日までに終了した被合併法人の各事業年度における課税売上高の合計額）÷当該各事業年度の月数の合計数×12 |

※3 被合併法人が2以上ある場合は、各被合併法人に係る金額の合計額

ウ 合併法人のその事業年度の基準期間中に合併があった場合

「合併法人の当該事業年度の基準期間における課税売上高（A）」＋「被合併法人の合併法人の基準期間に対応する期間における課税売上高（B）（※4）」により判定

| |
|---|
| イにより計算したBの金額÷当該基準期間に含まれる事業年度の月数の合計数×基準期間の初日から合併があった日の前日までの期間の月数 |

※4　被合併法人が2以上ある場合は、各被合併法人に係る金額の合計額

エ　上記以外の事業年度に合併があった場合

原則（合併法人のその事業年度の基準期間の課税売上高により判定）

**③　分割（吸収分割）（分割法人は原則通り判定）**

ア　その事業年度に吸収分割があった場合

分割法人の分割承継法人の基準期間に対応する期間における課税売上高（※1）により判定（※2）

| |
|---|
| （分割承継法人の吸収分割があった日の属する事業年度開始日の2年前の日の前日から同日以後1年経過日までに終了した分割法人の各事業年度における課税売上高の合計額）÷当該各事業年度の月数の合計数×12 |

※1　分割法人が2以上ある場合は、いずれかの分割法人に係る金額

※2　課税事業者に該当する場合、吸収分割のあった日から分割のあった日の属する事業年度終了の日までの間の納税義務は免除されません。

イ　その事業年度開始日の1年前の前日からその事業年度開始日の前日までに吸収分割があった場合

分割法人の分割承継法人の基準期間に対応する期間における課税売上高（※3）により判定

| |
|---|
| （分割承継法人の当該事業年度開始日の2年前の日の前日から同日以後1年経過日までに終了した分割法人の各事業年度における課税売上高の合計額）÷当該各事業年度の月数の合計数×12 |

※3　分割法人が2以上ある場合は、いずれかの分割法人に係る金額

ウ　上記以外の事業年度に吸収分割があった場合

原則（分割承継法人のその事業年度の基準期間の課税売上高により判定）

**(4) 国内取引の判定**

**①　資産の譲渡又は貸付けの場合**

ア　原則

譲渡又は貸付けが行われる時においてその資産が所在していた場所

イ　例外

ⅰ）登録を受けた船舶

a　譲渡

| | 譲渡者 | 判定基準 |
|---|---|---|
| 日本船舶 | 居住者 | 登録をした機関の所在地 |
| | 非居住者 | 譲渡を行う者の住所地 |
| 日本船舶以外 | 居住者 | 登録をした機関の所在地 |
| | 非居住者 | 登録をした機関の所在地 |

b　貸付け

| | 貸付者 | 判定基準 |
|---|---|---|
| 日本船舶 | 居住者 | 登録をした機関の所在地 |
| | 非居住者 | 貸付けを行う者の住所地 |
| 日本船舶以外 | 居住者 | 貸付けを行う者の住所地 |
| | 非居住者 | 登録をした機関の所在地 |

ii）ｉ）以外の船舶

譲渡又は貸付けに係る事務所等の所在地

iii）登録を受けた航空機

登録をした機関の所在地

iv）iii）以外の航空機

譲渡又は貸付けに係る事務所等の所在地

ｖ）鉱業権、租鉱権、採石権等

鉱区、租鉱区、採石場の所在地

vi）特許権、実用新案権、意匠権、商標権、回路配置利用権又は育成権者（これらの権利を利用する権利を含む）

権利の登録をした機関の所在地（同一の権利について2以上の国において登録をしている場合には、これらの権利の譲渡又は貸付けを行う者の住所地）

vii）著作権（出版権及び著作隣接権その他これに準ずる権利を含む）又は特別の技術による生産方式及びこれに準ずるもの

譲渡又は貸付けを行う者の住所地

viii）営業権、漁業権、入漁権　権利に係る事業を行う者の住所地

ix）金融商品取引法第２条第１項に規定する有価証券（xiの有価証券等及びゴルフ場利用株式等を除く）

有価証券が所在していた場所

ｘ）登録国債

登録をした機関の所在地

xi）振替機関等が取り扱う有価証券等

振替機関等の所在地

xii）券面のない有価証券等又は合名会社、合資会社又は合同会社の社員の持分、協同組合等の組合員、会員の持分その他法人の出資者の持分

これらの有価証券等又は持分に係る法人の本店又は主たる事務所の所在地

xiii）貸付金、預金、売掛金その他の金銭債権（ゴルフ場利用株式等に係る金銭債権を除く）

金銭債権に係る債権者の譲渡に係る事務所等の所在地

xiv）ゴルフ場利用株式等、ゴルフ場等利用の預託に係る金銭債権

ゴルフ場その他の施設の所在地

xv）上記以外の資産でその所在していた場所が明らかでないもの

譲渡又は貸付けに係る事務所等の所在地

**② 役務の提供の場合**

ア 原則

役務の提供が行われた場所

イ 例外

i）国際運輸

旅客、貨物の出発地、発送地又は到着地

ii）国際通信　発信地又は受信地

iii）国際郵便　差出地又は配達地

iv）保険

保険に係る事業を営む者（保険契約の締結の代理をする者を除く）の保険の契約の締結に係る事務所等の所在地

v）専門的な科学技術に関する知識を必要とする調査、企画、立案、助言、監督又は検査に係る役務の提供で生産設備等の建設又は製造に関するもの

生産設備等の建設又は製造に必要な資材の大部分が調達される場所

vi）上記以外で国内及び国外にわたって行われる役務の提供その他の役務の提供が行われた場所が明らかでないもの

役務の提供を行う者の役務の提供に係る事務所等の所在地

**③ 金融取引の場合**

ア 貸付け又は行為を行う者の貸付け又は行為に係る事務所等の所在地

イ 金融取引の範囲

i）利子を対価とする金銭の貸付け

ii）利子を対価とする国債等の取得

iii）利子を対価とする国際通貨基金協定に規定する特別引出権の保有

iv）預金又は貯金の預入

v）収益の分配金を対価とする集団投資信託、法人課税信託、退職年金等信託、特定公益信託等

vi）給付補填金を対価とする相互掛金又は定期積金の掛金の払込み

vii）無尽に係る契約に基づく掛金の払込み

viii) 利息を対価とする抵当証券の取得
ix) 償還差益を対価とする国債等又はコマーシャルペーパーの取得
x) 手形の割引
xi) 金銭債権の譲受けその他の承継（包括承継を除く）

**④ 電気通信利用役務の提供の場合**

役務の提供を受ける者の住所、居住（現在まで引き続いて1年以上居住する場所をいう）又は本店、主たる事務所の所在地（次に掲げる場合を除く）

ア 国内事業者が国外事業所等において受ける事業者向け電気通信利用役務の提供の場合

国外において行う資産の譲渡等にのみ要するものは、事業者向け電気通信利用役務の提供に係る特定仕入れが国外において行われたものとする

イ 国外事業者が恒久的施設において受ける事業者向け電気通信利用役務の提供の場合

国内において行う資産の譲渡等に要するものは、事業者向け電気通信利用役務の提供に係る特定仕入れが国内において行われたものとする

MEMO

# Ⅲ.税務・会計（テーマ別）

## 1.不動産

### （1）印紙税

#### ①　契約の印紙

| 課税物件名 | 課税標準及び税率（1通につき） | | | 非課税物件 |
|---|---|---|---|---|
| ・不動産の譲渡に関する契約書<br>・地上権又は土地賃借権の設定又は譲渡に関する契約書<br>・消費貸借に関する契約書<br>例）不動産売買契約書<br>土地賃貸借契約書<br>金銭消費貸借契約書 | 契約金額10万円以下のもの　… | 200円 | （200円） | 記載金額が1万円未満のもの |
| | 〃　50万円　〃　… | 400円 | （200円） | |
| | 〃　100万円　〃　… | 1,000円 | （500円） | |
| | 〃　500万円　〃　… | 2,000円 | （1,000円） | |
| | 〃　1,000万円　〃　… | 10,000円 | （5,000円） | |
| | 〃　5,000万円　〃　… | 20,000円 | （10,000円） | |
| | 〃　1億円　〃　… | 60,000円 | （30,000円） | |
| | 〃　5億円　〃　… | 100,000円 | （60,000円） | |
| | 〃　10億円　〃　… | 200,000円 | （160,000円） | |
| | 〃　50億円　〃　… | 400,000円 | （320,000円） | |
| | 〃　50億円を超えるもの… | 600,000円 | （480,000円） | |
| | 契約金額の記載のないもの　… | 200円 | | |

※1　（　）内の金額は、不動産の譲渡に関する契約書で、平成26年4月1日から令和4年3月31日までの間に作成されるものに適用。

※2　消費税額が区分して記載されているときは、消費税相当額は記載金額としません。

#### ②　請負の印紙

| 課税物件名 | 課税標準及び税率（1通につき） | | | 非課税物件 |
|---|---|---|---|---|
| 請負に関する契約書<br>例）工事請負契約書 | 契約金額100万円以下のもの… | 200円 | （200円） | 記載金額が1万円未満のもの |
| | 〃　200万円　〃　… | 400円 | （200円） | |
| | 〃　300万円　〃　… | 1,000円 | （500円） | |
| | 〃　500万　〃　… | 2,000円 | （1,000円） | |
| | 〃　1,000万円　〃　… | 10,000円 | （5,000円） | |
| | 〃　5,000万円　〃　… | 20,000円 | （10,000円） | |
| | 〃　1億円　〃　… | 60,000円 | （30,000円） | |
| | 〃　5億円　〃　… | 100,000円 | （60,000円） | |
| | 〃　10億円　〃　… | 200,000円 | （160,000円） | |
| | 〃　50億円　〃　… | 400,000円 | （320,000円） | |
| | 〃　50億円を超えるもの… | 600,000円 | （480,000円） | |
| | 契約金額の記載のないもの　… | 200円 | | |

※（　）内の金額は、建設業法第2条第1項に規定する建設工事の請負にかかる契約に基づき作成される契約書で、平成26年4月1日から令和4年3月30日までの間に作成されるものに適用。

### ③ 領収の印紙

| 課税物件名 | 課税標準及び税率（1通につき） | 非課税物件 |
|---|---|---|
| 金銭または有価証券の受取書<br>例）不動産賃貸料の受取書、<br>請負代金の受取書 | 売上代金の受取書<br>受取金額100万円以下のもの… 200円<br>〃 200万円 〃 … 400円<br>〃 300万円 〃 … 600円<br>〃 500万円 〃 … 1,000円<br>〃 1,000万円 〃 … 2,000円<br>〃 2,000万円 〃 … 4,000円<br>〃 3,000万円 〃 … 6,000円<br>〃 5,000万円 〃 … 10,000円<br>〃 1億円 〃 … 20,000円<br>〃 2億円 〃 … 40,000円<br>〃 3億円 〃 … 60,000円<br>〃 5億円 〃 … 100,000円<br>〃 10億円 〃 … 150,000円<br>〃 10億円を超えるもの… 200,000円<br>受取金額の記載のないもの … 200円<br>売上代金以外の受取書 … 200円 | 受取金額が<br>5万円未満のもの<br>営業に関しないもの |

## (2) 登録免許税

### ① 所有権の保存登記

| 登記等の内容 | 課税標準 | 税率 |
|---|---|---|
| 〈原則〉 | 固定資産税評価額 | 0.40% |
| 〈特例（個人）〉（令和4年3月31日まで）<br>住宅の新築または新築住宅の取得 | 固定資産税評価額 | 0.15% |
| ・要件<br>ア 令和2年3月31日までに一定の住宅用家屋を新築または新築住宅を取得し、自己の居住の用に供すること<br>イ 住宅の床面積が、50㎡以上であること<br>ウ 新築または取得後1年以内の登記であること | | |

## ② 所有権の移転登記

| 登記等の内容 | 課税標準 | 税率 |
|---|---|---|
| 〈原則〉 | | |
| ア　相続または合併 | 固定資産税評価額 | 0.40% |
| イ　遺贈、贈与その他無償 | 固定資産税評価額 | 2.00% |
| ウ　共有物分割 | 固定資産税評価額 | 0.40% |
| ※増加持分がある場合にはその価額に対しては2.0% | | |
| エ　その他の原因（売買等） | 固定資産税評価額 | 2.00% |
| 土地（売買等）（令和3年3月31日まで） | 固定資産税評価額 | 1.50% |
| 〈特例（個人）〉（令和4年3月31日まで）<br>新築住宅または一定の中古住宅の取得 | 固定資産税評価額 | 0.30% |
| ・要件<br>ア　令和2年3月31日までに新築住宅または中古住宅を取得し、自己の居住の用に供すること<br>イ　中古住宅については、耐火建築物で築後25年以内、耐火建築物以外で築後20年以内であること<br>ウ　住宅の床面積が、50㎡以上であること<br>エ　新築または取得後1年以内の登記であること | | |

## ③ 抵当権の設定登記

| 登記等の内容 | 課税標準 | 税率 |
|---|---|---|
| 原則 | 債権金額 | 0.40% |
| 特例（個人）（令和4年3月31日まで）<br>住宅取得資金の貸付け | 債権金額 | 0.10% |
| （要件）<br>上記住宅用家屋の新築または取得をするための借入れであること | | |

## ④ 抵当権の移転登記

| 登記等の内容 | 課税標準 | 税率 |
|---|---|---|
| ア　相続または法人の合併 | 債権金額 | 0.10% |
| イ　その他の原因 | 債権金額 | 0.20% |

⑤　仮登記

| 登記等の内容 | 課税標準 | 税率 |
| --- | --- | --- |
| ア　所有権移転または所有権移転請求権の保全 | 固定資産税評価額 | 1.00% |
| イ　その他のもの（本登記の課税標準が不動産の価額であるものに限る） | 本登記の税率の1／2 | |

※1　法定相続人が遺贈により所有権の移転登記を受ける場合には、相続による所有権の移転登記にかかる税率を適用します。

※2　住宅用家屋の所有権の保存登記、移転登記、または住宅取得資金の貸付け等に係る抵当権の設定登記に対する軽減税率の適用対象には、平成17年4月1日以降に取得した新耐震基準（地震に対する安全上必要な構造方法に関する技術的基準）に適合する中古住宅を含みます。

## (3) 不動産取得税

<table>
<tr><th>項目</th><th>内容</th></tr>
<tr><td colspan="2">①家屋</td></tr>
<tr><td>〈原則〉</td><td>固定資産税評価額×4%（ただし、住宅については令和3年3月31日までの間は3%）</td></tr>
<tr><td>〈特例〉<br>一定の新築住宅（個人・法人に適用）</td><td>（固定資産税評価額−1,200万円）×3%</td></tr>
<tr><td>・要件<br>住宅の床面積が、50㎡以上240㎡以下であること（アパート、マンション等で、貸家の用に供するものについては、40㎡以上240㎡以下）<br>一定の中古住宅（個人のみに適用）<br>・要件<br>ア　自己の居住の用に供するために取得したこと<br>イ　住宅の床面積が、50㎡以上240㎡以下であること<br>ウ　耐火建築物で築後25年以内、耐火建築物以外で築後20年以内であること（ただし築25年超または築20年超であっても、新耐震基準に適合している住宅は対象となる）</td><td>（固定資産税評価額−控除額）×3%控除額は、下記のとおり<br><table><tr><th>新築日</th><th>控除額</th></tr><tr><td>S29.7.1 ～ S38.12.31</td><td>100万円</td></tr><tr><td>S39.1.1 ～ S47.12.31</td><td>150万円</td></tr><tr><td>S48.1.1 ～ S50.12.31</td><td>230万円</td></tr><tr><td>S51.1.1 ～ S56.6.30</td><td>350万円</td></tr><tr><td>S56.7.1 ～ S60.6.30</td><td>420万円</td></tr><tr><td>S60.7.1 ～ H1.3.31</td><td>450万円</td></tr><tr><td>H1.4.1 ～ H9.3.31</td><td>1,000万円</td></tr><tr><td>H9.4.1 ～</td><td>1,200万円</td></tr></table></td></tr>
<tr><td colspan="2">②　土地</td></tr>
<tr><td>〈原則〉<br>注）令和3年3月31日までの間における土地に関する取得については、<br>固定資産税評価額×1／2＝課税標準</td><td>固定資産税評価額×4%（ただし、平成18年4月1日～令和3年3月31日までの間は3%）</td></tr>
<tr><td>〈特例〉<br>一定の住宅用土地</td><td>下記に掲げる一定額が軽減</td></tr>
<tr><td>・要件<br>次のいずれかに該当すること<br>ア　土地取得日から2年以内（土地の取得が令和4年3月31日までに行われている場合には3年以内。なお、共同住宅等でやむを得ない場合には、4年以内）にその土地の上に上記住宅が新築された場合（土地取得者がその土地をその住宅の新築のときまで引き続き所有している場合またはその住宅の新築が取得者からその土地を取得した者により行われる場合に限る）<br>イ　土地取得者が、土地を取得前、1年以内にその土地の上に上記住宅を新築した場合<br>ウ　未使用の新築住宅とその敷地である土地をその住宅が新築された日から1年以内に取得した場合<br>エ　土地取得者が、土地を取得後、1年以内にその土地の上にある自己の居住の用に供する上記中古住宅または未使用の新築住宅を取得した場合<br>オ　土地取得者が、土地を取得前、1年以内にその土地の上にある自己の居住の用に供する上記中古住宅または未使用の新築住宅を取得した場合</td><td>・軽減額次のいずれか多い金額<br>ア　150万円×3%<br>イ　（土地1㎡当たりの評価額）（※）×（建物床面積×2）（1戸当たり200㎡が限度）×3%<br>※　令和3年3月31日までに宅地を取得した場合には、評価額の1／2</td></tr>
</table>

### (4) 消費税及び地方消費税

| 項目 | 内容 | 税額計算等 |
|---|---|---|
| 建物<br>土地 | 課税<br>非課税 | 建物の購入価額の10% |
| 仲介手数料 | 課税 | 仲介手数料の10% |
| 造成費 | 課税 | 造成費の10% |
| 登録免許税・不動産取得税 | 不課税 | — |
| 固定資産税の日割精算 | 土地にかかる分は非課税<br>建物　〃　課税 | 建物にかかる分は<br>消費税込として計算 |
| 借入利息・保証料 | 非課税 | — |

### (5) 不動産業者報酬

① 売買媒介

| | | |
|---|---|---|
| 物件取引額200万円以下の場合 | | 5% |
| 物件取引額400万円以下の場合 | 200万円まで | 5% |
| | 200万円を超える部分 | 4% |
| 物件取引額400万円を超える場合 | 200万円まで | 5% |
| | 200万円超400万円まで | 4% |
| | 400万円を超える部分 | 3% |

※　なお、売買代理は媒介の2倍が上限です。

② 報酬早見表

| 物件取引額 | 報酬額 |
|---|---|
| 200万円以下 | 売買代金×5% |
| 200万円超400万円以下 | 売買代金×4%＋2万円 |
| 400万円超 | 売買代金×3%＋6万円 |

※　報酬額に消費税が（10%）加算されます。

## (6) 固定資産税

| 項目 | 内容 |
|---|---|
| 納税義務者 | 1月1日現在、土地、家屋及び償却資産の所有者として、固定資産課税台帳に登録されている者 |
| 税額の計算 | 課税標準額（価格）×1.4%（税率）＝税額 |
| 免税点 | 同一市町村内の課税標準額の合計<br>土地　　　30万円未満<br>家屋　　　20万円未満<br>償却資産　150万円未満 |
| 課税標準 | ①土地及び家屋　基準年度の1月1日における価格<br>（3年間据置、平成30年が基準年度）<br>②償却資産　　毎年1月1日における価格 |

<table>
<tr><th>項目</th><th>内容</th></tr>
<tr><td>土地に対する調整措置<br>①住宅用地の課税標準の特例措置</td><td>ア　小規模住宅用地（住宅1戸当たり200㎡までの部分）<br>特例額＝価格×1／6<br>イ　一般住宅用地（住宅の敷地で住宅1戸につき200㎡を超え、住宅の床面積の10倍までの部分）<br>特例額＝価格×1／3</td></tr>
<tr><td rowspan="2">②負担水準の均衡化</td><td>ア　住宅用地<br>前年度の課税標準額（A）≦本則課税標準額（当該年度の評価額×住宅用地特例割合（1／6又は1／3））（B）<br>→A＋B×5%（＝C）<br>（ただし、C>Bの場合はBとし、C<B×20%の場合はB×20%とする）</td></tr>
<tr><td>イ　非住宅用地<br>
<table>
<tr><th>負担水準</th><th>課税標準</th></tr>
<tr><td>70%超</td><td>令和2年度価格×0.7</td></tr>
<tr><td>60%以上70%以下</td><td>令和元年度課税標準額</td></tr>
<tr><td>60%未満</td><td>令和元年度課税標準額＋B×5%（＝A）（B＝令和元年度価格、ただし、A>B×60%の場合はB×60%とし、A<B×20%の場合はB×20%とする）</td></tr>
</table>
</td></tr>
<tr><td>③新築住宅の税額軽減</td><td>新築住宅が、一定の床面積要件を満たす場合は、当初3年度分（3階建以上の耐火・準耐火建築物は、5年度分）に限り、120㎡までの居住部分に相当する税額の1／2が軽減される。<br>床面積要件50㎡以上280㎡以下<br>（アパート・マンション等で貸家は40㎡以上280㎡以下）</td></tr>
<tr><td>納期</td><td>4月、7月、12月及び2月中において市町村の条例による</td></tr>
</table>

## (7) 併用住宅

| 区分 | 併用住宅の居住部分の割合 | 特例対象となる土地の割合 |
|---|---|---|
| 下記以外 | ～25%未満 | ― |
| | 25%以上～50%未満 | 50% |
| | 50%以上～ | 100% |
| 地上階数5以上を有する耐火建築物である家屋 | ～25%未満 | ― |
| | 25%以上～50%未満 | 50% |
| | 50%以上～75%未満 | 75% |
| | 75%以上～ | 100% |

## (8) 都市計画税

| 項目 | 内容 |
|---|---|
| 納税義務者 | 1月1日現在、土地及び家屋の所有者として、固定資産課税台帳に登録されている者 |
| 税額の計算 | 課税標準額（価格）×0.3%（税率）＝税額 |
| 免税点 | 同一市町村内の課税標準額の合計<br>土地　　30万円未満<br>家屋　　20万円未満 |
| 課税標準 | 土地及び家屋　基準年度の1月1日における価格<br>(3年間据置、平成30年が基準年度) |
| 土地に対する調整措置 | |
| ①住宅用地の課税標準の特例措置 | ア　小規模住宅用地（住宅1戸当たり200㎡までの部分）特例額＝価格×1／3<br>イ　一般住宅用地（住宅の敷地で住宅1戸につき200㎡を超え、住宅の床面積の10倍までの部分）特例額＝価格×2／3 |
| ②　負担水準の均衡化 | ア　住宅用地<br>前年度の課税標準額（A）≦本則課税標準額（当該年度の評価額×住宅用地特例割合（1／3又は2／3））(B)<br>→A＋B×5%（＝C）<br>（ただし、C>Bの場合はBとし、C<B×20%の場合はB×20%とする） |
| | イ　非住宅用地 |

| 負担水準 | 課税標準 |
|---|---|
| 70%超 | 令和2年度価格×0.7 |
| 60%以上70%以下 | 令和元年度課税標準額 |
| 60%未満 | 令和元年度課税標準額＋B×5%（＝A）(B＝令和元年度価格、ただし、A>B×60%の場合はB×60%とし、A<B×20%の場合はB×20%とする） |

| 項目 | 内容 |
|---|---|
| 納期 | 4月、7月、12月及び2月中において市町村の条例による |

### (9) 事業所税（事業にかかる場合）

| 項目 | 内容 |
|---|---|
| 納税義務者 | ① 資産割：事業所の床面積が1,000㎡を超える規模で事業を行う法人または個人<br>② 従業員割：事業所の従業員数が100人を超える規模で事業を行う法人または個人 |
| 税額の計算 | ① 資産割：事業所床面積（㎡）×600円<br>② 従業者割：従業員給与総額×0.25% |
| 申告、納付時期 | ① 法人：事業年度終了の日から2か月以内<br>② 個人：翌年3月15日まで |
| 対象地域 | ① 都（特別区の区域に限る）及び指定都市（札幌市、仙台市、新潟市、千葉市、さいたま市、横浜市、川崎市、相模原市、静岡市、浜松市、名古屋市、京都市、大阪市、堺市、神戸市、岡山市、広島市、北九州市、福岡市、熊本市）<br>② 首都圏の既成市街地及び近畿圏の既成都市区域を有する市（三鷹市、武蔵野市、川口市、東大阪市、守口市、尼崎市、西宮市、芦屋市）<br>③ 人口30万人以上の一定の都市（旭川市、秋田市、郡山市、いわき市、宇都宮市、前橋市、高崎市、川越市、所沢市、越谷市、市川市、船橋市、松戸市、柏市、八王子市、町田市、横須賀市、藤沢市、富山市、金沢市、長野市、岐阜市、豊橋市、岡崎市、一宮市、春日井市、豊田市、四日市市、大津市、豊中市、吹田市、高槻市、枚方市、姫路市、明石市、奈良市、和歌山市、倉敷市、福山市、高松市、松山市、高知市、久留米市、長崎市、大分市、宮崎市、鹿児島市、那覇市） |

### (10) 譲渡税のしくみ

#### ① 課税譲渡所得の計算

| |
|---|
| 課税譲渡所得金額＝譲渡収入金額−取得費−譲渡費用−特別控除 |

#### ② 長期・短期譲渡所得

ア 長期譲渡所得（所有期間5年超）

| | |
|---|---|
| 原則 | 課税譲渡所得×15%（住民税5%） |
| 特例 | （優良住宅地の造成等の特例）<br>A 適用対象（例示）<br>a 国、地方公共団体に対する土地等の譲渡<br>b 都市再生機構、土地開発公社に対する土地等の譲渡<br>c 収用等による土地等の譲渡<br>d 第一種市街地再開発事業を行う者や、特定の優良建築物を建築する事業を行う者に対する土地等の譲渡 |
| | B 税額計算<br>a 課税譲渡所得2,000万円以下の場合　課税譲渡所得×10%（住民税4%）<br>b 課税譲渡所得2,000万円超の場合<br>（課税譲渡所得−2,000万円）×15%（住民税5%）＋200万円（住民税80万円） |

※ 所有期間は、譲渡年の1月1日までの期間

イ　短期譲渡所得（所有期間5年以下）

| | |
|---|---|
| 原則 | 課税譲渡所得×30%（住民税9%） |
| 特例 | A　適用対象（例示）<br>a　国、地方公共団体に対する土地等の譲渡<br>b　収用交換等による土地等の譲渡<br>c　都市再生機構、土地開発公社等に対する土地等の譲渡 |
| | B　税額計算<br>課税譲渡所得×15%（住民税5%） |

※　所有期間は、譲渡年の1月1日までの期間

## (11) 譲渡所得税早見表

（単位：千円）

| 譲渡所得 | 税額 | |
|---|---|---|
| | 長期（5年超） | 短期（5年以下） |
| 50,000 | 10,000 | 19,500 |
| 100,000 | 20,000 | 39,000 |
| 200,000 | 40,000 | 78,000 |
| 300,000 | 60,000 | 117,000 |
| 400,000 | 80,000 | 156,000 |
| 500,000 | 100,000 | 195,000 |
| 600,000 | 120,000 | 234,000 |
| 700,000 | 140,000 | 273,000 |
| 800,000 | 160,000 | 312,000 |
| 900,000 | 180,000 | 351,000 |
| 1,000,000 | 200,000 | 390,000 |

※　税額は所得税と住民税の合計額

## (12) 固定資産の交換の特例

### ①　適用要件

次のすべての要件を満たす場合には、譲渡所得の計算上、その譲渡がなかったものとみなされます。

ア　交換譲渡資産及び交換取得資産

いずれも固定資産であること

イ　交換譲渡資産及び交換取得資産

いずれも次に掲げる資産の区分に応ずる同種の資産であること

i）土地、借地権等

ii）建物、建物付属設備及び構築物

iii）機械装置

iv）船舶

v）鉱業権

ウ　交換譲渡資産

1年以上所有していたものであること

エ　交換取得資産

交換の相手が1年以上所有していたものであり、かつ、交換のために取得したものでないこと

オ　交換取得資産

交換譲渡資産の譲渡直前の用途と同一の用途に供すること。同一の用途に供したかどうかは､次に掲げる資産の種類及び用途の区分に応じて判定する。

| 種類 | 区分 |
|---|---|
| 土地 | 宅地、田畑、鉱泉地、池沼、山林、牧場または原野、その他 |
| 建物 | 居住用、店舗または事務所用、工場用、倉庫用、その他 |
| 機械装置 | 耐用年数省令別表二に掲げる設備の種類の区分 |
| 船舶 | 漁船、運送船、作業船、その他 |

カ　差額

交換時における交換取得資産の時価と交換譲渡資産の時価との差額が、これらのうちいずれか高いほうの価額の100分の20に相当する金額を超えないこと

※　譲渡税額がない場合にも申告が必要です。

**②　税額計算**

ア　収入金額＝交換差金等

交換差金等＝交換譲渡資産の価額−交換取得資産の価額

イ　必要経費

$$必要経費＝（交換譲渡資産の取得費＋譲渡費用）\times \frac{ア}{（交換取得資産の価額＋ア）}$$

ウ　課税長期・短期譲渡所得

課税長期・短期譲渡所得＝ア−イ

※　上記について、長期・短期の別により税額を計算

③　添付書類等

ア　交換に関する契約書

イ　譲渡資産及び取得資産の登記事項証明書

ウ　譲渡資産及び取得資産の交換価額の算定根拠を示す書類

エ　取得資産を譲渡資産と同一の用途に供したことを示す書類

## (13) 相続税の取得費加算

① 適用要件

相続や遺贈により取得した財産を、その相続開始のあった日の翌日から相続税の申告書の提出期限の翌日以後3年以内に売却した場合には、その売却した資産の取得費は、一定の金額を加算した額とすることができます。

② 加算される額

ア　売却資産が土地である場合

$$\text{その人の相続税額} \times \frac{A}{B}$$

A：その人の相続税の課税価格に算入された土地の相続税評価額の合計額

B：その人の相続税の課税価格（債務控除前）

※1　上記算式の分子の土地には、物納した土地及び物納申請中の土地は含まれません。

※2　物納の許可を受ける前に物納申請を取り下げた場合は、物納申請中の土地には当たりません。

※3　物納申請中の土地に当たるかどうかは、相続等で取得した土地を譲渡した日の属する年分の所得税の納税義務の成立する時（12月31日）（その時が相続税の申告期限前であるときは、その申告期限）で判定して取得費に加算される額を計算しますが、その後に物納申請中の土地に該当しなくなった場合または新たに物納申請中の土地に該当することとなった場合は取得費に加算される額の再計算を行います。

※4　平成27年度以降に開始する相続等により取得した土地等についてはイと同じ

イ　売却資産が土地以外である場合

$$\text{その人の相続税額} \times \frac{A}{B}$$

A：売却した資産の相続税評価額

B：その人の相続税の課税価格（債務控除前）

※1　上記算式中、「相続税額」について

1贈与税額控除額や相次相続控除額がある場合

ア　納付すべき相続税額がある場合

その納付すべき相続税額に贈与税額控除額及び相次相続控除額を加算した金額

イ　納付すべき相続税額がない場合

贈与税額控除がないものとした場合に算出される相続税額に相次相続控除額を

加算した金額

②資産の譲渡の日の属する年分の所得税の納税義務の成立する時（12月31日）において、確定しているものに限られます。

ただし、相続税の申告書の提出期限内におけるその申告書の提出の時の前である場合には、その提出の時に確定している相続税額となります。

また、更正または再更正があった場合には、更正または再更正後の相続税額となります。

※2　上記算式中、「相続税の課税価格」について、相続開始前3年以内の生前贈与の加算が行われている場合には、その加算後の金額をいい、また課税価格から控除すべき債務や葬式費用等がある場合には、これを控除する前の金額とします。

相続財産を一定の期間内に譲渡した場合、相続税のうち一定の金額を取得費に加算することができます。ただし、取得費加算額は譲渡利益が限度となります。

③　添付書類等

ア「相続財産の取得費に加算される相続税の計算明細書」

イ　相続税申告書の写し

第1表、第1表（続）、第11表（相続税がかかる財産の明細書）、第14表（純資産価額に加算される暦年課税分の贈与財産価額及び特定財産価額の明細書）、第15表、第15表（続）（相続財産の種類別価額表）

## (14) 事業用資産の買換え（適用要件）

| | 追い出し型 | | 立体買換型 |
|---|---|---|---|
| | 既成市街地等内から外への買換（措法37①1号） | 長期所有資産の買換（措法37①7号） | 中高層耐火建築への買換（措法37の5①二） |
| 譲渡資産の所在地 | 既成市街地等内 | 国内 | 既成市街地等内（同一場所） |
| 譲渡資産の種類 | 土地等、建物 | 土地等、建物、構築物 | 土地等、建物、構築物 |
| 譲渡資産の用途 | 事務所、事業所等の用（貸付用含む）（店舗除く） | 事業の用 | 問わない |
| 譲渡資産の所有期間 | 10年超 | 10年超 | 問わない |
| 取得日 | 引き継がない | 同左 | 同左 |
| 取得価額 | 引き継ぐ | 同左 | 同左 |
| 買換資産の所在地 | 既成市街地等外 | 国内 | 同左 |

| | 追い出し型 | | 立体買換型 |
|---|---|---|---|
| 買換資産の種類 | 土地等、建物、構築物、機械装置 | 土地等、建物、構築物（ただし、土地等については、事務所等の一定の建物等の敷地の用に供されているもののうち、その面積が300㎡以上のものに限る） | 地上階数3以上の中高層耐火共同住宅（床面積の1／2以上が居住用） |
| 買換資産の取得期間 | 譲渡年中・前年中・翌年中 | 同左 | 譲渡年中・翌年中 |
| 買換資産の用途 | 取得日から1年以内に事業用 | 同左 | 取得日から1年以内に事業用または居住用 |
| 特別償却 | 適用なし | 同左 | 同左 |
| 課税の繰延割合 | 80% | 80%（大都市等への買換えは75%、特定地域への買換えは70%） | 100% |
| 期限 | 令和2年12月31日 | 令和5年3月31日 | 問わない |

### （15）事業用資産の買換え（税額計算）

① 譲渡価額≦購入価額の場合

A　収入金額＝譲渡価額×20%
B　必要経費＝（取得費＋譲渡費用）×20%
C　譲渡所得＝A−B

※1　Cについて長期・短期の別により税額を計算。ただし、特別控除額は差し引けません。
※2　中高層耐火建築物の買換え（100%買換え）については、この場合税金はかかりません。

② 譲渡価額＞購入価額の場合

A　収入金額＝譲渡価額−購入価額×80%
B　必要経費＝（取得費＋譲渡費用）×A／譲渡価額
C　課税長期・短期譲渡所得＝A−B

※1　Cについて長期・短期の別により税額を計算。ただし、特別控除額は差し引けません。
※2　中高層耐火建築物の買換え（100%買換え）については、この場合80%を100%として計算

### (16) 買換資産の取得価額の計算

① 譲渡価額≦購入価額の場合

| | |
|---|---|
| A | 購入価額−譲渡価額×80% |
| B | (取得費＋譲渡費用)×80% |
| C | A＋B |

② 譲渡価額＞購入価額の場合

| | |
|---|---|
| A | 購入価額×20% |
| B | (取得費＋譲渡費用)×(購入価額×80%)／譲渡価額 |
| C | A＋B |

### (17) 保証債務を履行するために資産を譲渡した場合の特例

① 特例の概要

保証債務を履行するため資産を譲渡し、債務者に対して求償権の行使ができない場合、求償権の行使ができなくなった金額に対応する部分の金額については、譲渡所得の計算上なかったものとされます。

② 用語の意味

ア 保証債務

債務者以外の人が担保を提供したり(物上保証)、連帯保証人(人的保証)となったりすること

イ 保証債務の履行

債務者の弁済が滞った場合、保証人が債務者に代わって債務の弁済(代位弁済)を行うこと

ウ 求償権

債務者の債権者に対する債務は消滅しても、代位弁済によって保証人が債務者に対して持つ請求権のこと

③ 債権債務関係

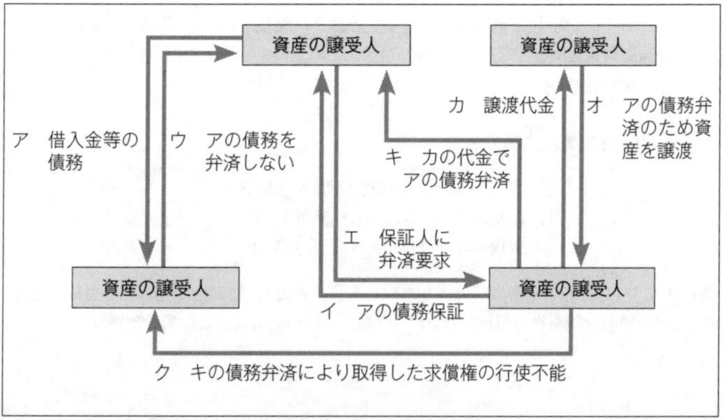

④　特例を受けられない場合

ア　求償権の行使不能の判定基準

求償の相手である主たる債務者についての支払能力の有無によって判定。したがって、主たる債務者に支払能力があると認められる場合には、たとえ求償権を放棄しても、この特例の適用を受けることはできません。

なお、法人がその求償権の放棄後も存続し、経営を継続している場合でも、次のすべての状況に該当すると認められるときは、その求償権は行使不能と判定されます。

i）その代表者等の求償権は、代表者等と金融機関等他の債権者との関係からみて、他の債権者の存する債権と同列に扱うことが困難である等の事情により、放棄せざるを得ない状況にあったと認められること。

ii）その法人は求償権を放棄（債務免除）することによっても、なお債務超過の状況にあること。

イ　保証債務をした時点での主たる債務者の資力

保証債務をした時点において、すでに主たる債務者に資力がなく、保証債務の履行が確実であり、求償権の行使不能の場合は、債務者に対する利益供与、債務引受、または私財提供となるので、この特例の適用を受けることはできません。

ウ　保証人が複数いる場合

保証人が複数いて（連帯保証人）、その中の1人のみが、債務の弁済を行った場合、弁済義務は各人で均等割をすることが原則であり、保証債務の履行をした人は、他の保証人に対して求償権があると判断され、自己の持分のみしか、この特例が使えない場合があります。

⑤　借入金での保証債務の履行

保証債務の履行は借入金で行い、その借入金を返済するために資産を譲渡した場合であっても、その資産の譲渡が実質的に保証債務を履行するためのものであると認められるときは、この特例の適用が受けられます（借入金を返済するための資産の譲渡が、保証債務を履行した日からおおむね1年以内に行われているときは、その資産の譲渡は実質的に保証債務を履行するための資産の譲渡として取り扱われます）。

⑥　譲渡収入金額のうちなかったものとされる金額

次に掲げる金額のうち、最も低い金額が、譲渡収入金額がなかったものとされます。

ア　求償権の行使不能額

イ　総所得金額、土地等にかかる事業所得等の金額、短期譲渡所得金額、長期譲渡所得の金額、株式等にかかる譲渡所得等の金額、山林所得金額及び退職所得金額の合計額

ウ　イの計算の基礎とされる譲渡所得の金額

※　イ及びウの計算上、分離譲渡所得の金額は、特別控除前の金額になります。

この特例は、保証債務を履行するために不動産を売却した場合、その譲渡代金の

一部がなかったものとされるものです。つまり、保証債務の履行をした場合において、求償権の行使が不能となったことによる損失は、その譲渡所得が生じた年の所得が赤字にならない限度において、その譲渡所得から控除されることになります。

要件その他のポイントは、上記のとおりですが、保証債務の履行は、債権者から弁済の請求により生じるものですから、請求前の弁済はこれには含まれません。また、求償権が行使不能になったら、求償権の放棄を書面で債務者に通知する必要があります。なお、この特例を適用した結果、税額が生じない場合でも、申告は必要になります。

⑦　添付書類等

ア 「保証債務の履行のための資産の譲渡に関する計算明細書」

イ　保証契約等の内容を明らかにする書類

ウ　債権者からの催告書等

エ　債務者への債権放棄通知書等

オ　保証債務を履行したことを証する書類

カ　求償権の行使が不能であることを示す書類（主たる債務者の財産目録、収支明細、決算書、清算・解散に関する書類等）

### (18) 収用等の特例

①　概要

特定の公共事業のために土地や建物などを収用され、あるいは収用権を背景として、補償金や代金をもらった場合には、①5,000万円の特別控除の特例、②代替資産の特例か、どちらか一方の特例の適用を受けることができます。

②　5,000万円の特別控除の特例を選択するとき

ア　適用要件

i）公共事業の施行者から最初に買取りなどの申出があった日から6ヶ月以内に譲渡すること

ii）一の公共事業について、年をまたがって2回以上に分けて資産を譲渡したときは、最初の年に譲渡した資産に限って、特例の適用がある

iii）最初に買取りなどの申出を受けた人以外の人が譲渡した場合は、特例の適用はない

イ　税額計算

| |
|---|
| 譲渡価額－取得費－譲渡費用－5,000万円＝譲渡所得 |

※　上記について、長期・短期の別により税額を計算

ウ　添付書類等

i）公共事業用資産の買取り等の申出証明書

ii）公共事業用資産の買取り等の証明書

iii）収用等証明書

### ③　代替資産の特例を選択するとき

ア　適用要件

収用等された資産に代わる資産（代替資産）を、収用等のあった年中か、収用等のあった日から2年以内（例外あり）に取得すること。

イ　税額計算

| |
|---|
| A　収入金額＝（補償金等－譲渡費用）－購入価額<br>B　必要経費＝取得費×A／（補償金等－譲渡費用）<br>C　課税長期・短期譲渡所得＝A－B |

※　上記について、長期・短期の別により税額を計算

代替資産となる買換えの方法には、個別法、一組法、事業継続法の3つがあります。

i）個別法

個別法は、収用等による譲渡資産と同種の資産が買換資産となる場合です。同種とは、土地なら土地、建物なら建物という意味です。取得後の用途については、特に制限はありません。

ii）一組法

一組法は、収用等による譲渡資産が、同一効用を有する1組の異なる2以上の資産であれば、それと同じ効用を有する買換資産は代替資産になるというものです。同じ効用とは、居住の用、店舗または事務所の用、工場等の用をいいます。

iii）事業継続法

事業継続法は、収用等による譲渡資産が、事業用（準ずるものを含む）であれば、事業用の土地等または減価償却資産を代替資産にすることができます。譲渡資産と買換資産は同種のものである必要はありません。

申告の際には、収用証明書を添付します。この特例の適用を受けた場合においては、優良住宅地の造成等の特例や居住用財産の軽減税率の適用はできません。

ウ　添付書類等

i）収用等証明書

ii）代替資産の登記事項証明書

iii）代替資産の取得に関する売買契約書及び領収書の写し

iv）「買換（代替）資産の明細書」（譲渡の翌年以降に代替資産を取得する場合）

## (19) その他の特別控除一覧

### ①　特定土地区画整理事業等に譲渡した場合：2,000万円

国、地方公共団体または都市再生機構等が行う土地区画整理法による土地区画整理事業として行う公共施設の整備改善または宅地の造成に関する事業、大都市地域住宅等供給促進法による住宅街区整備事業または都市再開発法による第一種市街地再開発事業として行う公共施設の整備改善、共同住宅の建設または建築物及び建築敷地の整備に関する事業等のために、これらの者に土地等が買い取られ

た場合

② **特定住宅地造成事業等に譲渡した場合：1,500万円**

地方公共団体または都市再生機構が行う住宅の建設または宅地の造成に関する事業等のために土地等を譲渡した場合で、一定の要件を満たすとき

③ **農地保有の合理化等のために譲渡した場合：800万円**

農地保有の合理化等のために農地等を譲渡した場合で、一定の要件を満たすとき

## (20) 居住用財産の特例

### ① 居住用財産の特例

適用要件・税額計算

| 項目 | 内容 | 税額計算等 |
|---|---|---|
| ① 居住用財産の3,000万円特別控除 | 〈要件〉<br>次のア～ウのいずれかの居住用財産を譲渡した場合、譲渡所得の計算上最高3,000万円を控除することができる。<br>ア 居住用家屋（居住の用に供されなくなったもので居住しなくなった日から3年目の日を含む年の12月31日までに譲渡したものを含む）<br>イ 居住用家屋とその敷地<br>ウ 居住用家屋の敷地（災害による滅失または取壊しにより居住用家屋がなくなった場合で土地の譲渡契約が家屋を取り壊した日から1年以内に締結され、かつ、居住しなくなった日から3年目の日を含む年の12月31日までに譲渡した場合（家屋の取崩し後、譲渡契約の日まで、業務用に使っていない場合に限る）に限る） | 〈税額計算〉<br>収入金額－取得費－譲渡費用－3,000万円 |
| ② 軽減税率の特例 | 〈要件〉<br>国内にある所有期間10年超の居住用財産（①参照）を譲渡した場合、譲渡所得の計算上適用される税率が軽減される。 | 〈税額計算〉<br>ア 譲渡所得6,000万円以下の場合⇒課税譲渡所得金額×10%（住民税4%）<br>イ 譲渡所得6,000万円超の場合⇒（課税譲渡所得金額－6,000万円）×15%（住民税5%）＋600万円（住民税240万円） |

| 項目 | 内容 | 税額計算等 |
|---|---|---|
| ③　特定買換えの特例 | 〈要件〉<br>一定の譲渡資産を譲渡し、代わりに一定の買換資産を取得し居住の用に供した場合、譲渡所得の計算上、課税を繰り延べることができる。<br>・譲渡資産<br>ア　令和3年12月31日までに、国内にある所有期間10年超の居住用財産（①参照）を譲渡したこと。<br>イ　居住期間10年以上であること。<br>ウ　譲渡対価1億円以下であること。<br>・買換資産<br>ア　国内にある自己の居住の用に供する居住用財産であること。<br>イ　原則として譲渡した年、その前年またはその翌年に取得または取得の見込みであること。<br>ウ　原則として取得日から譲渡した年の翌年末までに居住すること。<br>エ　建物床面積＝50㎡以上280㎡以下(平成19年4月1日以後に行う譲渡から上限（280㎡）を撤廃）敷地面積＝500㎡以下<br>※　中古の建築物については、築後25年以内のもの又は一定の証明がされたものに限る。 | 〈税額計算〉<br>ア　譲渡資産の譲渡価額≦買換資産の取得価額の場合譲渡がなかったものとされる。<br>イ　譲渡資産の譲渡価額＞買換資産の取得価額の場合：超過部分につき譲渡があったものとされる。<br>ｉ）収入金額＝譲渡価額−取得価額<br>ii）必要経費＝(取得費＋譲渡費用）×1）／譲渡価額<br>iii）譲渡所得金額＝1）−2) |

| 項目 | 内容 | 税額計算等 |
| --- | --- | --- |
| ④　居住用財産の買換えの場合の譲渡損失の損益通算及び繰越控除 | 〈要件〉<br>　一定の居住用財産の譲渡損失の金額は、一定の要件を満たす場合には、その金額について、他の所得との損益通算ができるとともに、最長3年間にわたる繰越控除もできる。<br>・譲渡資産<br>　令和3年12月31日までに国内にある所有期間5年超の一定の居住用財産（①参照）を譲渡すること。<br>・買換資産<br>　ア　国内にある自己の居住の用に供する居住用財産であること。<br>　イ　譲渡日の属する年、前年、翌年に取得または取得の見込みであること。<br>　ウ　取得日から取得した年の翌年末までに居住または居住の見込みであること。<br>　エ　買換資産の取得年以後の各年の年末において償還期間等が10年以上の一定の住宅借入金等を有すること。<br>　オ　建物床面積＝50㎡以上<br>・その他<br>　ア　合計所得金額が3,000万円以下であること（繰越控除の場合のみ）。<br>　イ　敷地面積500㎡以下の部分の損失のみ対象（繰越控除の場合のみ）。 | 〈損益通算の対象〉<br>　居住用財産の譲渡損失の金額のうち、その年分の長期譲渡所得の金額の計算上生じた損失の部分の金額（ただし、長期譲渡所得の金額の計算上生じた損失の金額のうちに、短期譲渡所得の金額の計算上、控除する金額がある場合には、その控除した金額）。<br>〈繰越控除の対象〉<br>　居住用財産の譲渡損失の金額のうち、次に掲げる場合の区分に応じ、それぞれ次に定める金額に達するまでの金額（通算後譲渡損失の金額）。<br>　ア　青色申告書を提出する場合で、その年分に他の損失の金額がある場合：<br>　　その年において生じた純損失の金額から、当該他の損失の金額の合計額（当該合計額がその年において生じた純損失の金額を超えるときは、当該純損失の金額に相当する金額）を控除した金額<br>　※他の損失の金額とは、不動産所得の金額、事業所得の金額、山林所得の金額または譲渡所得の金額（長期譲渡所得の金額及び短期譲渡所得の金額を除く）の計算上生じた損失の金額<br>　イ　変動所得の金額の計算上生じた損失の金額または被災事業用資産の損失の金額がある場合（アに該当する場合を除く）：<br>　　その年において生じた純損失の金額から、これらの金額の合計額（当該合計額がその年において生じた純損失の金額を超えるときは、当該純損失の金額に相当する金額）を控除した金額<br>　ウ　アまたはイに掲げる場合以外の場合<br>　　その年において生じた純損失の金額<br>　なお、繰越控除は、長期譲渡所得金額、短期譲渡所得金額、総所得金額、退職所得金額、山林所得金額から順次控除する。 |

| 項目 | 内容 | 税額計算等 |
| --- | --- | --- |
| ⑤ 特定居住用財産の譲渡損失の損益通算及び繰越控除 | 〈要件〉<br>一定の居住用財産の譲渡損失の金額は、一定の要件を満たす場合には、その金額について、他の所得との損益通算ができるとともに、最長3年間にわたる繰越控除もできる。<br>ア 令和3年12月31日までに国内にある所有期間5年超の一定の居住用財産（①参照）を譲渡すること。<br>イ 譲渡資産には、譲渡契約日の前日において、償還期間等が10年以上の一定の住宅借入金等を有すること。<br>ウ 合計所得金額が3,000万円以下であること（繰越控除のみ）。 | 〈損益通算の対象〉<br>特定居住用財産の譲渡損失の金額のうち、その年分の長期譲渡所得の金額の計算上生じた損失の部分の金額（ただし、長期譲渡所得の金額の計算上生じた損失の金額のうちに、短期譲渡所得の金額の計算上、控除する金額がある場合には、その控除した金額）。なお、譲渡日の前日における当該譲渡資産に係る住宅借入金等の金額の合計額から当該譲渡資産の対価の額を控除した残額が限度とされる。<br>〈繰越控除の対象〉<br>特定居住用財産の譲渡損失の金額のうち、次に掲げる場合の区分に応じ、それぞれ次に定める金額に達するまでの金額（通算後譲渡損失の金額）。④参照。 |

※ 適用除外の譲渡先

その個人の配偶者、直系血族、同一生計親族、譲渡後その個人と同居する者、その個人（特殊関係者を含む）が過半数を出資している法人等に対して譲渡した場合には、上記の特例の適用はありません。

### ② 添付書類等

ア 居住用財産の3,000万円特別控除

譲渡した土地建物等の所在地を管轄する市町村長から交付を受けた住民票（除票）の写し（譲渡した日から2ヶ月を経過した日後に交付を受けたものに限る）

イ 軽減税率の特例

i ）譲渡した土地建物等に係る登記事項証明書

ii ）アと同じ

ウ 特定買換えの特例

i ）譲渡した土地建物等に係る登記事項証明書

ii ）アと同じまたは戸籍の附票の写し

iii）買換資産の登記事項証明書

iv）買換資産の取得に関する売買契約書及び領収書の写し

v ）買換資産の所在地を管轄する市町村長から交付を受けた住民票の写し

vi）「買換（代替）資産の明細書」（譲渡の翌年以降に代替資産を取得する場合）

エ 居住用財産の買換えの場合の譲渡損失の損益通算及び繰越控除

〈損益通算を受ける場合〉

i ）「居住用財産の譲渡損失の金額の明細書」

ii ）「居住用財産の譲渡損失の損益通算及び繰越控除の対象となる金額の計

算書」

iii）譲渡した土地建物等に係る登記事項証明書

iv）譲渡した資産に土地の上に存する権利が含まれている場合には、その面積を明らかにするもの（土地賃貸借契約書等の写し）

v）ウii）と同じ

vi）買換資産の登記事項証明書

vii）買換資産の取得に関する売買契約書及び領収書の写し

viii）買換資産を取得した年の12月31日における買換資産の住宅借入金等の残高証明書

ix）「買換（代替）資産の明細書」（譲渡の翌年以降に代替資産を取得する場合）

〈繰越控除を受ける場合〉

i）通算後譲渡損失の金額の計算明細書

ii）控除を受けようとする年の12月31日における買換資産の住宅借入金等の残高証明書

オ　特定居住用財産の譲渡損失の損益通算及び繰越控除

〈損益通算を受ける場合〉

i）「特定居住用財産の譲渡損失の金額の明細書」

ii）「特定居住用財産の譲渡損失の損益通算及び繰越控除の対象となる金額の計算書」

iii）譲渡した土地建物等に係る登記事項証明書

iv）譲渡した資産に土地の上に存する権利が含まれている場合には、その面積を明らかにするもの（土地賃貸借契約書等の写し）

v）ウii）と同じ

vi）譲渡契約締結日の前日現在の譲渡資産の住宅借入金等の残高証明書

〈繰越控除を受ける場合〉

通算後譲渡損失の金額の計算明細書

## (21) 住宅借入金等特別控除

### ① 住宅借入金等特別控除

| 項目 | 内容 | 税額計算等 |
|---|---|---|
| 住宅借入金等特別控除 | 次のすべての要件に該当する場合には、居住の用に供した日の属する年以後10年間にわたって、所得税額から一定額を控除することができる。<br>〈要件〉<br>ア　居住用家屋を取得等すること。住宅の新築または新築住宅、中古住宅（取得日以前20年（耐火建築物は25年）以内に建築したもの）の取得（贈与による取得を除く）、工事費用100万円を超える増改築（ただし、中古住宅については、築後年数条件を満たしていなくても平成17年4月1日以後に取得し、自己の居住の用に供した新耐震基準に適合するものは、対象となる）<br>イ　取得の日から6か月以内にその居住の用に供すること<br>ウ　住宅の取得等にかかる借入金（償還期間10年以上）を有すること（借入金には、住宅とともに取得する土地等にかかる借入金で一定のものを含む）<br>エ　床面積50㎡以上<br>オ　控除を受ける年の合計所得金額が3,000万円以下 | 〈控除額〉<br>124、125ページ表参照 |

② 添付書類等

〈初年分〉

| | |
|---|---|
| ア　共通書類 | i）住宅取得資金に係る借入金の年末残高等証明書（2ヶ所以 |
| | ii）住民票の写し（給与所得者の場合は、上記以外に、源泉徴 |
| イ　家屋の新築または新築家屋の購入に係る住宅借入金等のみについてこの控除を受ける場合 | 家屋の登記事項証明書、請負契約書、売買契約書等家屋の新築年月日または購入年月日、家屋の新築工事の請負代金ま |
| ウ　家屋の新築または新築家屋の購入及びその家屋とともに購入したその家屋の敷地の購入に係る住宅借入金等についてこの控除を受ける場合 | i）イに掲げる書類 |
| | ii）敷地の登記事項証明書、売買契約書、敷地の分譲に係る契約書等で、敷地の購入年月日及び敷地の購入の対価の額を |
| | iii）敷地の購入に係る住宅借入金等が右掲のaからcのいずれかに該当するときは、それぞれに係る書類 |

| | | |
|---|---|---|
| 上から交付を受けている場合は、そのすべての証明書) | | |
| 収票) | | |
| たは購入の対価の額及び家屋の床面積を明らかにする書類またはその写し | | |
| | | |
| 明らかにする書類またはその写し | | |
| | a　家屋の新築の日前2年以内に購入したその家屋の敷地の購入に係る住宅借入金等であるとき：右掲の区分に応じ、それぞれに掲げる書類 | (a) 金融機関、地方公共団体または貸金業者から借り入れた借入金：家屋の登記事項証明書などで、家屋に抵当権が設定されていることを明らかにする書類（イの書類により明らかにされている場合には不要) |
| | | (b) (a) 以外のもの：家屋の登記事項証明書などで、家屋に抵当権が設定されていることを明らかにする書類（イの書類により明らかにされている場合には不要）または貸付けをした者もしくはその譲渡の対価に係る債権を有する者が確認した旨を証する書類 |
| | b　家屋の新築の日前に3ヶ月以内の建築条件付で購入したその家屋の敷地の購入に係る住宅借入金等であるとき | 敷地等の分譲に係る契約書などで、契約において3ヶ月以内の建築条件が定められていることなどを明らかにする書類の写し（ii）の書類により明らかにされている場合には不要) |
| | c　家屋の新築の日前に一定期間内の建築条件付で購入したその家屋の敷地の購入に係る住宅借入金等であるとき | 敷地の分譲に係る契約書などで、契約において一定期間内の建築条件が定められていることなどを明らかにする書類の写し（ii）の書類により明らかにされている場合には不要) |

| | |
|---|---|
| エ　中古家屋の購入に係る住宅借入金等のみについてこの控除を受ける場合 | ⅰ）家屋の登記事項証明書（家屋の床面積が明らかでないとき<br>ⅱ）地震に対する安全上必要な構造方法に関する技術的基準またはこれに準ずるものに適合する建物の場合は、右掲の書類<br>ⅲ）売買契約書などで、家屋の購入年月日及び家屋の購入の対価の額を明らかにする書類またはその写し（住宅借入金等のうち中古家屋と一括して購入したその家屋の敷地の購入に係る<br>ⅳ）その住宅借入金等が一定の者を当事者とする中古家屋の購入またはその家屋と一括して購入したその家屋の敷地の購入 |
| オ　増改築等をした部分に係る住宅借入金等についてこの控除を受ける場合 | ⅰ）右に掲げる区分に応じ、それぞれに係る書類<br>ⅱ）増改築等をした家屋の登記事項証明書、請負契約書等で、増改築等をした年月日、その費用の額及び増改築等をした家 |

| | | |
|---|---|---|
| は、それを明らかにする書類も必要) | | |
| | a　耐震基準適合証明書（その家屋の購入の日前2年以内にその証明のための家屋の調査が終了したものに限る） | |
| | b　住宅性能評価書の写し（その家屋の購入の日前2年以内に評価されたもので、耐震等級に係る評価が等級1、等級2または等級3であるものに限る） | |
| 部分についてもこの控除を受ける場合には、敷地の購入年月日及び敷地の購入の対価の額を明らかにする書類またはその写しも必要) | | |
| に係る債務の承継に関する契約に基づく債務であるときは、その債務の承継に関する契約に係る契約書の写し | | |
| | a　増築、改築、建築基準法に規定する大規模の修繕・大規模の模様替えの工事の場合 | その工事に係る建築確認済証の写し、検査済証の写しまたは建築士から交付を受けた増改築等工事証明書 |
| | b　マンションなどの区分所有建物のうち、区分所有する部分の床、階段または壁の過半について行う一定の修繕・模様替えの工事、家屋（マンションなどの区分所有建物にあっては、区分所有する部分に限る）のうち居室、調理室、浴室、便所、洗面所、納戸、玄関又は廊下の一室の床または壁の全部について行う修繕・模様替えの工事、家屋について行う地震に対する一定の安全基準に適合させるための修繕・模様替えの工事の場合 | 建築士から交付を受けた増改築等工事証明書 |
| 屋の床面積を明らかにする書類またはその写し | | |

## 住宅借入金等特別控除（(21) ①の別表）

| 居住年 | 平成11年～13年1/1～6/30 | 平成13年7/1～平成15年 | 平成16年 | 平成17年 | 平成18年 | 平成19年 | |
|---|---|---|---|---|---|---|---|
| 年末ローン残高 | 5,000万円までの部分（土地及び建物） | | 5,000万円までの部分（土地及び建物） | 4,000万円までの部分（土地及び建物） | 3,000万円までの部分（土地及び建物） | 2,500万円までの部分（土地及び建物） | |
| 税額控除額（A：年末借入金残高） | (1)<br>1年目～6年目<br>A×1%<br>(2)<br>7年目～11年目<br>A×0.5%<br>(3)<br>12年目～15年目<br>A×0.5% | 1年目～10年目<br>A×1% | 1年目～10年目<br>A×1% | 1年目～8年目<br>A×1%<br>9年目～10年目<br>A×0.75% | 1年目～7年目<br>A×1%<br>8年目～10年目<br>A×0.5% | 選択適用<br>1年目～6年目<br>A×1%<br>7年目～10年目<br>A×0.5% | 1年目～10年目<br>A×0.6%<br>11年目～15年目<br>A×0.4% |
| 合計所得要件 | 3,000万円以下 | | | | | | |
| 床面積要件 | 50㎡以上 | | | | | | |
| 控除期間 | 15年間 | 10年間 | | | | | 15年間 |
| 中古住宅の築後年数要件　耐火建築物 | 建築後25年以内（※1） | | | | | | |
| 中古住宅の築後年数要件　上記以外 | 建築後20年以内（※1） | | | | | | |
| 居住要件 | 購入、新築または増改築後6ヶ月以内に居住開始（床面積の1／2以上が自己 | | | | | | |
| 借入金要件 | 10年以上（契約時）のローンであること（勤務先からの借入金等は原則年利1% | | | | | | |
| その他 | 増改築の場合には工事費等が100万円超であること（一定の修繕・模様替えも | | | | | | |

※1　中古住宅については、平成17年4月1日以後、取得し自己の居住の用に供した新耐震基準に適合するものは、築後年数要件を満たさない場合も、対象となります。

※2　一般の住宅の対価の額又は費用の額に含まれる消費税等の税率が8%又は10%の場合（それ以外は2,000万円）

| | 平成20年 | | 平成21年 | 平成22年 | 平成23年 | 平成24年 | 平成25年 | 平成26年<br>1/1 ～<br>3/31 | 平成26年<br>4/1 ～<br>令和3年<br>12/31 |
|---|---|---|---|---|---|---|---|---|---|
| | 2,000万円までの部分<br>（土地及び建物） | | 5,000万円までの部分（土地及び建物） | 5,000万円までの部分（土地及び建物） | 4,000万円までの部分（土地及び建物） | 3,000万円までの部分（土地及び建物） | 2,000万円までの部分（土地及び建物） | 2,000万円までの部分（土地及び建物） | 4,000万円（※2）までの部分（土地及び建物） |
| | 選択適用 | | 1年目<br>～10年目<br>A×1% | 1年目<br>～10年目<br>A×1% | 1年目<br>～10年目<br>A×1% | 1年目<br>～10年目<br>A×1% | 1年目<br>～10年目<br>A×1% | 1年目<br>～10年目<br>A×1% | 1年目<br>～10年目<br>A×1% |
| | 1年目<br>～6年目<br>A×1%<br>7年目<br>～10年目<br>A×0.5% | 1年目<br>～10年目<br>A×0.6%<br>11年目<br>～15年目<br>A×0.4% | | | | | | | |
| | | | | | | | | | |
| | | | | | | | | | |
| | 10年間 | 15年間 | 10年間 | | | | | | |
| | | | | | | | | | |
| | | | | | | | | | |
| | の居住の用に供されること） | | | | | | | | |
| | 以上のもの） | | | | | | | | |
| | 対象） | | | | | | | | |

〈2年目以降分〉

ア　確定申告書を提出して受ける場合

i）住宅取得資金に係る借入金の年末残高等証明書（2ヶ所以上から交付を受けている場合は、そのすべての証明書）

ii）家屋の新築や購入に係る住宅借入金等の年末残高の合計額がその家屋の新築工事の請負代金またはその家屋の購入の対価の額を超える場合等一定の場合には、住宅借入金等特別控除額の計算明細書

イ　給与所得者が年末調整によって受ける場合

i）給与所得者の住宅借入金等特別控除申告書

ii）年末調整のための住宅借入金等特別控除証明書

iii）住宅取得資金に係る借入金の年末残高等証明書（2ヶ所以上から交付を受けている場合は、そのすべての証明書。なお、年末調整によってこの控除を受けた年の翌年以後の各年分の所得税について、同一の給与の支払者の下で年末調整によってこの控除を受ける場合には、「給与所得者の住宅借入金等特別控除申告書」に、「既に年末調整のための住宅借入金等特別控除証明書を添付して年末調整によりこの控除を受けている旨」を記載することにより、「年末調整のための住宅借入金等特別控除証明書」提出を省略することができます）

## (22) 特別控除と先行取得の特例

① 特別控除

ア　法人

| | | |
|---|---|---|
| 要件 | a | 法人（清算中の法人を除く）が、指定期間（平成21年1月1日から平成22年12月31日）内に取得（※1）をした国内にある土地等（土地又は土地の上に存する権利で、棚卸資産を除く）で、その取得日から引き続き所有し、かつ、その所有期間（その取得日の翌日から譲渡日の属する年の1月1日までの所有期間）が5年を超えるものの譲渡（※2）をすること |
| | b | 譲渡により取得した対価の額又は交換取得資産の価額（※3）が、譲渡直前の帳簿価額と譲渡経費でその対価又は交換取得資産に係るものとの合計額を超えること |
| | C | その事業年度のうち同一年に属する期間中にその譲渡をした土地等のいずれについても特定の資産の買換えの場合の課税の特例等一定の規定の適用を受けないこと |
| 内容 | 上掲bの超える部分の金額と1千万円（※4）とのいずれか低い金額を、譲渡日の属する事業年度に、損金の額に算入する | |

※1　取得

その法人と特殊の関係のある個人若しくは法人からの取得、合併、分割、贈与、交換、出資若しくは適格事後設立によるもの、所有権移転外リース取引によるものその他一定のものは含まれません。

※2　譲渡

土地等を使用させることによりその土地等の価額が著しく減少する場合を含み、次に掲げるものは含まれない収用、買取り、換地処分、権利変換又は買収による譲渡、特定土地区画整理事業等のために土地等を譲渡した場合の所得の特別控除等の適用を受ける譲渡、交換による譲渡、適格合併等による土地等の移転

※3　交換取得資産の価額

交換取得資産の価額がその譲渡をした土地等の価額を超える場合で、その差額に相当する金額を譲渡に際して支出したときは、その差額に相当する金額を控除した金額

※4　1千万円

譲渡日の属する年における譲渡により取得した対価の額又は交換取得資産の価額につき、この規定により損金の額に算入した、又は損金の額に算入する金額があるときは、その金額を控除した金額

イ　個人

| | | |
|---|---|---|
| 要件 | a | 個人が平成21年1月1日から平成22年12月31日までの間に取得（※1）をした国内にある土地等（土地又は土地の上に存する権利）で、その年1月1日において所有期間が5年を超えるものの譲渡（※2）をすること |
| | b | その年中にその譲渡をした土地等の全部又は一部につき、収用等に伴い代替資産を取得した場合の課税の特例、特定の事業用資産の買換えの場合の譲渡所得の課税の特例等一定の規定の適用を受けないこと |
| 内容 | 長期譲渡所得の金額から1千万円（※3）を控除する | |

※1　取得

その個人の配偶者その他のその個人と特別の関係がある者からの取得、相続、遺贈、贈与及び交換によるもの、その他一定のものは含まれません。

※2　譲渡

譲渡所得の起因となる不動産等の貸付けを含み、交換による譲渡、収用交換等の場合の譲渡所得等の特別控除、居住用財産の譲渡所得の特別控除等一定の譲渡は含まれません。

※3　1千万円

長期譲渡所得の金額のうち、土地等の譲渡に係る部分の金額が1千万円に満たない場合には、その土地等の譲渡に係る部分の金額

### ② 先行取得

ア　法人

| | | |
|---|---|---|
| 要件 | a | 法人が、指定期間（平成21年1月1日から平成22年12月31日）内に、国内にある土地等（土地又は土地の上に存する権利で、棚卸資産を除く）の取得（※1）をし、かつ、その取得日を含む事業年度の確定申告書の提出期限までに先行取得土地等につき届出書を納税地の所轄税務署長に提出すること |
| | b | 取得日を含む事業年度終了の日後10年以内に、その法人の所有する他の土地等の譲渡（※2）をすること |
| 内容 | a | 圧縮記帳先行取得土地等につき、他の土地等に係る譲渡利益金額（※3）の80%（※4）に相当する金額（圧縮限度額）（※5）の範囲内で、その帳簿価額を損金経理により減額し、又はその帳簿価額を減額することに代えてその圧縮限度額以下の金額を譲渡日を含む事業年度の確定した決算において積立金として積み立てる方法（その事業年度の決算の確定の日までに剰余金の処分により積立金として積み立てる方法を含む）により経理したときに限り、その減額し、又は経理した金額に相当する金額は、損金の額に算入する（※6） |
| | b | この適用により損金の額に算入された金額は、その先行取得土地等の取得価額に算入しない |

※1　取得

その法人と特殊の関係のある個人若しくは法人からの取得、合併、分割、贈与、交換、出資若しくは適格事後設立によるもの、所有権移転外リース取引によるものその他一定のものは含まれません。

※2　譲渡

土地等を使用させることによりその土地等の価額が著しく減少する場合を含み、次に掲げるものは含まれない収用、買取り、換地処分、権利変換又は買収による譲渡、特定の長期所有土地等の所得の特別控除の適用を受ける譲渡、特定の資産の買換えの場合の課税の特例等の適用を受ける譲渡、交換による譲渡、適格合併等による土地等の移転

※3　譲渡利益金額

先行取得土地等に係る譲渡土地等の譲渡対価の額から譲渡直前の帳簿価額（譲渡経費がある場合には、その経費の額を加算した金額）を控除した金額とし、譲渡日を含む事業年度において他の土地等の譲渡が2以上ある場合にはその合計額

※4　80%

譲渡日を含む事業年度においてこの適用を受ける先行取得土地等が平成22年1月1日から同年12月31日までの間に取得されたもののみである場合には、60%

※5　圧縮限度額

譲渡日を含む事業年度においてこの適用を受ける先行取得土地等が2以上ある場合で、その80%相当額のうちに他の先行取得土地等に係るこの適用を受ける部分の金額がある場合には、当該他の先行取得土地等の取得価額（他の先行取得土地等が2以上ある場合には、その合計額）に相当する金額を控除した金額

※6　平成21年先行取得土地等と平成22年先行取得土地等がある場合

平成21年先行取得土地等（平成21年1月1日から同年12月31日までの間に取得した先行取得土地等）と平成22年先行取得土地等（平成22年1月1日から同年12月31日までの間に取得した先行取得土地等）の取得価額がある場合には、まず平成21年先行取得土地等の取得価額に相当する金額から適用します。

イ　個人

| | | |
|---|---|---|
| 要件 | a | 不動産所得、事業所得又は山林所得を生ずべき業務を行う個人が、平成21年1月1日から平成22年12月31日までの間に、国内にある土地等（土地又は土地の上に存する権利で、棚卸資産その他これに準ずる資産を除く）の取得（※1）をし、かつ、その取得日の属する年の翌年3月15日までに、先行取得土地等につき届出書を納税地の所轄税務署長に提出すること |
| | b | 取得日の属する年の12月31日後10年以内に、その個人の所有する他の事業用土地等の譲渡（※2）をすること |
| 内容 | a<br>譲渡所得 | 事業用土地等に係る利益金額（※3）からその利益金額の80%（※4）に相当する金額（繰延利益金額）（※5）を控除した金額に相当する金額を譲渡所得の金額とする |
| | b<br>取得価額 | aの適用を受けた者がその適用年において有する対象先行取得土地等につき、適用年の翌年以後に①の適用を受ける場合におけるその対象先行取得土地等の取得価額は、適用年の取得価額から①の適用を受けた事業用土地等の繰延利益金額に相当する金額（※6）を控除した残額とする（※7） |
| | c<br>譲渡、相続等があった場合の取得価額 | aの適用を受けた者の先行取得土地等（bの適用を受けたものに限る）のその取得の日以後その譲渡（譲渡所得の起因となる不動産等の貸付けを含む）、相続、遺贈又は贈与があった場合に譲渡所得の金額を計算するときにおけるその先行取得土地等の取得価額は、bにより計算した金額とする |

※1　取得

その個人の配偶者その他のその個人と特別の関係がある者からの取得、相続、遺贈、贈与及び交換によるもの、所有権移転外リース取引によるものその他一定のものは含まれません。

※2　譲渡

譲渡所得の起因となる不動産等の貸付けを含み、収用等に伴い代替資産を取得した場合の課税の特例、特定の土地等の長期譲渡所得の特別控除、特定の事業用資産の買換えの場合の譲渡所得の課税の特例、交換による譲渡等一定の譲渡は含まれません。

※3　利益金額

事業用土地等の譲渡による収入金額からその事業用土地等の取得価額（譲渡費用がある場合には、その費用の額を加算した金額）を控除した残額とし、譲渡日の属する年中に2以上の事業用土地等の譲渡が行われた場合には、その残額の合計額

※4　80%

先行取得土地等（譲渡日の属する年の前年以前において取得価額から既に適用を受けた繰延利益金額を控除した先行取得土地等のうち、その譲渡日の属する年の取得価額がセロであるものを除く）であって、その年の12月31日においてその個人が有するもの（対象先行取得土地等）が、平成22年1月1日から同年12月31日までの間に取得をされたもののみである場合には、60%

※5　繰延利益金額

その金額が譲渡日の属する年の対象先行取得土地等の取得価額（対象先行取得土地等が2以上ある場合には、これらの対象先行取得土地等の取得価額の合計額）を超える場合には、その取得価額に相当する金額

※6　繰延利益金額に相当する金額

適用年においてこの適用を受ける対象先行取得土地等が2以上ある場合であって、繰延利益金額に相当する金額のうちに他の対象先行取得土地等に係るこの適用を受ける部分がある場合には、当該他の対象先行取得土地等の適用年の取得価額（他の対象先行取得土地等が2以上ある場合には、その合計額）に相当する金額を控除した金額

※7　平成21年先行取得土地等と平成22年先行取得土地等がある場合

平成21年対象先行取得土地等（平成21年1月1日から同年12月31日までの間に取得した対象先行取得土地等）と平成22年対象先行取得土地等（平成22年1月1日から同年12月31日までの間に取得した対象先行取得土地等）がある場合には、まず平成21年対象先行取得土地等につきこの規定を適用します。

## 2.生命保険

### (1) 対策編

### ① 法人対策

ア 定期保険

| 目的・効果 | 死亡保障・税務対策 |
|---|---|
| 契約者 | 法人 |
| 被保険者 | 従業員 |
| 死亡保険金受取人 | 法人 |
| 経理処理 | 損金算入（保険料） |

定期保険は、保険期間が定められており、その期間内のみ保障が得られ期間満了までに死亡事故等がなければ、保険契約は終了し満期保険金が支払われない、いわゆる掛捨て保険です。

この契約形態で加入することにより、保険料は法人で損金になり、福利厚生も兼ねながら、もしもの場合の保障の準備が図れます。ただし、保険期間の中途で解約した場合、解約返戻金はほとんどありません。

イ 養老保険（ハーフタックス）

| 目的・効果 | 死亡保障・退職金準備・税務対策 |
|---|---|
| 契約者 | 法人 |
| 被保険者 | 役員・従業員の全員（原則） |
| 満期保険金受取人 | 法人 |
| 死亡保険金受取人 | 役員・従業員の遺族 |
| 経理処理 | 1／2　資産計上（保険積立金）<br>1／2　損金算入（福利厚生費） |
| 留意点 | i）普遍的加入要件の例<br>〈加入者の例示〉<br>原則　全員加入　○<br>入社3年以上の全員　○<br>男性のみ全員　×<br>〈保険金設定の例示〉<br>保険金を加入者全員一律　○（ただし不相当に高額の場合×）<br>〈その他〉<br>保険期間の設定には注意が必要 |
| | ii）保険契約による福利厚生規程の作成<br>保険金が直接遺族に支払われるため、退職金に充当する旨明記 |

養老保険は、一定期間内に被保険者が死亡した場合には、死亡保険金が支払わ

れ、また、満期になった場合には、満期保険金が支払われます。

この契約形態で加入することにより福利厚生も兼ねながら、退職金準備、利益の繰延べが図れることになります。

保険料の1／2が損金として認められるには、加入者の大部分が、同族関係者でないこと、また、加入者の選択、保険金の設定に恣意性のない普遍的加入をすることが条件になっています。

役員及び従業員の福利厚生制度として契約するため、死亡保険金は、役員、従業員の遺族が取得します。このため保険加入者の条件、保険金設定の基準等を定めるため、保険契約による福利厚生規程を作成します。

② 相続対策

ア 生命保険契約に関する権利の評価：解約返戻金相当額

父親が契約者（保険料負担者）となり、妻や子供を被保険者として生命保険に加入した場合、相続発生時にはこの生命保険契約は「生命保険契約に関する権利」として、相続税が課税されます。

イ 定期金給付契約に関する権利の評価：

i）相続開始時に定期金給付事由が発生している場合

(a) 有期定期金：以下のうちいずれか多い金額

・解約返戻金の金額

・定期金に代えて一時金の給付を受けることができる場合には、給付されるべき一時金の金額

・定期金の給付を受けるべき残存期間に応じ給付を受けるべき金額の1年当たりの平均額×予定利率による複利年金現価率

(b) 終身定期金：下記のうちいずれか多い金額

・解約返戻金の金額

・定期金に代えて一時金の給付を受けることができる場合には、給付されるべき一時金の金額

・目的とされた者に係る余命年数に応じ給付を受けるべき金額の1年当たりの平均額×予定利率による複利年金現価率

(c) 生存条件付有期定期金：上記 (a) の金額又は (b) の金額のいずれか少ない金額

(d) 保証期間付終身定期金：上記 (a) の金額又は (b) の金額のいずれか多い金額

ii）相続開始時に定期金給付事由が発生していない場合

(a) 解約返戻金を支払う旨の定めがない場合

ア）掛金または保険料が一時に払い込まれた場合

払込開始時から権利取得時までの経過期間につき、掛金または保険料の払込金額に対し、予定利率の複利による計算をして得た元利合計額×90%

イ）上記以外の場合

経過期間に応じ払い込まれた掛金又は保険料の金額の1年当たりの平均額×予定利率による複利年金終価率×90%

(b) (a) に掲げる場合以外の場合

解約返戻金の金額

③　保険契約の見直し

ア　解約

解約した場合には、保険契約はなくなり、解約返戻金（まったくないこともある）が返還されます。

イ　減額

保険金額を減額し、以降の保険料負担を軽減する制度です。減額した部分は解約したものとして取り扱われます。

ウ　転換

保険を解約せずに、現在の契約をもとに新規の保険に加入する制度です。この場合、保険料計算の基礎となる年齢は転換時点の年齢となります。

なお、原則として医師の審査・告知が必要になります。

エ　払済保険への変更

契約の途中で保険料の払込みを中止し、その時点での解約返戻金額に応じて保険料払込済保険に変更します。

・ポイント

i）その後の保険料の払込みは不要

ii）保険期間は前契約と変わらない

iii）保険金額が解約返戻金額に応じて前契約より減少

オ　延長（定期）保険への変更

契約の途中で保険料の払込みを中止し、その時点での解約返戻金額を保険料に充当して「一時払の定期保険」に変更します。

・ポイント

i）その後の保険料の払込みは不要

ii）保険金額は前契約と変わらない

iii）保険期間は解約返戻金額に応じて、a前契約より短くなる場合、b前契約と同じで満了時に生存保険金が支払われる場合がある

・経理処理

〈養老保険から延長（定期）保険への変更〉

i）生存保険金なし

延長時：（前払費用）／（保険積立金）
（雑損失）／
各年：（保険料）／（前払費用）

ii）生存保険金あり

延長時：（保険積立金）／（保険積立金）
（前払費用）／
（雑損失）／
各年：（保険料）／（前払費用）

カ　契約者貸付制度の利用

現在加入している生命保険の解約返戻金の一定範囲内で、保険会社から貸付けを受けることができる制度です。

・経理処理

（現金及び預金）／（借入金）

キ　自動振替貸付制度

保険料払込みの猶予期間を経過した場合に加入している生命保険の解約返戻金の範囲内で、保険会社が保険料を自動的に立て替えて払込み契約を継続させる制度です。

・経理処理

例）終身保険の場合

（保険積立金）／（借入金）
（支払利息）／

## (2) 税務編

### ①定期保険及び第三分野保険

### ア　原則

| | 保険金受取人 | | 主契約保険料 | 特約保険料 | 契約者配当 |
|---|---|---|---|---|---|
| | 死亡保険金 | 生存保険金 | | | |
| 定期保険等 | 法人 | | 損金算入 | | 益金算入 |
| | 役員・従業員の遺族 | | 損金算入<br>ただし、役員等特定の者のみを被保険者とする場合は給与 | | |

注：解約返戻金相当額のない短期払の定期保険又は第三分野保険に加入した場合で、当該事業年度に支払った保険料の額が30万円以下であるものについては、その支払った日の属する事業年度の損金の額に算入できる

※たとえ全員加入であっても、役員・従業員の大部分が同族関係者である場合には、福利厚生費ではなく給与となります。

## イ　保険料に相当多額の前払部分の保険料が含まれる場合（保険期間３年以上で、最高解約返戻率50%超の場合）

注：最高解約返戻率70%以下で、かつ、年換算保険料相当額30万円以下の保険に係る保険料については、アによる

| 最高解約返戻率(A) | 期間 | 区分 | 処理 | 金額 |
|---|---|---|---|---|
| 50%<A≦70% | 資産計上期間（保険期間開始～保険期間の40%相当期間） | 支払保険料 | 資産計上 | 支払保険料×40% |
| | | | 損金算入 | 上記以外 |
| | 資産計上期間後 | 支払保険料 | 損金算入 | 全額 |
| | | 資産計上額 | 損金算入 | 均等取崩（保険期間75%相当期間経過後） |
| 70%<A≦85% | 資産計上期間（保険期間開始～保険期間の40%相当期間） | 支払保険料 | 資産計上 | 支払保険料×60% |
| | | | 損金算入 | 上記以外 |
| | 資産計上期間後 | 支払保険料 | 損金算入 | 全額 |
| | | 資産計上額 | 損金算入 | 均等取崩（保険期間75%相当期間経過後） |
| A>85% | 資産計上期間(注1)（保険期間開始～最高解約返戻率となる期間） | 支払保険料 | 資産計上 | 支払保険料×最高解約返戻率×90%or70%(注2) |
| | | | 損金算入 | 上記以外 |
| | 資産計上期間後 | 支払保険料 | 損金算入 | 全額 |
| | | 資産計上額 | 損金算入 | 均等取崩（解約返戻金相当額が最も高い金額となる期間経過後） |

注1：最高解約返戻率となる期間経過後の各期間において、その期間における解約返戻金相当額からその直前の期間の解約返戻金相当額を控除した金額を年換算保険料相当額で除した割合が70%を超える期間がある場合には、その超えることとなる期間終了までとする

なお、資産計上期間が５年未満となる場合には、保険期間の開始から５年を経過するまでとし、保険期間が10年未満である場合には、保険期間の開始から当該保険期間の50%に相当する期間終了までとする

注2：保険期間開始から10年間は90%、10年経過後は70%

② 養老保険

<table>
<tr><th rowspan="2"></th><th colspan="2">保険金受取人</th><th rowspan="2">主契約保険料</th><th rowspan="2">特約保険料</th><th rowspan="2">契約者配当</th></tr>
<tr><th>死亡保険金</th><th>生存保険金</th></tr>
<tr><td rowspan="3">養老保険</td><td>法人</td><td>法人</td><td>資産計上</td><td>損金算入</td><td>益金算入<br>ただし、資産計上額から控除できる</td></tr>
<tr><td>役員・従業員の遺族</td><td>役員・従業員</td><td>給与</td><td rowspan="2">損金算入<br>ただし、給付金の受取人を役員等特定の者とする場合は給与</td><td rowspan="2">益金算入</td></tr>
<tr><td>役員・従業員の遺族</td><td>法人</td><td>1／2…資産計上<br>1／2…損金算入<br>ただし、役員等特定の者のみを被保険者とする場合は給与</td></tr>
</table>

※たとえ全員加入であっても、役員・従業員の大部分が同族関係者である場合には、福利厚生費ではなく給与となります。

### ③　定期付養老保険

<table>
<tr><th colspan="2" rowspan="2"></th><th colspan="2">保険金受取人</th><th rowspan="2">養老保険部分の保険料</th><th rowspan="2">定期保険部分の保険料</th><th rowspan="2">契約者配当</th></tr>
<tr><th>死亡保険金</th><th>生存保険金</th></tr>
<tr><td rowspan="6">定期付養老保険</td><td rowspan="3">定期保険料が区分されている場合</td><td>法人</td><td>法人</td><td>資産計上</td><td>損金算入</td><td rowspan="3">益金算入</td></tr>
<tr><td>役員・従業員の遺族</td><td>役員・従業員</td><td>給与</td><td rowspan="2">損金算入<br>ただし、役員等特定の者のみを被保険者とする場合は給与</td></tr>
<tr><td>役員・従業員の遺族</td><td>法人</td><td>1／2…資産計上<br>1／2…損金算入<br>ただし、役員等特定の者のみを被保険者とする場合は給与</td></tr>
<tr><td rowspan="3">保険料が区分されていない場合</td><td>法人</td><td>法人</td><td colspan="2">資産計上</td><td>益金算入<br>ただし、資産計上額から控除できる</td></tr>
<tr><td>役員・従業員の遺族</td><td>役員・従業員</td><td colspan="2">給与</td><td rowspan="2">益金算入</td></tr>
<tr><td>役員・従業員の遺族</td><td>法人</td><td colspan="2">1／2…資産計上<br>1／2…損金算入<br>ただし、役員等特定の者のみを被保険者とする場合は給与</td></tr>
</table>

※　たとえ全員加入であっても、役員・従業員の大部分が同族関係者である場合には、福利厚生費ではなく給与となります。

### ④　終身保険

<table>
<tr><th rowspan="2"></th><th colspan="2">保険金受取人</th><th rowspan="2">主契約保険料</th><th rowspan="2">特約保険料</th><th rowspan="2">契約者配当</th></tr>
<tr><th>死亡保険金</th><th>生存保険金</th></tr>
<tr><td rowspan="2">終身保険</td><td>法人</td><td></td><td>資産計上</td><td>損金算入</td><td>益金算入<br>ただし、資産計上額から控除できる</td></tr>
<tr><td>役員・従業員の遺族</td><td></td><td>給与</td><td>損金算入<br>ただし、給付金受取人を役員等特定の者とする場合には給与</td><td>益金算入</td></tr>
</table>

⑤　個人年金保険

<table>
<tr><th rowspan="2"></th><th colspan="2">保険金受取人</th><th rowspan="2">主契約保険料</th><th rowspan="2">特約保険料</th><th rowspan="2">契約者配当</th></tr>
<tr><th>死亡保険金</th><th>年金</th></tr>
<tr><td rowspan="3">終身保険</td><td>法人</td><td>法人</td><td>資産計上</td><td>損金算入</td><td>益金算入<br>ただし、資産計上額から控除できる</td></tr>
<tr><td>役員・従業員の遺族</td><td>役員・従業員</td><td>給与</td><td rowspan="2">損金算入<br>ただし、給付金の受取人を役員等特定の者とする場合は給与</td><td rowspan="2">益金算入</td></tr>
<tr><td>役員・従業員の遺族</td><td>法人</td><td>9/10…資産計上<br>1/10…損金算入<br>ただし、役員等特定の者のみを被保険者とする場合は給与</td></tr>
</table>

⑥　払済保険へ変更した場合（※）

変更時における解約返戻金相当額とその保険契約により資産に計上している保険料の額との差額を、その変更した日の属する事業年度の益金の額又は損金の額に算入します（ただし、既に加入している生命保険の保険料の全額（傷害特約等に係る保険料の額を除く）が役員又は使用人に対する給与となる場合を除く）。

養老保険、終身保険及び年金保険（定期保険特約が付加されていないものに限る）から同種類の払済保険に変更した場合に、上記の取扱いを適用せずに、既往の資産計上額を保険事故の発生又は解約失効等により契約が終了するまで計上しているときは、これが認められます。

※　払済保険制度とは以降の保険料の払込みを中止し、その時点の解約返戻金を原資に、現在加入している保険の期間を変えずに、一時払養老保険や既契約と同種の保険（保険金額は少なくなる）に変更する制度

⑦　所得税・贈与税・相続税

| | 契約者（保険料負担者） | 被保険者 | 受取人 | 税金の種類 | 課税関係 | |
|---|---|---|---|---|---|---|
| 終身保険 | A | | A | 所得税 | 保険期間（解約期間）が5年以下で一時払等一定の要件のもの | 差益に対して20%源泉分離課税 |
| | | | | | 上記以外 | 一時所得＝（受取保険金−払込保険料−50万円）<br>注）1/2が課税対象 |
| | A | | B | 贈与税 | 贈与財産＝受取保険金−基礎控除 | |
| 死亡保険金 | 父 | 父 | 相続人 | 相続税 | 相続財産＝受取保険金−非課税金額 | |
| | 父 | 父 | 相続人でない人 | 相続税 | 相続財産＝受取保険金 | |
| | 父 | 母 | 子 | 贈与税 | 贈与財産＝受取保険金−基礎控除 | |
| | 子 | 父 | 子 | 所得税 | 一時所得＝（受取保険金−払込保険料−50万円）<br>注）1/2が課税対象 | |

みなし相続財産（死亡生命保険金）

保険金額−500万円×法定相続人数＝相続財産
（非課税金額）

## ⑧　個人契約で個人年金を受け取った場合の課税関係

| 契約者（保険料負担者） | 年金受取人（被保険者） | 年金等の支払事由 | 税金の負担者 | 税金の種類 |
|---|---|---|---|---|
| 夫 | 夫 | 年金支払開始前に解約 | 夫 | 所得税（一時所得） |
| | | 年金受取り | 夫 | 所得税（雑所得） |
| | | 年金支払開始前に夫死亡<br>死亡給付金受取り | 相続人 | 相続税（非課税あり） |
| | | 年金受給中に夫死亡<br>継続受取人が残存保証期間分の年金受取り | 継続受取人 | 相続時：相続税（非課税なし）「定期金に関する権利」<br>年金受給時：所得税（雑所得） |
| 夫 | 妻 | 年金支払開始前に解約 | 夫（受取人） | 所得税（一時所得） |
| | | 年金受取り | 妻 | 年金開始時：贈与税「定期金に関する権利」<br>年金受給時：所得税（雑所得） |
| | | 年金支払開始前に妻死亡<br>死亡給付金受取り | 夫 | 所得税（一時所得） |
| | | 年金受給中に妻死亡<br>継続受取人が残存保証期間分の年金受取り | 継続受取人 | 夫の場合<br>所得税（雑所得） |
| | | | | 夫以外の場合相続時：贈与税「定期金に関する権利」<br>年金受給時：所得税（雑所得） |

※　$\text{雑所得}=\text{年金の年額}-\text{年金の年額}\times\dfrac{\text{支払保険料の総額}}{\text{年金の支払総額（見込額）}}$

MEMO

## 3.純資産税制

### (1) 増資：有償増資

**① 金銭出資**

ア 発行法人：課税関係なし

イ 株主

i ) 時価発行の場合（個人株主・法人株主）

| | 株主割当増資 | 第三者割当増資 |
|---|---|---|
| 課税関係 | 特になし | 特になし |
| 株式の取得価額 | 払込金額 | 払込金額 |

ii ) 有利発行の場合

a 個人株主

(a) 課税関係

| | |
|---|---|
| 株主割当増資 | 特になし |
| 第三者割当増資 | 一時所得（給与所得、退職所得）(※) |

※ 同族会社の場合は、所得税の課税に替えて、株主間の価値の移動に対して贈与税の課税があり得ます。

(b) 株式の取得価額

| | |
|---|---|
| 株主割当増資 | 払込金額 |
| 第三者割当増資 | 取得時の時価 |

b 法人株主

(a) 課税関係

| | |
|---|---|
| 株主割当増資 | 特になし |
| 第三者割当増資 | 時価と払込金額との差額が受贈益 |

(b) 株式の取得価額

| | |
|---|---|
| 株主割当増資 | 払込金額 |
| 第三者割当増資 | 取得時の時価 |

**② 現物出資**

ア 発行法人

i ) 増加資本金等

| | | |
|---|---|---|
| 原則 | | 給付を受けた資産の時価 |
| 例外 | 適格現物出資 | 移転純資産の帳簿価額 |
| | 非適格現物出資 (※) | 現物出資法人に交付した株式の時価 |

※ 現物出資の直前で営む事業及びその事業に係る主要な資産又は負債のおおむね全部が移転する場合

ii）受入資産の取得価額

| | |
|---|---|
| 原則 | 取得時の時価 |
| 例外（※） | 現物出資法人の出資直前の帳簿価額 |

※　適格現物出資の場合

イ　株主

i）個人株主

a　課税関係：譲渡所得（事業所得、雑所得）（※）

※　同族会社の場合は、さらに、株主間の価値の移動に対して贈与税の課税があり得ます。

〈譲渡収入〉

| | |
|---|---|
| 原則 | 取得した株式の時価 |
| 例外（※） | 出資した資産の時価 |

※　原則時価＜出資した資産の時価×1／2の場合

b　株式の取得価額：取得時の時価

ii）法人株主

a　課税関係

| | |
|---|---|
| 非適格現物出資 | 時価譲渡 |
| 適格現物出資 | 簿価譲渡 |

b　株式の取得価額

| | | |
|---|---|---|
| 非適格現物出資 | 原則 | 出資した資産の時価 |
| | 例外（※） | 取得した株式の時価 |
| 適格現物出資 | | 移転純資産の帳簿価額 |

※　第三者割当増資で有利発行の場合

**(2) 増資：無償増資**

**①　発行法人**

資本金等の額に変動なし

**②　株主**

特になし

**(3) 減資：（無償）減資**

**①　発行法人**

資本金等の額に変動なし（※）

※　欠損填補の場合は、申告調整が必要

**②　株主**

特になし

## (4) 減資：金銭等の払戻しを伴う減資（有償減資）

① 発行法人

| | |
|---|---|
| 減資資本金額（※）部分 | 資本金等の額の減少 |
| 上記以外（交付金銭等ー減資資本金額） | 利益積立金額の減少（みなし配当） |

※ 減資資本金額

| |
|---|
| 減資資本金額（※4）＝a×c／b（※1） |

a：資本の払戻し直前の資本金等の額

b：直前事業年度終了時の資産の帳簿価額から負債の帳簿価額を減算した金額（※2）

c：資本の払戻しにより減少した資本剰余金の額（※3）

※1 小数点以下3位未満の端数を切り上げます。

直前の資本金等の額≦0 → 分数式＝0

直前の資本金等の額＞0、かつ、b≦0 → 分数式＝1

※2 負債には新株予約権に係る義務を含めます。また、直前事業年度終了時から資本の払戻しの直前までに、資本金等の額又は利益積立金額（法令9①一、六に掲げる金額を除く）が増加又は減少した場合には、その増加額又は減少額を加算又は減算します。

※3 減少した資本剰余金の額がbの金額を超える場合には、bの金額

※4 計算した金額が資本の払戻しにより交付した金銭等の額を超える場合には、その超える部分の金額を減算した金額

② 株主

| | |
|---|---|
| 減資資本金額部分 | 株式の譲渡対価 |
| 上記以外（交付金銭等ー減資資本金額） | みなし配当 |

| |
|---|
| みなし配当（A）＝金銭等の額−a／b×c |

・譲渡損益＝譲渡に係る対価の額（B）−譲渡に係る原価の額（C）

・譲渡対価の額（B）＝金銭等の額−A

・譲渡原価の額（C）＝払戻し直前の所有株式の帳簿価額×割合（f／e）

・払戻し後の帳簿価額＝（払戻し直前の帳簿価額−C）／払戻し直後の所有株式数

a：払戻し直前の払戻等対応資本金額等

a＝d×f／e（※1）

d：払戻し直前の資本金等の額

e：払戻法人の払戻しに係る直前事業年度終了時の資産の帳簿価額から負債の帳簿価額を減算した金額（※2）

※1 小数点以下3位未満の端数を切り上げます。

払戻し直前の資本金等の額≦0 → 0

払戻し直前の資本金等の額＞0、かつ、e≦0 → 1

※2 負債には新株予約権に係る義務を含めます。また、直前事業年度終了時から資

本の払戻しの直前までに、資本金等の額が増加又は減少した場合には、その増加額又は減少額を加算又は減算します。

f：払戻しにより減少した資本剰余金の額（eの金額を超える場合にはeの金額）

b：払戻法人の払戻しに係る株式の総数

c：払戻し直前に有していた払戻法人の払戻しに係る株式の数

## (5) 自己株式

### ① 取得

ア　発行法人

i）原則

| | |
|---|---|
| 取得資本金額（※）部分 | 資本金等の額の減少 |
| 上記以外（交付金銭等－取得資本金額） | 利益積立金額の減少 |

※　取得資本金額

〈1種類の株式を発行していた法人の場合〉

取得資本金額（※）＝a／b×c

a：自己株式の取得直前の資本金等の額

b：直前の発行済株式（出資）の総数（総額）（保有する自己株式を除く）

c：自己株式の取得に係る株式の数（出資の金額）

※　上記算式により計算した金額が、交付した金銭等の額を超える場合には、その超える部分の金額を減算した金額とし、また、取得直前の資本金等の額がゼロ以下である場合には、取得資本金額はゼロとします。

〈2以上の種類の株式を発行していた法人の場合〉

取得資本金額（※）＝a／b×c

a：自己株式の取得に係る株式と同一種類の株式に係る取得直前の種類資本金額

b：直前のその種類の株式の総数（保有する自己株式を除く）

c：自己株式の取得に係るその種類の株式の数

※　上記算式により計算した金額が、交付した金銭等の額を超える場合には、その超える部分の金額を減算した金額とし、また、取得直前の種類資本金額がゼロ以下である場合には、取得資本金額はゼロとします。

ii）例外

| | |
|---|---|
| 取得対価の全額（※） | 資本金等の額の減少 |

※　証券市場等における取得等

イ　株主

i）原則

| | |
|---|---|
| 取得資本金額部分 | 株式の譲渡対価 |
| 上記以外（交付金銭等－取得資本金額） | みなし配当 |

注）自己株式として取得されることを予定して取得した株式が自己株式として取得された場合のみなし配当については益金不算入制度の適用はありません。100%グループ内の内国法人の株式を発行法人に対して譲渡する場合には譲渡損益の計上はありません。

〈1種類の株式を発行していた法人の場合〉

みなし配当（A）＝金銭等の額－a／b×c
株式譲渡収入＝金銭等の額－A

a：自己株式の取得直前の資本金等の額
b：直前の発行済株式（出資）の総数（総額）（保有する自己株式を除く）
c：自己株式の取得に係る株式の数（出資の金額）

注）取得直前の資本金等の額がゼロ以下である場合には、取得資本金額はゼロとし、また、金銭等の額が取得資本金額に満たない場合には、みなし配当は生じず、金銭等の額のすべてが株式譲渡収入となります。

〈2以上の種類の株式を発行していた法人の場合〉

みなし配当（A）＝金銭等の額－a／b×c
株式譲渡収入＝金銭等の額－A

a：自己株式の取得に係る株式と同一種類の株式に係る取得直前の種類資本金額
b：直前のその種類の株式の総数（保有する自己株式を除く）
c：自己株式の取得に係るその種類の株式の数

注）取得直前の種類資本金額がゼロ以下である場合には、取得資本金額はゼロとし、また、金銭等の額が取得資本金額に満たない場合には、みなし配当は生じず、金銭等の額のすべてが株式譲渡収入となります。

ii）例外

| | |
|---|---|
| 取得対価の全額 | 株式の譲渡対価 |

**②　処分**

処分対価に相当する金額は、資本金等の額として処理

**③　消却**

処理なし

## 4.組織再編税制（株式交換・移転含む）

### (1) 組織再編税制のポイント

#### ①　移転資産の譲渡損益（法人）（合併・分割・現物出資）

| 取扱い | 原則 | 特例 | |
|---|---|---|---|
| 組織再編 | 非適格 | 適格 | |
| 態様 | – | 適格合併 | 適格現物出資 |
| | | 適格分割型分割 | 適格分社型分割 |
| 課税関係 | 譲渡損益計上（課税） | 譲渡損益計上（課税）繰延べ | |
| 資産移転 | 時価譲渡 | 簿価移転 | 簿価移転 |
| | | 帳簿価額により引き継ぐ | 帳簿価額により譲渡 |

#### ②　株式の譲渡損益（株主）（合併・分割型分割・株式交換・移転）

| 取扱い | 原則 | 特例 |
|---|---|---|
| 課税関係 | 譲渡損益計上（課税） | 譲渡損益計上（課税）繰延べ |
| 交付金銭 | あり | なし（株式のみ（※）） |
| 組織再編 | 非適格 | 適格、非適格 |

※　合併法人株式または合併親法人株式（合併）
　　分割承継法人株式または分割承継親法人株式（分割型分割）

#### ③　みなし配当（株主）（合併・分割型分割）

| 取扱い | 原則 | 特例 |
|---|---|---|
| 課税関係 | みなし配当発生（課税） | みなし配当発生（課税）なし |
| 組織再編 | 非適格 | 適格 |

### (2) 適格組織再編成の要件

#### ① 合併の場合

| | | グループ内 | | | | グループ外 |
|---|---|---|---|---|---|---|
| | | 完全支配関係 | | 支配関係 | | 共同事業 |
| ① | 対価要件 | ○ | | ○ | | ○ |
| ② | (完全) 支配関係継続要件 | 再編前 | 再編後 | 再編前 | 再編後 | |
| | 当事者 | ○ | — | ○ | — | |
| | 同一者 | ○ | ○ | ○ | ○ | |
| ③ | 従業者引継要件 | — | | ○ | | ○ |
| ④ | 事業継続要件 | — | | ○ | | ○ |
| ⑤ | 事業関連性要件 | — | | — | | ○ |
| ⑥ | 事業規模要件 or<br>経営参画要件 | | | | | ○ |
| ⑦ | 株式継続保有要件 | — | | — | | ○ |

＜合併＞

A　グループ内合併

I　完全支配関係がある場合

【定義】

| | |
|---|---|
| ① | 当事者間に完全支配関係がある場合 (②に該当する場合を除く) |
| | 被合併法人と合併法人との間にいずれか一方の法人による完全支配関係 (注1) があること |
| ② | 同一者による完全支配関係がある場合 |
| | 合併前に被合併法人と合併法人との間に同一者による完全支配関係 (注1) があり、かつ、合併後にその同一者と合併法人との間にその同一者による完全支配関係が継続すること (注2) が見込まれていること |

注1：無対価合併の場合は、次の通り

| | |
|---|---|
| ① | 当事者間に完全支配関係がある場合：合併法人が被合併法人の発行済株式等の全部を保有する関係に限る |
| ② | 同一者による完全支配関係がある場合：次に掲げる関係がある場合における完全支配関係に限る |
| ア | 合併法人が被合併法人の発行済株式等の全部を保有する関係 |

| | |
|---|---|
| イ | 被合併法人及び合併法人の株主等（当該被合併法人及び合併法人を除く）の全てについて、その者が保有する当該被合併法人の株式（出資）の数（金額）の当該被合併法人の発行済株式等（当該合併法人が保有する当該被合併法人の株式を除く）の総数（総額）のうちに占める割合と当該者が保有する当該合併法人の株式の数の当該合併法人の発行済株式等（当該被合併法人が保有する当該合併法人の株式を除く）の総数のうちに占める割合とが等しい場合における当該被合併法人と合併法人との間の関係 |

注2：合併後に一定の適格合併が見込まれている場合には、別途、要件あり

【要件】

| | | |
|---|---|---|
| ① | 対価要件 | 被合併法人の株主等に合併法人株式または合併親法人株式のいずれか一方の株式以外の資産が交付されないこと |

II　支配関係がある場合

【定義】

| | |
|---|---|
| ① | 当事者間に支配関係がある場合（②に該当する場合を除く） |
| | 被合併法人と合併法人との間にいずれか一方の法人による支配関係（注1）があること |
| ② | 同一者による支配関係がある場合 |
| | 合併前に被合併法人と合併法人との間に同一者による支配関係（注1）があり、かつ、合併後にその同一者と合併法人との間にその同一者による支配関係が継続すること（注2）が見込まれていること |

注1：無対価合併の場合は、次の通り

| | |
|---|---|
| ① | 当事者間に支配関係がある場合：次に掲げる関係がある場合における支配関係に限る |
| ア | 被合併法人及び合併法人の株主等（当該被合併法人及び合併法人を除く）の全てについて、その者が保有する当該被合併法人の株式（出資）の数（金額）の当該被合併法人の発行済株式等（当該合併法人が保有する当該被合併法人の株式を除く）の総数（総額）のうちに占める割合と当該者が保有する当該合併法人の株式の数の当該合併法人の発行済株式等（当該被合併法人が保有する当該合併法人の株式を除く）の総数のうちに占める割合とが等しい場合における当該被合併法人と合併法人との間の関係 |
| ② | 同一者による支配関係がある場合：次に掲げる関係がある場合における支配関係に限る |
| ア | 合併法人が被合併法人の発行済株式等の全部を保有する関係 |

【要件】

| | |
|---|---|
| イ | 被合併法人及び合併法人の株主等（当該被合併法人及び合併法人を除く）の全てについて、その者が保有する当該被合併法人の株式（出資）の数（金額）の当該被合併法人の発行済株式等（当該合併法人が保有する当該被合併法人の株式を除く）の総数（総額）のうちに占める割合と当該者が保有する当該合併法人の株式の数の当該合併法人の発行済株式等（当該被合併法人が保有する当該合併法人の株式を除く）の総数のうちに占める割合とが等しい場合における当該被合併法人と合併法人との間の関係 |

注2：合併後に一定の適格合併が見込まれている場合には、別途、要件あり

【要件】

| | | |
|---|---|---|
| ① | 対価要件 | 被合併法人の株主等に合併法人株式又は合併親法人株式のいずれか一方の株式等以外の資産が交付されないこと |
| ② | 従業者引継要件 | 被合併法人の合併直前の従業者（注1）のうち、その総数のおおむね80%以上に相当する数の者が合併後に合併法人の業務（注2）に従事することが見込まれていること（注3） |
| ③ | 事業継続要件 | 被合併法人の合併前に営む主要な事業が合併後に合併法人において引き続き営まれることが見込まれていること（注3） |

注1：従業者

役員、使用人その他の者で、合併の直前において被合併法人の合併前に営む事業に現に従事する者

注2：合併法人の業務

合併により移転した事業に限らない

注3：合併後に一定の適格合併が見込まれている場合には、別途、要件あり

B　共同事業合併

【要件】

| | | |
|---|---|---|
| ① | 対価要件 | 被合併法人の株主等に合併法人株式又は合併親法人株式のいずれか一方の株式等以外の資産が交付されないこと |
| ② | 事業関連性要件 | 被合併法人の被合併事業（注1）と合併法人の合併事業（注2）とが相互に関連するものであること |
| ③ | 規模要件又は | 被合併法人の被合併事業と合併法人の合併事業（注3）のそれぞれの売上金額、被合併事業と合併事業のそれぞれの従業者の数、被合併法人と合併法人のそれぞれの資本金の額、これらに準ずるものの規模の割合がおおむね5倍を超えないこと |
| | 経営参画要件 | 合併前の被合併法人の特定役員（注4）のいずれかと合併法人の特定役員のいずれかとが合併後に合併法人の特定役員となることが見込まれていること |

| | | |
|---|---|---|
| ④ | 従業者<br>引継要件 | 被合併法人の合併直前の従業者のうち、その総数のおおむね80%以上に相当する数の者が合併後に合併法人の業務（注5）に従事することが見込まれていること（注6） |
| ⑤ | 事業継続要件 | 被合併法人の被合併事業（注7）が合併後に合併法人において引き続き営まれることが見込まれていること（注6） |
| ⑥ | 株式継続<br>保有要件<br>(注8) | 合併により交付される合併法人の株式又は合併親法人株式のいずれか一方の株式（注9）のうち支配株主（注10）に交付されるもの（対価株式）の全部が支配株主により継続して保有されることが見込まれていること（注6） |

注1：被合併事業

被合併法人の合併前に営む主要な事業のうちのいずれかの事業（③、⑤も同様）

注2：合併事業

合併法人の合併前に営む事業のうちいずれかの事業（③、⑤も同様）

注3：合併事業

被合併事業と関連する事業に限る

注4：特定役員

社長、副社長、代表取締役、代表執行役、専務取締役、常務取締役、これらに準ずる者で法人の経営に従事している者

注5：合併法人の業務

合併により移転した事業に限らない

注6：合併後に一定の適格合併が見込まれている場合には、別途、要件あり

注7：合併法人の合併事業と関連する事業に限る

注8：被合併法人の全てについて他の者との間に当該他の者による支配関係がない場合を除く

注9：議決権のないものを除く

注10：合併の直前に被合併法人と他の者との間に当該他の者による支配関係がある場合における当該他の者及び当該他の者による支配関係があるもの（合併法人を除く）

| | | グループ内分割 | | | | グループ外 | スピンオフ |
|---|---|---|---|---|---|---|---|
| | | 完全支配関係 | | 支配関係 | | 共同事業 | |
| ① | 対価要件 | ○ | | ○ | | ○ | ○ |
| ② | 按分型要件<br>(分割型分割のみ) | ○ | | ○ | | ○ | ○ |
| ③ | (完全) 支配関係継続要件 | 再編前 | 再編後 | 再編前 | 再編後 | | |
| | ア 吸収分割(分割型分割) | | | | | | |
| | 当事者 | ○ | — | ○ | — | | |
| | 同一者 | ○ | ○ | ○ | ○ | | |
| | イ 吸収分割(分社型分割) | | | | | | |
| | 当事者 | ○ | ○ | ○ | ○ | | |
| | 同一者 | ○ | ○ | ○ | ○ | | |
| | ウ 単独新設分割 | | | | | | |
| | 当事者 | — | ○ | — | ○ | | |
| | 同一者 | — | ○ | — | ○ | | |
| | エ 複数新設分割 | | | | | | |
| | 当事者 | ○ | ○ | ○ | ○ | | |
| | 同一者 | ○ | ○ | ○ | ○ | | |
| ④ | 主要資産負債引継要件 | — | | ○ | | ○ | ○ |
| ⑤ | 従業者引継要件 | — | | ○ | | ○ | ○ |
| ⑥ | 事業継続要件 | — | | ○ | | ○ | ○ |
| ⑦ | 事業関連性要件 | — | | — | | ○ | — |
| ⑧ | 事業規模要件 or<br>経営参画要件 | | | | | ○ | (経営参画要件)<br>○ |
| ⑨ | 株式継続保有要件 | — | | — | | ○ | — |
| ⑩ | 非支配関係継続要件 | — | | — | | — | ○ |

<分割>

A　グループ内分割

Ⅰ　完全支配関係がある場合

【定義】

| | |
|---|---|
| ① | 当事者間に完全支配関係がある場合（②に該当する場合を除く） |
| | 分割前（注1）に分割法人と分割承継法人（注2）との間にいずれか一方の法人による完全支配関係がある分割の次に掲げる区分に応じそれぞれ次に定める関係 |
| | ア　新設分割以外の分割型分割（注3）のうち当該分割型分割前に分割法人と分割承継法人との間に当該分割承継法人による完全支配関係（注4）があるもの<br>→当該完全支配関係 |
| | イ 新設分割以外の分割（アに掲げる分割型分割を除く）のうち当該分割前に分割法人と分割承継法人との間にいずれか一方の法人による完全支配関係（注5）があるもの<br>→当該分割後に分割法人と分割承継法人との間に当該いずれか一方の法人による完全支配関係が継続することが見込まれている場合における分割法人と分割承継法人との間の関係（注8） |
| | ウ 単独新設分割のうち当該単独新設分割後に分割法人と分割承継法人との間に当該分割法人による完全支配関係があるもの<br>→当該単独新設分割後に当該完全支配関係が継続することが見込まれている場合における分割法人と分割承継法人との間の関係（注8） |
| | エ 複数新設分割のうち当該複数新設分割前に分割法人と他の分割法人との間にいずれか一方の法人による完全支配関係があるもの<br>→次に掲げる場合の区分に応じそれぞれ次に定める要件に該当することが見込まれている場合における当該分割法人及び他の分割法人と分割承継法人との間の関係<br>ｉ）他方の法人（当該分割法人及び他の分割法人のうち、当該いずれか一方の法人以外の法人）が分割対価資産の全部をその株主等に交付した法人である場合<br>→当該複数新設分割後に当該いずれか一方の法人と分割承継法人との間に当該いずれか一方の法人による完全支配関係が継続すること（注8）<br>ⅱ）ｉに掲げる場合以外の場合<br>→当該複数新設分割後に他方の法人と分割承継法人との間に当該いずれか一方の法人による完全支配関係が継続すること（注8） |
| ② | 同一者による完全支配関係がある場合 |
| | 分割前（注1）に分割法人と分割承継法人（注2）との間に同一者による完全支配関係がある分割の次に掲げる区分に応じそれぞれ次に定める関係 |
| | ア 新設分割以外の分割型分割（注3）のうち当該分割型分割前に分割法人と分割承継法人との間に同一者による完全支配関係（注6）があるもの<br>→当該分割型分割後に当該同一者と分割承継法人との間に当該同一者による完全支配関係が継続することが見込まれている場合における分割法人と分割承継法人との間の関係（注8） |

| | |
|---|---|
| ② | イ 新設分割以外の分割（アに掲げる分割型分割を除く）のうち当該分割前に分割法人と分割承継法人との間に同一者による完全支配関係（注7）があるもの<br>→当該分割後に分割法人と分割承継法人との間に当該同一者による完全支配関係が継続することが見込まれている場合における分割法人と分割承継法人との間の関係（注8） |
| | ウ 単独新設分割のうち当該単独新設分割後に分割法人と分割承継法人との間に同一者による完全支配関係があるもの<br>→次に掲げる場合の区分に応じそれぞれ次に定める要件に該当することが見込まれている場合における当該分割法人と分割承継法人との間の関係<br>ⅰ）当該単独新設分割が分割型分割（注3）に該当する場合<br>→当該単独新設分割後に当該同一者と分割承継法人との間に当該同一者による完全支配関係が継続すること（注8）<br>ⅱ）ⅰに掲げる場合以外の場合<br>→当該単独新設分割後に分割法人と分割承継法人との間に当該同一者による完全支配関係が継続すること（注8） |
| | エ 複数新設分割のうち当該複数新設分割前に分割法人と他の分割法人との間に同一者による完全支配関係があるもの<br>→当該複数新設分割後に当該分割法人及び他の分割法人（それぞれ分割対価資産の全部をその株主等に交付した法人を除く）並びに分割承継法人と当該同一者との間に当該同一者による完全支配関係が継続することが見込まれている場合における当該分割法人と他の分割法人と分割承継法人との間の関係（注8） |

注1：単独新設分割の場合は、分割後

注2：複数新設分割の場合は、分割法人と他の分割法人

注3：分割対価資産を分割法人と分割法人の株主とに交付する分割を除く

注4：無対価分割の場合は、分割承継法人が分割法人の発行済株式等の全部を保有する関係に限る

注5：無対価分割の場合は、分割法人が分割承継法人の発行済株式等の全部を保有する関係に限る

注6：無対価分割の場合は、次に掲げる関係がある場合における当該完全支配関係に限る

ア　分割承継法人が分割法人の発行済株式等の全部を保有する関係

イ　分割法人の株主等（当該分割法人及び分割承継法人を除く）及び分割承継法人の株主等（当該分割承継法人を除く）の全てについて、その者が保有する当該分割法人の株式の数の当該分割法人の発行済株式等（当該分割承継法人が保有する当該分割法人の株式を除く）の総数のうちに占める割合と当該者が保有する当該分割承継法人の株式の数の当該分割承継法人の発行済株式等の総数のうちに占める割合とが等しい場合における当該分割法人と分割承継法人との間の関係

注7：無対価分割の場合は、分割法人が分割承継法人の発行済株式等の全部を保有する関係がある場合における当該完全支配関係に限る

注8：分割後に一定の適格合併等が見込まれている場合には、別途、要件あり

【要件】

| | | |
|---|---|---|
| ① | 対価要件 | 分割対価資産として分割承継法人株式または分割承継親法人株式のいずれか一方の株式以外の資産が交付されないこと |
| ② | 按分型要件 | 分割型分割にあっては、当該株式が分割法人の株主等の有する分割法人の株式数の割合に応じて交付されること |

II　支配関係がある場合

【定義】

| | |
|---|---|
| ① | 当事者間に支配関係がある場合（②に該当する場合を除く） |
| | 分割前（注1）に分割法人と分割承継法人（注2）との間にいずれか一方の法人による支配関係がある分割の次に掲げる区分に応じそれぞれ次に定める関係 |
| | ア 新設分割以外の分割型分割（注3）のうち当該分割型分割前に分割法人と分割承継法人との間に当該分割承継法人による支配関係（注4）があるもの<br>→当該支配関係 |
| | イ 新設分割以外の分割（アに掲げる分割型分割を除く）のうち当該分割前に分割法人と分割承継法人との間にいずれか一方の法人による支配関係（注5）があるもの<br>→当該分割後に分割法人と分割承継法人との間に当該いずれか一方の法人による支配関係が継続することが見込まれている場合における分割法人と分割承継法人との間の関係（注8） |
| ② | 同一者による支配関係がある場合 |
| | 分割前（注1）に分割法人と分割承継法人（注2）との間に同一者による支配関係がある分割の次に掲げる区分に応じそれぞれ次に定める関係 |
| | ア 新設分割以外の分割型分割（注3）のうち当該分割型分割前に分割法人と分割承継法人との間に同一者による支配関係（注6）があるもの<br>→当該分割型分割後に当該同一者と分割承継法人との間に当該同一者による支配関係が継続することが見込まれている場合における分割法人と分割承継法人との間の関係（注8） |
| | イ 新設分割以外の分割（アに掲げる分割型分割を除く）のうち当該分割前に分割法人と分割承継法人との間に同一者による支配関係（注7）があるもの<br>→当該分割後に分割法人と分割承継法人との間に当該同一者による支配関係が継続することが見込まれている場合における分割法人と分割承継法人との間の関係（注8） |

| | |
|---|---|
| ② | ウ 単独新設分割のうち当該単独新設分割後に分割法人と分割承継法人との間に同一者による支配関係があるもの<br>→次に掲げる場合の区分に応じそれぞれ次に定める要件に該当することが見込まれている場合における当該分割法人と分割承継法人との間の関係<br>i）当該単独新設分割が分割型分割（注3）に該当する場合<br>→当該単独新設分割後に当該同一者と分割承継法人との間に当該同一者による支配関係が継続すること（注8）<br>ii）iに掲げる場合以外の場合<br>→当該単独新設分割後に分割法人と分割承継法人との間に当該同一者による支配関係が継続すること（注8） |
| | エ 複数新設分割のうち当該複数新設分割前に分割法人と他の分割法人との間に同一者による支配関係があるもの<br>→当該複数新設分割後に当該分割法人及び他の分割法人（それぞれ分割対価資産の全部をその株主等に交付した法人を除く）並びに分割承継法人と当該同一者との間に当該同一者による支配関係が継続することが見込まれている場合における当該分割法人と他の分割法人と分割承継法人との間の関係（注8） |

注1：単独新設分割の場合は、分割後

注2：複数新設分割の場合は、分割法人と他の分割法人

注3：分割対価資産を分割法人と分割法人の株主とに交付する分割を除く

注4：無対価分割の場合は、分割法人の株主等（当該分割法人及び分割承継法人を除く）及び分割承継法人の株主等（当該分割法人を除く）の全てについて、その者が保有する当該分割法人の株式の数の当該分割法人の発行済株式等（当該分割承継法人が保有する当該分割法人の株式を除く）の総数のうちに占める割合と当該者が保有する当該分割承継法人の株式の数の当該分割承継法人の発行済株式等の総数のうちに占める割合とが等しい場合における当該分割法人と分割承継法人との間の関係がある場合における当該支配関係に限る

注5：無対価分割の場合は、分割法人が分割承継法人の発行済株式等の全部を保有する関係がある場合における当該支配関係に限る

注6：無対価分割の場合は、次に掲げる関係がある場合における当該支配関係に限る

ア　分割承継法人が分割法人の発行済株式等の全部を保有する関係

イ　分割法人の株主等（当該分割法人及び分割承継法人を除く）及び分割承継法人の株主等（当該分割承継法人を除く）の全てについて、その者が保有する当該分割法人の株式の数の当該分割法人の発行済株式等（当該分割承継法人が保有する当該分割法人の株式を除く）の総数のうちに占める割合と当該者が保有する当該分割承継法人の株式の数の当該分割承継法人の発行済株式等の総数のうちに占める割合とが等しい場合における当該分割法人と分割承継法人との間の関係

注7：無対価分割の場合は、分割法人が分割承継法人の発行済株式等の全部を保有する関係がある場合における当該支配関係に限る

注8：分割後に一定の適格合併等が見込まれている場合には、別途、要件あり

【要件】

| | | |
|---|---|---|
| ① | 対価要件 | 分割対価資産として分割承継法人株式又は分割承継親法人株式のいずれか一方の株式以外の資産が交付されないこと |
| ② | 按分型要件 | 分割型分割にあっては、当該株式が分割法人の株主等の有する分割法人の株式数の割合に応じて交付されること |
| ③ | 主要資産等引継要件 | 分割事業（注1）に係る主要な資産及び負債が分割承継法人に移転していること |
| ④ | 従業者引継要件 | 分割直前の分割事業に係る従業者のうち、その総数のおおむね80%以上に相当する数の者が分割後に分割承継法人の業務（注3）に従事することが見込まれていること（注2) |
| ⑤ | 事業継続要件 | 分割事業が分割後に分割承継法人において引き続き営まれることが見込まれていること（注2) |

注1：分割事業

分割法人の分割前に営む事業のうち、分割承継法人において営まれることとなるもの（④、⑤において同じ）

注2：分割後に一定の適格合併が見込まれている場合には、別途、要件あり

注3：分割承継法人の業務

分割事業に限らない

B　共同事業分割

【要件】

| | | |
|---|---|---|
| ① | 対価要件 | 分割対価資産として分割承継法人株式又は分割承継親法人株式のいずれか一方の株式以外の資産が交付されないこと（注１） |
| ② | 按分型要件 | 分割型分割にあっては、当該株式が分割法人の株主等の有する分割法人の株式数の割合に応じて交付されること |
| ③ | 事業関連性要件 | 分割法人の分割事業（注２）と分割承継法人の分割承継事業（注３）とが相互に関連するものであること |
| ④ | 規模要件または | 分割法人の分割事業と分割承継法人の分割承継事業（注４）のそれぞれの売上金額、分割事業と分割承継事業のそれぞれの従業者の数、これらに準ずるものの規模の割合がおおむね5倍を超えないこと |
| | 経営参画要件 | 分割前の分割法人の役員等（注５）のいずれかと分割承継法人の特定役員（注６）のいずれかとが分割後に分割承継法人の特定役員となることが見込まれていること |
| ⑤ | 主要資産等引継要件 | 分割事業に係る主要な資産及び負債が分割承継法人に移転していること |

| | | |
|---|---|---|
| ⑥ | 従業者引継要件 | 分割直前の分割事業に係る従業者のうち、その総数のおおむね80%以上に相当する数の者が分割後に分割承継法人の業務（注8）に従事することが見込まれていること（注7） |
| ⑦ | 事業継続要件 | 分割法人の分割事業（注9）が分割後に分割承継法人において引き続き営まれることが見込まれていること（注7） |
| ⑧ | 株式継続保有要件 | ア　分割型分割（注10） |
| | | 分割型分割により交付される分割承継法人株式又は分割承継親法人株式のいずれか一方の株式（注11）のうち支配株主（注12）に交付されるもの（対価株式）の全部が支配株主により継続して保有されることが見込まれていること（注7） |
| | | イ　分社型分割 |
| | | 分社型分割により交付される分割承継法人株式又は分割承継親法人株式のいずれか一方の株式の全部が分割法人により継続して保有されることが見込まれていること（注7） |

注1：無対価分割にあっては次に掲げるものに限る。

ア　分割法人の株主等（当該分割法人及び分割承継法人を除く）及び分割承継法人の株主等（当該分割承継法人を除く）の全てについて、その者が保有する当該分割法人の株式の数の当該分割法人の発行済株式等（当該分割承継法人が保有する当該分割法人の株式を除く）の総数のうちに占める割合と当該者が保有する当該分割承継法人の株式の数の当該分割承継法人の発行済株式等の総数のうちに占める割合とが等しい場合における当該分割法人と分割承継法人との間の関係がある分割型分割

イ　分割法人が分割承継法人の発行済株式等の全部を保有する関係がある分社型分割

注2：分割事業

分割法人の分割前に営む事業のうち分割により分割承継法人において営まれることとなるもの（④から⑦において同じ）

注3：分割承継事業

分割承継法人の分割前に営む事業のうちのいずれかの事業（複数新設分割の場合には、他の分割法人の分割事業）（④、⑦において同じ）

注4：分割承継事業

分割事業と関連する事業に限る

注5：役員等

役員及びこれらに準ずる者で法人の経営に従事している者

注6：特定役員

複数新設分割の場合には、他の分割法人の役員等

注7：分割後に一定の適格合併が見込まれている場合には、別途、要件あり

注8：分割承継法人の業務

分割事業に限らない

注9：分割承継法人の分割承継事業と関連する事業に限る

注10：分割法人の全てについて他の者との間に当該他の者による支配関係がない場合を除く

注11：議決権のないものを除く

注12：分割型分割の直前に分割法人と他の者との間に当該他の者による支配関係がある場合における当該他の者及び当該他の者による支配関係があるもの（分割承継法人を除く）

C　スピンオフ（一の法人のみが分割法人となる新設分割型分割に限る）

【要件】

| | | |
|---|---|---|
| ① | 対価要件 | 分割対価資産として分割承継法人株式又は分割承継親法人株式のいずれか一方の株式以外の資産が交付されないこと |
| ② | 按分型要件 | 分割法人の株主等の有する分割法人の株式数の割合に応じて分割対価資産が交付されること |
| ③ | 非支配関係継続要件 | 分割直前に分割法人と他の者との間に当該他の者による支配関係がなく、かつ、分割後に分割承継法人と他の者との間に当該他の者による支配関係があることとなることが見込まれていないこと |
| ④ | 経営参画要件 | 分割前の分割法人の役員等（分割事業に係る業務に従事している重要な使用人を含む）のいずれかが分割後に分割承継法人の特定役員となることが見込まれていること |
| ⑤ | 主要資産等継続要件 | 分割事業の主要な資産及び負債が分割承継法人に移転していること |
| ⑥ | 従業者引継要件 | 分割事業に係る従業者のうちその総数のおおむね80%以上が分割承継法人の業務に従事することが見込まれていること |
| ⑦ | 事業継続要件 | 分割法人の分割事業が分割承継法人において引き続き行われることが見込まれていること |

＜株式交換＞

| | | グループ内 | | | | グループ外 |
|---|---|---|---|---|---|---|
| | | 完全支配関係 | | 支配関係 | | 共同事業 |
| ① | **対価要件** | ○ | | ○ | | ○ |
| ② | **（完全）支配関係継続要件** | 再編前 | 再編後 | 再編前 | 再編後 | |
| | **当事者** | ○ | ○ | ○ | ○ | |
| | **同一者** | ○ | ○ | ○ | ○ | |
| ③ | **従業者引継要件** | — | | ○ | | ○ |
| ④ | **事業継続要件** | — | | ○ | | ○ |
| ⑤ | **事業関連性要件** | — | | — | | ○ |
| ⑥ | **事業規模要件 or** **経営参画要件** | | | | | ○ |
| ⑦ | **株式継続保有要件** | — | | — | | ○ |
| ⑧ | **完全支配関係継続要件** | — | | — | | ○ |

A　グループ内株式交換

Ⅰ　完全支配関係がある場合

【定義】

| | |
|---|---|
| ① | 当事者間に完全支配関係がある場合（②に該当する場合を除く）<br>株式交換前に株式交換完全子法人と株式交換完全親法人との間に株式交換完全親法人による完全支配関係（注1）があり、かつ、株式交換後に株式交換完全子法人と株式交換完全親法人との間に株式交換完全親法人による完全支配関係が継続することが見込まれている場合における株式交換完全子法人と株式交換完全親法人との間の関係（注3） |
| ② | 同一者による完全支配関係がある場合<br>株式交換前に株式交換完全子法人と株式交換完全親法人との間に同一者による完全支配関係（注2）があり、かつ、次に掲げる要件の全てに該当することが見込まれている場合における株式交換完全子法人と株式交換完全親法人との間の関係<br>ア 株式交換後に当該同一者と株式交換完全親法人との間に当該同一者による完全支配関係が継続すること（注3）<br>イ 株式交換後に当該同一者と株式交換完全子法人との間に当該同一者による完全支配関係が継続すること（注3） |

注1：株式交換完全子法人の株主に株式交換完全親法人の株式その他の資産が交付されないもの（無対価株式交換）である場合における完全支配関係を除く

注2：株式交換が無対価株式交換の場合は、株式交換完全子法人の株主（当該株式交換完全子法人及び株式交換完全親法人を除く）及び株式交換完全親法人の株主等（当該

株式交換完全親法人を除く）の全てについて、その者が保有する当該株式交換完全子法人の株式の数の当該株式交換完全子法人の発行済株式等（当該株式交換完全親法人が保有する当該株式交換完全子法人の株式を除く）の総数のうちに占める割合と当該者が保有する当該株式交換完全親法人の株式の数の当該株式交換完全親法人の発行済株式等の総数のうちに占める割合とが等しい場合における当該株式交換完全子法人と株式交換完全親法人との間の関係（株主均等割合保有関係）がある場合における当該完全支配関係に限る

注3：株式交換後に一定の適格合併が見込まれている場合には、別途、要件あり

【要件】

| | | |
|---|---|---|
| ① | 対価要件 | 株式交換等完全子法人の株主に株式交換等完全親法人株式又は株式交換完全支配親法人株式のいずれか一方の株式以外の資産が交付されないこと |

II　支配関係がある場合

【定義】

| | |
|---|---|
| ① | 当事者間に支配関係がある場合（②に該当する場合を除く）<br>株式交換等前に株式交換等完全子法人と株式交換等完全親法人との間にいずれか一方の法人による支配関係（注1）があり、かつ、株式交換等後に株式交換等完全子法人と株式交換等完全親法人との間に当該いずれか一方の法人による支配関係が継続することが見込まれている場合における株式交換等完全子法人と株式交換等完全親法人との間の関係（注3） |
| ② | 同一者による支配関係がある場合<br>株式交換等前に株式交換等完全子法人と株式交換等完全親法人との間に同一者による支配関係（注2）があり、かつ、次に掲げる要件の全てに該当することが見込まれている場合における株式交換等完全子法人と株式交換等完全親法人との間の関係<br>ア 株式交換等後に当該同一者と株式交換等完全親法人との間に当該同一者による支配関係が継続すること（注3）<br>イ 株式交換等後に当該同一者と株式交換等完全子法人との間に当該同一者による支配関係が継続すること（注3） |

注1：無対価株式交換の場合は、株主均等割合保有関係がある場合における当該支配関係に限る

注2：無対価株式交換の場合は、株主均等割合保有関係がある場合における当該支配関係に限る

注3：株式交換後に一定の適格合併が見込まれている場合には、別途、要件あり

【要件】

| | | |
|---|---|---|
| ① | 対価要件 | 株式交換等完全子法人の株主に株式交換等完全親法人株式又は株式交換完全支配親法人株式のいずれか一方の株式以外の資産が交付されないこと |
| ② | 従業者継続要件 | 株式交換等完全子法人の株式交換等直前の従業者のうち、その総数のおおむね80%以上に相当する数の者が株式交換等完全子法人の業務に引き続き従事することが見込まれていること（注1） |
| ③ | 事業継続要件 | 株式交換完等全子法人の株式交換等前に営む主要な事業が株式交換等完全子法人において引き続き営まれることが見込まれていること（注1） |

注1：株式交換等後に一定の適格合併等が見込まれている場合には、別途、要件あり

B　共同事業株式交換

【要件】

| | | |
|---|---|---|
| ① | 対価要件 | 株式交換等完全子法人の株主に株式交換等完全親法人株式又は株式交換完全支配親法人株式のいずれか一方の株式以外の資産が交付されないこと（注1） |
| ② | 事業関連性要件 | 株式交換完全子法人の子法人事業（注2）と株式交換完全親法人の親法人事業（注3）とが相互に関連するものであること |
| ③ | 規模要件又は | 株式交換完全子法人の子法人事業と株式交換完全親法人の親法人事業（注4）のそれぞれの売上金額、子法人事業と親法人事業のそれぞれの従業者の数、これらに準ずるものの規模の割合がおおむね5倍を超えないこと |
| | 経営参画要件 | 株式交換前の株式交換完全子法人の特定役員のいずれかが株式交換に伴って退任（注5）をするものではないこと（平成28年4月1日以後は、特定役員の全てが株式交換に伴って退任をするものではないこと） |
| ④ | 従業者継続要件 | 株式交換完全子法人の株式交換直前の従業者のうち、その総数のおおむね80%以上に相当する数の者が株式交換完全子法人の業務に引き続き従事することが見込まれていること（注6） |
| ⑤ | 事業継続要件 | 株式交換完全子法人の子法人事業（注7）が株式交換完全子法人において引き続き営まれることが見込まれていること（注6） |
| ⑥ | 株式継続保有要件（注8） | 株式交換により交付される株式交換完全親法人の株式又は株式交換完全支配親法人株式のいずれか一方の株式（注9）のうち支配株主（注10）に交付されるもの（対価株式）の全部が支配株主により継続して保有されることが見込まれていること（注6） |
| ⑦ | 完全支配関係継続要件 | 株式交換後に株式交換完全親法人と株式交換完全子法人との間に株式交換完全親法人による完全支配関係が継続することが見込まれていること（注6） |

注1：無対価株式交換の場合は、株主均等割合保有関係があるものに限る

注2：子法人事業

株式交換完全子法人の株式交換前に営む主要な事業のうちいずれかの事業（③、⑤において同じ）

注3：親法人事業

株式交換完全親法人の株式交換前に営む事業のうちいずれかの事業（③、⑤において同じ）

注4：親法人事業

子法人事業と関連する事業に限る

注5：退任

株式交換完全親法人の役員への就任に伴う退任を除く（株式交換後に一定の適格合併等が見込まれている場合には、別途、要件あり）

注6：株式交換後に一定の適格合併等が見込まれている場合には、別途、要件あり

注7：親法人事業と関連する事業に限る

注8：株式交換完全子法人と他の者との間に当該他の者による支配関係がない場合を除く

注9：議決権のないものを除く

注10：株式交換の直前に株式交換完全子法人と他の者との間に当該他の者による支配関係がある場合における当該他の者及び当該他の者による支配関係があるもの（株式交換完全親法人を除く）

＜株式移転＞

<table>
<tr><th colspan="2" rowspan="2"></th><th colspan="4">グループ内</th><th>グループ外</th></tr>
<tr><th colspan="2">完全支配関係</th><th colspan="2">支配関係</th><th>共同事業</th></tr>
<tr><td>①</td><td>対価要件</td><td colspan="2">○</td><td colspan="2">○</td><td>○</td></tr>
<tr><td rowspan="4">②</td><td>（完全）支配関係継続要件</td><td>再編前</td><td>再編後</td><td>再編前</td><td>再編後</td><td rowspan="4"></td></tr>
<tr><td>単独株式移転</td><td>—</td><td>○</td><td colspan="2">—</td></tr>
<tr><td>当事者</td><td colspan="2">—</td><td>○</td><td>○</td></tr>
<tr><td>同一者</td><td>○</td><td>○</td><td>○</td><td>○</td></tr>
<tr><td>③</td><td>従業者引継要件</td><td colspan="2">—</td><td colspan="2">○</td><td>○</td></tr>
<tr><td>④</td><td>事業継続要件</td><td colspan="2">—</td><td colspan="2">○</td><td>○</td></tr>
<tr><td>⑤</td><td>事業関連性要件</td><td colspan="2">—</td><td colspan="2">—</td><td>○</td></tr>
<tr><td>⑥</td><td>事業規模要件 or<br>経営参画要件</td><td colspan="2"></td><td colspan="2"></td><td>○</td></tr>
<tr><td>⑦</td><td>株式継続保有要件</td><td colspan="2">—</td><td colspan="2">—</td><td>○</td></tr>
<tr><td>⑧</td><td>完全支配関係継続要件</td><td colspan="2">—</td><td colspan="2">—</td><td>○</td></tr>
</table>

A　グループ内株式移転

I　完全支配関係がある場合

【定義】

| | |
|---|---|
| ① | 一の法人のみがその株式移転完全子法人となる株式移転で、株式移転後に株式移転完全親法人と株式移転完全子法人との間に株式移転完全親法人による完全支配関係が継続すること（注1） |
| ② | 同一者による完全支配関係がある場合<br>株式移転前に株式移転完全子法人と他の株式移転完全子法人との間に同一者による完全支配関係があり、かつ、次に掲げる要件の全てに該当すること<br>ア 株式移転後に当該同一者と株式移転完全親法人との間に当該同一者による完全支配関係が継続すること（注1）<br>イ 株式移転後に当該同一者と株式移転完全子法人との間に当該同一者による完全支配関係が継続すること（注1）<br>ウ 株式移転後に当該同一者と他の株式移転完全子法人との間に当該同一者による完全支配関係が継続すること（注1） |

注1：株式移転後に一定の適格合併等が見込まれている場合には、別途、要件あり

【要件】

| | | |
|---|---|---|
| ① | 対価要件 | 株式移転完全子法人の株主に株式移転完全親法人の株式以外の資産が交付されないこと |

II　支配関係がある場合

【定義】

| | |
|---|---|
| ① | 当事者間に支配関係がある場合（②に該当する場合を除く）<br>株式移転前に株式移転完全子法人と他の株式移転完全子法人との間にいずれか一方の法人による支配関係があり、かつ、次に掲げる要件の全てに該当することが見込まれている場合における株式移転完全子法人と他の株式移転完全子法人との間の関係<br>ア 株式移転後に株式移転完全親法人と株式移転完全子法人との間に株式移転完全親法人による支配関係が継続すること（注1）<br>イ 株式移転後に株式移転完全親法人と他の株式移転完全子法人との間に株式移転完全親法人による支配関係が継続すること（注1） |

| | |
|---|---|
| ② | 同一者による支配関係がある場合<br>株式移転前に株式移転完全子法人と他の株式移転完全子法人との間に同一者による支配関係があり、かつ、次に掲げる要件の全てに該当することが見込まれている場合における株式移転完全子法人と他の株式移転完全子法人との間の関係<br>ア 株式移転後に当該同一者と株式移転完全親法人との間に当該同一者による支配関係が継続すること（注1）<br>イ 株式移転後に当該同一者と株式移転完全子法人との間に当該同一者による支配関係が継続すること（注1）<br>ウ 株式移転後に当該同一者と他の株式移転完全子法人との間に当該同一者による支配関係が継続すること（注1） |

注1：株式移転後に一定の適格合併が見込まれている場合には、別途、要件あり

【要件】

| | | |
|---|---|---|
| ① | 対価要件 | 株式移転完全子法人の株主に株式移転完全親法人の株式以外の資産が交付されないこと |
| ② | 従業者継続要件 | 各株式移転完全子法人の株式移転直前の従業者のうち、その総数のおおむね80%以上に相当する数の者が株式移転完全子法人の業務に引き続き従事することが見込まれていること（注1） |
| ③ | 事業継続要件 | 各株式移転完全子法人の株式移転前に営む主要な事業が、株式移転完全子法人において引き続き営まれることが見込まれていること（注1） |

注1：株式移転後に一定の適格合併等が見込まれている場合には、別途、要件あり

B　共同事業株式移転

【要件】

| | | |
|---|---|---|
| ① | 対価要件 | 株式移転完全子法人の株主に株式移転完全親法人の株式以外の資産が交付されないこと |
| ② | 事業関連性要件 | 株式移転完全子法人の子法人事業（注1）と他の株式移転完全子法人の他の子法人事業（注2）とが相互に関連するものであること |
| ③ | 規模要件又は | 株式移転完全子法人の子法人事業と他の株式移転完全子法人の他の子法人事業（注3）のそれぞれの売上金額、子法人事業と他の子法人事業のそれぞれの従業者の数、これらに準ずるものの規模の割合がおおむね5倍を超えないこと |
| | 経営参画要件 | 株式移転前の株式移転完全子法人又は他の株式移転完全子法人の特定役員のいずれかが株式移転に伴って退任（注4）をするものでないこと（平成28年4月1日以後は、特定役員の全てが株式移転に伴って退任をするものではないこと） |

| | | |
|---|---|---|
| ④ | 従業者継続要件 | 株式移転完全子法人又は他の株式移転完全子法人の株式移転直前の従業者のうち、それぞれその総数のおおむね80%以上に相当する数の者が、それぞれ株式移転完全子法人又は他の株式移転完全子法人の業務に引き続き従事することが見込まれていること（注5) |
| ⑤ | 事業継続要件 | 株式移転完全子法人又は他の株式移転完全子法人の子法人事業又は他の子法人事業（注6）が株式移転完全子法人又は他の株式移転完全子法人において引き続き営まれることが見込まれていること（注5) |
| ⑥ | 株式継続保有要件（注7) | 株式移転により交付される株式移転完全親法人の株式（注8）のうち支配株主（注9）に交付されるもの（対価株式）の全部が支配株主により継続して保有されることが見込まれていること（注5) |
| ⑦ | 完全支配関係継続要件 | 株式移転後に株式移転完全子法人と他の株式移転完全子法人との間に株式移転完全親法人による完全支配関係が継続することが見込まれていること（注5) |

注1：子法人事業
株式移転完全子法人の株式移転前に営む主要な事業のうちいずれかの事業（③、⑤において同じ）

注2：他の子法人事業
他の株式移転完全子法人の株式移転前に営む事業のうちいずれかの事業（③、⑤において同じ）

注3：他の子法人事業
子法人事業と関連する事業に限る

注4：退任
株式移転完全親法人の役員への就任に伴う退任を除く（株式移転後に一定の適格合併等が見込まれている場合には、別途、要件あり）

注5：株式移転後に適格合併等が見込まれている場合には、別途、要件あり

注6：相互に関連する事業に限る

注7：株式移転完全子法人の全てについて他の者との間に当該他の者による支配関係が無い場合を除く

注8：議決権のないものを除く

注9：株式移転の直前に株式移転完全子法人又は他の株式移転完全子法人と他の者との間に当該他の者による支配関係がある場合における当該他の者及び他の者による支配関係があるもの

### (3) 特定資産譲渡等損失の損金不算入

要件

| |
|---|
| **① 適格合併、非適格合併（注1）、適格分割、適格現物出資、適格現物分配でみなし共同事業要件を満たさないこと** |

注1　完全支配関係がある法人間の取引の損益の規定の適用があるものに限る

| |
|---|
| **② 合併等事業年度開始日の5年前の日、内国法人（合併法人等）の設立日、支配関係法人（被合併法人等）の設立日のうち最も遅い日から継続して支配関係がある場合に該当しないこと** |

内容

| |
|---|
| 内国法人（合併法人、分割承継法人、被現物出資法人、被現物分配法人）の適用期間（注1）において生ずる特定資産譲渡等損失額（注2）→損金不算入 |

注1：適用期間

合併等事業年度開始日から、同日以後3年経過日又は最後に支配関係があることとなった日以後5年経過日のいずれか早い日まで

注2：特定資産譲渡等損失額

次に掲げる金額の合計額

ア 特定引継資産の譲渡、評価換え、貸倒れ、除却等による損失の額の合計額−特定引継資産の譲渡又は評価換えによる利益の額の合計額

イ 特定保有資産の譲渡、評価換え、貸倒れ、除却等による損失の額の合計額−特定保有資産の譲渡又は評価換えによる利益の額の合計額

特例1（特定引継資産・特定保有資産）

| |
|---|
| **① 支配関係法人・内国法人の支配関係事業年度の前事業年度終了時の時価純資産価額≧簿価純資産価額**<br>特定資産譲渡等損失額→ないものとする |
| **② 支配関係法人・内国法人の支配関係事業年度の前事業年度終了時の時価純資産価額＜簿価純資産価額**<br>特定資産譲渡等損失額→特定資産譲渡等損失額と簿価純資産超過額（次の金額の合計額控除後）のいずれか少ないものとする<br>ア　簿価純資産超過額のうち引継対象外未処理欠損金額の特例において特定資産譲渡等損失相当額のうち簿価純資産超過額に相当する金額を構成するものとされた部分に相当する金額<br>イ　前期以前の適用期間における特定資産譲渡等損失額 |

特例2（特定保有資産）（事業を移転しない適格分割、適格現物出資、適格現物分配に限る）（注1）

| |
|---|
| ① 次のいずれかに該当する場合<br>ア 内国法人が移転を受けた資産の移転直前の移転時価資産価額≦移転簿価資産価額<br>イ 内国法人が移転を受けた資産の移転直前の移転時価資産価額＞移転簿価資産価額、かつ、移転時価資産超過額≦特例切捨欠損金額<br>・特定資産譲渡等損失額→ないものとする |

| |
|---|
| ② 内国法人が移転を受けた資産の移転直前の移転時価資産価額＞移転簿価資産価額、かつ、移転時価資産超過額＞特例切捨欠損金額<br>・特定資産譲渡等損失額→特定資産譲渡等損失額と移転時価資産超過額（次の金額の合計額控除後）のいずれか少ないものとする<br>ア 特例切捨欠損金額<br>イ 前期以前の適用期間における特定資産譲渡等損失額 |

注1：この適用を受ける場合には特例1の適用はない

### (4) 被合併法人等の未処理欠損金額の引継制限

要件

| |
|---|
| ① 適格合併でみなし共同事業要件を満たさないこと |
| ② 合併事業年度開始日の5年前の日（残余財産確定日の翌日の属する事業年度開始日の5年前の日）、被合併法人（他の内国法人）の設立日、合併法人（内国法人）の設立日のうち最も遅い日から継続して支配関係がある場合に該当しないこと |

内容

| |
|---|
| 適格合併に係る被合併法人（残余財産が確定した他の内国法人（注1））の未処理欠損金額には、次に掲げる欠損金額は含まない |
| ① 被合併法人等の支配関係事業年度前の各事業年度で前9年内事業年度に該当する事業年度において生じた欠損金額（既に損金の額に算入されたもの及び繰戻還付の計算の基礎となったものを除く） |
| ② 被合併法人等の支配関係事業年度以後の各事業年度で前9年内事業年度に該当する事業年度において生じた欠損金額のうち特定資産譲渡等損失相当額 |

注1：内国法人との間に完全支配関係がある他の内国法人で内国法人が発行済株式等の全部又は一部を有するものに限る

特例

① 被合併法人等の支配関係事業年度の前事業年度終了時の時価純資産価額≧簿価純資産価額、かつ、時価純資産超過額≧被合併法人等の支配関係前未処理欠損金額の合計額又は被合併法人等の支配関係前未処理欠損金額なし

・上記内容の①→ないものとする
・上記内容の②→ないものとする

② 被合併法人等の支配関係事業年度の前事業年度終了時の時価純資産価額≧簿価純資産価額、かつ、時価純資産超過額＜被合併法人等の支配関係前未処理欠損金額の合計額

・上記内容の①→支配関係前未処理欠損金額のうち制限対象金額（支配関係前未処理欠損金額の合計額から時価純資産超過額を控除した金額）を構成するもの
・上記内容の②→ないものとする

③ 被合併法人等の支配関係事業年度の前事業年度終了時の時価純資産価額＜簿価純資産価額、かつ、簿価純資産超過額＜被合併法人等の支配関係事業年度以後の事業年度の欠損金額のうち特定資産譲渡等損失相当額の合計額

・上記内容の①→上記内容の①
・上記内容の②→支配関係事業年度以後の事業年度の欠損金発生額のうち特定資産譲渡等損失相当額のうち簿価純資産超過額を構成するもの

### (5) 合併法人等の繰越青色欠損金額の利用制限

要件

① 適格合併、非適格合併（注1）、適格分割、適格現物出資、適格現物分配でみなし共同事業要件を満たさないこと

② 合併等事業年度開始日の5年前の日、内国法人（合併法人等）の設立日、支配関係法人（被合併法人等）の設立日のうち最も遅い日から継続して支配関係がある場合に該当しないこと

注1：完全支配関係がある法人間の取引の損益の規定の適用があるものに限る

内容

内国法人（合併法人、分割承継法人、被現物出資法人、被現物分配法人）の合併等事業年度以後の各事業年度における青色欠損金には、次に掲げる欠損金額はないものとする

①　内国法人の支配関係事業年度前の各事業年度で前9年内事業年度に該当する事業年度において生じた欠損金額（既に損金の額に算入されたもの及び繰戻還付の計算の基礎となったものを除く）

②　内国法人の支配関係事業年度以後の各事業年度で前9年内事業年度に該当する事業年度において生じた欠損金額のうち特定資産譲渡等損失相当額

特例1

①　内国法人の支配関係事業年度の前事業年度終了時の時価純資産価額≧簿価純資産価額、かつ、時価純資産超過額≧内国法人の支配関係前未処理欠損金額の合計額又は内国法人の支配関係前未処理欠損金額なし

- 上記内容の①→ないものとする
- 上記内容の②→ないものとする

②　内国法人の支配関係事業年度の前事業年度終了時の時価純資産価額＜簿価純資産価額、かつ、簿価純資産超過額＜内国法人の支配関係事業年度以後の事業年度の欠損金額のうち特定資産譲渡等損失相当額の合計額

- 上記内容の①→上記内容の①
- 上記内容の②→支配関係事業年度以後の事業年度の欠損金発生額のうち特定資産譲渡等損失相当額のうち簿価純資産超過額を構成するもの

特例2（事業を移転しない適格分割、適格現物出資、適格現物分配に限る）（注1）

①　内国法人が移転を受けた資産の移転直前の移転時価資産価額≦移転簿価資産価額

- 上記内容の①→ないものとする
- 上記内容の②→ないものとする

②　内国法人が移転を受けた資産の移転直前の移転時価資産価額＞移転簿価資産価額、かつ、移転時価資産超過額≦支配関係前欠損金額の合計額

- 上記内容の①→支配関係前欠損金額のうち移転時価資産超過額を構成するもの
- 上記内容の②→ないものとする

③　内国法人が移転を受けた資産の移転直前の移転時価資産価額＞移転簿価資産価額、かつ、移転時価資産超過額＞支配関係前欠損金額の合計額

- 上記内容の①→上記内容の①
- 上記内容の②→支配関係後欠損金額のうち制限対象金額（移転時価資産超過額から支配関係前欠損金額の合計額を控除した金額）を構成するもの

注1：この適用を受ける場合には特例1の適用はない

### (6) 株式交換・株式移転の税務

#### ① 完全子法人における時価評価課税

| 組織再編 | 非適格 | 適格 |
|---|---|---|
| 課税関係 | 評価損益計上（課税） | 評価損益計上（課税）しない |

#### ② 時価評価対象資産

ア 固定資産

イ 土地等

ウ 有価証券

エ 金銭債権

オ 繰延資産

ただし、以下のものは対象から除かれます。

・前5年内事業年度等において一定の圧縮記帳を行った減価償却資産

・売買目的有価証券、償還有価証券

・含み損益が資本金等の額の2分の1または1,000万円のいずれか少ない金額未満のもの

・帳簿価額が1,000万円未満の資産

## 5.金融証券税制

### (1) 株式

#### ① 配当

<table>
<tr><th rowspan="2">種類</th><th rowspan="2">期間</th><th colspan="6">課税方法</th><th colspan="2">源泉徴収</th></tr>
<tr><th colspan="2">区分</th><th>所得税</th><th>住民税</th><th>配当控除</th><th>損益通算(※5)</th><th>所得税</th><th>住民税</th></tr>
<tr><td rowspan="3">上場株式(※1)</td><td rowspan="3">平成28年1月1日～</td><td rowspan="3">選択</td><td>申告不要(※3)</td><td>—</td><td>—</td><td>—</td><td>—</td><td>15%</td><td>5%</td></tr>
<tr><td>申告分離課税</td><td>15%</td><td>5%</td><td>不可</td><td>可</td><td>15%</td><td>5%</td></tr>
<tr><td>総合課税</td><td>5～45%</td><td>10%</td><td>可</td><td>不可</td><td>15%</td><td>5%</td></tr>
</table>

<table>
<tr><th rowspan="2">種類</th><th rowspan="2">少額基準</th><th colspan="6">課税方法</th><th colspan="2">源泉徴収</th></tr>
<tr><th colspan="2">区分</th><th>所得税</th><th>住民税</th><th>配当控除</th><th>損益通算(※5)</th><th>所得税</th><th>住民税</th></tr>
<tr><td rowspan="3">未上場株式(※2)</td><td rowspan="2">基準(※4)以下</td><td rowspan="2">選択</td><td>申告不要</td><td>—</td><td>10%</td><td>可</td><td>不可</td><td>20%</td><td>—</td></tr>
<tr><td>総合課税</td><td>5～45%</td><td>10%</td><td>可</td><td>不可</td><td>20%</td><td>—</td></tr>
<tr><td>基準超</td><td colspan="2">総合課税</td><td>5～45%</td><td>10%</td><td>可</td><td>不可</td><td>20%</td><td>—</td></tr>
</table>

※1　大口株主（配当等の支払の基準日において5%（平成23年10月1日以後に支払を受けるべき配当等については3%）以上有する株主）に対する上場株式の配当を除きます。

※2　大口株主（配当等の支払の基準日において5%（平成23年10月1日以後に支払を受けるべき配当等については3%）以上有する株主）に対する上場株式の配当を含みます。

※3　上限なし

※4　10万円×$\frac{\text{配当計算期間}}{12}$

※5　上場株式の譲渡損失等との損益通算

#### ② 譲渡損益

<table>
<tr><th rowspan="2">種類</th><th rowspan="2">期間</th><th colspan="5">課税方法</th><th colspan="2">源泉徴収</th></tr>
<tr><th>区分</th><th>所得税</th><th>住民税</th><th>損益通算(※2)</th><th>繰越控除(※3)</th><th>所得税</th><th>住民税</th></tr>
<tr><td rowspan="2">上場株式</td><td rowspan="2">平成28年1月1日～</td><td>申告分離課税</td><td>15%</td><td>5%</td><td>可</td><td>可</td><td>－</td><td>－</td></tr>
<tr><td>申告不要(※1)</td><td>－</td><td>－</td><td>－</td><td>－</td><td>15%</td><td>5%</td></tr>
<tr><td colspan="2">未上場株式</td><td>申告分離課税</td><td>15%</td><td>5%</td><td>不可</td><td>不可</td><td>－</td><td>－</td></tr>
</table>

※1　特定口座（源泉徴収選択口座）の場合

※2　申告分離課税を選択した上場株式の配当等との損益通算

※3　譲渡損失の3年間の繰越控除

※4　上場株式と未上場株式の譲渡損益の通算不可

## (2) 公社債

### ①　利子

| 区分 | | 条件 | 源泉徴収 | 課税関係 |
|---|---|---|---|---|
| 一般公社債 | 国内発行・国内支払 | 下記以外 | 15%、5% | 源泉分離 |
| | | 同族会社の同族株主 | 15%、− | 総合課税 |
| | 国外発行・国外支払 | 国内支払取扱者交付 | 15%、5% | 源泉分離 |
| | | 上記以外 | − | 総合課税 |
| 特定公社債 | 国内発行・国内支払 | 下記以外 | 15%、5% | 申告分離、申告不要 |
| | | 条約・法律で源泉徴収不可 | − | 申告分離 |
| | 国外発行・国外支払 | 国内支払取扱者交付 | 15%、5% | 申告分離、申告不要 |
| | | 上記以外の民間国外債・外貨債 | 15%、− | 総合課税 |
| | | 上記以外 | − | 申告分離 |

### ②　譲渡損益

| 区分 | 課税関係 |
|---|---|
| 一般公社債 | 申告分離（一般株式等） |
| 特定公社債 | 申告分離（上場株式等） |

注：下記のものの譲渡益は非課税

発行時に償還差益に対して源泉分離課税の対象とされる割引債

ア　H27.12.31以前発行割引債で発行時に償還差益が源泉分離課税の対象とされたもの

イ　長期信用銀行債及び農林債で割引債に該当するもの

### ③償還損益（注1）

| 区分 | 課税関係 | 源泉徴収 |
|---|---|---|
| 一般公社債（注2） | 申告分離（一般株式等） | 15%、5% |
| 特定公社債 | 申告分離（上場株式等） | 15%、5% |

注1：償還により受ける金銭等の額は譲渡所得の収入金額とみなされる

注2：同族会社が発行した社債の償還により同族株主が交付を受けた場合は、総合課税（雑所得）

## (3) 投資信託

| 区分 | | | 収益分配金 | | | |
|---|---|---|---|---|---|---|
| | 上場／非上場 | 公募／私募 | 期中 | | | |
| | | | 所得 | 源泉徴収 | 課税関係 | 所得 |
| 株式投資信託 | 上場 | 公募 | 配当 | 15%、5% | 総合、申告分離、申告不要 | 譲渡 |
| | | 私募 | 配当 | 15%、5% | 総合、申告分離、申告不要 | 譲渡 |
| | 非上場 | 公募 | 配当 | 15%、5% | 総合、申告分離、申告不要 | 譲渡 |
| | | 私募 | 配当 | 20%、－ | 総合、申告不要（注1） | 配当、譲渡 |
| 公社債投資信託 | 上場 | 公募 | 利子 | 15%、5% | 申告分離、申告不要 | 譲渡 |
| | | 私募 | 利子 | 15%、5% | 申告分離、申告不要 | 譲渡 |
| | 非上場 | 公募 | 利子 | 15%、5% | 申告分離、申告不要 | 譲渡 |
| | | 私募 | 利子 | 15%、5% | 源泉分離 | 利子、譲渡 |
| 公社債等運用投資信託 | 上場 | 公募 | 利子 | 15%、5% | 申告分離、申告不要 | 譲渡 |
| | | 私募 | 配当 | 15%、5% | 総合、申告分離、申告不要 | 譲渡 |
| | 非上場 | 公募 | 利子 | 15%、5% | 申告分離、申告不要 | 譲渡 |
| | | 私募 | 配当 | 15%、5% | 源泉分離 | 配当、譲渡 |
| 非公社債等投資信託 | 上場 | 公募 | 配当 | 15%、5% | 総合、申告分離、申告不要 | 譲渡 |
| | | 私募 | 配当 | 15%、5% | 総合、申告分離、申告不要 | 譲渡 |
| | 非上場 | 公募 | 配当 | 15%、5% | 申告分離、申告不要 | 譲渡 |
| | | 私募 | 配当 | 20%、－ | 総合、申告不要（注1） | 配当、譲渡 |

注1：住民税は申告不要不可

注2：①上場投資信託、公募投資信託については、解約（償還）価額が譲渡所得の収入金額とみなされる。

②①以外（非上場私募投資信託）については、解約（償還）価額のうち元本超過分が利子・配当所得の収入金額とされ、元本部分が譲渡所得の収入金額とみなされる。

| | | | 譲渡損益 | | |
|---|---|---|---|---|---|
| 解約・償還（注2） | | | 譲渡 | | |
| | 源泉徴収 | 課税関係 | 所得 | 源泉徴収 | 課税関係 |
| | なし | 申告分離（上場株式等） | 譲渡 | なし | 申告分離（上場株式等） |
| | なし | 申告分離（上場株式等） | 譲渡 | なし | 申告分離（上場株式等） |
| | なし | 申告分離（上場株式等） | 譲渡 | なし | 申告分離（上場株式等） |
| | 20%、－ | 配当は総合、<br>譲渡は申告分離（一般株式等） | 譲渡 | なし | 申告分離（一般株式等） |
| | なし | 申告分離（上場株式等） | 譲渡 | なし | 申告分離（上場株式等） |
| | なし | 申告分離（上場株式等） | 譲渡 | なし | 申告分離（上場株式等） |
| | なし | 申告分離（上場株式等） | 譲渡 | なし | 申告分離（上場株式等） |
| | 15%、5% | 利子は源泉分離、<br>譲渡は申告分離（一般株式等） | 譲渡 | なし | 申告分離（一般株式等） |
| | なし | 申告分離（上場株式等） | 譲渡 | なし | 申告分離（上場株式等） |
| | なし | 申告分離（上場株式等） | 譲渡 | なし | 申告分離（上場株式等） |
| | なし | 申告分離（上場株式等） | 譲渡 | なし | 申告分離（上場株式等） |
| | 15%、5% | 配当は源泉分離、<br>譲渡は申告分離（一般株式等） | 譲渡 | なし | 申告分離（一般株式等） |
| | なし | 申告分離（上場株式等） | 譲渡 | なし | 申告分離（上場株式等） |
| | なし | 申告分離（上場株式等） | 譲渡 | なし | 申告分離（上場株式等） |
| | なし | 申告分離（上場株式等） | 譲渡 | なし | 申告分離（上場株式等） |
| | 20%、－ | 配当は総合、<br>譲渡は申告分離（一般株式等） | 譲渡 | なし | 申告分離（一般株式等） |

### (4) 非課税口座内の少額上場株式等に係る特例（平成26年以降）

① 配当所得

非課税口座内上場株式等に係る配当等でその口座の開設年の1月1日から5年内に支払を受けるべきものについては、所得税及び住民税を非課税とする。

② 譲渡所得

非課税口座の開設年の1月1日から5年内に金融商品取引業者等への売委託等による譲渡をした場合には、その譲渡所得については、所得税及び住民税を非課税とし、譲渡損失については、ないものとみなす。

③ 非課税口座

非課税口座を開設できるのは、平成26年1月1日から令和5年12月31日までとする。

非課税口座を開設できるのは、その年1月1日において満20歳以上である居住者等に限られる。

非課税口座には、その設定の日からその年12月31日までの間に金融商品取引業者等を通じて新たに取得した上場株式等（設定時からの取得対価の額の合計額が120万円を超えない範囲内のものに限る）及び一定の株式等のみが受け入れられる。

## 6.納税猶予

| 贈与税の納税猶予の特例 |
|---|

【要件】

| | |
|---|---|
| ① | 特例贈与者(D)から特例経営承継受贈者(C)が特例認定贈与承継会社(A)の非上場株式等(注)を贈与(E)により取得すること |
| ② | 期限内申告をすること |
| ③ | 申告書に適用を受けようとする旨を記載すること |
| ④ | 申告期限までに猶予税額相当の担保を提供すること |
| ⑤ | 申告書に非上場株式等の明細及び猶予税額の計算に関する明細その他一定の事項を記載した書類を添付すること |

注:非上場株式等

| |
|---|
| 議決権に制限のないものに限る |

| No | 内容 |
|---|---|
| A | **特例認定贈与承継会社** |
| 1 | 贈与時において会社の株式等が、非上場株式等であること |
| 2 | 贈与時において風俗営業会社でないこと |
| 3 | 贈与時において資産保有型会社のうち一定のもの(注1)でないこと |
| 4 | 贈与時において資産運用型会社のうち一定のもの(注1)でないこと |
| 5 | 贈与日の属する事業年度の直前事業年度(注2)の総収入金額>0 |
| 6 | 贈与時において常時使用従業員数≧1(注3) |
| 7 | 贈与時において会社が発行する黄金株を一定の者(注4)以外の者が有していないこと |
| 8 | 中小企業者(円滑化法2)であること |
| 9 | 特例円滑化法認定(円滑化省令6①十一又は十三)を受けた会社であること |
| B | **特定特別関係会社** |
| 10 | 贈与時において特定特別関係会社の株式等が、非上場株式等であること |
| 11 | 贈与時において中小企業者(円滑化法2)であること(外国会社を除く) |
| 12 | 贈与時において風俗営業会社でないこと |
| C | **特例経営承継受贈者** |
| 13 | 特例贈与者から贈与により特例認定贈与承継会社の非上場株式等を取得した個人であること |
| 14 | 贈与時において(制限が加えられていない)代表権を有していること |
| 15 | 贈与時において、個人及びその特別関係者の有する特例認定贈与承継会社の非上場株式等に係る議決権数の合計が、総株主等議決権数の50%超であること |

| | |
|---|---|
| 16 | 次に掲げる場合の区分に応じ、それぞれ次に定める要件を満たすこと |
| | ア 個人が一人の場合は、次に掲げる要件を満たすこと |
| | a 贈与時において、個人が有する特例認定贈与承継会社の非上場株式等に係る議決権数が、個人の特別関係者のうちいずれの者（注5）が有する議決権数をも下回らないこと |
| | イ 個人が二人又は三人の場合は、次に掲げる全ての要件を満たすこと |
| | a 贈与時において、個人が有する特例認定贈与承継会社の非上場株式等に係る議決権数が、総株主等議決権数の10%以上であること |
| | b 贈与時において、個人が有する特例認定贈与承継会社の非上場株式等に係る議決権数が、個人の特別関係者のうちいずれの者（注5）が有する議決権数をも下回らないこと |
| 17 | 贈与日において20歳以上であること |
| 18 | 贈与日まで引き続き3年以上にわたり特例認定贈与承継会社の役員であること |
| 19 | 贈与時から贈与税の申告期限（原則）まで引き続き贈与により取得した特例認定贈与承継会社の特例対象受贈非上場株式等のすべてを有していること |
| 20 | 当該特例認定贈与承継会社の非上場株式等について70の7①、70の7の2①又は70の7の4①の規定の適用を受けていないこと |
| 21 | 円滑化省令17①一の確認を受けた特例認定贈与承継会社の特例後継者であること |
| 22 | 14から20の要件をすべて満たす者が2人又は3人以上ある場合には、特例認定贈与承継会社が定めた2人又は3人までの者に限ること |
| **D** | **特例贈与者** |
| 23 | 次の各号に掲げる場合の区分に応じ、当該各号に定める者 |
| | ア イに掲げる場合以外の場合で、次に掲げる要件の全てを満たす者 |
| | a 贈与時前において特例認定贈与承継会社の代表権を有していた個人であること |
| | b 贈与の直前（注6）において、個人及びその特別関係者の有する特例認定贈与承継会社の非上場株式等に係る議決権数の合計が、総株主等議決権数（注7）の50%超であること |
| | c 贈与の直前（注6）において、個人が有する特例認定贈与承継会社の非上場株式等に係る議決権数が、個人の特別関係者（特例経営承継受贈者となる者を除く）のうちいずれの者が有する議決権数をも下回らないこと |
| | d 贈与時において、個人が特例認定贈与承継会社の代表権を有していないこと |
| | イ 70の7の5①の規定の適用に係る贈与の直前において、a~cのいずれかに該当する者がある場合におけるd及びeの要件を満たす者 |
| | a 当該特例認定贈与承継会社の非上場株式等について、70の7の5①、70の7の6①又は70の7の8①の規定の適用を受けている者であること |
| | b アに定める者から70の7の5①の規定の適用に係る贈与により当該特例認定贈与承継会社の非上場株式等を取得している者（aに掲げる者を除く）であること |
| | c 令40の8の6①一に定める者から70の7の6①の規定の適用に係る相続等により当該特例認定贈与承継会社の非上場株式等の取得をしている者（aに掲げる者を除く）であること |
| | d 特例認定贈与承継会社の非上場株式等を有していた個人であること |
| | e 贈与時において、個人が特例認定贈与承継会社の代表権を有していないこと |

| | |
|---|---|
| 24 | 既にこの規定の適用に係る贈与をしているものでないこと |
| E | **贈与** |
| 25 | 次の各号に掲げる場合の区分に応じ、当該各号に定める贈与であること |
| | ア特例経営承継受贈者が一人である場合:次のいずれかの贈与であること |
| | a 贈与の直前において特例贈与者が有していた特例認定贈与承継会社の非上場株式等（注）の数≧特例認定贈与承継会社の発行済株式等（注8）×2／3－特例経営承継受贈者が有していた特例認定贈与承継会社の非上場株式等（注）の場合<br>→発行済株式等（注8）×2／3－特例経営承継受贈者が有していた特例認定贈与承継会社の非上場株式等（注）以上の株式の贈与（贈＋受で2／3以上の場合は、贈与後、受贈者単独で2/3以上となる贈与） |
| | b a以外の贈与（贈+受で2/3未満の場合は、贈与者保有分の全てを贈与）<br>→特例贈与者が贈与の直前において有していた特例認定贈与承継会社の非上場株式等（注）の全ての贈与 |
| | イ 特例経営承継受贈者が二人又は三人である場合:次の全ての要件を満たす贈与であること |
| | a 贈与後におけるいずれの特例経営承継受贈者の有する特例認定贈与承継会社の非上場株式等の数が特例認定贈与承継会社の発行済株式等の総数の10%以上となる贈与であること |
| | b いずれの特例経営承継受贈者の有する特例認定贈与承継会社の非上場株式等の数が特例贈与者の有する特例認定贈与承継会社の非上場株式等の数を上回る贈与であること |
| 26 | 次のいずれかの贈与であること |
| | ア H30.1.1~R9.12.31までの間の最初のこの項の規定の適用に係る贈与であること（注9） |
| | イ 贈与日から特例経営贈与承継期間の末日までの間に贈与税の申告期限が到来する贈与であること（注9） |
| F | **その他** |
| 27 | 特例認定贈与承継会社が特例経営承継受贈者及びその特別関係者から現物出資又は贈与により取得をした資産（贈与前3年以内に取得をしたものに限る、現物出資等資産）があり、かつ、贈与時における次の割合が70%以上であるときは、適用しない<br>→b／a<br>a：特例認定贈与承継会社の資産の価額の合計額<br>b：現物出資等資産の価額（贈与時において現物出資等資産を有していない場合には、贈与時に有しているものとしたときにおける現物出資等資産の価額）の合計額 |

注1：資産保有型会社又は資産運用型会社のうち一定のもの

| |
|---|
| 資産保有型会社又は資産運用型会社（資産保有型会社等）のうち、次に掲げる要件のすべてに該当するもの |
| ア 資産保有型会社等の特定資産から資産保有型会社等が有するその特別関係会社で次に掲げる要件のすべてを満たすものの株式等を除いた場合であっても、資産保有型会社等が資産保有型会社又は資産運用型会社に該当すること |
| a 特別関係会社が贈与日まで引き続き3年以上にわたり、商品の販売等を行っていること<br>b 贈与時において特別関係会社の常時使用従業員の数が5人以上であること<br>c 贈与時において特別関係会社が、常時使用従業員が勤務している事務所等を所有し、又は賃借していること |

| |
|---|
| イ 資産保有型会社等が、次に掲げる要件のすべてを満たす資産保有型会社又は資産運用型会社でないこと |
| a 資産保有型会社等が贈与日まで引き続き3年以上にわたり、商品の販売等を行っていること<br>b 贈与時において資産保有型会社等の常時使用従業員の数が5人以上であること<br>c 贈与時において資産保有型会社等が、常時使用従業員が勤務している事務所等を所有し、又は賃借していること |

注：平成27年以降は、商品の販売等のうち、資産の貸付け及び常時使用従業員について、改正あり

注2：直前事業年度

| |
|---|
| 贈与日が贈与日の属する事業年度の末日である場合には、贈与日の属する事業年度及び当該事業年度の直前事業年度 |

注3：常時使用従業員数

| |
|---|
| 贈与時において、会社の特別関係会社が外国会社に該当する場合（会社又は支配関係法人が特別関係会社の株式等を有する場合に限る）には、会社の常時使用従業員の数が5人以上であること |

注4：一定の者

| |
|---|
| 次に掲げる者<br>ア 70の7の5①、70の7の6①、70の7の8①の規定の適用を受けている者<br>イ 先代経営者から70の7の5①の規定の適用に係る贈与により特例認定贈与承継会社の非上場株式等の取得をしている者（アに掲げる者を除く）<br>ウ 令40の8の6①一に定める者から70の7の6①の規定の適用に係る相続等により特例認定贈与承継会社の非上場株式等の取得をしている者（アに掲げる者を除く） |

注5：いずれの者

| |
|---|
| 当該個人以外の70の7の5①、70の7の6①又は70の7の8①の規定の適用を受ける者を除く |

注6：贈与の直前

| |
|---|
| 個人が贈与の直前において認定贈与承継会社の代表権を有しない場合には、個人が代表権を有していた期間内のいずれかの時及び贈与の直前 |

注7：総株主等議決権数

| |
|---|
| 総株主（株主総会において決議をすることができる事項の全部につき議決権を行使することができない株主を除く）等の議決権数 |

注8：発行済株式等

| |
|---|
| 議決権に制限のない株式等に限る |

注9：

| |
|---|
| 贈与の前に相続等により納税猶予の適用を受けている場合には、「最初の相続開始日から特例経営贈与承継期間の末日までの間に贈与税の申告期限が到来する贈与」と読み替える |

## 相続税の納税猶予の特例

【要件】

| | |
|---|---|
| ① | 特例被相続人(D)から特例経営承継相続人等(C)が特例認定承継会社(A)の非上場株式等(注)を相続又は遺贈(相続等)により取得すること |
| ② | 期限内申告をすること |
| ③ | 申告書に適用を受けようとする旨を記載すること |
| ④ | 申告期限までに猶予税額相当の担保を提供すること |
| ⑤ | 申告書に非上場株式等の明細及び猶予税額の計算に関する明細その他一定の事項を記載した書類を添付すること |
| ⑥ | 申告期限までに分割されていること |

注：非上場株式等

| |
|---|
| 議決権に制限のないものに限る |

| No | 内容 |
|---|---|
| A | **特例認定承継会社** |
| 1 | 相続開始時において会社の株式等が、非上場株式等であること |
| 2 | 相続開始時において風俗営業会社でないこと |
| 3 | 相続開始時において資産保有型会社のうち一定のもの(注1)でないこと |
| 4 | 相続開始時において資産運用型会社のうち一定のもの(注1)でないこと |
| 5 | 相続開始日の属する事業年度の直前事業年度(注2)の総収入金額>0 |
| 6 | 相続開始時において常時使用従業員数≧1(注3) |
| 7 | 相続開始時において会社が発行する黄金株を一定の者(注4)以外の者が有していないこと |
| 8 | 中小企業者(円滑化法2)であること |
| 9 | 特例円滑化法認定(円滑化省令6①十二又は十四)を受けた会社であること |
| B | **特定特別関係会社** |
| 10 | 相続開始時において特定特別関係会社の株式等が、非上場株式等であること |
| 11 | 相続開始時において中小企業者(円滑化法2)であること(外国会社を除く) |
| 12 | 相続開始時において風俗営業会社でないこと |
| C | **特例経営承継相続人等** |
| 13 | 被相続人から相続等により特例認定承継会社の非上場株式等を取得した個人であること |
| 14 | 相続開始日の翌日から5月経過日において(制限が加えられていない)代表権を有していること |

| | |
|---|---|
| 15 | 相続開始時において、個人及びその特別関係者の有する特例認定承継会社の非上場株式等に係る議決権数の合計が、総株主等議決権数の50%超であること |
| 16 | 次に掲げる場合の区分に応じ、それぞれ次に定める要件を満たすこと |
| | ア 個人が一人の場合は、次に掲げる要件を満たすこと |
| | a 相続開始時において、個人が有する特例認定承継会社の非上場株式等に係る議決権数が、個人の特別関係者のうちいずれの者（注5）が有する議決権数をも下回らないこと |
| | イ 個人が二人又は三人の場合は、次に掲げる全ての要件を満たすこと |
| | a 相続開始時において、個人が有する特例認定承継会社の非上場株式等に係る議決権数が、総株主等議決権数の10%以上であること |
| | b 相続開始時において、個人が有する特例認定承継会社の非上場株式等に係る議決権数が、個人の特別関係者のうちいずれの者（注5）が有する議決権数をも下回らないこと |
| 17 | 相続開始の直前において、その会社の役員であったこと（ただし、特例被相続人が60歳未満で死亡した場合を除く） |
| 18 | 相続開始時から相続税の申告期限（原則）まで引き続き相続等により取得した特例認定承継会社の特例対象非上場株式等のすべてを有していること |
| 19 | 当該特例認定承継会社の非上場株式等について70の7①、70の7の2①又は70の7の4①の規定の適用を受けていないこと |
| 20 | 円滑化省令17①一の確認を受けた特例認定承継会社の特例後継者であること |
| 21 | 14から19の要件をすべて満たす者が2人又は3人以上ある場合には、特例認定承継会社が定めた2人又は3人までの者に限ること |
| **D** | **特例被相続人** |
| 22 | 次の各号に掲げる場合の区分に応じ、当該各号に定める者 |
| | ア イに掲げる場合以外の場合で、次に掲げる要件の全てを満たすこと |
| | a 相続開始前において特例認定承継会社の代表権を有していた個人であること |
| | b 相続開始の直前（注6）において、個人及びその特別関係者の有する特例認定承継会社の非上場株式等に係る議決権数の合計が、総株主等議決権数（注7）の50%超であること |
| | c 相続開始の直前（注6）において、個人が有する特例認定承継会社の非上場株式等に係る議決権数が、個人の特別関係者（特例経営承継相続人等となる者を除く）のうちいずれの者が有する議決権数をも下回らないこと |
| | イ 70の7の6①の規定の適用に係る相続開始の直前において、a~cのいずれかに該当する者がある場合におけるdの要件を満たす者 |
| | a 当該特例認定承継会社の非上場株式等について、70の7の5①、70の7の6①又は70の7の8①の規定の適用を受けている者であること |
| | b 令40の8の5①一に定める者から70の7の5①の規定の適用に係る贈与により当該特例認定承継会社の非上場株式等を取得している者（aに掲げる者を除く）であること |
| | c アに定める者から70の7の6①の規定の適用に係る相続等により当該特例認定承継会社の非上場株式等の取得をしている者（aに掲げる者を除く）であること |
| | d 特例認定承継会社の非上場株式等を有していた個人であること |

| E | 相続等 |
| --- | --- |
| 23 | 次のいずれかの相続等による取得であること |
| | ア H30.1.1~R9.12.31までの間の最初のこの項の規定の適用に係る相続等による取得であること（注8） |
| | イ 取得日から特例経営承継期間の末日までの間に相続税の申告期限が到来する相続等による取得であること（注8） |
| **F** | **その他** |
| 24 | 特例認定承継会社が特例経営承継相続人等及びその特別関係者から現物出資又は贈与により取得をした資産（相続開始前3年以内に取得をしたものに限る、現物出資等資産）があり、かつ、相続開始時における次の割合が70%以上であるときは、適用しない<br>→b／a<br>a：特例認定承継会社の資産の価額の合計額<br>b：現物出資等資産の価額（相続開始時において現物出資等資産を有していない場合には、相続開始時に有しているものとしたときにおける現物出資等資産の価額）の合計額 |

注1：資産保有型会社又は資産運用型会社のうち一定のもの

| |
| --- |
| 資産保有型会社又は資産運用型会社（資産保有型会社等）のうち、次に掲げる要件のすべてに該当するもの |
| ア 資産保有型会社等の特定資産から資産保有型会社等が有するその特別関係会社で次に掲げる要件のすべてを満たすものの株式等を除いた場合であっても、資産保有型会社等が資産保有型会社又は資産運用型会社に該当すること |
| a 特別関係会社が相続開始日まで引き続き3年以上にわたり、商品の販売等を行っていること<br>b 相続開始時において特別関係会社の常時使用従業員の数が5人以上であること<br>c 相続開始時において特別関係会社が、常時使用従業員が勤務している事務所等を所有し、又は賃借していること |
| イ 資産保有型会社等が、次に掲げる要件のすべてを満たす資産保有型会社又は資産運用型会社でないこと |
| a 資産保有型会社等が相続開始日まで引き続き3年以上にわたり、商品の販売等を行っていること<br>b 相続開始時において資産保有型会社等の常時使用従業員の数が5人以上であること<br>c 相続開始時において資産保有型会社等が、常時使用従業員が勤務している事務所等を所有し、又は賃借していること |

注：平成27年以降は、商品の販売等のうち、資産の貸付け及び常時使用従業員について、改正あり

注2：直前事業年度

| |
| --- |
| 相続開始日が相続開始日の属する事業年度の末日である場合には、相続開始日の属する事業年度及び当該事業年度の直前事業年度 |

注3：常時使用従業員数

| |
| --- |
| 相続開始時において、会社の特別関係会社が外国会社に該当する場合（会社又は支配関係法人が特別関係会社の株式等を有する場合に限る）には、会社の常時使用従業員の数が5人以上であること |

注4：一定の者

| |
|---|
| 次に掲げる者<br>ア 70の7の5①、70の7の6①、70の7の8①の規定の適用を受けている者<br>イ 先代経営者から70の7の6①の規定の適用に係る相続等により特例認定承継会社の非上場株式等の取得をしている者（アに掲げる者を除く）<br>ウ 令40の8の5①一に定める者から70の7の5①の規定の適用に係る贈与により特例認定承継会社の非上場株式等の取得をしている者（アに掲げる者を除く） |

注5：いずれの者

| |
|---|
| 当該個人以外の70の7の5①、70の7の6①又は70の7の8①の規定の適用を受ける者を除く |

注6：相続開始の直前

| |
|---|
| 個人が相続開始の直前において特例認定承継会社の代表権を有しない場合には、個人が代表権を有していた期間内のいずれかの時及び相続開始の直前 |

注7：総株主等議決権数

| |
|---|
| 総株主（株主総会において決議をすることができる事項の全部につき議決権を行使することができない株主を除く）等の議決権数 |

注8：

| |
|---|
| 相続等の前に贈与により納税猶予の適用を受けている場合には、「最初の贈与日から特例経営承継期間の末日までの間に相続税の申告期限が到来する相続等」と読み替える |

## 贈与者が死亡した場合の相続税の納税猶予の特例

【要件】

| | |
|---|---|
| ① | 特例経営相続承継受贈者（C）が特例贈与者から相続等により取得したものとみなされた（注）特例対象受贈非上場株式等（特例認定相続承継会社（A）の株式等に限る）を有すること |
| ② | 期限内申告をすること |
| ③ | 申告書に適用を受けようとする旨を記載すること |
| ④ | 申告期限までに猶予税額相当の担保を提供すること |
| ⑤ | 申告書に特例受贈非上場株式等の明細及び猶予税額の計算に関する明細その他一定の事項を記載した書類を添付すること |

注：70の7の7①の規定による

| No | 内容 |
|---|---|
| A | **特例認定相続承継会社** |
| 1 | 相続開始時において会社の株式等が、非上場株式等であること（注1） |
| 2 | 相続開始時において風俗営業会社でないこと |
| 3 | 相続開始時において資産保有型会社のうち一定のもの（注2）でないこと |
| 4 | 相続開始時において資産運用型会社のうち一定のもの（注2）でないこと |
| 5 | 相続開始日の属する事業年度の直前事業年度（注3）の総収入金額>0 |
| 6 | 相続開始時において常時使用従業員数≧1（注4） |
| 7 | 相続開始時において会社が発行する黄金株を一定の者（注5）以外の者が有していないこと |
| 8 | 特例認定贈与承継会社であること |
| 9 | 申告期限までに都道府県知事確認（円滑化省令13①）を受けた会社であること |
| B | **特定特別関係会社** |
| 10 | 相続開始時において特定特別関係会社の株式等が、非上場株式等であること（注1） |
| 11 | 相続開始時において風俗営業会社でないこと |
| C | **特例経営相続承継受贈者** |
| 12 | 贈与税の納税猶予の特例の適用を受ける特例経営承継受贈者であること |
| 13 | 相続開始時において（制限が加えられていない）代表権を有していること |
| 14 | 相続開始時において、その者及びその特別関係者の有する特例認定相続承継会社の株式等に係る議決権数の合計が、総株主等議決権数の50%超であること |
| 15 | 相続開始時において、その者が有する特例認定相続承継会社の株式等に係る議決権数が、その者の特別関係者のうちいずれの者（注6）が有する議決権数をも下回らないこと |

注1：特例経営相続承継受贈者に係る特例贈与者が最初の贈与に係る贈与税申告期限から5年経過日又は最初の相続に係る相続税申告期限から5年経過日のいずれか早い日の翌日以後に死亡した場合には不要

注2：資産保有型会社又は資産運用型会社のうち一定のもの

| |
|---|
| 資産保有型会社又は資産運用型会社（資産保有型会社等）のうち、次に掲げる要件のすべてに該当するもの |
| ア 資産保有型会社等の特定資産から資産保有型会社等が有するその特別関係会社で次に掲げる要件のすべてを満たすものの株式等を除いた場合であっても、資産保有型会社等が資産保有型会社又は資産運用型会社に該当すること |
| a 特別関係会社が相続開始日まで引き続き3年以上にわたり、商品の販売等を行っていること<br>b 相続開始時において特別関係会社の常時使用従業員の数が5人以上であること<br>c 相続開始時において特別関係会社が、常時使用従業員が勤務している事務所等を所有し、又は賃借していること |
| イ 資産保有型会社等が、次に掲げる要件のすべてを満たす資産保有型会社又は資産運用型会社でないこと |
| a 資産保有型会社等が相続開始日まで引き続き3年以上にわたり、商品の販売等を行っていること<br>b 相続開始時において資産保有型会社等の常時使用従業員の数が5人以上であること<br>c 相続開始時において資産保有型会社等が、常時使用従業員が勤務している事務所等を所有し、又は賃借していること |

注：平成27年以降は、商品の販売等のうち、資産の貸付け及び常時使用従業員について、改正あり

注3：直前事業年度

| |
|---|
| 相続開始日が相続開始日の属する事業年度の末日である場合には、相続開始日の属する事業年度及び当該事業年度の直前事業年度 |

注4:常時使用従業員数

| |
|---|
| 相続開始時において、会社の特別関係会社が外国会社に該当する場合（会社又は支配関係法人が特別関係会社の株式等を有する場合に限る）には、会社の常時使用従業員の数が5人以上であること |

注5：一定の者

| |
|---|
| 次に掲げる者<br>ア 70の7の5①、70の7の6①、70の7の8①の規定の適用を受けている者<br>イ 先代経営者から70の7の6①の規定の適用に係る相続等により特例認定相続承継会社の非上場株式等の取得をしている者（アに掲げる者を除く）<br>ウ 令40の8の5①一に定める者から70の7の5①の規定の適用に係る贈与により特例認定相続承継会社の非上場株式等の取得をしている者（アに掲げる者を除く） |

注6：いずれの者

| |
|---|
| 当該個人以外の70の7の5①、70の7の6①又は70の7の8①の規定の適用を受ける者を除く |

# 7.減損会計

概念図

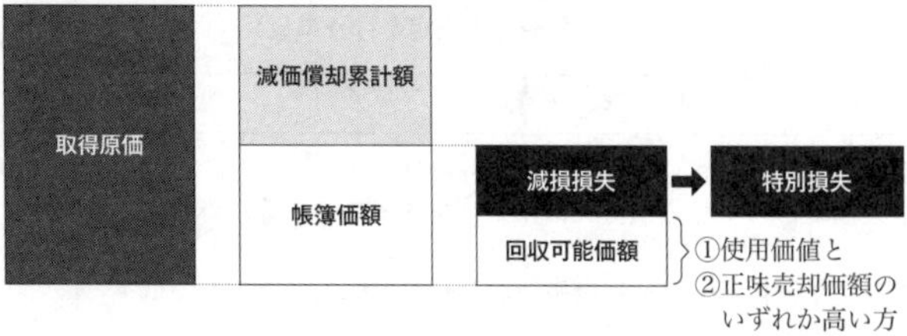


概念図

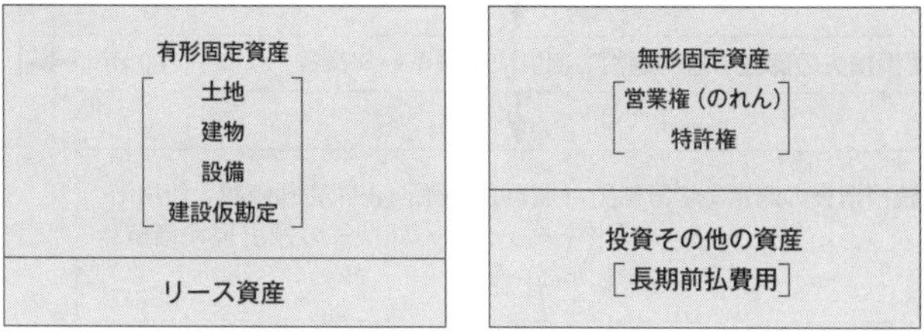


### (1) 減損会計のポイント

・減損は、取得原価基準の下で行われる帳簿価額の減額であり、時価会計ではありません。

・減損は、固定資産のグルーピング、減損の兆候の判定、減損損失の認識、減損損失の測定、会計処理の5段階のステップを踏んで行われます。

・中小会社には、今のところ減損会計適用の義務付けはありません。

### (2) 減損会計の適用プロセス

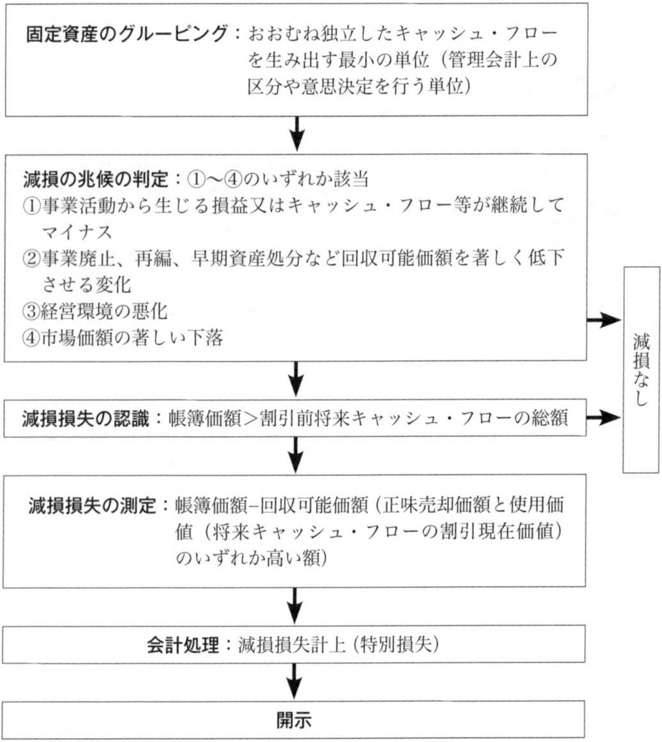

固定資産のグルーピング：おおむね独立したキャッシュ・フローを生み出す最小の単位（管理会計上の区分や意思決定を行う単位）
減損の兆候の判定：①～④のいずれか該当
①事業活動から生じる損益又はキャッシュ・フロー等が継続してマイナス
②事業廃止、再編、早期資産処分など回収可能価額を著しく低下させる変化
③経営環境の悪化
④市場価額の著しい下落
減損なし
減損損失の認識：帳簿価額＞割引前将来キャッシュ・フローの総額
減損損失の測定：帳簿価額−回収可能価額（正味売却価額と使用価値（将来キャッシュ・フローの割引現在価値）のいずれか高い額）
会計処理：減損損失計上（特別損失）
開示

### (3) 減損会計における税務上の取扱い

- 税法上、資産の評価については取得原価主義をとっており、評価損の計上は原則として禁止されています。
- 通常の場合は減価償却超過額として申告加算することになります。
- 税務上は固定資産の評価損に関する規定（法法33条2項）、耐用年数の短縮（法令57条1項）、陳腐化償却の規定（法令60条の2第1項）があり、その要件にあった場合にのみ税務上は損金算入が認められます。
- 固定資産評価損のうち、損金の額に算入されなかった金額は、償却費として損金経理した金額に含まれます。
- 償却費として損金経理をした金額の意義については法人税基本通達7−5−1に記載があり、先の法人税基本通達等の改正で、法人税基本通達7−5−1の（5）について次のように※印部分を加える改正が行われました（平成16年3月期から適用される減損会計基準に対応して、会計上で減損損失が計上された場合の税務上の取扱いが明確化されました)。

・法人税基本通達7–5–1の (5)

「減価償却資産の償却費の計算及びその償却の方法」に規定する「償却費として損金経理をした金額」には、法人が償却費の科目をもつて経理した金額のほか、損金経理をした次に掲げるような金額も含まれるものとする。(…)

(5) 減価償却資産について計上した除却損又は評価損の金額のうち損金の額に算入されなかった金額

※ 評価損の金額には、法人が計上した減損損失の金額も含まれることに留意します。

**(4) 税効果**

・税務上損金算入できず申告加算された場合は、会計上の簿価と税務上の簿価に差が生じるため税効果会計上は一時差異に該当し、回収可能性を検討した上で、繰延税金資産計上することになります。

・監査委員会報告第70号「その他有価証券の評価差額及び固定資産の減損損失に係る税効果会計の適用における監査上の取扱い」に取扱いが記載されています。

・土地などの非償却性資産はスケジューリング不能な一時差異と判定される可能性が高く、ほとんどの場合は繰延税金資産は計上できません。

・償却性資産はスケジュール可能な一時差異と判定され、スケジューリングを行った上で、回収可能分のみが繰延税金資産に計上されることになります。

# Ⅳ.法務

## 1.株式

### (1) 自己株式の取得(会社法155条3号以外)

| | No. | 態様 | 手続き |
|---|---|---|---|
| | | | 決定機関 |
| 会社法155条関係 | 1 | 取得条項付株式について、取得事由が生じた場合 | — |
| | 2 | 譲渡制限株式について、譲渡による取得不承認があった場合において、買取等の請求があった場合 | 株主総会 |
| | 3 | 株主との合意によって、有償取得する株主総会決議のあった場合 | 次項参照 |
| | 4 | 取得請求権付株式について、取得請求があった場合 | — |
| | 5 | 全部取得条項付種類株式について、株主総会の取得決議があった場合 | 株主総会 |
| | 6 | 譲渡制限会社にあって、定款の定めに基づき、相続人等に対する売渡請求をする場合 | 株主総会 |
| | 7 | 単元株未満株主から単元株未満株式の買取請求があった場合 | — |
| | 8 | 所在不明株主の有する株式の売却について、買い取る場合 | 取締役(取締役会非設置会社)または取締役会(取締役会設置会社) |
| | 9 | 端株に対して株式会社が株式を交付するとき、これら株式を株式会社が取得する場合 | 取締役(取締役会非設置会社)または取締役会(取締役会設置会社) |
| | 10 | 他の会社の事業の全部を譲り受ける場合において、当該他の会社が有する株式を取得する場合 | (組織再編行為につき)株主総会の特別決議(原則) |
| | 11 | 合併後消滅する会社から当該会社の株式を承継する場合 | (組織再編行為につき)株主総会の特別決議(原則) |
| | 12 | 吸収合併する会社から当該会社の株式を承継する場合 | (組織再編行為につき)株主総会の特別決議(原則) |
| 反対株主の買取請求権 | 1 | 発行済株式の全部の譲渡制限株式への変更 | — |
| | 2 | 発行済株式の一部の譲渡制限株式への変更 | — |
| | 3 | 発行済株式の一部の全部取得条項付種類株式への変更 | — |
| | 4 | 種類株主総会の決議を要しない定めがある場合で、種類株主に損害のおそれがあるときの次に掲げる行為株式の併合または分割、株式無償割当て、単元株の定款変更、株主割当株式募集、新株予約権の株主割当権利付与、新株予約権無償割当て | — |
| | 5 | 事業譲渡等 | — |
| | 6 | 吸収合併等(吸収合併、吸収分割または株式交換)の消滅会社等 | — |
| | 7 | 吸収合併等(吸収合併、吸収分割または株式交換)の存続会社等 | — |
| | 8 | 新設合併等(新設合併、新設分割または株式移転)の消滅会社等 | — |

※1　自己株式取得により株主に対して交付する金銭等(その会社の株式を除く)の帳簿価額の総額は、取得の効力発生日における分配可能額を超えてはなりません。

※2　違法分配額の支払義務(会社が、分配可能額を超えて剰余金の分配をした場合には、その行為により金銭等の交付を受けた者のほか、その行為に関する職務を行った業務執行者及び一定の者は、原則として、会社に対し、連帯して、その金銭等の交付を受けた者が交付を受けた金銭等の帳簿価額に相当する金銭を支払う義務を負います)。

※3　会社が剰余金の分配をした日の属する事業年度に係る計算書類につき定時株主総会の承認を受けたときの自己株式の帳簿価額、最終事業年度の末日後に自己株式を処分した場合におけるその自己株式の対価の額及び法務省令で定める各勘定科目に計上した額の合計額が剰余金の額を

| | | | 財源規制・取締役等の責任 | | |
|---|---|---|---|---|---|
| 株主総会の決議要件 | 売主の議決権排除 | 株主の売主追加請求権 | 財源規制（※1） | 取締役等の支払義務（※2） | 取締役等の支払義務（※3） |
| — | — | — | あり（※4） | なし | あり |
| 特別決議 | あり | なし | あり | あり | あり |
| | | | | | |
| — | — | — | あり（※5） | なし | あり |
| 特別決議 | なし | なし | あり | あり | あり |
| 特別決議 | あり | なし | あり | あり | あり |
| — | — | — | なし | なし | なし |
| — | — | — | あり | あり | あり |
| — | — | — | あり | あり | あり |
| | なし | なし | なし | なし | なし |
| | なし | なし | なし | なし | なし |
| | なし | なし | なし | なし | なし |
| — | — | — | なし | あり（※6） | なし |
| — | — | — | なし | あり（※6） | なし |
| — | — | — | なし | あり（※6） | なし |
| — | — | — | なし | あり（※6） | なし |
| — | — | — | なし | なし | なし |
| — | — | — | なし | なし | なし |
| — | — | — | なし | なし | なし |
| — | — | — | なし | なし | なし |

超えるときは、剰余金の分配に関する職務を行った業務執行者は、原則として、会社に対し、連帯して、その超過額を支払う義務を負います。

※4　その株式を取得するのと引換えに交付される会社の株式以外の財産の帳簿価額がその取得事由発生日における分配可能額を超えているとき、取得不可

※5　その株式を取得するのと引換えに交付される会社の株式以外の財産の帳簿価額がその請求日における分配可能額を超えているとき、取得不可

※6　超過額の支払義務（会社がその株主に対して支払った金銭の額がその支払の日における分配可能額を超えるときは、その株式の取得に関する職務を行った業務執行者は、原則として、会社に対し、連帯して、その超過額を支払う義務を負う）

## (2) 自己株式の取得（会社法155条3号）

<table>
<tr><td rowspan="2"></td><td rowspan="2">No</td><td colspan="3">態様</td><td>手続き</td></tr>
<tr><td colspan="3">（株主との合意によって、有償取得する株主総会決議のあった場合）</td><td>決定機関</td></tr>
<tr><td rowspan="5">会社法155条3号</td><td>1</td><td colspan="3">市場取引・公開買付による取得</td><td>株主総会（取締役会設置会社は、定款の定めにより取締役会で可）</td></tr>
<tr><td rowspan="4">2</td><td rowspan="4">市場取引・公開買付以外による取得</td><td>原則</td><td>—</td><td>株主総会</td></tr>
<tr><td rowspan="3">例外</td><td>①子会社からの取得</td><td>株主総会（取締役会非設置会社）または取締役会（取締役会設置会社）</td></tr>
<tr><td>②相続人等からの取得（※4）</td><td>株主総会</td></tr>
<tr><td>③①②以外の特定の株主からの取得</td><td>株主総会</td></tr>
</table>

※1　自己株式取得により株主に対して交付する金銭等（その会社の株式を除く）の帳簿価額の総額は、取得の効力発生日における分配可能額を超えてはなりません。

※2　違法分配額の支払義務（会社が、分配可能額を超えて剰余金の分配をした場合には、その行為により金銭等の交付を受けた者のほか、その行為に関する職務を行った業務執行者及び一定の者は、原則として、会社に対し、連帯して、その金銭等の交付を受けた者が交付を受けた金銭等の帳簿価額に相当する金銭を支払う義務を負う）

※3　会社が剰余金の分配をした日の属する事業年度に係る計算書類につき定時株主総会の承認を受けたときの自己株式の帳簿価額、最終事業年度の末日後に自己株式を処分した場合におけるそ

## (3) 手続き

### ①　株主総会の決議事項

ア　取得する株式の数（種類株式発行会社にあっては、株式の種類及び種類ごとの数）

イ　株式を取得するのと引換えに交付する金銭等の内容及び総額

ウ　株式を取得することができる期間（1年超不可）

エ　特定の株主から取得する場合は、さらに、譲渡人となる株主

・決議要件：普通決議（特定の株主から取得する場合は、特別決議）

### ②　取締役（取締役会非設置会社）または取締役会（取締役会設置会社）の決議事項

ア　取得する株式の数（種類株式発行会社にあっては、株式の種類及び種類ごとの数）

イ　株式一株を取得するのと引換えに交付する金銭等の内容及び数もしくは額またはこれらの算定方法

ウ　株式を取得するのと引換えに交付する金銭等の総額

エ　株式の譲渡しの申込期日

| | | | | 財源規制・取締役等の責任 | | |
|---|---|---|---|---|---|---|
| | 株主総会の決議要件 | 売主の議決権排除 | 株主の売主追加請求権 | 財源規制（※1） | 取締役等の支払義務（※2） | 取締役等の填補責任（※3） |
| | 普通決議 | なし | なし | あり | あり | あり |
| | 普通決議 | なし | なし | あり | あり | あり |
| | 普通決議 | なし | なし | あり | あり | あり |
| | 特別決議 | あり | なし | あり | あり | あり |
| | 特別決議 | あり | あり（※5） | あり | あり | あり |

の自己株式の対価の額及び法務省令で定める各勘定科目に計上した額の合計額が剰余金の額を超えるときは、剰余金の分配に関する職務を行った業務執行者は、原則として会社に対し連帯して、その超過額を支払う義務を負います。

※4 公開会社以外の会社に限ります。また、相続人等が株主総会においてその株式について議決権を行使した場合を除きます。

※5 市場価格のある株式を市場価格以下で取得する場合を除きます。また、定款の定めにより排除可。

**③ 株主（種類株式発行会社にあっては、取得する種類の種類株主）に対する通知等**

通知内容：②ア～エ

なお、公開会社にあっては、通知に代えて公告によることができます。

相手方：株主全員（特定の株主から取得する場合は、譲渡人全員）

**④ 譲渡の申込み**

申込期日までに、その申込みに係る株式の数（種類株式発行会社にあっては、株式の種類及び数）を明らかにしなければなりません。

会社は、申込期日に、株主が申込みをした株式の譲受けを承諾したものとみなされます。

### (4) 手続き（相続人等に対する売渡請求の場合）

ア 会社は相続等の一般承継により譲渡制限株式を取得した者に対して、売渡請求ができる旨を定款で定めることができます。

イ その都度、株主総会の特別決議により、下記事項を決定する必要があります。

i ）請求をする株式の数（種類株式発行会社にあっては、株式の種類及び種類ごとの数）

ii ）株式所有者の氏名または名称

なお、売渡請求の相手方となる株式取得者は、議決権がありません。

ウ　売渡請求権は、会社が相続等の一般承継があったことを知った日から1年以内に、取得者に対して行使する必要があります。

また、この請求は、その請求に係る株式の数（種類株式発行会社にあっては、株式の種類及び種類ごとの数）を明らかにする必要があります。

エ　売買価格は、当事者の協議によりますが、会社または対象者は、売渡請求があった日から20日以内に、裁判所に対し、売買価格の決定の申立をすることができます。

なお、売買価格は、会社による買取りの効力が生ずる日の分配可能額の範囲内で決定される必要があります。

オ　会社は、いつでも、売渡請求を撤回することができます。

## 2.機関

### (1) 株式会社の機関設計のルール

#### ①　機関ごとの設計ルール

ア　総論

i ) 株主総会と取締役は必置

ii ) 定款により、取締役会、会計参与、監査役、監査役会、会計監査人、委員会を設置可

イ　取締役会

公開会社、監査役会設置会社、委員会設置会社は、取締役会を必置

ウ　監査役・監査役会

i ) 取締役会設置会社（委員会設置会社を除く）は、監査役を必置（公開会社でない会計参与設置会社を除く）

ii ) 会計監査人設置会社（委員会設置会社を除く）は、監査役を必置

iii ) 委員会設置会社は、監査役の設置不可

iv ) 大会社（公開会社でないもの及び委員会設置会社を除く）は、監査役会を必置

エ　会計監査人の設置

i ) 委員会設置会社は、会計監査人を必置

ii ) 大会社は、会計監査人を必置

#### ②　会社類型ごとの機関設計ルール

ア　公開会社

i ) 取締役会を必置

ii ) 監査役を必置（委員会設置会社を除く）

イ　大会社

i ) 監査役会を必置（公開会社でないもの及び委員会設置会社を除く）

ii ) 会計監査人を必置

ウ　取締役会設置会社

監査役を必置（委員会設置会社または公開会社でない会計参与設置会社を除く）

エ　監査役会設置会社

取締役会を必置

オ　会計監査人設置会社

監査役を必置（委員会設置会社を除く）

カ　委員会設置会社

i ) 取締役会を必置

ii ) 監査役の設置不可

iii ) 会計監査人を必置

#### ③　公開会社の場合の特徴

ア　総論

i ) 株主総会、取締役、取締役会を必置

ii ) 監査役を必置（委員会設置会社を除く）

イ　大会社の特徴

i）会計監査人を必置

ii）監査役会を必置（委員会設置会社を除く）

ウ　会計監査人設置会社

監査役を必置（委員会設置会社を除く）

エ　委員会設置会社の特徴

i）監査役の設置不可

ii）会計監査人を必置

**④　非公開会社の場合の特徴**

ア　総論

i）株主総会、取締役を必置

ii）取締役会は任意（監査役会設置会社または委員会設置会社を除く）

iii）監査役は取締役会設置会社（委員会設置会社を除く）において必置（公開会社でない会計参与設置会社を除く）

イ　大会社の特徴

i）会計監査人を必置

ii）監査役会は任意

ウ　会計監査人設置会社

監査役を必置（委員会設置会社を除く）

エ　委員会設置会社の特徴

i）監査役の設置不可

ii）会計監査人を必置

## (2) 機関設計類型

（○：設置する、×：設置しない）

| 区分1 | 区分2 | タイプ | 株主総会 | 取締役 | 取締役会 | 監査役 | 監査役会 | 委員会 | 会計監査人 | 会計参与 |
|---|---|---|---|---|---|---|---|---|---|---|
| 公開会社 | 大会社 | 監査役会設置会社 | 必置 | 必置 | 必置 | 必置 | 必置 | − | 必置 | 任意 |
| | | 類型1 | ○ | ○ | ○ | ○ | ○ | × | ○ | ○ |
| | | 類型2 | ○ | ○ | ○ | ○ | ○ | × | ○ | × |
| | | 委員会設置会社 | 必置 | 必置 | 必置 | − | − | 必置 | 必置 | 任意 |
| | | 類型3 | ○ | ○ | ○ | × | × | ○ | ○ | ○ |
| | | 類型4 | ○ | ○ | ○ | × | × | ○ | ○ | × |
| | 大会社以外 | 監査役（会）設置会社 | 必置 | 必置 | 必置 | 必置 | 任意 | − | 任意 | 任意 |
| | | 類型5 | ○ | ○ | ○ | ○ | ○ | × | ○ | ○ |
| | | 類型6 | ○ | ○ | ○ | ○ | × | × | ○ | ○ |
| | | 類型7 | ○ | ○ | ○ | ○ | ○ | × | × | ○ |
| | | 類型8 | ○ | ○ | ○ | ○ | × | × | × | ○ |
| | | 類型9 | ○ | ○ | ○ | ○ | ○ | × | ○ | × |

| 区分1 | 区分2 | タイプ | 株主総会 | 取締役 | 取締役会 | 監査役 | 監査役会 | 委員会 | 会計監査人 | 会計参与 |
|---|---|---|---|---|---|---|---|---|---|---|
| | | 類型10 | ○ | ○ | ○ | ○ | × | × | ○ | × |
| | | 類型11 | ○ | ○ | ○ | ○ | ○ | × | × | × |
| | | 類型12 | ○ | ○ | ○ | ○ | × | × | × | × |
| | | 委員会設置会社 | 必置 | 必置 | 必置 | － | － | 必置 | 必置 | 任意 |
| | | 類型13 | ○ | ○ | ○ | × | × | ○ | ○ | ○ |
| | | 類型14 | ○ | ○ | ○ | × | × | ○ | ○ | × |
| 非公開会社 | 大会社 | 取締役会非設置会社 | | | | | | | | |
| | | 監査役設置会社 | 必置 | 必置 | － | 必置 | － | － | 必置 | 任意 |
| | | 類型15 | ○ | ○ | × | ○ | × | × | ○ | ○ |
| | | 類型16 | ○ | ○ | × | ○ | × | × | ○ | × |
| | | 取締役会設置会社 | | | | | | | | |
| | | 監査役（会）設置会社 | 必置 | 必置 | 必置 | 必置 | 任意 | － | 必置 | 任意 |
| | | 類型17 | ○ | ○ | ○ | ○ | ○ | × | ○ | ○ |
| | | 類型18 | ○ | ○ | ○ | ○ | × | × | ○ | ○ |
| | | 類型19 | ○ | ○ | ○ | ○ | ○ | × | ○ | × |
| | | 類型20 | ○ | ○ | ○ | ○ | × | × | ○ | × |
| | | 委員会設置会社 | 必置 | 必置 | 必置 | － | － | 必置 | 必置 | 任意 |
| | | 類型21 | ○ | ○ | ○ | × | × | ○ | ○ | ○ |
| | | 類型22 | ○ | ○ | ○ | × | × | ○ | ○ | × |
| | 大会社以外 | 取締役会非設置会社 | | | | | | | | |
| | | 取締役のみ | 必置 | 必置 | － | － | － | － | － | 任意 |
| | | 類型23 | ○ | ○ | × | × | × | × | × | ○ |
| | | 類型24 | ○ | ○ | × | × | × | × | × | × |
| | | 監査役設置会社 | 必置 | 必置 | － | 必置 | － | － | 任意 | 任意 |
| | | 類型25 | ○ | ○ | × | ○ | × | × | ○ | ○ |
| | | 類型26 | ○ | ○ | × | ○（※） | × | × | × | ○ |
| | | 類型27 | ○ | ○ | × | ○ | × | × | ○ | × |
| | | 類型28 | ○ | ○ | × | ○（※） | × | × | × | × |
| | | 取締役会設置会社 | | | | | | | | |
| | | 会計参与設置会社 | 必置 | 必置 | 必置 | － | － | － | － | 必置 |
| | | 類型29 | ○ | ○ | ○ | × | × | × | × | ○ |
| | | 監査役（会）設置会社 | 必置 | 必置 | 必置 | 必置 | 任意 | － | 任意 | 任意 |
| | | 類型30 | ○ | ○ | ○ | ○ | ○ | × | ○ | ○ |
| | | 類型31 | ○ | ○ | ○ | ○ | × | × | ○ | ○ |

| 区分1 | 区分2 | タイプ | 株主総会 | 取締役 | 取締役会 | 監査役 | 監査役会 | 委員会 | 会計監査人 | 会計参与 |
|---|---|---|---|---|---|---|---|---|---|---|
| | | 類型32 | ○ | ○ | ○ | ○ | ○ | × | × | ○ |
| | | 類型33 | ○ | ○ | ○ | ○(※) | × | × | × | ○ |
| | | 類型34 | ○ | ○ | ○ | ○ | ○ | × | ○ | × |
| | | 類型35 | ○ | ○ | ○ | ○ | × | × | ○ | × |
| | | 類型36 | ○ | ○ | ○ | ○ | ○ | × | × | × |
| | | 類型37 | ○ | ○ | ○ | ○(※) | × | × | × | × |
| | | 委員会設置会社 | 必置 | 必置 | 必置 | − | − | 必置 | 必置 | 任意 |
| | | 類型38 | ○ | ○ | ○ | × | × | ○ | ○ | ○ |
| | | 類型39 | ○ | ○ | ○ | × | × | ○ | ○ | × |

※　定款で、監査役の業務を会計監査に限定可。ただし、この場合には、監査役設置会社には該当しません。また、株主に一定の権限が付与されます。

## 3.株主総会の決議方法・株主権

### (1) 普通決議

| | |
|---|---|
| 定足数 | 議決権を行使することができる株主の議決権の過半数を有する株主の出席 |
| 決議 | 出席した株主の議決権の過半数をもって決議 |

※　定款により、定足数の加減が認められますが、取締役・監査役・会計参与の選任決議・解任決議は、定款の定めによっても、定足数を議決権を行使することができる株主の議決権の3分の1未満に引き下げることはできません。

### (2) 特別決議

| | |
|---|---|
| 定足数 | 議決権を行使することができる株主の議決権の過半数（3分の1以上の割合を定款で定めた場合には、その割合以上）を有する株主の出席 |
| 決議 | 出席した株主の議決権の3分の2（これを上回る割合を定款で定めた場合には、その割合）以上の多数をもって決議 |

※　決議要件に加えて、一定の数以上の株主の賛成を要する旨その他の要件を定款で定めることができません。

| | |
|---|---|
| 項目 | 譲渡制限株式の譲渡不承認の場合において自己株式として買取る場合、及び指定買受人の指定を行う場合 |
| | 特定の株主からの自己株式の買受け |
| | 全部取得条項付種類株式の取得 |
| | 相続人等に対する売渡請求 |
| | 株式の併合 |
| | 公開会社以外における募集株式の発行に係る募集事項の決定、及び公開会社における募集株式の有利発行に係る募集事項の決定 |
| | 公開会社以外の会社における募集株式の発行に係る募集事項の決定の委任 |
| | 定款の定めがない場合に株主に割当てを受ける権利を与えてする公開会社以外の会社における募集株式の発行に係る事項の決定 |
| | 募集株式が譲渡制限株式である場合の募集株式の割当て |
| | 公開会社以外における新株予約権の募集事項の決定、及び公開会社における新株予約権の有利発行に係る募集事項の決定 |
| | 公開会社以外の会社における新株予約権の募集事項の決定の委任 |
| | 定款の定めがない場合に株主に割当てを受ける権利を与えてする公開会社以外の会社における新株予約権の募集事項の決定 |
| | 募集新株予約権の目的である株式の全部又は一部が譲渡制限株式である場合又は募集新株予約権が譲渡制限新株予約権である場合の募集新株予約権の割当て |
| | 監査役・累積投票によって選任された取締役の解任 |
| | 株主総会の決議による役員等の対会社責任の一部免除 |
| | 資本金額の減少（定時株主総会における決議であって、減少する資本金額が欠損金額を超えない場合を除く） |

| | |
|---|---|
| | 現物配当をする場合で、かつ、株主に金銭分配請求権を与えない場合 |
| | 定款変更、事業の譲渡等、解散 |
| | 組織変更、合併、会社分割、株式交換及び株式移転 |

### (3) 特殊決議

#### ① 会社法309条3項による特殊決議

| | |
|---|---|
| 人数 | 議決権を行使することができる株主の半数以上（これを上回る割合を定款で定めた場合には、その割合以上） |
| 決議 | 議決権を行使することができる株主の議決権の3分の2（これを上回る割合を定款で定めた場合には、その割合）以上の多数をもって決議 |
| 項目 | 全部の株式について株式譲渡制限を設ける定款変更 |
| | 消滅株式会社等において吸収合併契約等の承認を受ける場合（吸収合併による消滅会社または株式交換により完全子会社となる会社が公開会社であり、その会社の株主に対して交付する金銭等の全部または一部が譲渡制限株式等である場合） |
| | 消滅株式会社等において新設合併契約等の承認を受ける場合（新設合併による消滅会社または株式移転により完全子会社となる会社が公開会社であり、その会社の株主に対して交付する金銭等の全部または一部が譲渡制限株式等である場合） |

#### ② 会社法309条4項による特殊決議

| | |
|---|---|
| 人数 | 総株主の半数以上（これを上回る割合を定款で定めた場合には、その割合以上） |
| 決議 | 総株主の議決権の4分の3（これを上回る割合を定款で定めた場合には、その割合）以上の多数をもって決議 |
| 項目 | 株主の属性により株主の権利の内容につき異なる取扱いをする定めの新設・変更（その定めを廃止する場合を除く）の定款変更 |

### (4) 株主権の種類

#### ① 自益権（会社から経済的利益を受ける権利）

・剰余金配当請求権

・残余財産分配請求権

#### ② 共益権（会社の経営に参加する権利）

| | |
|---|---|
| 議決権 | |
| 監督是正権 | 単独株主権（1株の株主でも行使できる権利） |
| | 少数株主権（一定数または一定割合以上の議決権あるいは一定数または一定割合以上の株式を有する株主のみが行使できる権利） |

### (5) 単独株主権

| 保有期間要件 | 内容 |
|---|---|
| なし | 会社解散命令の申立 |
| | 会社の組織に関する行為の無効の訴え |
| | 株主総会等の決議取消の訴え |
| | 特別清算開始の申立 |
| | 新株発行・自己株式処分・新株予約権発行の差止請求 |
| | 書類の閲覧・謄写、議事録の閲覧・謄写　等 |
| 行使前6ヶ月継続保有（※1、2） | 代表訴訟の提起 |
| | 取締役等の違法行為差止請求 |

※1　定款の定めにより短縮可

※2　公開会社以外の会社の場合は保有期間要件不要

### (6) 少数株主権

| 議決権要件 | 株式数要件 | 保有期間要件 | 内容 |
|---|---|---|---|
| 3%（※1） | − | 行使前6ヶ月継続保有（※2、3） | 株主総会の招集請求及び招集 |
| 3%（※1） | 3%（※1） | 行使前6ヶ月継続保有（※2、3） | 役員の解任の訴えの提起 |
| | | | 清算人解任請求 |
| 3%（※1） | 3%（※1） | なし | 会計帳簿・資料の閲覧権 |
| | | | 業務・財産調査検査役選任請求権 |
| 10%（※1） | 10%（※1） | なし | 解散の訴えの提起 |
| 1%（※1） | − | 行使前6ヶ月継続保有（※2、3） | 総会検査役の選任請求権 |
| 1%又は300個（※1） | − | 行使前6ヶ月継続保有（※2、3、4） | 議題の提案権 |
| | | | 議案の要領の通知請求 |

注）議決権要件（総株主の議決権に占める割合）と株式数要件（発行済株式総数に占める割合）は、いずれか一方を満たせば問題ありません。

※1　定款の定めにより引下げ可

※2　定款の定めにより短縮可

※3　公開会社以外の会社の場合は保有期間要件不要

※4　取締役会設置会社以外の会社では単独株主権

・業務監査権限を有する監査役を設置しない会社の株主の権利
（委員会設置会社以外で、監査役を置いていない会社も含む）
・取締役の株主に対する報告義務
・取締役会の招集請求及び招集、出席、意見陳述権
・取締役会議事録の閲覧・交付請求権（裁判所の許可不要）
・取締役に対する違法行為差止請求権の要件緩和（著しい損害が生ずる恐れがある場合）

# 4.取締役・監査役・会計参与

## (1) 取締役の職務

### ①　取締役会非設置会社の場合

| No. | 項目 | 内容 |
| --- | --- | --- |
| 1 | 業務執行権 | ①　取締役は、定款に別段の定めがある場合を除き、株式会社の業務を執行する。<br>②　取締役が2人以上ある場合には、株式会社の業務は、定款に別段の定めがある場合を除き、取締役の過半数をもって決定する。<br>③　取締役が2人以上ある場合には、取締役は、次に掲げる事項についての決定を各取締役に委任することができない。<br>ア　支配人の選任及び解任<br>イ　支店の設置、移転及び廃止<br>ウ　株主総会の招集に関する決定事項<br>エ　内部統制システムの整備<br>オ　定款の定めに基づく、取締役の過半数の同意による取締役の責任の免除 |
| 2 | 代表権 | ①　取締役は、株式会社を代表する。<br>ただし、他に代表取締役をその他会社を代表する者と定めた場合は、この限りではない。取締役が2人以上ある場合には、取締役は、各自、会社を代表する。<br>②　株式会社は、定款、定款の定めに基づく取締役の互選または株主総会の決議によって、取締役の中から代表取締役を定めることができる。<br>代表取締役は、会社の業務に関する一切の裁判上または裁判外の行為をする権限を有する。 |

### ②　取締役会設置会社の場合

| No. | 項目 | 内容 |
| --- | --- | --- |
| 1 | 取締役会の権限 | ①　取締役会は、すべての取締役で組織し、次に掲げる職務を行う。<br>ア　会社の業務執行の決定<br>イ　取締役の職務の執行の監督<br>ウ　代表取締役の選定及び解職<br>②　取締役会は、次に掲げる事項その他の重要な業務執行の決定を取締役に委任することができない。<br>ア　重要な財産の処分及び譲受け<br>イ　多額の借財<br>ウ　支配人その他の重要な使用人の選任及び解任<br>エ　支店その他の重要な組織の設置、変更及び廃止<br>オ　募集社債に関する重要な事項<br>カ　内部統制システムの整備<br>キ　定款の定めに基づく、取締役会の決議による取締役の免除 |

| No. | 項目 | 内容 |
|---|---|---|
| 2 | 業務執行権 | ① 次に掲げる取締役（業務執行取締役）は、会社の業務を執行する。<br>ア 代表取締役<br>イ 代表取締役以外の取締役であって、取締役会の決議によって取締役会設置会社の業務を執行する取締役として選任されたもの<br>② 業務執行取締役は、3か月に1回以上、自己の職務の執行の状況を取締役会に報告しなければならない。 |
| 3 | 代表権 | 取締役会は、取締役の中から代表取締役を選定しなければならない。<br>代表取締役は、会社の業務に関する一切の裁判上または裁判外の行為をする権限を有する。 |

### (2) 取締役の義務

| No. | 項目 | 内容 |
|---|---|---|
| 1 | 善管注意義務・忠実義務 | 取締役と会社の関係は、委任の規定に従うので、取締役はその職務遂行について、善良な管理者としての注意義務を負う（善管注意義務）。<br>取締役は、法令及び定款並びに株主総会の決議を遵守し、会社のために忠実に職務を行う義務を負う（忠実義務）。<br>忠実義務の規定は、善管注意義務の内容を具体的かつ注意的に規定したにとどまり、両者の内容は同質である。 |
| 2 | 競業避止義務 | 取締役が自己または第三者のために会社の事業の部類に属する取引をしようとする場合、取締役は、その取引について重要な事実を開示し、承認を得なければならない。<br>承認の機関は、取締役会設置会社にあっては取締役会、取締役会非設置会社にあっては株主総会。<br>取締役会設置会社においては、取引をなした場合は、遅滞なく重要な事項を取締役会に報告しなければならない。 |
| 3 | 利益相反取引に関する義務 | 取締役が自己または第三者のために会社と取引をしようとする場合（直接取引）、または、会社が取締役の債務を保証するなど会社と取締役以外の者との間で行う取引で会社と取締役との利益が相反する取引をしようとする場合（間接取引）、取締役は、その取引について重要な事実を開示し、承認を得なければならない。<br>承認の機関は、取締役会設置会社にあっては取締役会、取締役会非設置会社にあっては株主総会。<br>取締役会設置会社においては、取引をなした場合は、遅滞なく重要な事項を取締役会に報告しなければならない。 |

| No. | 項目 | 内容 |
|---|---|---|
| 4 | 株主等への報告義務 | 取締役は、会社に著しい損害を及ぼすおそれのある事実があることを発見した場合、直ちに、監査役設置会社にあっては監査役、監査役会設置会社にあっては監査役会、その他の会社にあっては株主に対し、報告しなければならない。 |
| 5 | 株主への説明義務 | 取締役は、株主総会において、株主から特定の事項について説明を求められた場合には、その事項について必要な説明をしなければならない。 |

## (3) 取締役の責任

### ① 民事責任

| 1 | 項　目 | 任務懈怠責任 |
|---|---|---|
| | 性質 | 過失責任 |
| | 内容 | 取締役は、その任務を怠ったときは、株式会社に対し、これによって生じた損害を賠償する責任を負う。 |
| | 立証責任 | 取締役の責任を追及する側が、当該取締役の行為が会社に対する関係で任務懈怠があったことを主張・立証する必要あり。そして、債務者たる取締役は任務懈怠が立証されたときは、自己の無過失を立証しない限り責任を免れない。 |
| | 責任免除 | ①　総株主の同意により免除可（株主総会による必要はない）<br>②　株主総会による責任の一部免除<br>善意・無重過失のときは、賠償責任額から最低責任限度額を控除して得た額を限度として、株主総会の決議（特別決議）により免除可。<br>最低責任限度額<br>代表取締役：報酬等の６年分<br>平取締役：報酬等の４年分<br>社外取締役：報酬等の２年分<br>株主総会における開示事項<br>責任原因事実及び賠償責任額、免除額の限度及びその算定根拠、責任免除理由及び免除額。<br>取締役の責任の一部免除議案を株主総会に提出するには、監査役設置会社においては、監査役全員の、委員会設置会社においては、監査委員全員の同意が必要。<br>③　取締役会の決議等による責任の一部免除<br>善意・無重過失の場合において、特に必要と認めるときは、最低責任限度額を限度として、取締役（その責任を負う取締役を除く）の過半数の同意（取締役会設置会社においては、取締役会の決議）によって免除することができる旨を定款に定めることができる。<br>取締役が２人以上いる監査役設置会社または委員会設置会社にのみ認められる。<br>定款の定めがある場合に取締役会に取締役の責任免除に関する議案を |

| | | |
|---|---|---|
| | | 提出する場合または取締役の同意を得る場合には、監査役設置会社においては、監査役全員の同意が必要（取締役の責任の一部免除の定めを設ける定款変更の議案を株主総会に提出する場合にも同様）。<br>取締役または取締役会が取締役の責任を免除した場合には、取締役は、遅滞なく、②の開示事項及び異議がある場合には一定の期間（1か月以上）内に異議を述べる旨を株主に対して通知または公告する必要がある（非公開会社の場合は、株主に対する通知）。<br>なお、総株主の議決権の3/100（これを下回る割合を定款で定めた場合は、その割合）以上の議決権を有する株主が免除に対し異議を述べたときは、免除をすることができない。<br>④　責任限定契約<br>社外取締役が、善意・無重過失のときは、定款で定めた額の範囲内であらかじめ会社が定めた額と最低責任限度額とのいずれか高い額を限度とする旨の契約を社外取締役と締結することができる旨を定款で定めることができる。<br>社外取締役との責任限定契約の定めを設ける定款変更の議案を株主総会に提出する場合には、監査役設置会社においては、監査役全員の、委員会設置会社においては、監査委員全員の同意が必要。<br>責任額限定契約を締結した会社が、その契約の相手方である社外取締役が任務を怠ったことにより損害を受けたことを知ったときは、その後最初に招集される株主総会において、責任原因事実及び賠償責任額、免除額の限度及びその算定根拠、契約内容並びに契約締結理由及び任務懈怠により会社が受けた損害のうち、社外取締役が賠償責任を負わないとされた額を開示する必要がある。 |
| 2 | 項目 | **利益相反取引に関する責任（任務懈怠責任の一つ）** |
| | 性質 | 原則：過失責任（任務懈怠責任と同様）<br>特則：無過失責任（自己のために会社と直接に利益相反取引をした取締役は、任務を怠ったことがその取締役の責めに帰することができない事由によるものであっても、会社に対する損害賠償責任は免れない） |
| | 責任免除 | 総株主の同意により免除可<br>責任の一部免除又は軽減（②③④）可（ただし、自己のために会社と直接に利益相反取引をした取締役を除く） |
| | 推定規定 | 次に掲げる者について、任務懈怠が推定される。<br>①　利益相反取引を行うまたは会社が行う取引と利益が相反する取締役<br>②　会社が取締役と利益が相反する取引を行うことを決定した取締役<br>③　取締役と利益が相反する取引に関する取締役会の承認決議に賛成した取締役 |

| | | |
|---|---|---|
| 3 | 項目 | **利益供与に関する責任** |
| | 性質 | 原則：過失責任<br>特則：無過失責任（利益を供与した取締役は、注意を怠らなかったことを証明しても支払義務を免れない） |
| | 内容 | 株主の権利行使に関与した取締役は、その職務を行うについて注意を怠らなかったことを証明しない限り、供与した利益の価額に相当する額の支払義務を負う。 |
| | 責任免除 | 総株主の同意による免除可<br>責任の一部減免（②③④）不可 |
| | 推定規定 | 特定の株主に対し無償で財産上の利益を供与した場合、または、有償であったとしても会社または子会社の受けた利益が当該財産上の利益に比して著しく少ないとき、株主の権利の行使に関し財産上の利益を供与したと推定される。 |
| | 立証責任 | 過失の立証責任が転換される。 |
| 4 | 項目 | **違法な剰余金の分配に係る責任①（違法分配額の支払義務）** |
| | 性質 | 過失責任 |
| | 内容 | 会社が、分配可能額を超えて剰余金の分配をした場合には、その行為により金銭等の交付を受けた者のほか、その行為に関する職務を行った業務執行者及び 462 条 1 項各号に定められた一定の者（剰余金の配当に関する株主総会決議または取締役会決議についての総会議案提案取締役または議案提案取締役）は、会社に対し連帯して、その金銭等の交付を受けた者が交付を受けた金銭等の帳簿価額に相当する金銭を支払う義務を負う。<br>ただし、業務執行者及び 462 条 1 項各号に定める者は、その職務を行うについて注意を怠らなかったことを証明したときは、支払義務を負わないこととし、剰余金の分配時における分配可能額を限度として、業務執行者及び 462 条 1 項各号に定める者の負う義務を、総株主の同意により免除することができる。 |
| | 責任免除 | 総株主の同意により、分配可能額を限度として免除可<br>責任の一部免除又は軽減（②③④）不可 |
| | 立証責任 | 次に掲げる者について、過失の立証責任が転換される。<br>①　分配可能額を超える剰余金の配当を行った業務執行取締役<br>②　剰余金の配当に関する株主総会決議についての総会議案提案取締役<br>③　剰余金の配当に関する取締役会決議についての議案提案取締役 |

| | | |
|---|---|---|
| 5 | 項目 | 違法な剰余金の分配に係る責任②<br>（買取請求に応じる場合の超過額の支払義務） |
| | 性質 | 過失責任 |
| | 内容 | 次の①から③の場合に、株式買取請求に応じて、会社が自己株式を取得する場合に、株主に対して支払った金銭等の額がその支払いの日における分配可能額を超えるときは、その株式の取得に関する職務を行った業務執行者は、その職務を行うについて注意を怠らなかったことを証明した場合を除き、会社に対し連帯して、その超過額を支払う義務を負う。<br>①　発行する全部の株式を譲渡制限株式とする定款の変更をするとき<br>②　ある種類株式を譲渡制限株式または取得条項付種類株式とする定款の変更をするとき<br>③　法定種類株主総会の決議を要しない旨の定款の定めのある場合に、株式の併合・分割、株式・新株予約権の無償割当て、単元株式数についての定款変更、株主に割当てを受ける権利を与えてする募集株式の発行等・募集新株予約権の発行が、その種類の株式を有する種類株主に損害を及ぼすおそれがあるとき |
| | 責任免除 | 総株主の同意により免除可、責任の一部減免（②③④）不可 |
| | 立証責任 | 過失の立証責任が転換される。 |
| 6 | 項目 | 剰余金の分配に係る填補責任 |
| | 性質 | 過失責任 |
| | 内容 | 会社が剰余金の分配をした日の属する事業年度に係る計算書類につき定時株主総会の承認（会計監査人設置会社において株主総会の承認を要しない場合には、取締役会の承認）を受けたときの自己株式の帳簿価額、最終事業年度の末日後に自己株式を処分した場合におけるその自己株式の対価の額及び法務省令で定める各勘定科目に計上した額の合計額が剰余金の額を超えるときは、剰余金の分配に関する職務を行った業務執行者は、その業務執行者がその職務を行うについて注意を怠らなかったことを証明した場合を除き、会社に対し連帯して、その超過額（または超過額が465条1項の各号に定められた額を超えるときはその額）を支払う義務を負う。<br>①定時株主総会において決議する剰余金の配当、②資本金額の減少を決議する株主総会において決議する剰余金の配当（配当財産の帳簿価額の総額を資本金の減少額を超えない場合であって、配当財産の割当てについて株式ごとに異なる取扱いを行うこととする定めがない場合に限る）、及び、③準備金額の減少を決議する株主総会において決議する剰余金の配当（配当財産の帳簿価額の総額が準備金の減少額を超えない場合であって、配当財産の割当てについて株式ごとに異なる取扱いを行うこととする定めがない場合に限る）については、支払義務は課されない。 |
| | 責任免除 | 総株主の同意により免除可<br>責任の一部免除又は軽減（②③④）不可 |
| | 立証責任 | 過失の立証責任が転換される。 |

## ② 取締役の第三者に対する責任

| | |
|---|---|
| 性質 | 過失責任（ただし、重過失のみ） |
| 内容 | 取締役は、その職務を行うについて悪意または重過失があり、それにより、第三者に損害を与えたときは、その第三者に対して損害賠償責任を負う。取締役が、株式の募集通知、計算書類等に虚偽の記載をし、虚偽の登記・公告をした場合も同様であるが、行為について注意を怠らなかったことを証明したときは、責任を負わない。 |

## ③ 刑事責任

| | | |
|---|---|---|
| 1 | 項目 | 特別背任罪 |
| | 内容 | 取締役は、自己または第三者の利益を図るため、あるいは会社に損害を加えるために、任務違背行為をなし、それによって会社に財産上の損害を加えた場合、10年以上の懲役または1,000万円以上の罰金に処せられる。 |
| 2 | 項目 | 会社財産を危うくする罪 |
| | 内容 | 次の行為を取締役がすると、5年以下の懲役または500万円以下の罰金に処せられる。<br>① 裁判所や総会に対し、a設立時発行株式につき、金銭の払込みまたは現物出資の給付について、b変態設立事項について、c募集株式の発行時の現物出資について、虚偽の申述をしたり、事実を隠蔽した場合<br>② 会社の計算で株式を不正に取得したとき<br>③ 法令または定款に違反して、剰余金の配当をしたとき<br>④ 会社の目的の範囲外で、投機取引のために会社の財産を処分したとき |
| 3 | 項目 | 虚偽文書行使等の罪 |
| | 内容 | 取締役が、株式、新株予約権、社債、または新株予約権付社債の募集にあたり、募集に関する文書で重要事項につき虚偽の記載のあるものを行使し、またはこれらの書類の作成に代えて、電磁的記録の作成がされている場合における電磁的記録で重要事項につき虚偽の記録のあるものを事務の用に供したときは、5年以下の懲役または500万円以下の罰金に処せられる。 |
| 4 | 項目 | 預合いの罪 |
| | 内容 | 取締役が、株式の発行に係る払込みを仮装するために預合いを行ったときは、5年以下の懲役または500万円以下の罰金に処せられる。 |
| 5 | 項目 | 株式超過発行の罪 |
| | 内容 | 取締役は、会社が発行することができる株式の総数を超えて株式を発行したときは、5年以下の懲役または500万円以下の罰金に処せられる。 |
| 6 | 項目 | 贈収賄罪 |
| | 内容 | 取締役は、不正の請託を受けて財産上の利益を収受し、またはその要求もしくは約束をしたときは、5年以下の懲役または500万円以下の罰金に処せられる。 |

| 7 | 項目 | 利益供与の罪 |
| --- | --- | --- |
| | 内容 | 取締役は、株主の権利行使に関して、会社または子会社の計算で財産上の利益を供与したときは、3年以下の懲役または300万円以下の罰金に処せられる（加重規定あり）。 |

### (4) 監査役の権限・義務

| No. | 項目 | 内容 |
| --- | --- | --- |
| 1 | 監査権限 | ①　監査役は、取締役（会計参与設置会社にあっては、取締役及び会計参与）の職務の執行を監査する（会計監査及び業務監査）。<br>②　①の場合において、監査役は、監査報告を作成しなければならない。<br>③　公開会社でない株式会社（監査役会設置会社及び会計監査人設置会社を除く）は、①にかかわらず、監査役の監査の範囲を、会計に関するものに限定する旨を定款で定めることができる。 |
| 2 | 調査権 | ①　監査役は、いつでも、取締役、会計参与、支配人その他の使用人に対して、事業の報告を求め、または会社の業務及び財産の状況を調査することができる。<br>②　監査役は、その職務を行うため必要があるときは、子会社に対して、事業の報告を求め、または子会社の業務及び財産の状況を調査することができる。 |
| 3 | 取締役への報告義務 | ①　監査役は、①取締役が不正の行為をしたり、もしくは、②するおそれがあると認めるとき、または、③法令・定款に違反する事実、もしくは、④不当な事実があると認めるときは、遅滞なく、その旨を取締役（取締役会設置会社にあっては、取締役会）に報告しなければならない。<br>②　監査役は、①の場合において、必要があると認めるときは、取締役会の招集権者に対し、取締役会の招集を請求することができる。<br>③　②の請求があった日から5日以内に、その請求があった日から2週間以内の日を取締役会の日とする取締役会の招集通知が発せられない場合は、その請求をした監査役は、取締役会を招集することができる。 |
| 4 | 取締役会への出席義務 | 監査役は、取締役会に出席し、必要があると認めるときは、意見を述べなければならない。 |

| No. | 項目 | 内容 |
|---|---|---|
| 5 | 株主総会に対する報告義務 | 監査役は、取締役が株主総会に提出しようとする議案、書類その他法務省令で定めるものを調査しなければならない。この場合において、法令・定款に違反し、または著しく不当な事項があると認めるときは、その調査の結果を株主総会に報告しなければならない。 |
| 6 | 取締役の行為の差止め | 監査役は、取締役が会社の目的の範囲外の行為その他法令・定款に違反する行為をし、またはこれらの行為をするおそれがある場合において、その行為によって会社に著しい損害が生ずるおそれがあるときは、その取締役に対し、その行為をやめることを請求することができる。 |
| 7 | 会社・取締役間の訴えの代表 | 会社が取締役に対し、または取締役が会社に対して訴えを提起する場合には、その訴えについては、監査役が会社を代表する。<br>①株主から取締役の責任を追及する訴えを請求される場合、②会社が取締役の責任を追及する訴えの訴訟告知や、③取締役の責任を追及する訴えに係る訴訟における和解に関する通知、催告を受ける場合には、監査役が会社を代表する。 |
| 8 | 計算書類等の監査 | ①　会社（監査役の監査の範囲を会計に関するものに限定する旨の定款の定めがある会社を含み、会計監査人設置会社を除く）においては、計算書類及び事業報告並びに附属明細書は、監査役の監査を受けなければならない。<br>②　①の会社においては、臨時計算書類は、監査役の監査を受けなければならない。<br>③　連結計算書類は、監査役の監査を受けなければならない。 |
| 9 | 株主総会における説明義務 | 監査役は、株主総会において、株主から特定の事項について説明を求められた場合には、その事項について必要な説明をしなければならない。 |
| 10 | 会計監査人に対する報告請求 | 監査役は、その職務を行うため必要があるときは、会計監査人に対し、その監査に関する報告を求めることができる。 |
| 11 | その他 | ①　取締役の責任の一部免除等への同意<br>②　各種訴え等の提起<br>③　監査役、会計監査人の選任等に関する監査役の同意等<br>④　監査役の選任等に関する意見陳述権<br>⑤　会計監査人の報酬等の決定に関する同意 |

### (5) 監査役の責任

① 民事責任

| 項目 | 任務懈怠責任 |
|---|---|
| 性質 | 過失責任 |
| 内容 | 監査役は、その任務を怠ったときは、株式会社に対し、これによって生じた損害を賠償する責任を負う。 |
| 立証責任 | 監査役の責任を追及する側が、当該監査役の行為が会社に対する関係で任務懈怠があったことを主張・立証する必要あり。そして、債務者たる監査役は任務懈怠が立証されたときは、自己の無過失を立証しない限り責任を免れない。 |
| 責任免除 | ① 総株主の同意により免除可（株主総会による必要はない）<br>② 株主総会による責任の一部免除　善意・無重過失のときは、賠償責任額から最低責任限度額を控除して得た額を限度として、株主総会の決議（特別決議）により免除可。<br>最低責任限度額<br>監査役：報酬等の２年分<br>株主総会における開示事項<br>責任原因事実及び賠償責任額、免除額の限度及びその算定根拠、責任免除理由及び免除額。<br>③ 取締役会の決議等による責任の一部免除<br>善意・無重過失の場合において、特に必要と認めるときは、最低責任限度額を限度として、取締役（その責任を負う取締役を除く）の過半数の同意（取締役会設置会社においては、取締役会の決議）によって免除することができる旨を定款に定めることができる。取締役が２人以上いる監査役設置会社または委員会設置会社にのみ認められる。<br>取締役または取締役会が監査役の責任を免除した場合には、取締役は、遅滞なく、②の開示事項及び異議がある場合には一定の期間（1か月以上）内に異議を述べる旨を株主に対して通知または公告する必要がある（非公開会社の場合は、株主に対する通知）。<br>なお、総株主の議決権の3/100（これを下回る割合を定款で定めた場合は、その割合）以上の議決権を有する株主が免除に対し異議を述べたときは、免除をすることができない。<br>④ 責任限定契約<br>社外監査役が、善意・無重過失のときは、定款で定めた額の範囲内であらかじめ会社が定めた額と最低責任限度額とのいずれか高い額を限度とする旨の契約を社外監査役と締結することができる旨を定款で定めることができる。責任額限定契約を締結した会社が、その契約の相手方である社外監査役が任務を怠ったことにより損害を受けたことを知ったときは、その後最初に招集される株主総会において、責任原因事実及び賠償責任額、免除額の限度及びその算定根拠、契約内容並びに契約締結理由及び任務懈怠により会社が受けた損害のうち、社外監査役が賠償責任を負わないとされた額を開示する必要がある。 |

### ② 監査役の第三者に対する責任

| | |
|---|---|
| 性質 | 過失責任（ただし、重過失のみ） |
| 内容 | 監査役は、その職務を行うについて悪意または重過失があり、それにより、第三者に損害を与えたときは、その第三者に対して損害賠償責任を負う。監査役が、監査報告に記載し、または記録すべき重要な事項についての虚偽の記載または記録をした場合も同様であるが、行為について注意を怠らなかったことを証明したときは、責任を負わない。 |

### ③ 刑事責任

| | |
|---|---|
| 内容 | 株式超過発行の罪に問われないことを除き、取締役と同じ。 |

## (6) 会計参与の権限・義務

| No. | 項目 | 内容 |
|---|---|---|
| 1 | 計算書類の共同作成 | ① 会計参与は、取締役と共同して、計算書類及びその附属明細書、臨時計算書類並びに連結計算書類を作成する。<br>② ①の場合において、会計参与は、会計参与報告を作成しなければならない。 |
| 2 | 会計帳簿の閲覧権等 | 会計参与は、いつでも、会計帳簿等の閲覧・謄写をし、または取締役や使用人等に対して会計に関する報告を求めることができる。 |
| 3 | 調査権 | 会計参与は、その職務を行うため必要があるときは、子会社に対して会計に関する報告を求め、または会社もしくは子会社の業務及び財産の状況を調査することができる。 |
| 4 | 株主等への報告義務 | 会計参与は、その職務を行うに際して取締役の職務の執行に関し不正の行為または法令・定款に違反する重大な事実があることを発見したときは、遅滞なく、監査役設置会社にあっては監査役、監査役会設置会社にあっては監査役会、その他の会社にあっては株主に報告しなければならない。 |
| 5 | 取締役会への出席義務 | 取締役会設置会社の会計参与は、計算書類等、臨時計算書類、連結計算書類の承認をする取締役会に出席し、必要があると認めるときは、意見を述べなければならない。 |
| 6 | 株主総会における意見陳述権 | 会計参与は、1①の書類の作成に関する事項について取締役と意見を異にするときは、株主総会において意見を述べることができる。 |

| No. | 項目 | 内容 |
|---|---|---|
| 7 | 計算書類の備置等 | ① 会計参与は、計算書類（臨時計算書類）、附属明細書、会計参与報告を5年間備え置かなければならない。<br>② 会計参与設置会社の株主及び債権者は、会社の営業時間内は、いつでも、会計参与に対し、①の書類の閲覧を請求することができる。 |
| 8 | 株主総会における説明義務 | 会計参与は、株主総会において、株主から特定の事項について説明を求められた場合には、その事項について必要な説明をしなければならない。 |
| 9 | その他 | ① 会計参与の選任等に関する意見陳述権<br>② 辞任した会計参与による株主総会における辞任の理由の陳述権 |

### (7) 会計参与の責任

#### ① 民事責任

| 項目 | 任務懈怠責任 |
|---|---|
| 性質 | 過失責任 |
| 内容 | 会計参与は、その任務を怠ったときは、株式会社に対し、これによって生じた損害を賠償する責任を負う。 |
| 立証責任 | 会計参与の責任を追及する側が、当該会計参与の行為が会社に対する関係で任務懈怠があったことを主張・立証する必要あり。そして、債務者たる会計参与は任務懈怠が立証されたときは、自己の無過失を立証しない限り責任を免れない。 |
| 責任免除 | ① 総株主の同意により免除可（株主総会による必要はない）<br>② 株主総会による責任の一部免除<br>善意・無重過失のときは、賠償責任額から最低責任限度額を控除して得た額を限度として、株主総会の決議（特別決議）により免除可。<br>最低責任限度額<br>会計参与：報酬等の2年分<br>株主総会における開示事項<br>責任原因事実及び賠償責任額、免除額の限度及びその算定根拠、責任免除理由及び免除額。<br>③ 取締役会の決議等による責任の一部免除<br>善意・無重過失の場合において、特に必要と認めるときは、最低責任限度額を限度として、取締役（その責任を負う取締役を除く）の過半数の同意（取締役会設置会社においては、取締役会の決議）によって免除することができる旨を定款に定めることができる。<br>取締役が2人以上いる監査役設置会社または委員会設置会社にのみ認められる。<br>取締役または取締役会が会計参与の責任を免除した場合には、取締役は、遅滞なく、②の開示事項及び異議がある場合には一定の期間（1ヶ月以上） |

| | |
|---|---|
| 責任免除 | 内に異議を述べる旨を株主に対して通知または公告する必要がある（非公開会社の場合は、株主に対する通知）。<br>なお、総株主の議決権の3/100（これを下回る割合を定款で定めた場合は、その割合）以上の議決権を有する株主が免除に対し異議を述べたときは、免除をすることができない。<br>④　責任限定契約<br>社外監査役が、善意・無重過失のときは、定款で定めた額の範囲内であらかじめ会社が定めた額と最低責任限度額とのいずれか高い額を限度とする旨の契約を会計参与と締結することができる旨を定款で定めることができる。<br>責任額限定契約を締結した会社が、その契約の相手方である会計参与が任務を怠ったことにより損害を受けたことを知ったときは、その後最初に招集される株主総会において、責任原因事実及び賠償責任額、免除額の限度及びその算定根拠、契約内容並びに契約締結理由及び任務懈怠により会社が受けた損害のうち、会計参与が賠償責任を負わないとされた額を開示する必要がある。 |

## ②　会計参与の第三者に対する責任

| | |
|---|---|
| 性質 | 過失責任（ただし、重過失のみ） |
| 内容 | 会計参与は、その職務を行うについて悪意または重過失があり、それにより、第三者に損害を与えたときは、その第三者に対して損害賠償責任を負う。会計参与が、計算書類及びその附属明細書、臨時計算書類並びに会計参与報告に記載し、または記録すべき重要な事項についての虚偽の記載または記録をした場合も同様であるが、行為について注意を怠らなかったことを証明したときは、責任を負わない。 |

## ③　刑事責任

| | |
|---|---|
| 内容 | 株式超過発行の罪に問われないことを除き、取締役と同じ。 |

## 5.計算書類等

### (1) 計算書類等

| No. | 項目 | 内容 |
|---|---|---|
| 1 | 作成及び保存 | ① 株式会社は、その成立の日における貸借対照表を作成しなければならない。<br>② 株式会社は、各事業年度に係る計算書類、事業報告、附属明細書を作成しなければならない。<br>計算書類とは、貸借対照表、損益計算書、株主資本等変動計算書、個別注記表をいう。<br>③ 計算書類、事業報告、附属明細書は、電磁的記録をもって作成することができる。<br>④ 株式会社は、計算書類を作成した時から10年間、計算書類、附属明細書を保存しなければならない。 |
| 2 | 監査等 | ① 監査役設置会社（※）<br>計算書類、事業報告、附属明細書：監査役の監査を受けなければならない。<br>※監査役の監査の範囲を会計に関するものに限定する旨の定款の定めがある会社を含み、会計監査人設置会社を除く。<br>② 会計監査人設置会社<br>ア 計算書類、その附属明細書：監査役及び会計監査人の監査を受けなければならない。<br>イ 事業報告、その附属明細書：監査役の監査を受けなければならない。<br>③ 取締役会設置会社<br>計算書類、事業報告、附属明細書（①または②の適用を受ける場合は、その監査を受けたもの）：取締役会の承認を受けなければならない。 |
| 3 | 株主への提供 | 取締役会設置会社においては、取締役は、定時株主総会の招集通知に際して、株主に対し、取締役会の承認を受けた計算書類及び事業報告（2①または②の適用がある場合には、その監査報告または会計監査報告を含む）を提供しなければならない。<br>① 会計監査人設置会社：計算書類、会計監査報告、監査役（または監査役会）の監査報告<br>② 監査役設置会社（※）（①を除く）：計算書類、監査役（または監査役会）の監査報告<br>③ その他の会社：計算書類<br>※監査役の監査の範囲を会計に関するものに限定する旨の定款の定めがある会社を含む。 |

| No. | 項目 | 内容 |
| --- | --- | --- |
| 4 | 定時株主総会への提出等 | ①　次に掲げる会社においては、取締役は、それぞれに定める計算書類及び事業報告を定時株主総会に提出し、または提供しなければならない。<br>ア　監査役設置会社（※）：監査人の監査を受けた計算書類及び事業報告<br>イ　会計監査人設置会社（取締役会設置会社を除く）：監査役及び会計監査人の監査を受けた計算書類及び事業報告<br>ウ　取締役会設置会社：取締役会の承認を受けた計算書類及び事業報告<br>エ　その他の会社：計算書類及び事業報告<br>※監査役の監査の範囲を会計に関するものに限定する旨の定款の定めがある会社を含み、会計監査人設置会社及び取締役会設置会社を除く。<br>②　定時株主総会に提出され、または提供された計算書類は、定時株主総会の承認を受けなければならない。<br>③　取締役は、定時株主総会に提出され、または提供された事業報告の内容を定時株主総会に報告しなければならない。<br>④　会計監査人設置会社については、取締役会の承認を受けた計算書類が法令・定款に従い会社の財産及び損益の状況を正しく表示しているものとして一定の要件に該当する場合には、定時株主総会の承認を受ける必要はなく、この場合には、取締役は、その計算書類の内容を定時株主総会に報告しなければならない。 |
| 5 | 公告 | ①　会社は、定時株主総会の終結後遅滞なく、貸借対照表（大会社にあっては、貸借対照表及び損益計算書）を公告しなければならない。<br>②　公告の方法が官報または日刊新聞紙の場合には、貸借対照表の要旨を公告することで足りる。<br>③　②の会社は、定時株主総会の終結後遅滞なく、貸借対照表の内容である情報を、定時株主総会の終結の日後5年を経過する日までの間、継続して電磁的方法により不特定多数の者が提供を受けることができる状態に置くことができ、この場合には、①及び②は適用しない。<br>④　有価証券報告書を内閣総理大臣に提出しなければならない会社は、①、②及び③の規定は適用しない。 |

| No. | 項目 | 内容 |
|---|---|---|
| 6 | 備置き及び閲覧 | ① 会社は、次に掲げる計算書類等を、次に定める期間、その本店に備え置かなければならない。各事業年度に係る計算書類、事業報告、附属明細書（2①または②の適用がある場合には、監査報告または会計監査報告を含む）：定時株主総会の日の1週間（取締役会設置会社にあっては、2週間）前の日から5年間<br>② 会社は、原則として、次に掲げる計算書類等の写しを、次に定める期間、その支店に備え置かなければならない。①に掲げる計算書類等：定時株主総会の日の1週間（取締役会設置会社にあっては、2週間）前の日から3年間<br>③ 株主及び債権者は、会社の営業時間内は、いつでも、計算書類等の閲覧の請求をすることができる。 |

**(2) 剰余金・分配可能額**

**① 剰余金の額＝（A＋B＋C＋D）－（E＋F＋G）**

ア　期末日の剰余金

・A＝（資産＋自己株式の帳簿価額）－（負債＋資本金＋準備金＋注）

※　資産＋自己株式の帳簿価額 －（負債＋資本金＋準備金＋その他資本剰余金＋その他利益剰余金）

∴A＝その他資本剰余金＋その他利益剰余金

イ　期末日後の異動

・B＝自己株式処分差損益（自己株式の対価の額－自己株式の帳簿価額）

| | |
|---|---|
| （借）自己株式処分差益<br>　　（その他資本）剰余金 | （貸）（その他資本）剰余金<br>　　（原則）自己株式処分差損 |

・C＝資本金減少額（準備金振替額を除く）

| | |
|---|---|
| （借）資本金 | （貸）（その他資本）剰余金 |

・D＝準備金減少額（資本金振替額を除く）

| | |
|---|---|
| （借）資本準備金<br>　　利益準備金 | （貸）（その他資本）剰余金<br>　　（その他利益）剰余金 |

・E＝自己株式消却帳簿価額

| | |
|---|---|
| （借）（その他資本）剰余金<br>　　（繰越利益）剰余金 | （貸）自己株式<br>（貸）自己株式 |

・F＝配当金

| | |
|---|---|
| （借）剰余金 | （貸）配当（現物を含む）<br>金銭分配請求権に基づく交付金<br>基準未満株式への支払額 |

・G＝①＋②＋③－④

・①＝剰余金減少額

| | |
|---|---|
| （借）（その他資本）剰余金 | （貸）資本金<br>準備金 |

・②＝準備金要積立額

| | |
|---|---|
| （借）（その他資本）剰余金<br>（その他利益）剰余金 | （貸）資本準備金<br>利益準備金 |

・③＝吸収型再編時の自己株式処分差損益

・④＝吸収型再編後のその他資本剰余金増加額＋その他利益剰余金増加額

② 分配可能額＝（A＋B＋C＋D）－（E＋F＋G＋H）

| |
|---|
| A＝剰余金の額<br>B＝臨時計算書による利益<br>C＝臨時計算書を作成し、規定の承認を受けた場合の一定のその他資本剰余金増加額<br>D＝臨時計算書の期間内の自己株式処分額<br>E＝自己株式の帳簿価額<br>F＝期末後の自己株式処分額<br>G＝臨時計算書による損失<br>H＝（①＋②＋③＋④＋⑤＋⑥＋⑦＋⑧）－（⑨＋⑩）（※） |

※

①＝（ア＋イ）－ウ（プラスに限る、また、アー（ウ＋その他資本剰余金）がプラスの場合のその金額を除く）

ア＝のれんの額×1/2

イ＝繰延資産の額

ウ＝資本金の額＋準備金の額

②＝0－期末日のその他有価証券評価差額金の額（マイナスに限る）

③＝0－期末日の土地再評価差額金の額（マイナスに限る）

④＝連結配当規則適用会社における連単剰余金差損額

⑤＝2以上の臨時計算書を作成した場合の最終の臨時計算書以外の臨時計算書による利益－損失

⑥＝300万円－{資本金＋準備金＋(純資産の部の合計額－株主資本)（プラスに限る)}（プラスに限る）

⑦＝期末後、臨時計算期間内に吸収型再編または特定募集をした際の自己株式処分額

（特定募集とは、全部取得条項付種類株式の取得（当該株式の株主に特定募集により会社が払込または給付を受けた財産のみを交付する場合に限る）の際に当該株式の全部または一部を引き受ける者の募集をいう）

⑧＝期末の一定のその他資本剰余金増加額

⑨＝期末後に自己株式の取得（当該株式の株主に当該会社の株式を交付した場合に限る）をした場合の当該株式に付した帳簿価額－（株主に交付した当該会社の株式以外の財産（社債及び新株予約権を除く）の帳簿価額＋株主に交付した当該会社の社債及び新株予約権に付すべき帳簿価額）

⑩＝期末後に吸収型再編または特定募集をした際の自己株式処分額

### (3) 純資産の部の変動

| No. | 減少項目 | 項目 | 内容 |
|---|---|---|---|
| 1 | 資本金 | 決議機関 | |
| | | 原則 | 株主総会 |
| | | 特例 | 取締役または取締役会（増減資を同時に行う場合において、減資の効力発生日後の資本金の額が効力発生日前の資本金の額を下回らないとき） |
| | | 決議要件 | |
| | | 原則 | 特別決議 |
| | | 特例 | 普通決議（定時株主総会決議で減資後も剰余金が生じない場合） |
| | | 決議事項 | ①　減少する資本金の額<br>②　減少する資本金の額の全部または一部を準備金とするときは、その旨及び準備金とする額<br>③　効力発生日<br>①の額は、③の日における資本金の額を超えてはならない。 |
| | | 債権者保護 | ①　必要（原則として、一定事項の官報公告、及び、知れたる債権者に対する個別催告）<br>②　最低1ヶ月 |
| 2 | 準備金 | 決議機関 | 原則：株主総会<br>特例：取締役または取締役会（増資と準備金の減少を同時に行う場合において、減準備金の効力発生日後の準備金の額が効力発生日前の準備金の額を下回らないとき） |
| | | 決議要件 | 普通決議 |

| No. | 減少項目 | 項目 | 内容 |
|---|---|---|---|
| 2 | 準備金 | 決議事項 | ① 減少する準備金の額<br>② 減少する準備金の額の全部または一部を資本金とするときは、その旨及び資本金とする額<br>③ 効力発生日<br>①の額は、③の日における準備金の額を超えてはならない。 |
| | | 債権者保護 | 原則：① 必要（原則として、一定事項の官報公告、及び、知れたる債権者に対する個別催告）<br>② 最低1ヶ月<br>特例：不要<br>① 減少する準備金の額の全部を資本金の額とする場合<br>② 定時株主総会決議で減準備金後も剰余金が生じない場合 |
| 3 | 剰余金 | | |
| | 資本金又は準備金の増加 | 決議機関 | 株主総会 |
| | | 決議要件 | 普通決議 |
| | | 決議事項 | ① 減少する剰余金の額<br>②（資本金または準備金増加の）効力発生日<br>①の額は、②の日における剰余金の額を超えてはならない。 |
| | | 債権者保護 | 不要 |
| | その他の処分（※） | 決議機関 | 株主総会 |
| | | 決議要件 | 普通決議 |
| | | 債権者保護 | 不要 |

※ 剰余金の配当その他の財産を処分するものを除きます。

### (4) 剰余金の配当

<table>
<tr><th>項目</th><th colspan="2">内容</th></tr>
<tr><td rowspan="2">決議機関</td><td>原則</td><td>株主総会</td></tr>
<tr><td>特例<br>(いずれも定款の規定が必要)</td><td>① 取締役会（会計監査人設置会社（取締役の任期の末日が選任後1年以内に終了する事業年度のうち最終のものに関する定時株主総会の終結の日以内で、かつ、監査役会設置会社に限る）または委員会設置会社）<br>② 一事業年度の途中において一回だけ取締役会の決議により金銭による中間配当ができる</td></tr>
<tr><td>決議要件</td><td colspan="2">原則：普通決議<br>特例：特別決議（配当財産が金銭以外の財産であり、かつ、株主に対して金銭分配請求権を与えない場合に限る）</td></tr>
<tr><td>決議事項</td><td colspan="2">① 配当財産の種類（当該会社の株式等を除く）及び帳簿価額の総額（※1）<br>② 株主に対する配当財産の割当てに関する事項（株主の有する株式の数に応じて割当てる必要あり）（※2）<br>③ 効力発生日<br>※1 配当財産が金銭以外の財産であるときは、次に掲げる事項を定めることができる。<br>① 株主に対して金銭分配請求権を与えるときは、その旨及び金銭分配請求権を行使することができる期間（当該期間の末日は③の日以前の日でなければならない）<br>② 一定の数未満の数の株式を有する株主に対して配当財産の割当てをしないこととするときは、その旨及びその数<br>※2 剰余金の配当について内容の異なる2以上の種類株式を発行している場合には、当該種類株式の内容に応じ、次に掲げる事項を定めることができる。<br>① ある種類の株式の株主に対して配当財産の割当てをしないこととするときは、その旨及び当該株式の種類<br>② ①以外で、配当財産の割当てについて株式の種類ごとに異なる取扱いを行うこととするときは、その旨及び当該と異なる取扱いの内容</td></tr>
<tr><td>制限</td><td colspan="2">会社の純資産額が300万円未満の場合には、剰余金の配当ができない</td></tr>
</table>

## 6.組織再編

### (1) 組織再編行為の可否

| 区分 | 存続会社 | 消滅会社 | 判定 |
|---|---|---|---|
| 吸収合併<br>新設合併 | 株式会社 | 株式会社 | 可 |
| | 株式会社 | 持分会社 | 可 |
| | 持分会社 | 株式会社 | 可 |
| | 持分会社 | 持分会社 | 可 |

| 区分 | 分割承継会社 | 分割会社 | 判定 |
|---|---|---|---|
| 吸収分割<br>新設分割 | 株式会社 | 株式会社 | 可 |
| | 株式会社 | 合同会社 | 可 |
| | 株式会社 | 合資・合名会社 | 不可 |
| | 持分会社 | 株式会社 | 可 |
| | 持分会社 | 合同会社 | 可 |
| | 持分会社 | 合資・合名会社 | 不可 |

| 区分 | 完全親会社 | 完全子会社 | 判定 |
|---|---|---|---|
| 株式交換 | 株式会社 | 株式会社 | 可 |
| | 株式会社 | 持分会社 | 不可 |
| | 合同会社 | 株式会社 | 可 |
| | 合資・合名会社 | 株式会社 | 不可 |
| | 合同会社 | 持分会社 | 不可 |
| | 合資・合名会社 | 持分会社 | 不可 |

| 区分 | 完全親会社 | 完全子会社 | 判定 |
|---|---|---|---|
| 株式移転 | 株式会社 | 株式会社 | 可 |
| | 株式会社 | 持分会社 | 不可 |
| | 持分会社 | 株式会社 | 不可 |
| | 持分会社 | 持分会社 | 不可 |

| 区分 | 前 | 後 | 判定 |
|---|---|---|---|
| 組織変更 | 株式会社 | 持分会社 | 可 |
| | 持分会社 | 株式会社 | 可 |

※　合同会社・合資会社・合名会社間の変更は、組織変更ではなく、会社の種類の変更として可

### (2) 簡易組織再編

| 態様 | 対象会社 | 要件 | 備考 |
|---|---|---|---|
| **合併** | 吸収合併存続会社 | 消滅会社の株主に交付する存続会社の株式その他の財産の合計額が純資産額の20%以下（20%を下回る割合を定款で定めた場合にはその割合） | ①存続会社が非公開会社で、交付する対価の全部または一部が譲渡制限株式の場合、②消滅会社が債務超過の場合、③差損が生じる場合には、承認必要 |
| **分割** | 吸収分割承継会社 | 分割会社に交付する承継会社の株式その他の財産の合計額が純資産額の20%以下（20%を下回る割合を定款で定めた場合にはその割合） | ①承継会社が非公開会社で、交付する対価の全部または一部が譲渡制限株式の場合、②分割会社が債務超過の場合、③差損が生じる場合には、承認必要 |
| | 吸収分割会社 | 承継財産が純資産額の20%以下の場合（20%を下回る割合を定款で定めた場合にはその割合） | — |
| | 新設分割会社 | 承継財産が純資産額の20%以下の場合（20%を下回る割合を定款で定めた場合にはその割合） | — |
| **株式交換** | 完全親会社 | 完全子会社の株主に交付する完全親会社の株式その他の財産の合計額が純資産額の20%以下（20%を下回る割合を定款で定めた場合にはその割合） | ①完全親会社が非公開会社で、交付する対価の全部または一部が譲渡制限株式の場合、②差損が生じる場合には、承認必要 |
| **事業の重要な一部の譲渡** | 譲渡会社 | 譲渡資産が純資産額の20%以下の場合（20%を下回る割合を定款で定めた場合にはその割合） | — |
| **事業の全部の譲受** | 譲受会社 | 譲渡会社に交付する譲受会社の財産の合計額が純資産額の20%以下（20%を下回る割合を定款で定めた場合にはその割合） | — |

### (3) 略式組織再編

| 態様 | 対象会社 | 要件 | 備考 |
|---|---|---|---|
| **合併** | 吸収合併<br>消滅会社 | 存続会社が消滅会社の特別支配会社である場合 | 対価の全部または一部が譲渡制限株式で、消滅会社が公開会社であり、かつ、種類株式発行会社でない場合には、承認必要 |
| | 吸収合併<br>存続会社 | 消滅会社が存続会社の特別支配会社である場合 | 存続会社が非公開会社で、交付する対価の全部または一部が譲渡制限株式の場合には、承認必要 |
| **分割** | 吸収分割<br>分割会社 | 分割承継会社が分割会社の特別支配会社である場合 | — |
| | 吸収分割<br>承継会社 | 分割会社が分割承継会社の特別支配会社である場合 | 分割承継会社が非公開会社で、交付する対価の全部または一部が譲渡制限株式の場合には、承認必要 |
| **株式交換** | 株式交換<br>完全子会社 | 完全親会社が完全子会社の特別支配会社である場合 | 対価の全部または一部が譲渡制限株式で、消滅会社が公開会社であり、かつ、種類株式発行会社でない場合には、承認必要 |
| | 株式交換<br>完全親会社 | 完全子会社が完全親会社の特別支配会社である場合 | 完全親会社が非公開会社で、交付する対価の全部または一部が譲渡制限株式の場合には、承認必要 |
| **事業譲渡** | 事業全部譲受<br>譲受会社 | 譲渡会社が譲受会社の特別支配会社である場合 | — |
| | 事業全部譲渡または重要な一部譲渡<br>譲渡会社 | 譲受会社が譲渡会社の特別支配会社である場合 | — |

## 7.会社の種類

| 態様 | 株式会社 | 特例有限会社 | 合同会社 | 合資会社 | | 合名会社 | 有限責任事業組合 |
|---|---|---|---|---|---|---|---|
| 法人格 | あり | あり | あり | あり | | あり | なし |
| 出資者 | 株主 | 株主 | 社員 | 社員 | | 社員 | 組合員 |
| 出資責任 | 有限責任 | 有限責任 | 有限責任 | 有限責任 | 無限責任 | 無限責任 | 有限責任 |
| 出資 | 金銭・財産のみ | 金銭・財産のみ | 金銭・財産のみ | 金銭・財産のみ | 労務・信用も可 | 労務・信用も可 | 金銭・財産のみ |
| 登記 | 成立要件 | 成立要件 | 成立要件 | 成立要件 | | 成立要件 | 対抗要件 |
| 意思決定 | 資本多数決（譲渡制限会社については定款で特別の定め可） | 資本多数決（定款で特別の定め可） | 定款で自由に決定 | 定款で自由に決定 | | 定款で自由に決定 | 契約で自由に決定（重要財産の処分・譲受、多額の借財は総組合員の同意） |
| 業務執行 | (代表) 取締役に専属 | (代表) 取締役に専属 | 社員全員（業務執行社員を定めること可） | 社員全員（業務執行社員を定めること可） | | 社員全員（業務執行社員を定めること可） | 社員全員（他の組合員に業務の全部委任不可） |
| 利益分配 | 株式数（譲渡制限会社については定款で特別の定め可） | 株式数（定款で特別の定め可） | 定款で自由に決定 | 定款で自由に決定 | | 定款で自由に決定 | 契約で自由に決定 |
| 出資の譲渡 | 自由（譲渡制限会社は制限あり） | 社員全員の承認必要（株主間の譲渡については承認不要） | 社員全員の承認必要（定款で特別の定め可） | 社員全員の承認必要（定款で特別の定め可） | | 社員全員の承認必要（定款で特別の定め可） | 不可 |
| 課税 | 法人課税 | 法人課税 | 法人課税 | 法人課税 | | 法人課税 | 構成員課税 |

# Ⅴ.資料

## (1) 災害に係る主な税務の取扱い

①国税

### 国税通則法

| No. | 項目 | 根拠条文等 |
|---|---|---|
| 1 | 災害等による期限の延長 | 通 11、通令 3 |
| 2 | 納税の猶予 | 通 46 |

### 所得税

| No. | 項目 | 根拠条文等 |
|---|---|---|
| 1 | 雑損控除 | 所 72 |
| 2 | 資産損失 | 所 51 |
| 3 | 生活に通常必要でない資産の災害による損失 | 所 62 |
| 4 | 必要経費の特例 | |
| ① | 修繕費に含まれる費用 | 所基通 37-11 |
| ② | 災害の復旧費用の必要経費算入 | 所基通 37-12 の 2 |
| ③ | 災害の場合の原状回復のための費用の特例 | 所基通 37-14 の 2 |
| ④ | 機能復旧補償金による固定資産の取得又は改良 | 所基通 37-14 の 3 |
| ⑤ | 災害見舞金に充てるために同業団体等へ拠出する分担金等 | 所基通 37-9 の 6 |
| ⑥ | 事業を廃止した場合の必要経費の特例 | 所 63 |
| 5 | その他 | |
| ① | 個人が支払を受ける災害見舞金 | 所基通 9-23 |
| ② | 低利又は無利息により生活資金の貸付けを受けた場合の経済的利益 | 所基通 36-28（1） |
| ③ | 被災事業用資産の損失の繰越し | 所 70 |
| 6 | 寄附金控除 | 所 78 |

## 法人税

| No. | 項目 | 根拠条文等 |
|---|---|---|
| 1 | 確定申告書の提出期限の延長 | 法 75 |
| 2 | 資産の評価損 | 法 33 |
| 3 | 災害の場合の資本的支出と修繕費の区分の特例 | 法基通 7-8-6 |
| 4 | 災害損失金の繰越控除 | 法 58 |
| 5 | 交際費、寄附金 | |
| ① | 災害の場合の取引先に対する売掛債権の免除等 | 法基通 9-4-6 の 2、措通 61 の 4（1）-10 の 2 |
| ② | 取引先に対する災害見舞金等 | 措通 61 の 4（1）-10 の 3 |
| ③ | 自社製品等の被災者に対する提供 | 法基通 9-4-6 の 4、措通 61 の 4（1）-10 の 4 |
| ④ | 協同組合等が支出する災害見舞金等 | 措通 61 の 4（1）-11 |
| ⑤ | 特約店等のセールスマンのために支出する費用 | 措通 61 の 4（1）-13（3） |
| ⑥ | 下請企業の従業員等のために支出する費用 | 措通 61 の 4（1）-18（4） |
| ⑦ | 災害救助法の規定の適用を受ける地域の被災者のための義援金等 | 法基通 9-4-6 |
| ⑧ | 災害の場合の取引先に対する低利又は無利息による融資 | 法基通 9-4-6 の 3 |
| ⑨ | 災害見舞金に充てるために同業団体等へ拠出する分担金等 | 法基通 9-7-15 の 4 |
| 6 | 耐用年数の短縮 | 法令 57 |
| 7 | 寄附金 | 法 37 |
| 8 | 災害損失特別勘定 | 費用通達 |

## 相続税・贈与税

| No. | 項目 | 根拠条文等 |
|---|---|---|
| 1 | 災害のため事業が休止された場合の小規模宅地等 | 措通 69 の 4-17 |
| 2 | 農地等に係る納税猶予 | 措通 70 の 4-12（1）、70 の 6-13 の 3 |

## 消費税

| No. | 項目 | 根拠条文等 |
|---|---|---|
| 1 | 帳簿請求書等の保存 | 消 30 |
| 2 | やむを得ない事情により課税事業者選択届出書等の提出が間に合わなかった場合 | 消 9 |
| 3 | 災害等により簡易課税制度の適用を受ける（受けることをやめる）必要が生じた場合 | 消 37 の 2 |

## 災害減免法

| No. | 項目 | 根拠条文等 |
|---|---|---|
| | **（所得税）** | |
| 1 | 所得税額の軽減・免除 | 災免法 2 |
| 2 | 源泉徴収の猶予・還付 | 災免法 3 |
| | **（相続税・贈与税）** | |
| 1 | 税額の免除 | 災免法 4 |
| 2 | 課税価格の控除 | 災免法 6 |

## 震災特例法

| No. | 項目 | 根拠条文等 |
|---|---|---|
| （所得税） | | |
| 1 | 雑損控除の特例 | 特例法 4 |
| 2 | 雑損失の繰越控除の特例 | 特例法 5 |
| 3 | 被災事業用資産の損失の必要経費の特例 | 特例法 6 |
| 4 | 純損失の繰越控除の特例 | 特例法 7 |
| 5 | 住宅ローン控除の特例 | 特例法 13、13 の 2 |
| （法人税） | | |
| 1 | 震災損失の繰戻還付の特例 | 法 80 |
| 2 | 仮決算の中間申告による所得税額の還付の特例 | 法 72、78 |
| 3 | 復興産業集積区域等において機械等を取得した場合の特別償却又は特別控除 | 特例法 17 の 2 |
| 4 | 復興産業集積区域において被災雇用者等を雇用した場合の特別控除 | 特例法 17 の 3 |
| 5 | 被災代替資産等の特別償却 | 特例法 18 |
| 6 | 再投資等準備金 | 特例法 18 の 3 |
| 7 | 再投資設備等の特別償却 | 特例法 18 の 4 |
| 8 | 特定の資産の買換えの特例 | 特例法 19 |

| No. | 項目 | 根拠条文等 |
|---|---|---|
| **（相続税・贈与税）** | | |
| 1 | 特定土地等及び特定株式等に係る課税価格の特例 | 措 69 の 6、69 の 7 |
| 2 | 相続税及び贈与税の申告書の提出期限の特例 | 措 69 の 8 |
| 3 | 住宅取得資金の贈与の非課税の特例 | 特例法 37 |
| 4 | 住宅取得資金の贈与の相続時精算課税の特例 | 特例法 38 |
| 5 | 直系尊属から住宅取得資金の贈与を受けた場合の非課税 | 特例法 38 の 2 |
| **（消費税）** | | |
| 1 | 納税義務の免除を受けない旨の届出等の特例 | 特例法 42 |
| **（印紙税）** | | |
| 1 | 特別貸付けに係る消費貸借に関する契約書の印紙税の非課税 | 措 91 の 4 |
| 2 | 建設工事の請負に関する契約書等の印紙税の非課税 | 措 91 の 2 |
| **（自動車重量税）** | | |
| 1 | 被災自動車に係る自動車重量税の特例還付 | 措 90 の 15 |
| 2 | 被災者の買換え車両に係る自動車重量税の免税措置 | 特例法 46 |
| **（災害減免法）** | | |
| 1 | 所得税額の軽減・免除の特例 | 特例法 49 |

②地方税

### 固定資産税等

| No. | 項目 | 根拠条文等 |
|---|---|---|
| 1 | 被災住宅用地等に対する固定資産税等の課税標準の特例 | 地 349 の 3 の 3 ①、702 の 3 ①② |
| 2 | 固定資産税等の減免 | 地 367、702 の 8 ⑦ |
| 3 | 津波により被害を受けた土地及び家屋に係る平成 23・24 年度分の固定資産税等の課税免除等 | 附則 55 |
| 4 | 被災住宅用地の特例 | 附則 56 ① |
| 5 | 被災代替住宅用地の特例 | 附則 56 ⑩ |
| 6 | 被災代替家屋の特例 | 附則 56 ⑪ |
| 7 | 被災代替償却資産の特例 | 附則 56 ⑫ |

### 不動産取得税

| No. | 項目 | 根拠条文等 |
|---|---|---|
| 1 | 不動産取得税の減免 | 地 73 の 31 |
| 2 | 被災代替家屋の取得に係る特例 | 附則 51 ① |
| 3 | 被災代替家屋の敷地の用に供する土地の取得に係る特例 | 附則 51 ② |

### 自動車取得税

| No. | 項目 | 根拠条文等 |
|---|---|---|
| 1 | 自動車取得税の減免 | 地 128 |
| 2 | 被災代替自動車の取得の非課税 | 附則 52 ① |

### 自動車税等

| No. | 項目 | 根拠条文等 |
|---|---|---|
| 1 | 自動車税等の減免 | 地 162、454 |
| 2 | 被災代替自動車に係る自動車税等の非課税 | 附則 54、57 ① |

## (2) 源泉徴収税額表

### ① 給与

| その月の社会保険料等控除後の給与等の金額 | | 甲 | | | | | | | | 乙 |
|---|---|---|---|---|---|---|---|---|---|---|
| | | 扶養親族等の数 | | | | | | | | |
| | | 0人 | 1人 | 2人 | 3人 | 4人 | 5人 | 6人 | 7人 | |
| 以上 | 未満 | 税額 | | | | | | | | 税額 |
| 円 | 円 | 円 | 円 | 円 | 円 | 円 | 円 | 円 | 円 | 円 |
| 88,000円未満 | | 0 | 0 | 0 | 0 | 0 | 0 | 0 | 0 | その月の社会保険料等控除後の給与等の金額の3.063％に相当する金額 |
| 88,000 | 89,000 | 130 | 0 | 0 | 0 | 0 | 0 | 0 | 0 | 3,200 |
| 89,000 | 90,000 | 180 | 0 | 0 | 0 | 0 | 0 | 0 | 0 | 3,200 |
| 90,000 | 91,000 | 230 | 0 | 0 | 0 | 0 | 0 | 0 | 0 | 3,200 |
| 91,000 | 92,000 | 290 | 0 | 0 | 0 | 0 | 0 | 0 | 0 | 3,200 |
| 92,000 | 93,000 | 340 | 0 | 0 | 0 | 0 | 0 | 0 | 0 | 3,300 |
| 93,000 | 94,000 | 390 | 0 | 0 | 0 | 0 | 0 | 0 | 0 | 3,300 |
| 94,000 | 95,000 | 440 | 0 | 0 | 0 | 0 | 0 | 0 | 0 | 3,300 |
| 95,000 | 96,000 | 490 | 0 | 0 | 0 | 0 | 0 | 0 | 0 | 3,400 |
| 96,000 | 97,000 | 540 | 0 | 0 | 0 | 0 | 0 | 0 | 0 | 3,400 |
| 97,000 | 98,000 | 590 | 0 | 0 | 0 | 0 | 0 | 0 | 0 | 3,500 |
| 98,000 | 99,000 | 640 | 0 | 0 | 0 | 0 | 0 | 0 | 0 | 3,500 |
| 99,000 | 101,000 | 720 | 0 | 0 | 0 | 0 | 0 | 0 | 0 | 3,600 |
| 101,000 | 103,000 | 830 | 0 | 0 | 0 | 0 | 0 | 0 | 0 | 3,600 |
| 103,000 | 105,000 | 930 | 0 | 0 | 0 | 0 | 0 | 0 | 0 | 3,700 |
| 105,000 | 107,000 | 1,030 | 0 | 0 | 0 | 0 | 0 | 0 | 0 | 3,800 |
| 107,000 | 109,000 | 1,130 | 0 | 0 | 0 | 0 | 0 | 0 | 0 | 3,800 |
| 109,000 | 111,000 | 1,240 | 0 | 0 | 0 | 0 | 0 | 0 | 0 | 3,900 |
| 111,000 | 113,000 | 1,340 | 0 | 0 | 0 | 0 | 0 | 0 | 0 | 4,000 |
| 113,000 | 115,000 | 1,440 | 0 | 0 | 0 | 0 | 0 | 0 | 0 | 4,100 |
| 115,000 | 117,000 | 1,540 | 0 | 0 | 0 | 0 | 0 | 0 | 0 | 4,100 |
| 117,000 | 119,000 | 1,640 | 0 | 0 | 0 | 0 | 0 | 0 | 0 | 4,200 |
| 119,000 | 121,000 | 1,750 | 120 | 0 | 0 | 0 | 0 | 0 | 0 | 4,300 |
| 121,000 | 123,000 | 1,850 | 220 | 0 | 0 | 0 | 0 | 0 | 0 | 4,500 |
| 123,000 | 125,000 | 1,950 | 330 | 0 | 0 | 0 | 0 | 0 | 0 | 4,800 |
| 125,000 | 127,000 | 2,050 | 430 | 0 | 0 | 0 | 0 | 0 | 0 | 5,100 |
| 127,000 | 129,000 | 2,150 | 530 | 0 | 0 | 0 | 0 | 0 | 0 | 5,400 |
| 129,000 | 131,000 | 2,260 | 630 | 0 | 0 | 0 | 0 | 0 | 0 | 5,700 |
| 131,000 | 133,000 | 2,360 | 740 | 0 | 0 | 0 | 0 | 0 | 0 | 6,000 |
| 133,000 | 135,000 | 2,460 | 840 | 0 | 0 | 0 | 0 | 0 | 0 | 6,300 |
| 135,000 | 137,000 | 2,550 | 930 | 0 | 0 | 0 | 0 | 0 | 0 | 6,600 |
| 137,000 | 139,000 | 2,610 | 990 | 0 | 0 | 0 | 0 | 0 | 0 | 6,800 |
| 139,000 | 141,000 | 2,680 | 1,050 | 0 | 0 | 0 | 0 | 0 | 0 | 7,100 |
| 141,000 | 143,000 | 2,740 | 1,110 | 0 | 0 | 0 | 0 | 0 | 0 | 7,500 |
| 143,000 | 145,000 | 2,800 | 1,170 | 0 | 0 | 0 | 0 | 0 | 0 | 7,800 |
| 145,000 | 147,000 | 2,860 | 1,240 | 0 | 0 | 0 | 0 | 0 | 0 | 8,100 |
| 147,000 | 149,000 | 2,920 | 1,300 | 0 | 0 | 0 | 0 | 0 | 0 | 8,400 |
| 149,000 | 151,000 | 2,980 | 1,360 | 0 | 0 | 0 | 0 | 0 | 0 | 8,700 |
| 151,000 | 153,000 | 3,050 | 1,430 | 0 | 0 | 0 | 0 | 0 | 0 | 9,000 |
| 153,000 | 155,000 | 3,120 | 1,500 | 0 | 0 | 0 | 0 | 0 | 0 | 9,300 |
| 155,000 | 157,000 | 3,200 | 1,570 | 0 | 0 | 0 | 0 | 0 | 0 | 9,600 |
| 157,000 | 159,000 | 3,270 | 1,640 | 0 | 0 | 0 | 0 | 0 | 0 | 9,900 |
| 159,000 | 161,000 | 3,340 | 1,720 | 100 | 0 | 0 | 0 | 0 | 0 | 10,200 |
| 161,000 | 163,000 | 3,410 | 1,790 | 170 | 0 | 0 | 0 | 0 | 0 | 10,500 |
| 163,000 | 165,000 | 3,480 | 1,860 | 250 | 0 | 0 | 0 | 0 | 0 | 10,800 |
| 165,000 | 167,000 | 3,550 | 1,930 | 320 | 0 | 0 | 0 | 0 | 0 | 11,100 |

| その月の社会保険料等控除後の給与等の金額 | | 甲 | | | | | | | | 乙 |
|---|---|---|---|---|---|---|---|---|---|---|
| | | 扶養親族等の数 | | | | | | | | |
| | | 0人 | 1人 | 2人 | 3人 | 4人 | 5人 | 6人 | 7人 | |
| 以上 | 未満 | 税額 | | | | | | | | 税額 |
| 円 | 円 | 円 | 円 | 円 | 円 | 円 | 円 | 円 | 円 | 円 |
| 167,000 | 169,000 | 3,620 | 2,000 | 390 | 0 | 0 | 0 | 0 | 0 | 11,400 |
| 169,000 | 171,000 | 3,700 | 2,070 | 460 | 0 | 0 | 0 | 0 | 0 | 11,700 |
| 171,000 | 173,000 | 3,770 | 2,140 | 530 | 0 | 0 | 0 | 0 | 0 | 12,000 |
| 173,000 | 175,000 | 3,840 | 2,220 | 600 | 0 | 0 | 0 | 0 | 0 | 12,400 |
| 175,000 | 177,000 | 3,910 | 2,290 | 670 | 0 | 0 | 0 | 0 | 0 | 12,700 |
| 177,000 | 179,000 | 3,980 | 2,360 | 750 | 0 | 0 | 0 | 0 | 0 | 13,200 |
| 179,000 | 181,000 | 4,050 | 2,430 | 820 | 0 | 0 | 0 | 0 | 0 | 13,900 |
| 181,000 | 183,000 | 4,120 | 2,500 | 890 | 0 | 0 | 0 | 0 | 0 | 14,600 |
| 183,000 | 185,000 | 4,200 | 2,570 | 960 | 0 | 0 | 0 | 0 | 0 | 15,300 |
| 185,000 | 187,000 | 4,270 | 2,640 | 1,030 | 0 | 0 | 0 | 0 | 0 | 16,000 |
| 187,000 | 189,000 | 4,340 | 2,720 | 1,100 | 0 | 0 | 0 | 0 | 0 | 16,700 |
| 189,000 | 191,000 | 4,410 | 2,790 | 1,170 | 0 | 0 | 0 | 0 | 0 | 17,500 |
| 191,000 | 193,000 | 4,480 | 2,860 | 1,250 | 0 | 0 | 0 | 0 | 0 | 18,100 |
| 193,000 | 195,000 | 4,550 | 2,930 | 1,320 | 0 | 0 | 0 | 0 | 0 | 18,800 |
| 195,000 | 197,000 | 4,630 | 3,000 | 1,390 | 0 | 0 | 0 | 0 | 0 | 19,500 |
| 197,000 | 199,000 | 4,700 | 3,070 | 1,460 | 0 | 0 | 0 | 0 | 0 | 20,200 |
| 199,000 | 201,000 | 4,770 | 3,140 | 1,530 | 0 | 0 | 0 | 0 | 0 | 20,900 |
| 201,000 | 203,000 | 4,840 | 3,220 | 1,600 | 0 | 0 | 0 | 0 | 0 | 21,500 |
| 203,000 | 205,000 | 4,910 | 3,290 | 1,670 | 0 | 0 | 0 | 0 | 0 | 22,200 |
| 205,000 | 207,000 | 4,980 | 3,360 | 1,750 | 130 | 0 | 0 | 0 | 0 | 22,700 |
| 207,000 | 209,000 | 5,050 | 3,430 | 1,820 | 200 | 0 | 0 | 0 | 0 | 23,300 |
| 209,000 | 211,000 | 5,130 | 3,500 | 1,890 | 280 | 0 | 0 | 0 | 0 | 23,900 |
| 211,000 | 213,000 | 5,200 | 3,570 | 1,960 | 350 | 0 | 0 | 0 | 0 | 24,400 |
| 213,000 | 215,000 | 5,270 | 3,640 | 2,030 | 420 | 0 | 0 | 0 | 0 | 25,000 |
| 215,000 | 217,000 | 5,340 | 3,720 | 2,100 | 490 | 0 | 0 | 0 | 0 | 25,500 |
| 217,000 | 219,000 | 5,410 | 3,790 | 2,170 | 560 | 0 | 0 | 0 | 0 | 26,100 |
| 219,000 | 221,000 | 5,480 | 3,860 | 2,250 | 630 | 0 | 0 | 0 | 0 | 26,800 |
| 221,000 | 224,000 | 5,560 | 3,950 | 2,340 | 710 | 0 | 0 | 0 | 0 | 27,400 |
| 224,000 | 227,000 | 5,680 | 4,060 | 2,440 | 830 | 0 | 0 | 0 | 0 | 28,400 |
| 227,000 | 230,000 | 5,780 | 4,170 | 2,550 | 930 | 0 | 0 | 0 | 0 | 29,300 |
| 230,000 | 233,000 | 5,890 | 4,280 | 2,650 | 1,040 | 0 | 0 | 0 | 0 | 30,300 |
| 233,000 | 236,000 | 5,990 | 4,380 | 2,770 | 1,140 | 0 | 0 | 0 | 0 | 31,300 |
| 236,000 | 239,000 | 6,110 | 4,490 | 2,870 | 1,260 | 0 | 0 | 0 | 0 | 32,400 |
| 239,000 | 242,000 | 6,210 | 4,590 | 2,980 | 1,360 | 0 | 0 | 0 | 0 | 33,400 |
| 242,000 | 245,000 | 6,320 | 4,710 | 3,080 | 1,470 | 0 | 0 | 0 | 0 | 34,400 |
| 245,000 | 248,000 | 6,420 | 4,810 | 3,200 | 1,570 | 0 | 0 | 0 | 0 | 35,400 |
| 248,000 | 251,000 | 6,530 | 4,920 | 3,300 | 1,680 | 0 | 0 | 0 | 0 | 36,400 |
| 251,000 | 254,000 | 6,640 | 5,020 | 3,410 | 1,790 | 170 | 0 | 0 | 0 | 37,500 |
| 254,000 | 257,000 | 6,750 | 5,140 | 3,510 | 1,900 | 290 | 0 | 0 | 0 | 38,500 |
| 257,000 | 260,000 | 6,850 | 5,240 | 3,620 | 2,000 | 390 | 0 | 0 | 0 | 39,400 |
| 260,000 | 263,000 | 6,960 | 5,350 | 3,730 | 2,110 | 500 | 0 | 0 | 0 | 40,400 |
| 263,000 | 266,000 | 7,070 | 5,450 | 3,840 | 2,220 | 600 | 0 | 0 | 0 | 41,500 |
| 266,000 | 269,000 | 7,180 | 5,560 | 3,940 | 2,330 | 710 | 0 | 0 | 0 | 42,500 |
| 269,000 | 272,000 | 7,280 | 5,670 | 4,050 | 2,430 | 820 | 0 | 0 | 0 | 43,500 |
| 272,000 | 275,000 | 7,390 | 5,780 | 4,160 | 2,540 | 930 | 0 | 0 | 0 | 44,500 |
| 275,000 | 278,000 | 7,490 | 5,880 | 4,270 | 2,640 | 1,030 | 0 | 0 | 0 | 45,500 |
| 278,000 | 281,000 | 7,610 | 5,990 | 4,370 | 2,760 | 1,140 | 0 | 0 | 0 | 46,600 |
| 281,000 | 284,000 | 7,710 | 6,100 | 4,480 | 2,860 | 1,250 | 0 | 0 | 0 | 47,600 |
| 284,000 | 287,000 | 7,820 | 6,210 | 4,580 | 2,970 | 1,360 | 0 | 0 | 0 | 48,600 |
| 287,000 | 290,000 | 7,920 | 6,310 | 4,700 | 3,070 | 1,460 | 0 | 0 | 0 | 49,700 |

| その月の社会保険料等控除後の給与等の金額 | | 甲 | | | | | | | | 乙 |
|---|---|---|---|---|---|---|---|---|---|---|
| | | 扶養親族等の数 | | | | | | | | |
| | | 0人 | 1人 | 2人 | 3人 | 4人 | 5人 | 6人 | 7人 | |
| 以上 | 未満 | 税額 | | | | | | | | 税額 |
| 円 | 円 | 円 | 円 | 円 | 円 | 円 | 円 | 円 | 円 | 円 |
| 290,000 | 293,000 | 8,040 | 6,420 | 4,800 | 3,190 | 1,570 | 0 | 0 | 0 | 50,900 |
| 293,000 | 296,000 | 8,140 | 6,520 | 4,910 | 3,290 | 1,670 | 0 | 0 | 0 | 52,100 |
| 296,000 | 299,000 | 8,250 | 6,640 | 5,010 | 3,400 | 1,790 | 160 | 0 | 0 | 52,900 |
| 299,000 | 302,000 | 8,420 | 6,740 | 5,130 | 3,510 | 1,890 | 280 | 0 | 0 | 53,700 |
| 302,000 | 305,000 | 8,670 | 6,860 | 5,250 | 3,630 | 2,010 | 400 | 0 | 0 | 54,500 |
| 305,000 | 308,000 | 8,910 | 6,980 | 5,370 | 3,760 | 2,130 | 520 | 0 | 0 | 55,200 |
| 308,000 | 311,000 | 9,160 | 7,110 | 5,490 | 3,880 | 2,260 | 640 | 0 | 0 | 56,100 |
| 311,000 | 314,000 | 9,400 | 7,230 | 5,620 | 4,000 | 2,380 | 770 | 0 | 0 | 56,900 |
| 314,000 | 317,000 | 9,650 | 7,350 | 5,740 | 4,120 | 2,500 | 890 | 0 | 0 | 57,800 |
| 317,000 | 320,000 | 9,890 | 7,470 | 5,860 | 4,250 | 2,620 | 1,010 | 0 | 0 | 58,800 |
| 320,000 | 323,000 | 10,140 | 7,600 | 5,980 | 4,370 | 2,750 | 1,130 | 0 | 0 | 59,800 |
| 323,000 | 326,000 | 10,380 | 7,720 | 6,110 | 4,490 | 2,870 | 1,260 | 0 | 0 | 60,900 |
| 326,000 | 329,000 | 10,630 | 7,840 | 6,230 | 4,610 | 2,990 | 1,380 | 0 | 0 | 61,900 |
| 329,000 | 332,000 | 10,870 | 7,960 | 6,350 | 4,740 | 3,110 | 1,500 | 0 | 0 | 62,900 |
| 332,000 | 335,000 | 11,120 | 8,090 | 6,470 | 4,860 | 3,240 | 1,620 | 0 | 0 | 63,900 |
| 335,000 | 338,000 | 11,360 | 8,210 | 6,600 | 4,980 | 3,360 | 1,750 | 130 | 0 | 64,900 |
| 338,000 | 341,000 | 11,610 | 8,370 | 6,720 | 5,110 | 3,480 | 1,870 | 260 | 0 | 66,000 |
| 341,000 | 344,000 | 11,850 | 8,620 | 6,840 | 5,230 | 3,600 | 1,990 | 380 | 0 | 67,000 |
| 344,000 | 347,000 | 12,100 | 8,860 | 6,960 | 5,350 | 3,730 | 2,110 | 500 | 0 | 68,000 |
| 347,000 | 350,000 | 12,340 | 9,110 | 7,090 | 5,470 | 3,850 | 2,240 | 620 | 0 | 69,000 |
| 350,000 | 353,000 | 12,590 | 9,350 | 7,210 | 5,600 | 3,970 | 2,360 | 750 | 0 | 70,000 |
| 353,000 | 356,000 | 12,830 | 9,600 | 7,330 | 5,720 | 4,090 | 2,480 | 870 | 0 | 71,100 |
| 356,000 | 359,000 | 13,080 | 9,840 | 7,450 | 5,840 | 4,220 | 2,600 | 990 | 0 | 72,100 |
| 359,000 | 362,000 | 13,320 | 10,090 | 7,580 | 5,960 | 4,340 | 2,730 | 1,110 | 0 | 73,100 |
| 362,000 | 365,000 | 13,570 | 10,330 | 7,700 | 6,090 | 4,460 | 2,850 | 1,240 | 0 | 74,200 |
| 365,000 | 368,000 | 13,810 | 10,580 | 7,820 | 6,210 | 4,580 | 2,970 | 1,360 | 0 | 75,200 |
| 368,000 | 371,000 | 14,060 | 10,820 | 7,940 | 6,330 | 4,710 | 3,090 | 1,480 | 0 | 76,200 |
| 371,000 | 374,000 | 14,300 | 11,070 | 8,070 | 6,450 | 4,830 | 3,220 | 1,600 | 0 | 77,100 |
| 374,000 | 377,000 | 14,550 | 11,310 | 8,190 | 6,580 | 4,950 | 3,340 | 1,730 | 100 | 78,100 |
| 377,000 | 380,000 | 14,790 | 11,560 | 8,320 | 6,700 | 5,070 | 3,460 | 1,850 | 220 | 79,000 |
| 380,000 | 383,000 | 15,040 | 11,800 | 8,570 | 6,820 | 5,200 | 3,580 | 1,970 | 350 | 79,900 |
| 383,000 | 386,000 | 15,280 | 12,050 | 8,810 | 6,940 | 5,320 | 3,710 | 2,090 | 470 | 81,400 |
| 386,000 | 389,000 | 15,530 | 12,290 | 9,060 | 7,070 | 5,440 | 3,830 | 2,220 | 590 | 83,100 |
| 389,000 | 392,000 | 15,770 | 12,540 | 9,300 | 7,190 | 5,560 | 3,950 | 2,340 | 710 | 84,700 |
| 392,000 | 395,000 | 16,020 | 12,780 | 9,550 | 7,310 | 5,690 | 4,070 | 2,460 | 840 | 86,500 |
| 395,000 | 398,000 | 16,260 | 13,030 | 9,790 | 7,430 | 5,810 | 4,200 | 2,580 | 960 | 88,200 |
| 398,000 | 401,000 | 16,510 | 13,270 | 10,040 | 7,560 | 5,930 | 4,320 | 2,710 | 1,080 | 89,800 |
| 401,000 | 404,000 | 16,750 | 13,520 | 10,280 | 7,680 | 6,050 | 4,440 | 2,830 | 1,200 | 91,600 |
| 404,000 | 407,000 | 17,000 | 13,760 | 10,530 | 7,800 | 6,180 | 4,560 | 2,950 | 1,330 | 93,300 |
| 407,000 | 410,000 | 17,240 | 14,010 | 10,770 | 7,920 | 6,300 | 4,690 | 3,070 | 1,450 | 95,000 |
| 410,000 | 413,000 | 17,490 | 14,250 | 11,020 | 8,050 | 6,420 | 4,810 | 3,200 | 1,570 | 96,700 |
| 413,000 | 416,000 | 17,730 | 14,500 | 11,260 | 8,170 | 6,540 | 4,930 | 3,320 | 1,690 | 98,300 |
| 416,000 | 419,000 | 17,980 | 14,740 | 11,510 | 8,290 | 6,670 | 5,050 | 3,440 | 1,820 | 100,100 |
| 419,000 | 422,000 | 18,220 | 14,990 | 11,750 | 8,530 | 6,790 | 5,180 | 3,560 | 1,940 | 101,800 |
| 422,000 | 425,000 | 18,470 | 15,230 | 12,000 | 8,770 | 6,910 | 5,300 | 3,690 | 2,060 | 103,400 |
| 425,000 | 428,000 | 18,710 | 15,480 | 12,240 | 9,020 | 7,030 | 5,420 | 3,810 | 2,180 | 105,200 |
| 428,000 | 431,000 | 18,960 | 15,720 | 12,490 | 9,260 | 7,160 | 5,540 | 3,930 | 2,310 | 106,900 |
| 431,000 | 434,000 | 19,210 | 15,970 | 12,730 | 9,510 | 7,280 | 5,670 | 4,050 | 2,430 | 108,500 |
| 434,000 | 437,000 | 19,450 | 16,210 | 12,980 | 9,750 | 7,400 | 5,790 | 4,180 | 2,550 | 110,300 |
| 437,000 | 440,000 | 19,700 | 16,460 | 13,220 | 10,000 | 7,520 | 5,910 | 4,300 | 2,680 | 112,000 |

| その月の社会保険料等控除後の給与等の金額 | | 甲 | | | | | | | | 乙 |
|---|---|---|---|---|---|---|---|---|---|---|
| | | 扶養親族等の数 | | | | | | | | |
| | | 0人 | 1人 | 2人 | 3人 | 4人 | 5人 | 6人 | 7人 | |
| 以上 | 未満 | 税額 | | | | | | | | 税額 |
| 円 | 円 | 円 | 円 | 円 | 円 | 円 | 円 | 円 | 円 | 円 |
| 440,000 | 443,000 | 20,090 | 16,700 | 13,470 | 10,240 | 7,650 | 6,030 | 4,420 | 2,800 | 113,600 |
| 443,000 | 446,000 | 20,580 | 16,950 | 13,710 | 10,490 | 7,770 | 6,160 | 4,540 | 2,920 | 115,400 |
| 446,000 | 449,000 | 21,070 | 17,190 | 13,960 | 10,730 | 7,890 | 6,280 | 4,670 | 3,040 | 117,100 |
| 449,000 | 452,000 | 21,560 | 17,440 | 14,200 | 10,980 | 8,010 | 6,400 | 4,790 | 3,170 | 118,700 |
| 452,000 | 455,000 | 22,050 | 17,680 | 14,450 | 11,220 | 8,140 | 6,520 | 4,910 | 3,290 | 120,500 |
| 455,000 | 458,000 | 22,540 | 17,930 | 14,690 | 11,470 | 8,260 | 6,650 | 5,030 | 3,410 | 122,200 |
| 458,000 | 461,000 | 23,030 | 18,170 | 14,940 | 11,710 | 8,470 | 6,770 | 5,160 | 3,530 | 123,800 |
| 461,000 | 464,000 | 23,520 | 18,420 | 15,180 | 11,960 | 8,720 | 6,890 | 5,280 | 3,660 | 125,600 |
| 464,000 | 467,000 | 24,010 | 18,660 | 15,430 | 12,200 | 8,960 | 7,010 | 5,400 | 3,780 | 127,300 |
| 467,000 | 470,000 | 24,500 | 18,910 | 15,670 | 12,450 | 9,210 | 7,140 | 5,520 | 3,900 | 129,000 |
| 470,000 | 473,000 | 24,990 | 19,150 | 15,920 | 12,690 | 9,450 | 7,260 | 5,650 | 4,020 | 130,700 |
| 473,000 | 476,000 | 25,480 | 19,400 | 16,160 | 12,940 | 9,700 | 7,380 | 5,770 | 4,150 | 132,300 |
| 476,000 | 479,000 | 25,970 | 19,640 | 16,410 | 13,180 | 9,940 | 7,500 | 5,890 | 4,270 | 134,000 |
| 479,000 | 482,000 | 26,460 | 20,000 | 16,650 | 13,430 | 10,190 | 7,630 | 6,010 | 4,390 | 135,600 |
| 482,000 | 485,000 | 26,950 | 20,490 | 16,900 | 13,670 | 10,430 | 7,750 | 6,140 | 4,510 | 137,200 |
| 485,000 | 488,000 | 27,440 | 20,980 | 17,140 | 13,920 | 10,680 | 7,870 | 6,260 | 4,640 | 138,800 |
| 488,000 | 491,000 | 27,930 | 21,470 | 17,390 | 14,160 | 10,920 | 7,990 | 6,380 | 4,760 | 140,400 |
| 491,000 | 494,000 | 28,420 | 21,960 | 17,630 | 14,410 | 11,170 | 8,120 | 6,500 | 4,880 | 142,000 |
| 494,000 | 497,000 | 28,910 | 22,450 | 17,880 | 14,650 | 11,410 | 8,240 | 6,630 | 5,000 | 143,700 |
| 497,000 | 500,000 | 29,400 | 22,940 | 18,120 | 14,900 | 11,660 | 8,420 | 6,750 | 5,130 | 145,200 |
| 500,000 | 503,000 | 29,890 | 23,430 | 18,370 | 15,140 | 11,900 | 8,670 | 6,870 | 5,250 | 146,800 |
| 503,000 | 506,000 | 30,380 | 23,920 | 18,610 | 15,390 | 12,150 | 8,910 | 6,990 | 5,370 | 148,500 |
| 506,000 | 509,000 | 30,880 | 24,410 | 18,860 | 15,630 | 12,390 | 9,160 | 7,120 | 5,490 | 150,100 |
| 509,000 | 512,000 | 31,370 | 24,900 | 19,100 | 15,880 | 12,640 | 9,400 | 7,240 | 5,620 | 151,600 |
| 512,000 | 515,000 | 31,860 | 25,390 | 19,350 | 16,120 | 12,890 | 9,650 | 7,360 | 5,740 | 153,300 |
| 515,000 | 518,000 | 32,350 | 25,880 | 19,590 | 16,370 | 13,130 | 9,890 | 7,480 | 5,860 | 154,900 |
| 518,000 | 521,000 | 32,840 | 26,370 | 19,900 | 16,610 | 13,380 | 10,140 | 7,610 | 5,980 | 156,500 |
| 521,000 | 524,000 | 33,330 | 26,860 | 20,390 | 16,860 | 13,620 | 10,380 | 7,730 | 6,110 | 158,100 |
| 524,000 | 527,000 | 33,820 | 27,350 | 20,880 | 17,100 | 13,870 | 10,630 | 7,850 | 6,230 | 159,600 |
| 527,000 | 530,000 | 34,310 | 27,840 | 21,370 | 17,350 | 14,110 | 10,870 | 7,970 | 6,350 | 161,000 |
| 530,000 | 533,000 | 34,800 | 28,330 | 21,860 | 17,590 | 14,360 | 11,120 | 8,100 | 6,470 | 162,500 |
| 533,000 | 536,000 | 35,290 | 28,820 | 22,350 | 17,840 | 14,600 | 11,360 | 8,220 | 6,600 | 164,000 |
| 536,000 | 539,000 | 35,780 | 29,310 | 22,840 | 18,080 | 14,850 | 11,610 | 8,380 | 6,720 | 165,400 |
| 539,000 | 542,000 | 36,270 | 29,800 | 23,330 | 18,330 | 15,090 | 11,850 | 8,630 | 6,840 | 166,900 |
| 542,000 | 545,000 | 36,760 | 30,290 | 23,820 | 18,570 | 15,340 | 12,100 | 8,870 | 6,960 | 168,400 |
| 545,000 | 548,000 | 37,250 | 30,780 | 24,310 | 18,820 | 15,580 | 12,340 | 9,120 | 7,090 | 169,900 |
| 548,000 | 551,000 | 37,740 | 31,270 | 24,800 | 19,060 | 15,830 | 12,590 | 9,360 | 7,210 | 171,300 |
| 551,000 | 554,000 | 38,280 | 31,810 | 25,340 | 19,330 | 16,100 | 12,860 | 9,630 | 7,350 | 172,800 |
| 554,000 | 557,000 | 38,830 | 32,370 | 25,890 | 19,600 | 16,380 | 13,140 | 9,900 | 7,480 | 174,300 |
| 557,000 | 560,000 | 39,380 | 32,920 | 26,440 | 19,980 | 16,650 | 13,420 | 10,180 | 7,630 | 175,700 |
| 560,000 | 563,000 | 39,930 | 33,470 | 27,000 | 20,530 | 16,930 | 13,690 | 10,460 | 7,760 | 177,200 |
| 563,000 | 566,000 | 40,480 | 34,020 | 27,550 | 21,080 | 17,200 | 13,970 | 10,730 | 7,900 | 178,700 |
| 566,000 | 569,000 | 41,030 | 34,570 | 28,100 | 21,630 | 17,480 | 14,240 | 11,010 | 8,040 | 180,100 |
| 569,000 | 572,000 | 41,590 | 35,120 | 28,650 | 22,190 | 17,760 | 14,520 | 11,280 | 8,180 | 181,600 |
| 572,000 | 575,000 | 42,140 | 35,670 | 29,200 | 22,740 | 18,030 | 14,790 | 11,560 | 8,330 | 183,100 |
| 575,000 | 578,000 | 42,690 | 36,230 | 29,750 | 23,290 | 18,310 | 15,070 | 11,830 | 8,610 | 184,600 |
| 578,000 | 581,000 | 43,240 | 36,780 | 30,300 | 23,840 | 18,580 | 15,350 | 12,110 | 8,880 | 186,000 |
| 581,000 | 584,000 | 43,790 | 37,330 | 30,850 | 24,390 | 18,860 | 15,620 | 12,380 | 9,160 | 187,500 |
| 584,000 | 587,000 | 44,340 | 37,880 | 31,410 | 24,940 | 19,130 | 15,900 | 12,660 | 9,430 | 189,000 |
| 587,000 | 590,000 | 44,890 | 38,430 | 31,960 | 25,490 | 19,410 | 16,170 | 12,940 | 9,710 | 190,400 |

| その月の社会保険料等控除後の給与等の金額 | | 甲 | | | | | | | | 乙 |
|---|---|---|---|---|---|---|---|---|---|---|
| | | 扶養親族等の数 | | | | | | | | |
| | | 0人 | 1人 | 2人 | 3人 | 4人 | 5人 | 6人 | 7人 | |
| 以上 | 未満 | 税額 | | | | | | | | 税額 |
| 円 | 円 | 円 | 円 | 円 | 円 | 円 | 円 | 円 | 円 | 円 |
| 590,000 | 593,000 | 45,440 | 38,980 | 32,510 | 26,050 | 19,680 | 16,450 | 13,210 | 9,990 | 191,900 |
| 593,000 | 596,000 | 46,000 | 39,530 | 33,060 | 26,600 | 20,130 | 16,720 | 13,490 | 10,260 | 193,400 |
| 596,000 | 599,000 | 46,550 | 40,080 | 33,610 | 27,150 | 20,690 | 17,000 | 13,760 | 10,540 | 194,800 |
| 599,000 | 602,000 | 47,100 | 40,640 | 34,160 | 27,700 | 21,240 | 17,280 | 14,040 | 10,810 | 196,300 |
| 602,000 | 605,000 | 47,650 | 41,190 | 34,710 | 28,250 | 21,790 | 17,550 | 14,310 | 11,090 | 197,800 |
| 605,000 | 608,000 | 48,200 | 41,740 | 35,270 | 28,800 | 22,340 | 17,830 | 14,590 | 11,360 | 199,300 |
| 608,000 | 611,000 | 48,750 | 42,290 | 35,820 | 29,350 | 22,890 | 18,100 | 14,870 | 11,640 | 200,700 |
| 611,000 | 614,000 | 49,300 | 42,840 | 36,370 | 29,910 | 23,440 | 18,380 | 15,140 | 11,920 | 202,200 |
| 614,000 | 617,000 | 49,860 | 43,390 | 36,920 | 30,460 | 23,990 | 18,650 | 15,420 | 12,190 | 203,700 |
| 617,000 | 620,000 | 50,410 | 43,940 | 37,470 | 31,010 | 24,540 | 18,930 | 15,690 | 12,470 | 205,100 |
| 620,000 | 623,000 | 50,960 | 44,500 | 38,020 | 31,560 | 25,100 | 19,210 | 15,970 | 12,740 | 206,700 |
| 623,000 | 626,000 | 51,510 | 45,050 | 38,570 | 32,110 | 25,650 | 19,480 | 16,240 | 13,020 | 208,100 |
| 626,000 | 629,000 | 52,060 | 45,600 | 39,120 | 32,660 | 26,200 | 19,760 | 16,520 | 13,290 | 209,500 |
| 629,000 | 632,000 | 52,610 | 46,150 | 39,680 | 33,210 | 26,750 | 20,280 | 16,800 | 13,570 | 211,000 |
| 632,000 | 635,000 | 53,160 | 46,700 | 40,230 | 33,760 | 27,300 | 20,830 | 17,070 | 13,840 | 212,500 |
| 635,000 | 638,000 | 53,710 | 47,250 | 40,780 | 34,320 | 27,850 | 21,380 | 17,350 | 14,120 | 214,000 |
| 638,000 | 641,000 | 54,270 | 47,800 | 41,330 | 34,870 | 28,400 | 21,930 | 17,620 | 14,400 | 214,900 |
| 641,000 | 644,000 | 54,820 | 48,350 | 41,880 | 35,420 | 28,960 | 22,480 | 17,900 | 14,670 | 215,900 |
| 644,000 | 647,000 | 55,370 | 48,910 | 42,430 | 35,970 | 29,510 | 23,030 | 18,170 | 14,950 | 217,000 |
| 647,000 | 650,000 | 55,920 | 49,460 | 42,980 | 36,520 | 30,060 | 23,590 | 18,450 | 15,220 | 218,000 |
| 650,000 | 653,000 | 56,470 | 50,010 | 43,540 | 37,070 | 30,610 | 24,140 | 18,730 | 15,500 | 219,000 |
| 653,000 | 656,000 | 57,020 | 50,560 | 44,090 | 37,620 | 31,160 | 24,690 | 19,000 | 15,770 | 220,000 |
| 656,000 | 659,000 | 57,570 | 51,110 | 44,640 | 38,180 | 31,710 | 25,240 | 19,280 | 16,050 | 221,000 |
| 659,000 | 662,000 | 58,130 | 51,660 | 45,190 | 38,730 | 32,260 | 25,790 | 19,550 | 16,330 | 222,100 |
| 662,000 | 665,000 | 58,680 | 52,210 | 45,740 | 39,280 | 32,810 | 26,340 | 19,880 | 16,600 | 223,100 |
| 665,000 | 668,000 | 59,230 | 52,770 | 46,290 | 39,830 | 33,370 | 26,890 | 20,430 | 16,880 | 224,100 |
| 668,000 | 671,000 | 59,780 | 53,320 | 46,840 | 40,380 | 33,920 | 27,440 | 20,980 | 17,150 | 225,000 |
| 671,000 | 674,000 | 60,330 | 53,870 | 47,390 | 40,930 | 34,470 | 28,000 | 21,530 | 17,430 | 226,000 |
| 674,000 | 677,000 | 60,880 | 54,420 | 47,950 | 41,480 | 35,020 | 28,550 | 22,080 | 17,700 | 227,100 |
| 677,000 | 680,000 | 61,430 | 54,970 | 48,500 | 42,030 | 35,570 | 29,100 | 22,640 | 17,980 | 228,100 |
| 680,000 | 683,000 | 61,980 | 55,520 | 49,050 | 42,590 | 36,120 | 29,650 | 23,190 | 18,260 | 229,100 |
| 683,000 | 686,000 | 62,540 | 56,070 | 49,600 | 43,140 | 36,670 | 30,200 | 23,740 | 18,530 | 230,400 |
| 686,000 | 689,000 | 63,090 | 56,620 | 50,150 | 43,690 | 37,230 | 30,750 | 24,290 | 18,810 | 232,100 |
| 689,000 | 692,000 | 63,640 | 57,180 | 50,700 | 44,240 | 37,780 | 31,300 | 24,840 | 19,080 | 233,600 |
| 692,000 | 695,000 | 64,190 | 57,730 | 51,250 | 44,790 | 38,330 | 31,860 | 25,390 | 19,360 | 235,100 |
| 695,000 | 698,000 | 64,740 | 58,280 | 51,810 | 45,340 | 38,880 | 32,410 | 25,940 | 19,630 | 236,700 |
| 698,000 | 701,000 | 65,290 | 58,830 | 52,360 | 45,890 | 39,430 | 32,960 | 26,490 | 20,030 | 238,200 |
| 701,000 | 704,000 | 65,840 | 59,380 | 52,910 | 46,450 | 39,980 | 33,510 | 27,050 | 20,580 | 239,700 |
| 704,000 | 707,000 | 66,400 | 59,930 | 53,460 | 47,000 | 40,530 | 34,060 | 27,600 | 21,130 | 241,300 |
| 707,000 | 710,000 | 66,960 | 60,480 | 54,020 | 47,550 | 41,090 | 34,620 | 28,150 | 21,690 | 242,900 |
| 710,000 | 713,000 | 67,570 | 61,100 | 54,630 | 48,160 | 41,700 | 35,230 | 28,760 | 22,300 | 244,400 |
| 713,000 | 716,000 | 68,180 | 61,710 | 55,250 | 48,770 | 42,310 | 35,850 | 29,370 | 22,910 | 246,000 |
| 716,000 | 719,000 | 68,790 | 62,320 | 55,860 | 49,390 | 42,920 | 36,460 | 29,990 | 23,520 | 247,500 |
| 719,000 | 722,000 | 69,410 | 62,930 | 56,470 | 50,000 | 43,540 | 37,070 | 30,600 | 24,140 | 249,000 |
| 722,000 | 725,000 | 70,020 | 63,550 | 57,080 | 50,610 | 44,150 | 37,690 | 31,210 | 24,750 | 250,600 |
| 725,000 | 728,000 | 70,630 | 64,160 | 57,700 | 51,220 | 44,760 | 38,300 | 31,820 | 25,360 | 252,200 |
| 728,000 | 731,000 | 71,250 | 64,770 | 58,310 | 51,840 | 45,370 | 38,910 | 32,440 | 25,970 | 253,700 |
| 731,000 | 734,000 | 71,860 | 65,380 | 58,920 | 52,450 | 45,990 | 39,520 | 33,050 | 26,590 | 255,300 |
| 734,000 | 737,000 | 72,470 | 66,000 | 59,530 | 53,060 | 46,600 | 40,140 | 33,660 | 27,200 | 256,800 |
| 737,000 | 740,000 | 73,080 | 66,610 | 60,150 | 53,670 | 47,210 | 40,750 | 34,270 | 27,810 | 258,300 |

| その月の社会保険料等控除後の給与等の金額 | | 甲 | | | | | | | | 乙 |
|---|---|---|---|---|---|---|---|---|---|---|
| | | 扶養親族等の数 | | | | | | | | |
| | | 0人 | 1人 | 2人 | 3人 | 4人 | 5人 | 6人 | 7人 | |
| 以上 | 未満 | 税額 | | | | | | | | 税額 |
| 円 | 円 | 円 | 円 | 円 | 円 | 円 | 円 | 円 | 円 | 円 |
| 740,000円 | | 73,390 | 66,920 | 60,450 | 53,980 | 47,520 | 41,050 | 34,580 | 28,120 | 259,800 |
| 740,000円を超え780,000円に満たない金額 | | 740,000円の場合の税額に、その月の社会保険料等控除後の給与等の金額のうち740,000円を超える金額の20.42%に相当する金額を加算した金額 | | | | | | | | 259,800円に、その月の社会保険料等控除後の給与等の金額のうち740,000円を超える金額の40.84%に相当する金額を加算した金額 |
| 780,000円 | | 81,560 | 75,090 | 68,620 | 62,150 | 55,690 | 49,220 | 42,750 | 36,290 | |
| 780,000円を超え950,000円に満たない金額 | | 780,000円の場合の税額に、その月の社会保険料等控除後の給与等の金額のうち780,000円を超える金額の23.483%に相当する金額を加算した金額 | | | | | | | | |
| 950,000円 | | 121,480 | 115,010 | 108,540 | 102,070 | 95,610 | 89,140 | 82,670 | 76,210 | |
| 950,000円を超え1,700,000円に満たない金額 | | 950,000円の場合の税額に、その月の社会保険料等控除後の給与等の金額のうち950,000円を超える金額の33.693%に相当する金額を加算した金額 | | | | | | | | |
| 1,700,000円 | | 374,180 | 367,710 | 361,240 | 354,770 | 348,310 | 341,840 | 335,370 | 328,910 | 651,900 |
| 1,700,000円を超え2,170,000円に満たない金額 | | 1,700,000円の場合の税額に、その月の社会保険料等控除後の給与等の金額のうち1,700,000円を超える金額の40.84%に相当する金額を加算した金額 | | | | | | | | 651,900円に、その月の社会保険料等控除後の給与等の金額のうち1,700,000円を超える金額の45.945%に相当する金額を加算した金額 |
| 2,170,000円 | | 571,570 | 565,090 | 558,630 | 552,160 | 545,690 | 539,230 | 532,760 | 526,290 | |
| 2,170,000円を超え2,210,000円に満たない金額 | | 2,170,000円の場合の税額に、その月の社会保険料等控除後の給与等の金額のうち2,170,000円を超える金額の40.84%に相当する金額を加算した金額 | | | | | | | | |
| 2,210,000円 | | 593,340 | 586,870 | 580,410 | 573,930 | 567,470 | 561,010 | 554,540 | 548,070 | |
| 2,210,000円を超え2,250,000円に満たない金額 | | 2,250,000円の場合の税額に、その月の社会保険料等控除後の給与等の金額のうち2,250,000円を超える金額の40.84%に相当する金額を加算した金額 | | | | | | | | |
| 2,250,000円 | | 615,120 | 608,650 | 602,190 | 595,710 | 589,250 | 582,790 | 576,310 | 569,850 | |
| 2,250,000円を超え3,500,000円に満たない金額 | | 2,250,000円の場合の税額に、その月の社会保険料等控除後の給与等の金額のうち2,250,000円を超える金額の40.84%に相当する金額を加算した金額 | | | | | | | | |
| 3,500,000円 | | 1,125,620 | 1,119,150 | 1,112,690 | 1,106,210 | 1,099,750 | 1,093,290 | 1,086,810 | 1,080,350 | 651,900円に、その月の社会保険料等控除後の給与等の金額のうち1,700,000円を超える金額の45.945%に相当する金額を加算した金額 |
| 3,500,000円を超える金額 | | 3,500,000円の場合の税額に、その月の社会保険料等控除後の給与等の金額のうち3,500,000円を超える金額の45.945%に相当する金額を加算した金額 | | | | | | | | |

| その月の社会保険料等控除後の給与等の金額 | | 甲 | | | | | | | | 乙 |
|---|---|---|---|---|---|---|---|---|---|---|
| | | 扶養親族等の数 | | | | | | | | |
| | | 0人 | 1人 | 2人 | 3人 | 4人 | 5人 | 6人 | 7人 | |
| 以上 | 未満 | 税額 | | | | | | | | 税額 |
| 扶養親族等の数が7人を超える場合には、扶養親族等の数が7人の場合の税額から、その7人を超える1人ごとに1,610円を控除した金額 | | | | | | | | | | 従たる給与についての扶養控除等申告書が提出されている場合には、当該申告書に記載された扶養親族等の数に応じ、扶養親族等1人ごとに1,610円を、上の各欄によって求めた税額から控除した金額 |

(注)　この表において「扶養親族等」とは、源泉控除対象配偶者及び控除対象扶養親族をいいます。

(備考)　税額の求め方は、次のとおりです。

1　「給与所得者の扶養控除等申告書」(以下この表において「扶養控除等申告書」といいます。)の提出があった人

(1)　まず、その人のその月の給与等の金額から、その給与等の金額から控除される社会保険料等の金額を控除した金額を求めます。

(2)　次に、扶養控除等申告書により申告された扶養親族等（扶養親族等が国外居住親族である場合には、親族に該当する旨を証する書類が扶養控除等申告書に添付され、又は当該書類が扶養控除等申告書の提出の際に提示された扶養親族等に限ります。）の数が7人以下である場合には、(1) により求めた金額に応じて「その月の社会保険料等控除後の給与等の金額」欄の該当する行を求め、その行と扶養親族等の数に応じた甲欄の該当欄との交わるところに記載されている金額を求めます。これが求める税額です。

(3)　扶養控除等申告書により申告された扶養親族等の数が7人を超える場合には、(1) により求めた金額に応じて、扶養親族等の数が7人であるものとして (2) により求めた税額から、扶養親族等の数が7人を超える1人ごとに1,610円を控除した金額を求めます。これが求める税額です。

(4)　(2) 及び (3) の場合において、扶養控除等申告書にその人が障害者（特別障害者を含みます。)、寡婦（特別の寡婦を含みます。)、寡夫又は勤労学生に該当する旨の記載があるときは、扶養親族等の数にこれらの一に該当するごとに1人を加算した数を、扶養控除等申告書にその人の同一生計配偶者又は扶養親族のうちに障害者（特別障害者を含みます。）又は同居特別障害者（障害者（特別障害者を含みます。）又は同居特別障害者が国外居住親族である場合には、親族に該当する旨を証する書類が扶養控除等申告書に添付され、又は当該書類が扶養控除等申告書の提出の際に提示された障害者（特別障害者を含みます。）又は同居特別障害者に限ります。）に該当する人がいる旨の記載があるときは、扶養親族等の数にこれらの一に該当するごとに1人を加算した数を、それぞれ (2) 及び (3) の扶養親族等の数とします。

2　扶養控除等申告書の提出がない人（「従たる給与についての扶養控除等申告書」の提出があった人を含みます。)

その人のその月の給与等の金額から、その給与等の金額から控除される社会保険料等の金額を控除し、その控除後の金額に応じた「その月の社会保険料等控除後の給与等の金額」欄の該当する行と乙欄との交わるところに記載されている金額（「従たる給与についての扶養控除等申告書」の提出があった場合には、その申告書により申告された扶養親族等の数に応じ、扶養親族等1人ごとに1,610円を控除した金額）を求めます。これが求める税額です。

MEMO

## ②賞与に対する源泉徴収税額の算出率の表（令和2年（2020年）分）

| 賞与の金額に乗ずべき率 | 甲 | | | | | | | |
|---|---|---|---|---|---|---|---|---|
| | 扶養親族等の数 | | | | | | | |
| | 0人 | | 1人 | | 2人 | | 3人 | |
| | 前月の社会保険料等控除後の給与等の金額 | | | | | | | |
| | 以上 | 未満 | 以上 | 未満 | 以上 | 未満 | 以上 | 未満 |
| % | 千円 | 千円 | 千円 | 千円 | 千円 | 千円 | 千円 | 千円 |
| 0.000 | 68千円未満 | | 94千円未満 | | 133千円未満 | | 171千円未満 | |
| 2.042 | 68 | 79 | 94 | 243 | 133 | 269 | 171 | 295 |
| 4.084 | 79 | 252 | 243 | 282 | 269 | 312 | 295 | 345 |
| 6.126 | 252 | 300 | 282 | 338 | 312 | 369 | 345 | 398 |
| 8.168 | 300 | 334 | 338 | 365 | 369 | 393 | 398 | 417 |
| 10.210 | 334 | 363 | 365 | 394 | 393 | 420 | 417 | 445 |
| 12.252 | 363 | 395 | 394 | 422 | 420 | 450 | 445 | 477 |
| 14.294 | 395 | 426 | 422 | 455 | 450 | 484 | 477 | 510 |
| 16.336 | 426 | 520 | 455 | 520 | 484 | 520 | 510 | 544 |
| 18.378 | 520 | 601 | 520 | 617 | 520 | 632 | 544 | 647 |
| 20.420 | 601 | 678 | 617 | 699 | 632 | 721 | 647 | 745 |
| 22.462 | 678 | 708 | 699 | 733 | 721 | 757 | 745 | 782 |
| 24.504 | 708 | 745 | 733 | 771 | 757 | 797 | 782 | 823 |
| 26.546 | 745 | 788 | 771 | 814 | 797 | 841 | 823 | 868 |
| 28.588 | 788 | 846 | 814 | 874 | 841 | 902 | 868 | 931 |
| 30.630 | 846 | 914 | 874 | 944 | 902 | 975 | 931 | 1,005 |
| 32.672 | 914 | 1,312 | 944 | 1,336 | 975 | 1,360 | 1,005 | 1,385 |
| 35.735 | 1,312 | 1,521 | 1,336 | 1,526 | 1,360 | 1,526 | 1,385 | 1,538 |
| 38.798 | 1,521 | 2,621 | 1,526 | 2,645 | 1,526 | 2,669 | 1,538 | 2,693 |
| 41.861 | 2,621 | 3,495 | 2,645 | 3,527 | 2,669 | 3,559 | 2,693 | 3,590 |
| 45.945 | 3,495千円以上 | | 3,527千円以上 | | 3,559千円以上 | | 3,590千円以上 | |

(注)　この表において「扶養親族等」とは、源泉控除対象配偶者及び控除対象扶養親族をいいます。
また、「賞与の金額に乗ずべき率」の賞与の金額とは、賞与の金額から控除される社会保険料等の金額がある場合には、その社会保険料等控除後の金額をいいます。

(備考)　賞与の金額に乗ずべき率の求め方は、次のとおりです。

1　「給与所得者の扶養控除等申告書」(以下この表において「扶養控除等申告書」といいます。)の提出があった人(4に該当する場合を除きます。)

(1)　まず、その人の前月中の給与等（賞与を除きます。以下この表において同じです。）の金額から、その給与等の金額から控除される社会保険料等の金額（以下この表において「前月中の社会保険料等の金額」といいます。）を控除した金額を求めます。

(2)　次に、扶養控除等申告書により申告された扶養親族等（扶養親族等が国外居住親族である場合には、親族に該当する旨を証する書類が扶養控除等申告書等に添付され、又は当該書類が扶養控除等申告書の提出の際に提示された扶養親族等に限ります。）の数と（1）により求めた金額とに応じて甲欄の「前月の社会保険料等控除後の給与等の金額」欄の該当する行を求めます。

(3)（2）により求めた行と「賞与の金額に乗ずべき率」欄との交わるところに記載されている率を求めます。これが求める率です。

2　1の場合において、扶養控除等申告書にその人が障害者（特別障害者を含みます。)、寡婦（特別の寡婦を含みます。)、寡夫又は勤労学生に該当する旨の記載があるときは、扶養親族等の数にこれらの一に該当するごとに1人を加算した数を、扶養控除等申告書にその人の同一生計配偶者又は扶養親族のうちに障害者（特別障害者を含みます。）又は同居特別障害者（障害者（特別障害者を含みます。）又は同居特別障害者が国外居住親族である場合には、親族に該当する旨を証する書類が扶養控除等申告

（平成24年3月31日財務省告示第115号別表第三（平成31年3月31日財務省告示第97号改正））

| 4人 | | 5人 | | 6人 | | 7人以上 | | 乙 | |
|---|---|---|---|---|---|---|---|---|---|
| | | | | | | | | 前月の社会保険料等控除後の給与等の金額 | |
| 以上 | 未満 | 以上 | 未満 | 以上 | 未満 | 以上 | 未満 | 以上 | 未満 |
| 千円 | 千円 | 千円 | 千円 | 千円 | 千円 | 千円 | 千円 | 千円 | 千円 |
| 210千円未満 | | 243千円未満 | | 275千円未満 | | 308千円未満 | | | |
| 210 | 300 | 243 | 300 | 275 | 333 | 308 | 372 | | |
| 300 | 378 | 300 | 406 | 333 | 431 | 372 | 456 | | |
| 378 | 424 | 406 | 450 | 431 | 476 | 456 | 502 | | |
| 424 | 444 | 450 | 472 | 476 | 499 | 502 | 523 | | |
| 444 | 470 | 472 | 496 | 499 | 521 | 523 | 545 | 222千円未満 | |
| 470 | 503 | 496 | 525 | 521 | 547 | 545 | 571 | | |
| 503 | 534 | 525 | 557 | 547 | 582 | 571 | 607 | | |
| 534 | 570 | 557 | 597 | 582 | 623 | 607 | 650 | | |
| 570 | 662 | 597 | 677 | 623 | 693 | 650 | 708 | | |
| 662 | 768 | 677 | 792 | 693 | 815 | 708 | 838 | 222 | 293 |
| 768 | 806 | 792 | 831 | 815 | 856 | 838 | 880 | | |
| 806 | 849 | 831 | 875 | 856 | 900 | 880 | 926 | | |
| 849 | 896 | 875 | 923 | 900 | 950 | 926 | 978 | | |
| 896 | 959 | 923 | 987 | 950 | 1,015 | 978 | 1,043 | | |
| 959 | 1,036 | 987 | 1,066 | 1,015 | 1,096 | 1,043 | 1,127 | 293 | 524 |
| 1,036 | 1,409 | 1,066 | 1,434 | 1,096 | 1,458 | 1,127 | 1,482 | | |
| 1,409 | 1,555 | 1,434 | 1,555 | 1,458 | 1,555 | 1,482 | 1,583 | | |
| 1,555 | 2,716 | 1,555 | 2,740 | 1,555 | 2,764 | 1,583 | 2,788 | 524 | 1,118 |
| 2,716 | 3,622 | 2,740 | 3,654 | 2,764 | 3,685 | 2,788 | 3,717 | | |
| 3,622千円以上 | | 3,654千円以上 | | 3,685千円以上 | | 3,717千円以上 | | 1,118千円以上 | |

書に添付され、又は当該書類が扶養控除等申告書の提出の際に提示された障害者（特別障害者を含みます。）又は同居特別障害者に限ります。）に該当する人がいる旨の記載があるときは、扶養親族等の数にこれらの一に該当するごとに1人を加算した数を、それぞれ扶養親族等の数とします。

3　扶養控除等申告書の提出がない人（「従たる給与についての扶養控除等申告書」の提出があった人を含み、4に該当する場合を除きます。）

(1)　その人の前月中の給与等の金額から前月中の社会保険料等の金額を控除した金額を求めます。

(2)　(1) により求めた金額に応じて乙欄の「前月の社会保険料等控除後の給与等の金額」欄の該当する行を求めます。

(3)　(2) により求めた行と「賞与の金額に乗ずべき率」欄との交わるところに記載されている率を求めます。これが求める率です。

4　前月中の給与等の金額がない場合や前月中の給与等の金額が前月中の社会保険料等の金額以下である場合又はその賞与の金額（その金額から控除される社会保険料等の金額がある場合には、その控除後の金額）が前月中の給与等の金額から前月中の社会保険料等の金額を控除した金額の10倍に相当する金額を超える場合には、この表によらず、平成24年3月31日財務省告示第115号（平成29年3月31日財務省告示第95号改正）第3項第1号イ(2)若しくはロ(2)又は第2号の規定により、月額表を使って税額を計算します。

5　1から4までの場合において、その人の受ける給与等の支給期が月の整数倍の期間ごとと定められているときは、その賞与の支払の直前に支払を受けた若しくは支払を受けるべき給与等の金額又はその給与等の金額から控除される社会保険料等の金額をその倍数で除して計算した金額を、それぞれ前月中の給与等の金額又はその金額から控除される社会保険料等の金額とみなします。

### (3) 簡易給与所得表

この表は、給与等の収入金額の合計額に対する給与所得の金額を求めるためのものです。

「給与等の収入金額の合計額」が660万円未満の人は、その金額をこの表の「給与等の収入金額の合計額」の欄に当てはめ、その当てはまる行の右側の「給与所得の金額」欄に記載されている金額が求める給与所得の金額です。

「給与等の収入金額の合計額」が660万円以上の人は、この簡易給与所得表の末尾にある「給与所得の速算表」によって計算してください。

| 給与等の金額 | | 給与所得控除後の給与等の金額 |
|---|---|---|
| 以上 | 未満 | |
| 円 | 円 | 円 |
| 551,000円未満 | | 0 |
| 551,000 | 1,619,000 | 給与等の金額から550,000円を控除した金額 |
| 1,619,000 | 1,620,000 | 1,069,000 |
| 1,620,000 | 1,622,000 | 1,070,000 |
| 1,622,000 | 1,624,000 | 1,072,000 |
| 1,624,000 | 1,628,000 | 1,074,000 |
| 1,628,000 | 1,632,000 | 1,076,800 |
| 1,632,000 | 1,636,000 | 1,079,200 |
| 1,636,000 | 1,640,000 | 1,081,600 |
| 1,640,000 | 1,644,000 | 1,084,000 |
| 1,644,000 | 1,648,000 | 1,086,400 |
| 1,648,000 | 1,652,000 | 1,088,800 |
| 1,652,000 | 1,656,000 | 1,091,200 |
| 1,656,000 | 1,660,000 | 1,093,600 |
| 1,660,000 | 1,664,000 | 1,096,000 |
| 1,664,000 | 1,668,000 | 1,098,400 |
| 1,668,000 | 1,672,000 | 1,100,800 |
| 1,672,000 | 1,676,000 | 1,103,200 |
| 1,676,000 | 1,680,000 | 1,105,600 |
| 1,680,000 | 1,684,000 | 1,108,000 |
| 1,684,000 | 1,688,000 | 1,110,400 |
| 1,688,000 | 1,692,000 | 1,112,800 |
| 1,692,000 | 1,696,000 | 1,115,200 |
| 1,696,000 | 1,700,000 | 1,117,600 |
| 1,700,000 | 1,704,000 | 1,120,000 |
| 1,704,000 | 1,708,000 | 1,122,400 |
| 1,708,000 | 1,712,000 | 1,124,800 |
| 1,712,000 | 1,716,000 | 1,127,200 |
| 1,716,000 | 1,720,000 | 1,129,600 |
| 1,720,000 | 1,724,000 | 1,132,000 |
| 1,724,000 | 1,728,000 | 1,134,400 |
| 1,728,000 | 1,732,000 | 1,136,800 |
| 1,732,000 | 1,736,000 | 1,139,200 |
| 1,736,000 | 1,740,000 | 1,141,600 |
| 1,740,000 | 1,744,000 | 1,144,000 |
| 1,744,000 | 1,748,000 | 1,146,400 |
| 1,748,000 | 1,752,000 | 1,148,800 |
| 1,752,000 | 1,756,000 | 1,151,200 |
| 1,756,000 | 1,760,000 | 1,153,600 |
| 1,760,000 | 1,764,000 | 1,156,000 |
| 1,764,000 | 1,768,000 | 1,158,400 |
| 1,768,000 | 1,772,000 | 1,160,800 |

| 給与等の金額 | | 給与所得控除後の給与等の金額 |
|---|---|---|
| 以上 | 未満 | |
| 円 | 円 | 円 |
| 1,772,000 | 1,776,000 | 1,163,200 |
| 1,776,000 | 1,780,000 | 1,165,600 |
| 1,780,000 | 1,784,000 | 1,168,000 |
| 1,784,000 | 1,788,000 | 1,170,400 |
| 1,788,000 | 1,792,000 | 1,172,800 |
| 1,792,000 | 1,796,000 | 1,175,200 |
| 1,796,000 | 1,800,000 | 1,177,600 |
| 1,800,000 | 1,804,000 | 1,180,000 |
| 1,804,000 | 1,808,000 | 1,182,800 |
| 1,808,000 | 1,812,000 | 1,185,600 |
| 1,812,000 | 1,816,000 | 1,188,400 |
| 1,816,000 | 1,820,000 | 1,191,200 |
| 1,820,000 | 1,824,000 | 1,194,000 |
| 1,824,000 | 1,828,000 | 1,196,800 |
| 1,828,000 | 1,832,000 | 1,199,600 |
| 1,832,000 | 1,836,000 | 1,202,400 |
| 1,836,000 | 1,840,000 | 1,205,200 |
| 1,840,000 | 1,844,000 | 1,208,000 |
| 1,844,000 | 1,848,000 | 1,210,800 |
| 1,848,000 | 1,852,000 | 1,213,600 |
| 1,852,000 | 1,856,000 | 1,216,400 |
| 1,856,000 | 1,860,000 | 1,219,200 |
| 1,860,000 | 1,864,000 | 1,222,000 |
| 1,864,000 | 1,868,000 | 1,224,800 |
| 1,868,000 | 1,872,000 | 1,227,600 |
| 1,872,000 | 1,876,000 | 1,230,400 |
| 1,876,000 | 1,880,000 | 1,233,200 |
| 1,880,000 | 1,884,000 | 1,236,000 |
| 1,884,000 | 1,888,000 | 1,238,800 |
| 1,888,000 | 1,892,000 | 1,241,600 |
| 1,892,000 | 1,896,000 | 1,244,400 |
| 1,896,000 | 1,900,000 | 1,247,200 |
| 1,900,000 | 1,904,000 | 1,250,000 |
| 1,904,000 | 1,908,000 | 1,252,800 |
| 1,908,000 | 1,912,000 | 1,255,600 |
| 1,912,000 | 1,916,000 | 1,258,400 |
| 1,916,000 | 1,920,000 | 1,261,200 |
| 1,920,000 | 1,924,000 | 1,264,000 |
| 1,924,000 | 1,928,000 | 1,266,800 |
| 1,928,000 | 1,932,000 | 1,269,600 |
| 1,932,000 | 1,936,000 | 1,272,400 |
| 1,936,000 | 1,940,000 | 1,275,200 |
| 1,940,000 | 1,944,000 | 1,278,000 |
| 1,944,000 | 1,948,000 | 1,280,800 |
| 1,948,000 | 1,952,000 | 1,283,600 |
| 1,952,000 | 1,956,000 | 1,286,400 |
| 1,956,000 | 1,960,000 | 1,289,200 |
| 1,960,000 | 1,964,000 | 1,292,000 |
| 1,964,000 | 1,968,000 | 1,294,800 |
| 1,968,000 | 1,972,000 | 1,297,600 |

| 給与等の金額 | | 給与所得控除後の給与等の金額 |
|---|---|---|
| 以上 | 未満 | |
| 円 | 円 | 円 |
| 1,972,000 | 1,976,000 | 1,300,400 |
| 1,976,000 | 1,980,000 | 1,303,200 |
| 1,980,000 | 1,984,000 | 1,306,000 |
| 1,984,000 | 1,988,000 | 1,308,800 |
| 1,988,000 | 1,992,000 | 1,311,600 |
| 1,992,000 | 1,996,000 | 1,314,400 |
| 1,996,000 | 2,000,000 | 1,317,200 |
| 2,000,000 | 2,004,000 | 1,320,000 |
| 2,004,000 | 2,008,000 | 1,322,800 |
| 2,008,000 | 2,012,000 | 1,325,600 |
| 2,012,000 | 2,016,000 | 1,328,400 |
| 2,016,000 | 2,020,000 | 1,331,200 |
| 2,020,000 | 2,024,000 | 1,334,000 |
| 2,024,000 | 2,028,000 | 1,336,800 |
| 2,028,000 | 2,032,000 | 1,339,600 |
| 2,032,000 | 2,036,000 | 1,342,400 |
| 2,036,000 | 2,040,000 | 1,345,200 |
| 2,040,000 | 2,044,000 | 1,348,000 |
| 2,044,000 | 2,048,000 | 1,350,800 |
| 2,048,000 | 2,052,000 | 1,353,600 |
| 2,052,000 | 2,056,000 | 1,356,400 |
| 2,056,000 | 2,060,000 | 1,359,200 |
| 2,060,000 | 2,064,000 | 1,362,000 |
| 2,064,000 | 2,068,000 | 1,364,800 |
| 2,068,000 | 2,072,000 | 1,367,600 |
| 2,072,000 | 2,076,000 | 1,370,400 |
| 2,076,000 | 2,080,000 | 1,373,200 |
| 2,080,000 | 2,084,000 | 1,376,000 |
| 2,084,000 | 2,088,000 | 1,378,800 |
| 2,088,000 | 2,092,000 | 1,381,600 |
| 2,092,000 | 2,096,000 | 1,384,400 |
| 2,096,000 | 2,100,000 | 1,387,200 |
| 2,100,000 | 2,104,000 | 1,390,000 |
| 2,104,000 | 2,108,000 | 1,392,800 |
| 2,108,000 | 2,112,000 | 1,395,600 |
| 2,112,000 | 2,116,000 | 1,398,400 |
| 2,116,000 | 2,120,000 | 1,401,200 |
| 2,120,000 | 2,124,000 | 1,404,000 |
| 2,124,000 | 2,128,000 | 1,406,800 |
| 2,128,000 | 2,132,000 | 1,409,600 |
| 2,132,000 | 2,136,000 | 1,412,400 |
| 2,136,000 | 2,140,000 | 1,415,200 |
| 2,140,000 | 2,144,000 | 1,418,000 |
| 2,144,000 | 2,148,000 | 1,420,800 |
| 2,148,000 | 2,152,000 | 1,423,600 |
| 2,152,000 | 2,156,000 | 1,426,400 |
| 2,156,000 | 2,160,000 | 1,429,200 |
| 2,160,000 | 2,164,000 | 1,432,000 |
| 2,164,000 | 2,168,000 | 1,434,800 |
| 2,168,000 | 2,172,000 | 1,437,600 |

| 給与等の金額 以上 | 給与等の金額 未満 | 給与所得控除後の給与等の金額 |
|---|---|---|
| 円 | 円 | 円 |
| 2,172,000 | 2,176,000 | 1,440,400 |
| 2,176,000 | 2,180,000 | 1,443,200 |
| 2,180,000 | 2,184,000 | 1,446,000 |
| 2,184,000 | 2,188,000 | 1,448,800 |
| 2,188,000 | 2,192,000 | 1,451,600 |
| 2,192,000 | 2,196,000 | 1,454,400 |
| 2,196,000 | 2,200,000 | 1,457,200 |
| 2,200,000 | 2,204,000 | 1,460,000 |
| 2,204,000 | 2,208,000 | 1,462,800 |
| 2,208,000 | 2,212,000 | 1,465,600 |
| 2,212,000 | 2,216,000 | 1,468,400 |
| 2,216,000 | 2,220,000 | 1,471,200 |
| 2,220,000 | 2,224,000 | 1,474,000 |
| 2,224,000 | 2,228,000 | 1,476,800 |
| 2,228,000 | 2,232,000 | 1,479,600 |
| 2,232,000 | 2,236,000 | 1,482,400 |
| 2,236,000 | 2,240,000 | 1,485,200 |
| 2,240,000 | 2,244,000 | 1,488,000 |
| 2,244,000 | 2,248,000 | 1,490,800 |
| 2,248,000 | 2,252,000 | 1,493,600 |
| 2,252,000 | 2,256,000 | 1,496,400 |
| 2,256,000 | 2,260,000 | 1,499,200 |
| 2,260,000 | 2,264,000 | 1,502,000 |
| 2,264,000 | 2,268,000 | 1,504,800 |
| 2,268,000 | 2,272,000 | 1,507,600 |
| 2,272,000 | 2,276,000 | 1,510,400 |
| 2,276,000 | 2,280,000 | 1,513,200 |
| 2,280,000 | 2,284,000 | 1,516,000 |
| 2,284,000 | 2,288,000 | 1,518,800 |
| 2,288,000 | 2,292,000 | 1,521,600 |
| 2,292,000 | 2,296,000 | 1,524,400 |
| 2,296,000 | 2,300,000 | 1,527,200 |
| 2,300,000 | 2,304,000 | 1,530,000 |
| 2,304,000 | 2,308,000 | 1,532,800 |
| 2,308,000 | 2,312,000 | 1,535,600 |
| 2,312,000 | 2,316,000 | 1,538,400 |
| 2,316,000 | 2,320,000 | 1,541,200 |
| 2,320,000 | 2,324,000 | 1,544,000 |
| 2,324,000 | 2,328,000 | 1,546,800 |
| 2,328,000 | 2,332,000 | 1,549,600 |
| 2,332,000 | 2,336,000 | 1,552,400 |
| 2,336,000 | 2,340,000 | 1,555,200 |
| 2,340,000 | 2,344,000 | 1,558,000 |
| 2,344,000 | 2,348,000 | 1,560,800 |
| 2,348,000 | 2,352,000 | 1,563,600 |
| 2,352,000 | 2,356,000 | 1,566,400 |
| 2,356,000 | 2,360,000 | 1,569,200 |
| 2,360,000 | 2,364,000 | 1,572,000 |
| 2,364,000 | 2,368,000 | 1,574,800 |
| 2,368,000 | 2,372,000 | 1,577,600 |
| 2,372,000 | 2,376,000 | 1,580,400 |
| 2,376,000 | 2,380,000 | 1,583,200 |
| 2,380,000 | 2,384,000 | 1,586,000 |
| 2,384,000 | 2,388,000 | 1,588,800 |
| 2,388,000 | 2,392,000 | 1,591,600 |
| 2,392,000 | 2,396,000 | 1,594,400 |
| 2,396,000 | 2,400,000 | 1,597,200 |
| 2,400,000 | 2,404,000 | 1,600,000 |
| 2,404,000 | 2,408,000 | 1,602,800 |
| 2,408,000 | 2,412,000 | 1,605,600 |
| 2,412,000 | 2,416,000 | 1,608,400 |
| 2,416,000 | 2,420,000 | 1,611,200 |
| 2,420,000 | 2,424,000 | 1,614,000 |
| 2,424,000 | 2,428,000 | 1,616,800 |
| 2,428,000 | 2,432,000 | 1,619,600 |
| 2,432,000 | 2,436,000 | 1,622,400 |
| 2,436,000 | 2,440,000 | 1,625,200 |
| 2,440,000 | 2,444,000 | 1,628,000 |
| 2,444,000 | 2,448,000 | 1,630,800 |
| 2,448,000 | 2,452,000 | 1,633,600 |
| 2,452,000 | 2,456,000 | 1,636,400 |
| 2,456,000 | 2,460,000 | 1,639,200 |
| 2,460,000 | 2,464,000 | 1,642,000 |
| 2,464,000 | 2,468,000 | 1,644,800 |
| 2,468,000 | 2,472,000 | 1,647,600 |
| 2,472,000 | 2,476,000 | 1,650,400 |
| 2,476,000 | 2,480,000 | 1,653,200 |
| 2,480,000 | 2,484,000 | 1,656,000 |
| 2,484,000 | 2,488,000 | 1,658,800 |
| 2,488,000 | 2,492,000 | 1,661,600 |
| 2,492,000 | 2,496,000 | 1,664,400 |
| 2,496,000 | 2,500,000 | 1,667,200 |
| 2,500,000 | 2,504,000 | 1,670,000 |
| 2,504,000 | 2,508,000 | 1,672,800 |
| 2,508,000 | 2,512,000 | 1,675,600 |
| 2,512,000 | 2,516,000 | 1,678,400 |
| 2,516,000 | 2,520,000 | 1,681,200 |
| 2,520,000 | 2,524,000 | 1,684,000 |
| 2,524,000 | 2,528,000 | 1,686,800 |
| 2,528,000 | 2,532,000 | 1,689,600 |
| 2,532,000 | 2,536,000 | 1,692,400 |
| 2,536,000 | 2,540,000 | 1,695,200 |
| 2,540,000 | 2,544,000 | 1,698,000 |
| 2,544,000 | 2,548,000 | 1,700,800 |
| 2,548,000 | 2,552,000 | 1,703,600 |
| 2,552,000 | 2,556,000 | 1,706,400 |
| 2,556,000 | 2,560,000 | 1,709,200 |
| 2,560,000 | 2,564,000 | 1,712,000 |
| 2,564,000 | 2,568,000 | 1,714,800 |
| 2,568,000 | 2,572,000 | 1,717,600 |
| 2,572,000 | 2,576,000 | 1,720,400 |
| 2,576,000 | 2,580,000 | 1,723,200 |
| 2,580,000 | 2,584,000 | 1,726,000 |
| 2,584,000 | 2,588,000 | 1,728,800 |
| 2,588,000 | 2,592,000 | 1,731,600 |
| 2,592,000 | 2,596,000 | 1,734,400 |
| 2,596,000 | 2,600,000 | 1,737,200 |
| 2,600,000 | 2,604,000 | 1,740,000 |
| 2,604,000 | 2,608,000 | 1,742,800 |
| 2,608,000 | 2,612,000 | 1,745,600 |
| 2,612,000 | 2,616,000 | 1,748,400 |
| 2,616,000 | 2,620,000 | 1,751,200 |
| 2,620,000 | 2,624,000 | 1,754,000 |
| 2,624,000 | 2,628,000 | 1,756,800 |
| 2,628,000 | 2,632,000 | 1,759,600 |
| 2,632,000 | 2,636,000 | 1,762,400 |
| 2,636,000 | 2,640,000 | 1,765,200 |
| 2,640,000 | 2,644,000 | 1,768,000 |
| 2,644,000 | 2,648,000 | 1,770,800 |
| 2,648,000 | 2,652,000 | 1,773,600 |
| 2,652,000 | 2,656,000 | 1,776,400 |
| 2,656,000 | 2,660,000 | 1,779,200 |
| 2,660,000 | 2,664,000 | 1,782,000 |
| 2,664,000 | 2,668,000 | 1,784,800 |
| 2,668,000 | 2,672,000 | 1,787,600 |
| 2,672,000 | 2,676,000 | 1,790,400 |
| 2,676,000 | 2,680,000 | 1,793,200 |
| 2,680,000 | 2,684,000 | 1,796,000 |
| 2,684,000 | 2,688,000 | 1,798,800 |
| 2,688,000 | 2,692,000 | 1,801,600 |
| 2,692,000 | 2,696,000 | 1,804,400 |
| 2,696,000 | 2,700,000 | 1,807,200 |
| 2,700,000 | 2,704,000 | 1,810,000 |
| 2,704,000 | 2,708,000 | 1,812,800 |
| 2,708,000 | 2,712,000 | 1,815,600 |
| 2,712,000 | 2,716,000 | 1,818,400 |
| 2,716,000 | 2,720,000 | 1,821,200 |
| 2,720,000 | 2,724,000 | 1,824,000 |
| 2,724,000 | 2,728,000 | 1,826,800 |
| 2,728,000 | 2,732,000 | 1,829,600 |
| 2,732,000 | 2,736,000 | 1,832,400 |
| 2,736,000 | 2,740,000 | 1,835,200 |
| 2,740,000 | 2,744,000 | 1,838,000 |
| 2,744,000 | 2,748,000 | 1,840,800 |
| 2,748,000 | 2,752,000 | 1,843,600 |
| 2,752,000 | 2,756,000 | 1,846,400 |
| 2,756,000 | 2,760,000 | 1,849,200 |
| 2,760,000 | 2,764,000 | 1,852,000 |
| 2,764,000 | 2,768,000 | 1,854,800 |
| 2,768,000 | 2,772,000 | 1,857,600 |
| 2,772,000 | 2,776,000 | 1,860,400 |
| 2,776,000 | 2,780,000 | 1,863,200 |
| 2,780,000 | 2,784,000 | 1,866,000 |
| 2,784,000 | 2,788,000 | 1,868,800 |
| 2,788,000 | 2,792,000 | 1,871,600 |
| 2,792,000 | 2,796,000 | 1,874,400 |
| 2,796,000 | 2,800,000 | 1,877,200 |
| 2,800,000 | 2,804,000 | 1,880,000 |
| 2,804,000 | 2,808,000 | 1,882,800 |
| 2,808,000 | 2,812,000 | 1,885,600 |
| 2,812,000 | 2,816,000 | 1,888,400 |
| 2,816,000 | 2,820,000 | 1,891,200 |
| 2,820,000 | 2,824,000 | 1,894,000 |
| 2,824,000 | 2,828,000 | 1,896,800 |
| 2,828,000 | 2,832,000 | 1,899,600 |
| 2,832,000 | 2,836,000 | 1,902,400 |
| 2,836,000 | 2,840,000 | 1,905,200 |
| 2,840,000 | 2,844,000 | 1,908,000 |
| 2,844,000 | 2,848,000 | 1,910,800 |
| 2,848,000 | 2,852,000 | 1,913,600 |
| 2,852,000 | 2,856,000 | 1,916,400 |
| 2,856,000 | 2,860,000 | 1,919,200 |
| 2,860,000 | 2,864,000 | 1,922,000 |
| 2,864,000 | 2,868,000 | 1,924,800 |
| 2,868,000 | 2,872,000 | 1,927,600 |
| 2,872,000 | 2,876,000 | 1,930,400 |
| 2,876,000 | 2,880,000 | 1,933,200 |
| 2,880,000 | 2,884,000 | 1,936,000 |
| 2,884,000 | 2,888,000 | 1,938,800 |
| 2,888,000 | 2,892,000 | 1,941,600 |
| 2,892,000 | 2,896,000 | 1,944,400 |
| 2,896,000 | 2,900,000 | 1,947,200 |
| 2,900,000 | 2,904,000 | 1,950,000 |
| 2,904,000 | 2,908,000 | 1,952,800 |
| 2,908,000 | 2,912,000 | 1,955,600 |
| 2,912,000 | 2,916,000 | 1,958,400 |
| 2,916,000 | 2,920,000 | 1,961,200 |
| 2,920,000 | 2,924,000 | 1,964,000 |
| 2,924,000 | 2,928,000 | 1,966,800 |
| 2,928,000 | 2,932,000 | 1,969,600 |
| 2,932,000 | 2,936,000 | 1,972,400 |
| 2,936,000 | 2,940,000 | 1,975,200 |
| 2,940,000 | 2,944,000 | 1,978,000 |
| 2,944,000 | 2,948,000 | 1,980,800 |
| 2,948,000 | 2,952,000 | 1,983,600 |
| 2,952,000 | 2,956,000 | 1,986,400 |
| 2,956,000 | 2,960,000 | 1,989,200 |
| 2,960,000 | 2,964,000 | 1,992,000 |
| 2,964,000 | 2,968,000 | 1,994,800 |
| 2,968,000 | 2,972,000 | 1,997,600 |
| 2,972,000 | 2,976,000 | 2,000,400 |
| 2,976,000 | 2,980,000 | 2,003,200 |
| 2,980,000 | 2,984,000 | 2,006,000 |
| 2,984,000 | 2,988,000 | 2,008,800 |
| 2,988,000 | 2,992,000 | 2,011,600 |
| 2,992,000 | 2,996,000 | 2,014,400 |
| 2,996,000 | 3,000,000 | 2,017,200 |
| 3,000,000 | 3,004,000 | 2,020,000 |
| 3,004,000 | 3,008,000 | 2,022,800 |
| 3,008,000 | 3,012,000 | 2,025,600 |

| 給与等の金額 | | 給与所得控除後の給与等の金額 |
|---|---|---|
| 以上 | 未満 | |
| 円 | 円 | 円 |
| 3,012,000 | 3,016,000 | 2,028,400 |
| 3,016,000 | 3,020,000 | 2,031,200 |
| 3,020,000 | 3,024,000 | 2,034,000 |
| 3,024,000 | 3,028,000 | 2,036,800 |
| 3,028,000 | 3,032,000 | 2,039,600 |
| 3,032,000 | 3,036,000 | 2,042,400 |
| 3,036,000 | 3,040,000 | 2,045,200 |
| 3,040,000 | 3,044,000 | 2,048,000 |
| 3,044,000 | 3,048,000 | 2,050,800 |
| 3,048,000 | 3,052,000 | 2,053,600 |
| 3,052,000 | 3,056,000 | 2,056,400 |
| 3,056,000 | 3,060,000 | 2,059,200 |
| 3,060,000 | 3,064,000 | 2,062,000 |
| 3,064,000 | 3,068,000 | 2,064,800 |
| 3,068,000 | 3,072,000 | 2,067,600 |
| 3,072,000 | 3,076,000 | 2,070,400 |
| 3,076,000 | 3,080,000 | 2,073,200 |
| 3,080,000 | 3,084,000 | 2,076,000 |
| 3,084,000 | 3,088,000 | 2,078,800 |
| 3,088,000 | 3,092,000 | 2,081,600 |
| 3,092,000 | 3,096,000 | 2,084,400 |
| 3,096,000 | 3,100,000 | 2,087,200 |
| 3,100,000 | 3,104,000 | 2,090,000 |
| 3,104,000 | 3,108,000 | 2,092,800 |
| 3,108,000 | 3,112,000 | 2,095,600 |
| 3,112,000 | 3,116,000 | 2,098,400 |
| 3,116,000 | 3,120,000 | 2,101,200 |
| 3,120,000 | 3,124,000 | 2,104,000 |
| 3,124,000 | 3,128,000 | 2,106,800 |
| 3,128,000 | 3,132,000 | 2,109,600 |
| 3,132,000 | 3,136,000 | 2,112,400 |
| 3,136,000 | 3,140,000 | 2,115,200 |
| 3,140,000 | 3,144,000 | 2,118,000 |
| 3,144,000 | 3,148,000 | 2,120,800 |
| 3,148,000 | 3,152,000 | 2,123,600 |
| 3,152,000 | 3,156,000 | 2,126,400 |
| 3,156,000 | 3,160,000 | 2,129,200 |
| 3,160,000 | 3,164,000 | 2,132,000 |
| 3,164,000 | 3,168,000 | 2,134,800 |
| 3,168,000 | 3,172,000 | 2,137,600 |
| 3,172,000 | 3,176,000 | 2,140,400 |
| 3,176,000 | 3,180,000 | 2,143,200 |
| 3,180,000 | 3,184,000 | 2,146,000 |
| 3,184,000 | 3,188,000 | 2,148,800 |
| 3,188,000 | 3,192,000 | 2,151,600 |
| 3,192,000 | 3,196,000 | 2,154,400 |
| 3,196,000 | 3,200,000 | 2,157,200 |
| 3,200,000 | 3,204,000 | 2,160,000 |
| 3,204,000 | 3,208,000 | 2,162,800 |
| 3,208,000 | 3,212,000 | 2,165,600 |
| 3,212,000 | 3,216,000 | 2,168,400 |
| 3,216,000 | 3,220,000 | 2,171,200 |
| 3,220,000 | 3,224,000 | 2,174,000 |
| 3,224,000 | 3,228,000 | 2,176,800 |
| 3,228,000 | 3,232,000 | 2,179,600 |
| 3,232,000 | 3,236,000 | 2,182,400 |
| 3,236,000 | 3,240,000 | 2,185,200 |
| 3,240,000 | 3,244,000 | 2,188,000 |
| 3,244,000 | 3,248,000 | 2,190,800 |
| 3,248,000 | 3,252,000 | 2,193,600 |
| 3,252,000 | 3,256,000 | 2,196,400 |
| 3,256,000 | 3,260,000 | 2,199,200 |
| 3,260,000 | 3,264,000 | 2,202,000 |
| 3,264,000 | 3,268,000 | 2,204,800 |
| 3,268,000 | 3,272,000 | 2,207,600 |
| 3,272,000 | 3,276,000 | 2,210,400 |
| 3,276,000 | 3,280,000 | 2,213,200 |
| 3,280,000 | 3,284,000 | 2,216,000 |
| 3,284,000 | 3,288,000 | 2,218,800 |
| 3,288,000 | 3,292,000 | 2,221,600 |

| 給与等の金額 | | 給与所得控除後の給与等の金額 |
|---|---|---|
| 以上 | 未満 | |
| 円 | 円 | 円 |
| 3,292,000 | 3,296,000 | 2,224,400 |
| 3,296,000 | 3,300,000 | 2,227,200 |
| 3,300,000 | 3,304,000 | 2,230,000 |
| 3,304,000 | 3,308,000 | 2,232,800 |
| 3,308,000 | 3,312,000 | 2,235,600 |
| 3,312,000 | 3,316,000 | 2,238,400 |
| 3,316,000 | 3,320,000 | 2,241,200 |
| 3,320,000 | 3,324,000 | 2,244,000 |
| 3,324,000 | 3,328,000 | 2,246,800 |
| 3,328,000 | 3,332,000 | 2,249,600 |
| 3,332,000 | 3,336,000 | 2,252,400 |
| 3,336,000 | 3,340,000 | 2,255,200 |
| 3,340,000 | 3,344,000 | 2,258,000 |
| 3,344,000 | 3,348,000 | 2,260,800 |
| 3,348,000 | 3,352,000 | 2,263,600 |
| 3,352,000 | 3,356,000 | 2,266,400 |
| 3,356,000 | 3,360,000 | 2,269,200 |
| 3,360,000 | 3,364,000 | 2,272,000 |
| 3,364,000 | 3,368,000 | 2,274,800 |
| 3,368,000 | 3,372,000 | 2,277,600 |
| 3,372,000 | 3,376,000 | 2,280,400 |
| 3,376,000 | 3,380,000 | 2,283,200 |
| 3,380,000 | 3,384,000 | 2,286,000 |
| 3,384,000 | 3,388,000 | 2,288,800 |
| 3,388,000 | 3,392,000 | 2,291,600 |
| 3,392,000 | 3,396,000 | 2,294,400 |
| 3,396,000 | 3,400,000 | 2,297,200 |
| 3,400,000 | 3,404,000 | 2,300,000 |
| 3,404,000 | 3,408,000 | 2,302,800 |
| 3,408,000 | 3,412,000 | 2,305,600 |
| 3,412,000 | 3,416,000 | 2,308,400 |
| 3,416,000 | 3,420,000 | 2,311,200 |
| 3,420,000 | 3,424,000 | 2,314,000 |
| 3,424,000 | 3,428,000 | 2,316,800 |
| 3,428,000 | 3,432,000 | 2,319,600 |
| 3,432,000 | 3,436,000 | 2,322,400 |
| 3,436,000 | 3,440,000 | 2,325,200 |
| 3,440,000 | 3,444,000 | 2,328,000 |
| 3,444,000 | 3,448,000 | 2,330,800 |
| 3,448,000 | 3,452,000 | 2,333,600 |
| 3,452,000 | 3,456,000 | 2,336,400 |
| 3,456,000 | 3,460,000 | 2,339,200 |
| 3,460,000 | 3,464,000 | 2,342,000 |
| 3,464,000 | 3,468,000 | 2,344,800 |
| 3,468,000 | 3,472,000 | 2,347,600 |
| 3,472,000 | 3,476,000 | 2,350,400 |
| 3,476,000 | 3,480,000 | 2,353,200 |
| 3,480,000 | 3,484,000 | 2,356,000 |
| 3,484,000 | 3,488,000 | 2,358,800 |
| 3,488,000 | 3,492,000 | 2,361,600 |
| 3,492,000 | 3,496,000 | 2,364,400 |
| 3,496,000 | 3,500,000 | 2,367,200 |
| 3,500,000 | 3,504,000 | 2,370,000 |
| 3,504,000 | 3,508,000 | 2,372,800 |
| 3,508,000 | 3,512,000 | 2,375,600 |
| 3,512,000 | 3,516,000 | 2,378,400 |
| 3,516,000 | 3,520,000 | 2,381,200 |
| 3,520,000 | 3,524,000 | 2,384,000 |
| 3,524,000 | 3,528,000 | 2,386,800 |
| 3,528,000 | 3,532,000 | 2,389,600 |
| 3,532,000 | 3,536,000 | 2,392,400 |
| 3,536,000 | 3,540,000 | 2,395,200 |
| 3,540,000 | 3,544,000 | 2,398,000 |
| 3,544,000 | 3,548,000 | 2,400,800 |
| 3,548,000 | 3,552,000 | 2,403,600 |
| 3,552,000 | 3,556,000 | 2,406,400 |
| 3,556,000 | 3,560,000 | 2,409,200 |
| 3,560,000 | 3,564,000 | 2,412,000 |
| 3,564,000 | 3,568,000 | 2,414,800 |
| 3,568,000 | 3,572,000 | 2,417,600 |

| 給与等の金額 | | 給与所得控除後の給与等の金額 |
|---|---|---|
| 以上 | 未満 | |
| 円 | 円 | 円 |
| 3,572,000 | 3,576,000 | 2,420,400 |
| 3,576,000 | 3,580,000 | 2,423,200 |
| 3,580,000 | 3,584,000 | 2,426,000 |
| 3,584,000 | 3,588,000 | 2,428,800 |
| 3,588,000 | 3,592,000 | 2,431,600 |
| 3,592,000 | 3,596,000 | 2,434,400 |
| 3,596,000 | 3,600,000 | 2,437,200 |
| 3,600,000 | 3,604,000 | 2,440,000 |
| 3,604,000 | 3,608,000 | 2,443,200 |
| 3,608,000 | 3,612,000 | 2,446,400 |
| 3,612,000 | 3,616,000 | 2,449,600 |
| 3,616,000 | 3,620,000 | 2,452,800 |
| 3,620,000 | 3,624,000 | 2,456,000 |
| 3,624,000 | 3,628,000 | 2,459,200 |
| 3,628,000 | 3,632,000 | 2,462,400 |
| 3,632,000 | 3,636,000 | 2,465,600 |
| 3,636,000 | 3,640,000 | 2,468,800 |
| 3,640,000 | 3,644,000 | 2,472,000 |
| 3,644,000 | 3,648,000 | 2,475,200 |
| 3,648,000 | 3,652,000 | 2,478,400 |
| 3,652,000 | 3,656,000 | 2,481,600 |
| 3,656,000 | 3,660,000 | 2,484,800 |
| 3,660,000 | 3,664,000 | 2,488,000 |
| 3,664,000 | 3,668,000 | 2,491,200 |
| 3,668,000 | 3,672,000 | 2,494,400 |
| 3,672,000 | 3,676,000 | 2,497,600 |
| 3,676,000 | 3,680,000 | 2,500,800 |
| 3,680,000 | 3,684,000 | 2,504,000 |
| 3,684,000 | 3,688,000 | 2,507,200 |
| 3,688,000 | 3,692,000 | 2,510,400 |
| 3,692,000 | 3,696,000 | 2,513,600 |
| 3,696,000 | 3,700,000 | 2,516,800 |
| 3,700,000 | 3,704,000 | 2,520,000 |
| 3,704,000 | 3,708,000 | 2,523,200 |
| 3,708,000 | 3,712,000 | 2,526,400 |
| 3,712,000 | 3,716,000 | 2,529,600 |
| 3,716,000 | 3,720,000 | 2,532,800 |
| 3,720,000 | 3,724,000 | 2,536,000 |
| 3,724,000 | 3,728,000 | 2,539,200 |
| 3,728,000 | 3,732,000 | 2,542,400 |
| 3,732,000 | 3,736,000 | 2,545,600 |
| 3,736,000 | 3,740,000 | 2,548,800 |
| 3,740,000 | 3,744,000 | 2,552,000 |
| 3,744,000 | 3,748,000 | 2,555,200 |
| 3,748,000 | 3,752,000 | 2,558,400 |
| 3,752,000 | 3,756,000 | 2,561,600 |
| 3,756,000 | 3,760,000 | 2,564,800 |
| 3,760,000 | 3,764,000 | 2,568,000 |
| 3,764,000 | 3,768,000 | 2,571,200 |
| 3,768,000 | 3,772,000 | 2,574,400 |
| 3,772,000 | 3,776,000 | 2,577,600 |
| 3,776,000 | 3,780,000 | 2,580,800 |
| 3,780,000 | 3,784,000 | 2,584,000 |
| 3,784,000 | 3,788,000 | 2,587,200 |
| 3,788,000 | 3,792,000 | 2,590,400 |
| 3,792,000 | 3,796,000 | 2,593,600 |
| 3,796,000 | 3,800,000 | 2,596,800 |
| 3,800,000 | 3,804,000 | 2,600,000 |
| 3,804,000 | 3,808,000 | 2,603,200 |
| 3,808,000 | 3,812,000 | 2,606,400 |
| 3,812,000 | 3,816,000 | 2,609,600 |
| 3,816,000 | 3,820,000 | 2,612,800 |
| 3,820,000 | 3,824,000 | 2,616,000 |
| 3,824,000 | 3,828,000 | 2,619,200 |
| 3,828,000 | 3,832,000 | 2,622,400 |
| 3,832,000 | 3,836,000 | 2,625,600 |
| 3,836,000 | 3,840,000 | 2,628,800 |
| 3,840,000 | 3,844,000 | 2,632,000 |
| 3,844,000 | 3,848,000 | 2,635,200 |
| 3,848,000 | 3,852,000 | 2,638,400 |

| 給与等の金額 | | 給与所得控除後の給与等の金額 | 給与等の金額 | | 給与所得控除後の給与等の金額 | 給与等の金額 | | 給与所得控除後の給与等の金額 |
|---|---|---|---|---|---|---|---|---|
| 以上 | 未満 | | 以上 | 未満 | | 以上 | 未満 | |
| 円 | 円 | 円 | 円 | 円 | 円 | 円 | 円 | 円 |
| 3,852,000 | 3,856,000 | 2,641,600 | 4,132,000 | 4,136,000 | 2,865,600 | 4,412,000 | 4,416,000 | 3,089,600 |
| 3,856,000 | 3,860,000 | 2,644,800 | 4,136,000 | 4,140,000 | 2,868,800 | 4,416,000 | 4,420,000 | 3,092,800 |
| 3,860,000 | 3,864,000 | 2,648,000 | 4,140,000 | 4,144,000 | 2,872,000 | 4,420,000 | 4,424,000 | 3,096,000 |
| 3,864,000 | 3,868,000 | 2,651,200 | 4,144,000 | 4,148,000 | 2,875,200 | 4,424,000 | 4,428,000 | 3,099,200 |
| 3,868,000 | 3,872,000 | 2,654,400 | 4,148,000 | 4,152,000 | 2,878,400 | 4,428,000 | 4,432,000 | 3,102,400 |
| 3,872,000 | 3,876,000 | 2,657,600 | 4,152,000 | 4,156,000 | 2,881,600 | 4,432,000 | 4,436,000 | 3,105,600 |
| 3,876,000 | 3,880,000 | 2,660,800 | 4,156,000 | 4,160,000 | 2,884,800 | 4,436,000 | 4,440,000 | 3,108,800 |
| 3,880,000 | 3,884,000 | 2,664,000 | 4,160,000 | 4,164,000 | 2,888,000 | 4,440,000 | 4,444,000 | 3,112,000 |
| 3,884,000 | 3,888,000 | 2,667,200 | 4,164,000 | 4,168,000 | 2,891,200 | 4,444,000 | 4,448,000 | 3,115,200 |
| 3,888,000 | 3,892,000 | 2,670,400 | 4,168,000 | 4,172,000 | 2,894,400 | 4,448,000 | 4,452,000 | 3,118,400 |
| 3,892,000 | 3,896,000 | 2,673,600 | 4,172,000 | 4,176,000 | 2,897,600 | 4,452,000 | 4,456,000 | 3,121,600 |
| 3,896,000 | 3,900,000 | 2,676,800 | 4,176,000 | 4,180,000 | 2,900,800 | 4,456,000 | 4,460,000 | 3,124,800 |
| 3,900,000 | 3,904,000 | 2,680,000 | 4,180,000 | 4,184,000 | 2,904,000 | 4,460,000 | 4,464,000 | 3,128,000 |
| 3,904,000 | 3,908,000 | 2,683,200 | 4,184,000 | 4,188,000 | 2,907,200 | 4,464,000 | 4,468,000 | 3,131,200 |
| 3,908,000 | 3,912,000 | 2,686,400 | 4,188,000 | 4,192,000 | 2,910,400 | 4,468,000 | 4,472,000 | 3,134,400 |
| 3,912,000 | 3,916,000 | 2,689,600 | 4,192,000 | 4,196,000 | 2,913,600 | 4,472,000 | 4,476,000 | 3,137,600 |
| 3,916,000 | 3,920,000 | 2,692,800 | 4,196,000 | 4,200,000 | 2,916,800 | 4,476,000 | 4,480,000 | 3,140,800 |
| 3,920,000 | 3,924,000 | 2,696,000 | 4,200,000 | 4,204,000 | 2,920,000 | 4,480,000 | 4,484,000 | 3,144,000 |
| 3,924,000 | 3,928,000 | 2,699,200 | 4,204,000 | 4,208,000 | 2,923,200 | 4,484,000 | 4,488,000 | 3,147,200 |
| 3,928,000 | 3,932,000 | 2,702,400 | 4,208,000 | 4,212,000 | 2,926,400 | 4,488,000 | 4,492,000 | 3,150,400 |
| 3,932,000 | 3,936,000 | 2,705,600 | 4,212,000 | 4,216,000 | 2,929,600 | 4,492,000 | 4,496,000 | 3,153,600 |
| 3,936,000 | 3,940,000 | 2,708,800 | 4,216,000 | 4,220,000 | 2,932,800 | 4,496,000 | 4,500,000 | 3,156,800 |
| 3,940,000 | 3,944,000 | 2,712,000 | 4,220,000 | 4,224,000 | 2,936,000 | 4,500,000 | 4,504,000 | 3,160,000 |
| 3,944,000 | 3,948,000 | 2,715,200 | 4,224,000 | 4,228,000 | 2,939,200 | 4,504,000 | 4,508,000 | 3,163,200 |
| 3,948,000 | 3,952,000 | 2,718,400 | 4,228,000 | 4,232,000 | 2,942,400 | 4,508,000 | 4,512,000 | 3,166,400 |
| 3,952,000 | 3,956,000 | 2,721,600 | 4,232,000 | 4,236,000 | 2,945,600 | 4,512,000 | 4,516,000 | 3,169,600 |
| 3,956,000 | 3,960,000 | 2,724,800 | 4,236,000 | 4,240,000 | 2,948,800 | 4,516,000 | 4,520,000 | 3,172,800 |
| 3,960,000 | 3,964,000 | 2,728,000 | 4,240,000 | 4,244,000 | 2,952,000 | 4,520,000 | 4,524,000 | 3,176,000 |
| 3,964,000 | 3,968,000 | 2,731,200 | 4,244,000 | 4,248,000 | 2,955,200 | 4,524,000 | 4,528,000 | 3,179,200 |
| 3,968,000 | 3,972,000 | 2,734,400 | 4,248,000 | 4,252,000 | 2,958,400 | 4,528,000 | 4,532,000 | 3,182,400 |
| 3,972,000 | 3,976,000 | 2,737,600 | 4,252,000 | 4,256,000 | 2,961,600 | 4,532,000 | 4,536,000 | 3,185,600 |
| 3,976,000 | 3,980,000 | 2,740,800 | 4,256,000 | 4,260,000 | 2,964,800 | 4,536,000 | 4,540,000 | 3,188,800 |
| 3,980,000 | 3,984,000 | 2,744,000 | 4,260,000 | 4,264,000 | 2,968,000 | 4,540,000 | 4,544,000 | 3,192,000 |
| 3,984,000 | 3,988,000 | 2,747,200 | 4,264,000 | 4,268,000 | 2,971,200 | 4,544,000 | 4,548,000 | 3,195,200 |
| 3,988,000 | 3,992,000 | 2,750,400 | 4,268,000 | 4,272,000 | 2,974,400 | 4,548,000 | 4,552,000 | 3,198,400 |
| 3,992,000 | 3,996,000 | 2,753,600 | 4,272,000 | 4,276,000 | 2,977,600 | 4,552,000 | 4,556,000 | 3,201,600 |
| 3,996,000 | 4,000,000 | 2,756,800 | 4,276,000 | 4,280,000 | 2,980,800 | 4,556,000 | 4,560,000 | 3,204,800 |
| 4,000,000 | 4,004,000 | 2,760,000 | 4,280,000 | 4,284,000 | 2,984,000 | 4,560,000 | 4,564,000 | 3,208,000 |
| 4,004,000 | 4,008,000 | 2,763,200 | 4,284,000 | 4,288,000 | 2,987,200 | 4,564,000 | 4,568,000 | 3,211,200 |
| 4,008,000 | 4,012,000 | 2,766,400 | 4,288,000 | 4,292,000 | 2,990,400 | 4,568,000 | 4,572,000 | 3,214,400 |
| 4,012,000 | 4,016,000 | 2,769,600 | 4,292,000 | 4,296,000 | 2,993,600 | 4,572,000 | 4,576,000 | 3,217,600 |
| 4,016,000 | 4,020,000 | 2,772,800 | 4,296,000 | 4,300,000 | 2,996,800 | 4,576,000 | 4,580,000 | 3,220,800 |
| 4,020,000 | 4,024,000 | 2,776,000 | 4,300,000 | 4,304,000 | 3,000,000 | 4,580,000 | 4,584,000 | 3,224,000 |
| 4,024,000 | 4,028,000 | 2,779,200 | 4,304,000 | 4,308,000 | 3,003,200 | 4,584,000 | 4,588,000 | 3,227,200 |
| 4,028,000 | 4,032,000 | 2,782,400 | 4,308,000 | 4,312,000 | 3,006,400 | 4,588,000 | 4,592,000 | 3,230,400 |
| 4,032,000 | 4,036,000 | 2,785,600 | 4,312,000 | 4,316,000 | 3,009,600 | 4,592,000 | 4,596,000 | 3,233,600 |
| 4,036,000 | 4,040,000 | 2,788,800 | 4,316,000 | 4,320,000 | 3,012,800 | 4,596,000 | 4,600,000 | 3,236,800 |
| 4,040,000 | 4,044,000 | 2,792,000 | 4,320,000 | 4,324,000 | 3,016,000 | 4,600,000 | 4,604,000 | 3,240,000 |
| 4,044,000 | 4,048,000 | 2,795,200 | 4,324,000 | 4,328,000 | 3,019,200 | 4,604,000 | 4,608,000 | 3,243,200 |
| 4,048,000 | 4,052,000 | 2,798,400 | 4,328,000 | 4,332,000 | 3,022,400 | 4,608,000 | 4,612,000 | 3,246,400 |
| 4,052,000 | 4,056,000 | 2,801,600 | 4,332,000 | 4,336,000 | 3,025,600 | 4,612,000 | 4,616,000 | 3,249,600 |
| 4,056,000 | 4,060,000 | 2,804,800 | 4,336,000 | 4,340,000 | 3,028,800 | 4,616,000 | 4,620,000 | 3,252,800 |
| 4,060,000 | 4,064,000 | 2,808,000 | 4,340,000 | 4,344,000 | 3,032,000 | 4,620,000 | 4,624,000 | 3,256,000 |
| 4,064,000 | 4,068,000 | 2,811,200 | 4,344,000 | 4,348,000 | 3,035,200 | 4,624,000 | 4,628,000 | 3,259,200 |
| 4,068,000 | 4,072,000 | 2,814,400 | 4,348,000 | 4,352,000 | 3,038,400 | 4,628,000 | 4,632,000 | 3,262,400 |
| 4,072,000 | 4,076,000 | 2,817,600 | 4,352,000 | 4,356,000 | 3,041,600 | 4,632,000 | 4,636,000 | 3,265,600 |
| 4,076,000 | 4,080,000 | 2,820,800 | 4,356,000 | 4,360,000 | 3,044,800 | 4,636,000 | 4,640,000 | 3,268,800 |
| 4,080,000 | 4,084,000 | 2,824,000 | 4,360,000 | 4,364,000 | 3,048,000 | 4,640,000 | 4,644,000 | 3,272,000 |
| 4,084,000 | 4,088,000 | 2,827,200 | 4,364,000 | 4,368,000 | 3,051,200 | 4,644,000 | 4,648,000 | 3,275,200 |
| 4,088,000 | 4,092,000 | 2,830,400 | 4,368,000 | 4,372,000 | 3,054,400 | 4,648,000 | 4,652,000 | 3,278,400 |
| 4,092,000 | 4,096,000 | 2,833,600 | 4,372,000 | 4,376,000 | 3,057,600 | 4,652,000 | 4,656,000 | 3,281,600 |
| 4,096,000 | 4,100,000 | 2,836,800 | 4,376,000 | 4,380,000 | 3,060,800 | 4,656,000 | 4,660,000 | 3,284,800 |
| 4,100,000 | 4,104,000 | 2,840,000 | 4,380,000 | 4,384,000 | 3,064,000 | 4,660,000 | 4,664,000 | 3,288,000 |
| 4,104,000 | 4,108,000 | 2,843,200 | 4,384,000 | 4,388,000 | 3,067,200 | 4,664,000 | 4,668,000 | 3,291,200 |
| 4,108,000 | 4,112,000 | 2,846,400 | 4,388,000 | 4,392,000 | 3,070,400 | 4,668,000 | 4,672,000 | 3,294,400 |
| 4,112,000 | 4,116,000 | 2,849,600 | 4,392,000 | 4,396,000 | 3,073,600 | 4,672,000 | 4,676,000 | 3,297,600 |
| 4,116,000 | 4,120,000 | 2,852,800 | 4,396,000 | 4,400,000 | 3,076,800 | 4,676,000 | 4,680,000 | 3,300,800 |
| 4,120,000 | 4,124,000 | 2,856,000 | 4,400,000 | 4,404,000 | 3,080,000 | 4,680,000 | 4,684,000 | 3,304,000 |
| 4,124,000 | 4,128,000 | 2,859,200 | 4,404,000 | 4,408,000 | 3,083,200 | 4,684,000 | 4,688,000 | 3,307,200 |
| 4,128,000 | 4,132,000 | 2,862,400 | 4,408,000 | 4,412,000 | 3,086,400 | 4,688,000 | 4,692,000 | 3,310,400 |

| 給与等の金額 | | 給与所得控除後の給与等の金額 |
|---|---|---|
| 以上 | 未満 | |
| 円 | 円 | 円 |
| 4,692,000 | 4,696,000 | 3,313,600 |
| 4,696,000 | 4,700,000 | 3,316,800 |
| 4,700,000 | 4,704,000 | 3,320,000 |
| 4,704,000 | 4,708,000 | 3,323,200 |
| 4,708,000 | 4,712,000 | 3,326,400 |
| 4,712,000 | 4,716,000 | 3,329,600 |
| 4,716,000 | 4,720,000 | 3,332,800 |
| 4,720,000 | 4,724,000 | 3,336,000 |
| 4,724,000 | 4,728,000 | 3,339,200 |
| 4,728,000 | 4,732,000 | 3,342,400 |
| 4,732,000 | 4,736,000 | 3,345,600 |
| 4,736,000 | 4,740,000 | 3,348,800 |
| 4,740,000 | 4,744,000 | 3,352,000 |
| 4,744,000 | 4,748,000 | 3,355,200 |
| 4,748,000 | 4,752,000 | 3,358,400 |
| 4,752,000 | 4,756,000 | 3,361,600 |
| 4,756,000 | 4,760,000 | 3,364,800 |
| 4,760,000 | 4,764,000 | 3,368,000 |
| 4,764,000 | 4,768,000 | 3,371,200 |
| 4,768,000 | 4,772,000 | 3,374,400 |
| 4,772,000 | 4,776,000 | 3,377,600 |
| 4,776,000 | 4,780,000 | 3,380,800 |
| 4,780,000 | 4,784,000 | 3,384,000 |
| 4,784,000 | 4,788,000 | 3,387,200 |
| 4,788,000 | 4,792,000 | 3,390,400 |
| 4,792,000 | 4,796,000 | 3,393,600 |
| 4,796,000 | 4,800,000 | 3,396,800 |
| 4,800,000 | 4,804,000 | 3,400,000 |
| 4,804,000 | 4,808,000 | 3,403,200 |
| 4,808,000 | 4,812,000 | 3,406,400 |
| 4,812,000 | 4,816,000 | 3,409,600 |
| 4,816,000 | 4,820,000 | 3,412,800 |
| 4,820,000 | 4,824,000 | 3,416,000 |
| 4,824,000 | 4,828,000 | 3,419,200 |
| 4,828,000 | 4,832,000 | 3,422,400 |
| 4,832,000 | 4,836,000 | 3,425,600 |
| 4,836,000 | 4,840,000 | 3,428,800 |
| 4,840,000 | 4,844,000 | 3,432,000 |
| 4,844,000 | 4,848,000 | 3,435,200 |
| 4,848,000 | 4,852,000 | 3,438,400 |
| 4,852,000 | 4,856,000 | 3,441,600 |
| 4,856,000 | 4,860,000 | 3,444,800 |
| 4,860,000 | 4,864,000 | 3,448,000 |
| 4,864,000 | 4,868,000 | 3,451,200 |
| 4,868,000 | 4,872,000 | 3,454,400 |
| 4,872,000 | 4,876,000 | 3,457,600 |
| 4,876,000 | 4,880,000 | 3,460,800 |
| 4,880,000 | 4,884,000 | 3,464,000 |
| 4,884,000 | 4,888,000 | 3,467,200 |
| 4,888,000 | 4,892,000 | 3,470,400 |
| 4,892,000 | 4,896,000 | 3,473,600 |
| 4,896,000 | 4,900,000 | 3,476,800 |
| 4,900,000 | 4,904,000 | 3,480,000 |
| 4,904,000 | 4,908,000 | 3,483,200 |
| 4,908,000 | 4,912,000 | 3,486,400 |
| 4,912,000 | 4,916,000 | 3,489,600 |
| 4,916,000 | 4,920,000 | 3,492,800 |
| 4,920,000 | 4,924,000 | 3,496,000 |
| 4,924,000 | 4,928,000 | 3,499,200 |
| 4,928,000 | 4,932,000 | 3,502,400 |
| 4,932,000 | 4,936,000 | 3,505,600 |
| 4,936,000 | 4,940,000 | 3,508,800 |
| 4,940,000 | 4,944,000 | 3,512,000 |
| 4,944,000 | 4,948,000 | 3,515,200 |
| 4,948,000 | 4,952,000 | 3,518,400 |
| 4,952,000 | 4,956,000 | 3,521,600 |
| 4,956,000 | 4,960,000 | 3,524,800 |
| 4,960,000 | 4,964,000 | 3,528,000 |
| 4,964,000 | 4,968,000 | 3,531,200 |
| 4,968,000 | 4,972,000 | 3,534,400 |

| 給与等の金額 | | 給与所得控除後の給与等の金額 |
|---|---|---|
| 以上 | 未満 | |
| 円 | 円 | 円 |
| 4,972,000 | 4,976,000 | 3,537,600 |
| 4,976,000 | 4,980,000 | 3,540,800 |
| 4,980,000 | 4,984,000 | 3,544,000 |
| 4,984,000 | 4,988,000 | 3,547,200 |
| 4,988,000 | 4,992,000 | 3,550,400 |
| 4,992,000 | 4,996,000 | 3,553,600 |
| 4,996,000 | 5,000,000 | 3,556,800 |
| 5,000,000 | 5,004,000 | 3,560,000 |
| 5,004,000 | 5,008,000 | 3,563,200 |
| 5,008,000 | 5,012,000 | 3,566,400 |
| 5,012,000 | 5,016,000 | 3,569,600 |
| 5,016,000 | 5,020,000 | 3,572,800 |
| 5,020,000 | 5,024,000 | 3,576,000 |
| 5,024,000 | 5,028,000 | 3,579,200 |
| 5,028,000 | 5,032,000 | 3,582,400 |
| 5,032,000 | 5,036,000 | 3,585,600 |
| 5,036,000 | 5,040,000 | 3,588,800 |
| 5,040,000 | 5,044,000 | 3,592,000 |
| 5,044,000 | 5,048,000 | 3,595,200 |
| 5,048,000 | 5,052,000 | 3,598,400 |
| 5,052,000 | 5,056,000 | 3,601,600 |
| 5,056,000 | 5,060,000 | 3,604,800 |
| 5,060,000 | 5,064,000 | 3,608,000 |
| 5,064,000 | 5,068,000 | 3,611,200 |
| 5,068,000 | 5,072,000 | 3,614,400 |
| 5,072,000 | 5,076,000 | 3,617,600 |
| 5,076,000 | 5,080,000 | 3,620,800 |
| 5,080,000 | 5,084,000 | 3,624,000 |
| 5,084,000 | 5,088,000 | 3,627,200 |
| 5,088,000 | 5,092,000 | 3,630,400 |
| 5,092,000 | 5,096,000 | 3,633,600 |
| 5,096,000 | 5,100,000 | 3,636,800 |
| 5,100,000 | 5,104,000 | 3,640,000 |
| 5,104,000 | 5,108,000 | 3,643,200 |
| 5,108,000 | 5,112,000 | 3,646,400 |
| 5,112,000 | 5,116,000 | 3,649,600 |
| 5,116,000 | 5,120,000 | 3,652,800 |
| 5,120,000 | 5,124,000 | 3,656,000 |
| 5,124,000 | 5,128,000 | 3,659,200 |
| 5,128,000 | 5,132,000 | 3,662,400 |
| 5,132,000 | 5,136,000 | 3,665,600 |
| 5,136,000 | 5,140,000 | 3,668,800 |
| 5,140,000 | 5,144,000 | 3,672,000 |
| 5,144,000 | 5,148,000 | 3,675,200 |
| 5,148,000 | 5,152,000 | 3,678,400 |
| 5,152,000 | 5,156,000 | 3,681,600 |
| 5,156,000 | 5,160,000 | 3,684,800 |
| 5,160,000 | 5,164,000 | 3,688,000 |
| 5,164,000 | 5,168,000 | 3,691,200 |
| 5,168,000 | 5,172,000 | 3,694,400 |
| 5,172,000 | 5,176,000 | 3,697,600 |
| 5,176,000 | 5,180,000 | 3,700,800 |
| 5,180,000 | 5,184,000 | 3,704,000 |
| 5,184,000 | 5,188,000 | 3,707,200 |
| 5,188,000 | 5,192,000 | 3,710,400 |
| 5,192,000 | 5,196,000 | 3,713,600 |
| 5,196,000 | 5,200,000 | 3,716,800 |
| 5,200,000 | 5,204,000 | 3,720,000 |
| 5,204,000 | 5,208,000 | 3,723,200 |
| 5,208,000 | 5,212,000 | 3,726,400 |
| 5,212,000 | 5,216,000 | 3,729,600 |
| 5,216,000 | 5,220,000 | 3,732,800 |
| 5,220,000 | 5,224,000 | 3,736,000 |
| 5,224,000 | 5,228,000 | 3,739,200 |
| 5,228,000 | 5,232,000 | 3,742,400 |
| 5,232,000 | 5,236,000 | 3,745,600 |
| 5,236,000 | 5,240,000 | 3,748,800 |
| 5,240,000 | 5,244,000 | 3,752,000 |
| 5,244,000 | 5,248,000 | 3,755,200 |
| 5,248,000 | 5,252,000 | 3,758,400 |

| 給与等の金額 | | 給与所得控除後の給与等の金額 |
|---|---|---|
| 以上 | 未満 | |
| 円 | 円 | 円 |
| 5,252,000 | 5,256,000 | 3,761,600 |
| 5,256,000 | 5,260,000 | 3,764,800 |
| 5,260,000 | 5,264,000 | 3,768,000 |
| 5,264,000 | 5,268,000 | 3,771,200 |
| 5,268,000 | 5,272,000 | 3,774,400 |
| 5,272,000 | 5,276,000 | 3,777,600 |
| 5,276,000 | 5,280,000 | 3,780,800 |
| 5,280,000 | 5,284,000 | 3,784,000 |
| 5,284,000 | 5,288,000 | 3,787,200 |
| 5,288,000 | 5,292,000 | 3,790,400 |
| 5,292,000 | 5,296,000 | 3,793,600 |
| 5,296,000 | 5,300,000 | 3,796,800 |
| 5,300,000 | 5,304,000 | 3,800,000 |
| 5,304,000 | 5,308,000 | 3,803,200 |
| 5,308,000 | 5,312,000 | 3,806,400 |
| 5,312,000 | 5,316,000 | 3,809,600 |
| 5,316,000 | 5,320,000 | 3,812,800 |
| 5,320,000 | 5,324,000 | 3,816,000 |
| 5,324,000 | 5,328,000 | 3,819,200 |
| 5,328,000 | 5,332,000 | 3,822,400 |
| 5,332,000 | 5,336,000 | 3,825,600 |
| 5,336,000 | 5,340,000 | 3,828,800 |
| 5,340,000 | 5,344,000 | 3,832,000 |
| 5,344,000 | 5,348,000 | 3,835,200 |
| 5,348,000 | 5,352,000 | 3,838,400 |
| 5,352,000 | 5,356,000 | 3,841,600 |
| 5,356,000 | 5,360,000 | 3,844,800 |
| 5,360,000 | 5,364,000 | 3,848,000 |
| 5,364,000 | 5,368,000 | 3,851,200 |
| 5,368,000 | 5,372,000 | 3,854,400 |
| 5,372,000 | 5,376,000 | 3,857,600 |
| 5,376,000 | 5,380,000 | 3,860,800 |
| 5,380,000 | 5,384,000 | 3,864,000 |
| 5,384,000 | 5,388,000 | 3,867,200 |
| 5,388,000 | 5,392,000 | 3,870,400 |
| 5,392,000 | 5,396,000 | 3,873,600 |
| 5,396,000 | 5,400,000 | 3,876,800 |
| 5,400,000 | 5,404,000 | 3,880,000 |
| 5,404,000 | 5,408,000 | 3,883,200 |
| 5,408,000 | 5,412,000 | 3,886,400 |
| 5,412,000 | 5,416,000 | 3,889,600 |
| 5,416,000 | 5,420,000 | 3,892,800 |
| 5,420,000 | 5,424,000 | 3,896,000 |
| 5,424,000 | 5,428,000 | 3,899,200 |
| 5,428,000 | 5,432,000 | 3,902,400 |
| 5,432,000 | 5,436,000 | 3,905,600 |
| 5,436,000 | 5,440,000 | 3,908,800 |
| 5,440,000 | 5,444,000 | 3,912,000 |
| 5,444,000 | 5,448,000 | 3,915,200 |
| 5,448,000 | 5,452,000 | 3,918,400 |
| 5,452,000 | 5,456,000 | 3,921,600 |
| 5,456,000 | 5,460,000 | 3,924,800 |
| 5,460,000 | 5,464,000 | 3,928,000 |
| 5,464,000 | 5,468,000 | 3,931,200 |
| 5,468,000 | 5,472,000 | 3,934,400 |
| 5,472,000 | 5,476,000 | 3,937,600 |
| 5,476,000 | 5,480,000 | 3,940,800 |
| 5,480,000 | 5,484,000 | 3,944,000 |
| 5,484,000 | 5,488,000 | 3,947,200 |
| 5,488,000 | 5,492,000 | 3,950,400 |
| 5,492,000 | 5,496,000 | 3,953,600 |
| 5,496,000 | 5,500,000 | 3,956,800 |
| 5,500,000 | 5,504,000 | 3,960,000 |
| 5,504,000 | 5,508,000 | 3,963,200 |
| 5,508,000 | 5,512,000 | 3,966,400 |
| 5,512,000 | 5,516,000 | 3,969,600 |
| 5,516,000 | 5,520,000 | 3,972,800 |
| 5,520,000 | 5,524,000 | 3,976,000 |
| 5,524,000 | 5,528,000 | 3,979,200 |
| 5,528,000 | 5,532,000 | 3,982,400 |

| 給与等の金額 | | 給与所得控除後の給与等の金額 |
|---|---|---|
| 以上 | 未満 | |
| 円 | 円 | 円 |
| 5,532,000 | 5,536,000 | 3,985,600 |
| 5,536,000 | 5,540,000 | 3,988,800 |
| 5,540,000 | 5,544,000 | 3,992,000 |
| 5,544,000 | 5,548,000 | 3,995,200 |
| 5,548,000 | 5,552,000 | 3,998,400 |
| 5,552,000 | 5,556,000 | 4,001,600 |
| 5,556,000 | 5,560,000 | 4,004,800 |
| 5,560,000 | 5,564,000 | 4,008,000 |
| 5,564,000 | 5,568,000 | 4,011,200 |
| 5,568,000 | 5,572,000 | 4,014,400 |
| 5,572,000 | 5,576,000 | 4,017,600 |
| 5,576,000 | 5,580,000 | 4,020,800 |
| 5,580,000 | 5,584,000 | 4,024,000 |
| 5,584,000 | 5,588,000 | 4,027,200 |
| 5,588,000 | 5,592,000 | 4,030,400 |
| 5,592,000 | 5,596,000 | 4,033,600 |
| 5,596,000 | 5,600,000 | 4,036,800 |
| 5,600,000 | 5,604,000 | 4,040,000 |
| 5,604,000 | 5,608,000 | 4,043,200 |
| 5,608,000 | 5,612,000 | 4,046,400 |
| 5,612,000 | 5,616,000 | 4,049,600 |
| 5,616,000 | 5,620,000 | 4,052,800 |
| 5,620,000 | 5,624,000 | 4,056,000 |
| 5,624,000 | 5,628,000 | 4,059,200 |
| 5,628,000 | 5,632,000 | 4,062,400 |
| 5,632,000 | 5,636,000 | 4,065,600 |
| 5,636,000 | 5,640,000 | 4,068,800 |
| 5,640,000 | 5,644,000 | 4,072,000 |
| 5,644,000 | 5,648,000 | 4,075,200 |
| 5,648,000 | 5,652,000 | 4,078,400 |
| 5,652,000 | 5,656,000 | 4,081,600 |
| 5,656,000 | 5,660,000 | 4,084,800 |
| 5,660,000 | 5,664,000 | 4,088,000 |
| 5,664,000 | 5,668,000 | 4,091,200 |
| 5,668,000 | 5,672,000 | 4,094,400 |
| 5,672,000 | 5,676,000 | 4,097,600 |
| 5,676,000 | 5,680,000 | 4,100,800 |
| 5,680,000 | 5,684,000 | 4,104,000 |
| 5,684,000 | 5,688,000 | 4,107,200 |
| 5,688,000 | 5,692,000 | 4,110,400 |
| 5,692,000 | 5,696,000 | 4,113,600 |
| 5,696,000 | 5,700,000 | 4,116,800 |
| 5,700,000 | 5,704,000 | 4,120,000 |
| 5,704,000 | 5,708,000 | 4,123,200 |
| 5,708,000 | 5,712,000 | 4,126,400 |
| 5,712,000 | 5,716,000 | 4,129,600 |
| 5,716,000 | 5,720,000 | 4,132,800 |
| 5,720,000 | 5,724,000 | 4,136,000 |
| 5,724,000 | 5,728,000 | 4,139,200 |
| 5,728,000 | 5,732,000 | 4,142,400 |
| 5,732,000 | 5,736,000 | 4,145,600 |
| 5,736,000 | 5,740,000 | 4,148,800 |
| 5,740,000 | 5,744,000 | 4,152,000 |
| 5,744,000 | 5,748,000 | 4,155,200 |
| 5,748,000 | 5,752,000 | 4,158,400 |
| 5,752,000 | 5,756,000 | 4,161,600 |
| 5,756,000 | 5,760,000 | 4,164,800 |
| 5,760,000 | 5,764,000 | 4,168,000 |
| 5,764,000 | 5,768,000 | 4,171,200 |
| 5,768,000 | 5,772,000 | 4,174,400 |
| 5,772,000 | 5,776,000 | 4,177,600 |
| 5,776,000 | 5,780,000 | 4,180,800 |
| 5,780,000 | 5,784,000 | 4,184,000 |
| 5,784,000 | 5,788,000 | 4,187,200 |
| 5,788,000 | 5,792,000 | 4,190,400 |
| 5,792,000 | 5,796,000 | 4,193,600 |
| 5,796,000 | 5,800,000 | 4,196,800 |
| 5,800,000 | 5,804,000 | 4,200,000 |
| 5,804,000 | 5,808,000 | 4,203,200 |
| 5,808,000 | 5,812,000 | 4,206,400 |

| 給与等の金額 | | 給与所得控除後の給与等の金額 |
|---|---|---|
| 以上 | 未満 | |
| 円 | 円 | 円 |
| 5,812,000 | 5,816,000 | 4,209,600 |
| 5,816,000 | 5,820,000 | 4,212,800 |
| 5,820,000 | 5,824,000 | 4,216,000 |
| 5,824,000 | 5,828,000 | 4,219,200 |
| 5,828,000 | 5,832,000 | 4,222,400 |
| 5,832,000 | 5,836,000 | 4,225,600 |
| 5,836,000 | 5,840,000 | 4,228,800 |
| 5,840,000 | 5,844,000 | 4,232,000 |
| 5,844,000 | 5,848,000 | 4,235,200 |
| 5,848,000 | 5,852,000 | 4,238,400 |
| 5,852,000 | 5,856,000 | 4,241,600 |
| 5,856,000 | 5,860,000 | 4,244,800 |
| 5,860,000 | 5,864,000 | 4,248,000 |
| 5,864,000 | 5,868,000 | 4,251,200 |
| 5,868,000 | 5,872,000 | 4,254,400 |
| 5,872,000 | 5,876,000 | 4,257,600 |
| 5,876,000 | 5,880,000 | 4,260,800 |
| 5,880,000 | 5,884,000 | 4,264,000 |
| 5,884,000 | 5,888,000 | 4,267,200 |
| 5,888,000 | 5,892,000 | 4,270,400 |
| 5,892,000 | 5,896,000 | 4,273,600 |
| 5,896,000 | 5,900,000 | 4,276,800 |
| 5,900,000 | 5,904,000 | 4,280,000 |
| 5,904,000 | 5,908,000 | 4,283,200 |
| 5,908,000 | 5,912,000 | 4,286,400 |
| 5,912,000 | 5,916,000 | 4,289,600 |
| 5,916,000 | 5,920,000 | 4,292,800 |
| 5,920,000 | 5,924,000 | 4,296,000 |
| 5,924,000 | 5,928,000 | 4,299,200 |
| 5,928,000 | 5,932,000 | 4,302,400 |
| 5,932,000 | 5,936,000 | 4,305,600 |
| 5,936,000 | 5,940,000 | 4,308,800 |
| 5,940,000 | 5,944,000 | 4,312,000 |
| 5,944,000 | 5,948,000 | 4,315,200 |
| 5,948,000 | 5,952,000 | 4,318,400 |
| 5,952,000 | 5,956,000 | 4,321,600 |
| 5,956,000 | 5,960,000 | 4,324,800 |
| 5,960,000 | 5,964,000 | 4,328,000 |
| 5,964,000 | 5,968,000 | 4,331,200 |
| 5,968,000 | 5,972,000 | 4,334,400 |
| 5,972,000 | 5,976,000 | 4,337,600 |
| 5,976,000 | 5,980,000 | 4,340,800 |
| 5,980,000 | 5,984,000 | 4,344,000 |
| 5,984,000 | 5,988,000 | 4,347,200 |
| 5,988,000 | 5,992,000 | 4,350,400 |
| 5,992,000 | 5,996,000 | 4,353,600 |
| 5,996,000 | 6,000,000 | 4,356,800 |
| 6,000,000 | 6,004,000 | 4,360,000 |
| 6,004,000 | 6,008,000 | 4,363,200 |
| 6,008,000 | 6,012,000 | 4,366,400 |
| 6,012,000 | 6,016,000 | 4,369,600 |
| 6,016,000 | 6,020,000 | 4,372,800 |
| 6,020,000 | 6,024,000 | 4,376,000 |
| 6,024,000 | 6,028,000 | 4,379,200 |
| 6,028,000 | 6,032,000 | 4,382,400 |
| 6,032,000 | 6,036,000 | 4,385,600 |
| 6,036,000 | 6,040,000 | 4,388,800 |
| 6,040,000 | 6,044,000 | 4,392,000 |
| 6,044,000 | 6,048,000 | 4,395,200 |
| 6,048,000 | 6,052,000 | 4,398,400 |
| 6,052,000 | 6,056,000 | 4,401,600 |
| 6,056,000 | 6,060,000 | 4,404,800 |
| 6,060,000 | 6,064,000 | 4,408,000 |
| 6,064,000 | 6,068,000 | 4,411,200 |
| 6,068,000 | 6,072,000 | 4,414,400 |
| 6,072,000 | 6,076,000 | 4,417,600 |
| 6,076,000 | 6,080,000 | 4,420,800 |
| 6,080,000 | 6,084,000 | 4,424,000 |
| 6,084,000 | 6,088,000 | 4,427,200 |
| 6,088,000 | 6,092,000 | 4,430,400 |

| 給与等の金額 | | 給与所得控除後の給与等の金額 |
|---|---|---|
| 以上 | 未満 | |
| 円 | 円 | 円 |
| 6,092,000 | 6,096,000 | 4,433,600 |
| 6,096,000 | 6,100,000 | 4,436,800 |
| 6,100,000 | 6,104,000 | 4,440,000 |
| 6,104,000 | 6,108,000 | 4,443,200 |
| 6,108,000 | 6,112,000 | 4,446,400 |
| 6,112,000 | 6,116,000 | 4,449,600 |
| 6,116,000 | 6,120,000 | 4,452,800 |
| 6,120,000 | 6,124,000 | 4,456,000 |
| 6,124,000 | 6,128,000 | 4,459,200 |
| 6,128,000 | 6,132,000 | 4,462,400 |
| 6,132,000 | 6,136,000 | 4,465,600 |
| 6,136,000 | 6,140,000 | 4,468,800 |
| 6,140,000 | 6,144,000 | 4,472,000 |
| 6,144,000 | 6,148,000 | 4,475,200 |
| 6,148,000 | 6,152,000 | 4,478,400 |
| 6,152,000 | 6,156,000 | 4,481,600 |
| 6,156,000 | 6,160,000 | 4,484,800 |
| 6,160,000 | 6,164,000 | 4,488,000 |
| 6,164,000 | 6,168,000 | 4,491,200 |
| 6,168,000 | 6,172,000 | 4,494,400 |
| 6,172,000 | 6,176,000 | 4,497,600 |
| 6,176,000 | 6,180,000 | 4,500,800 |
| 6,180,000 | 6,184,000 | 4,504,000 |
| 6,184,000 | 6,188,000 | 4,507,200 |
| 6,188,000 | 6,192,000 | 4,510,400 |
| 6,192,000 | 6,196,000 | 4,513,600 |
| 6,196,000 | 6,200,000 | 4,516,800 |
| 6,200,000 | 6,204,000 | 4,520,000 |
| 6,204,000 | 6,208,000 | 4,523,200 |
| 6,208,000 | 6,212,000 | 4,526,400 |
| 6,212,000 | 6,216,000 | 4,529,600 |
| 6,216,000 | 6,220,000 | 4,532,800 |
| 6,220,000 | 6,224,000 | 4,536,000 |
| 6,224,000 | 6,228,000 | 4,539,200 |
| 6,228,000 | 6,232,000 | 4,542,400 |
| 6,232,000 | 6,236,000 | 4,545,600 |
| 6,236,000 | 6,240,000 | 4,548,800 |
| 6,240,000 | 6,244,000 | 4,552,000 |
| 6,244,000 | 6,248,000 | 4,555,200 |
| 6,248,000 | 6,252,000 | 4,558,400 |
| 6,252,000 | 6,256,000 | 4,561,600 |
| 6,256,000 | 6,260,000 | 4,564,800 |
| 6,260,000 | 6,264,000 | 4,568,000 |
| 6,264,000 | 6,268,000 | 4,571,200 |
| 6,268,000 | 6,272,000 | 4,574,400 |
| 6,272,000 | 6,276,000 | 4,577,600 |
| 6,276,000 | 6,280,000 | 4,580,800 |
| 6,280,000 | 6,284,000 | 4,584,000 |
| 6,284,000 | 6,288,000 | 4,587,200 |
| 6,288,000 | 6,292,000 | 4,590,400 |
| 6,292,000 | 6,296,000 | 4,593,600 |
| 6,296,000 | 6,300,000 | 4,596,800 |
| 6,300,000 | 6,304,000 | 4,600,000 |
| 6,304,000 | 6,308,000 | 4,603,200 |
| 6,308,000 | 6,312,000 | 4,606,400 |
| 6,312,000 | 6,316,000 | 4,609,600 |
| 6,316,000 | 6,320,000 | 4,612,800 |
| 6,320,000 | 6,324,000 | 4,616,000 |
| 6,324,000 | 6,328,000 | 4,619,200 |
| 6,328,000 | 6,332,000 | 4,622,400 |
| 6,332,000 | 6,336,000 | 4,625,600 |
| 6,336,000 | 6,340,000 | 4,628,800 |
| 6,340,000 | 6,344,000 | 4,632,000 |
| 6,344,000 | 6,348,000 | 4,635,200 |
| 6,348,000 | 6,352,000 | 4,638,400 |
| 6,352,000 | 6,356,000 | 4,641,600 |
| 6,356,000 | 6,360,000 | 4,644,800 |
| 6,360,000 | 6,364,000 | 4,648,000 |
| 6,364,000 | 6,368,000 | 4,651,200 |
| 6,368,000 | 6,372,000 | 4,654,400 |

| 給与等の金額 | | 給与所得控除後の給与等の金額 |
|---|---|---|
| 以上 | 未満 | |
| 円 | 円 | 円 |
| 6,372,000 | 6,376,000 | 4,657,600 |
| 6,376,000 | 6,380,000 | 4,660,800 |
| 6,380,000 | 6,384,000 | 4,664,000 |
| 6,384,000 | 6,388,000 | 4,667,200 |
| 6,388,000 | 6,392,000 | 4,670,400 |
| 6,392,000 | 6,396,000 | 4,673,600 |
| 6,396,000 | 6,400,000 | 4,676,800 |
| 6,400,000 | 6,404,000 | 4,680,000 |
| 6,404,000 | 6,408,000 | 4,683,200 |
| 6,408,000 | 6,412,000 | 4,686,400 |
| 6,412,000 | 6,416,000 | 4,689,600 |
| 6,416,000 | 6,420,000 | 4,692,800 |
| 6,420,000 | 6,424,000 | 4,696,000 |
| 6,424,000 | 6,428,000 | 4,699,200 |
| 6,428,000 | 6,432,000 | 4,702,400 |
| 6,432,000 | 6,436,000 | 4,705,600 |
| 6,436,000 | 6,440,000 | 4,708,800 |
| 6,440,000 | 6,444,000 | 4,712,000 |
| 6,444,000 | 6,448,000 | 4,715,200 |
| 6,448,000 | 6,452,000 | 4,718,400 |
| 6,452,000 | 6,456,000 | 4,721,600 |
| 6,456,000 | 6,460,000 | 4,724,800 |
| 6,460,000 | 6,464,000 | 4,728,000 |
| 6,464,000 | 6,468,000 | 4,731,200 |
| 6,468,000 | 6,472,000 | 4,734,400 |

| 給与等の金額 | | 給与所得控除後の給与等の金額 |
|---|---|---|
| 以上 | 未満 | |
| 円 | 円 | 円 |
| 6,472,000 | 6,476,000 | 4,737,600 |
| 6,476,000 | 6,480,000 | 4,740,800 |
| 6,480,000 | 6,484,000 | 4,744,000 |
| 6,484,000 | 6,488,000 | 4,747,200 |
| 6,488,000 | 6,492,000 | 4,750,400 |
| 6,492,000 | 6,496,000 | 4,753,600 |
| 6,496,000 | 6,500,000 | 4,756,800 |
| 6,500,000 | 6,504,000 | 4,760,000 |
| 6,504,000 | 6,508,000 | 4,763,200 |
| 6,508,000 | 6,512,000 | 4,766,400 |
| 6,512,000 | 6,516,000 | 4,769,600 |
| 6,516,000 | 6,520,000 | 4,772,800 |
| 6,520,000 | 6,524,000 | 4,776,000 |
| 6,524,000 | 6,528,000 | 4,779,200 |
| 6,528,000 | 6,532,000 | 4,782,400 |
| 6,532,000 | 6,536,000 | 4,785,600 |
| 6,536,000 | 6,540,000 | 4,788,800 |
| 6,540,000 | 6,544,000 | 4,792,000 |
| 6,544,000 | 6,548,000 | 4,795,200 |
| 6,548,000 | 6,552,000 | 4,798,400 |
| 6,552,000 | 6,556,000 | 4,801,600 |
| 6,556,000 | 6,560,000 | 4,804,800 |
| 6,560,000 | 6,564,000 | 4,808,000 |
| 6,564,000 | 6,568,000 | 4,811,200 |
| 6,568,000 | 6,572,000 | 4,814,400 |

| 給与等の金額 | | 給与所得控除後の給与等の金額 |
|---|---|---|
| 以上 | 未満 | |
| 円 | 円 | 円 |
| 6,572,000 | 6,576,000 | 4,817,600 |
| 6,576,000 | 6,580,000 | 4,820,800 |
| 6,580,000 | 6,584,000 | 4,824,000 |
| 6,584,000 | 6,588,000 | 4,827,200 |
| 6,588,000 | 6,592,000 | 4,830,400 |
| 6,592,000 | 6,596,000 | 4,833,600 |
| 6,596,000 | 6,600,000 | 4,836,800 |
| 6,600,000 | 8,500,000 | 給与等の金額に90%を乗じて算出した金額から1,100,000円を控除した金額 |
| 8,500,000 | 20,000,000 | 給与等の金額から1,950,000円を控除した金額 |
| 20,000,000円 | | 18,050,000円 |

(出所：所得税法別表第 5)

(備考) 給与所得控除後の給与等の金額を求めるには、その年中の給与等の金額に応じ、「給与等の金額」欄の該当する行を求めるものとし、その行の「給与所得控除後の給与等の金額」欄に記載されている金額が、その給与等の金額についての給与所得控除後の給与等の金額です。この場合において、給与等の金額が 6,600,000 円以上の人の給与所得控除後の給与等の金額に 1 円未満の端数があるときは、これを切り捨てた額をもってその求める給与所得控除後の給与等の金額とします。

## (4) 非居住者に対する課税関係の概要

| 非居住者の区分（所法164①）<br>所得の種類（所法161①） | 恒久的施設を有する者 | | 恒久的施設を有しない者<br>（所法164①二） | 源泉徴収（所法212①213①） |
|---|---|---|---|---|
| | 恒久的施設帰属所得<br>（所法164①一イ） | その他の国内源泉所得<br>（所法164①一ロ） | | |
| （事業所得） | 【総合課税】（所法161①一） | 【課税対象外】 | | 無 |
| ① 資産の運用・保有により生ずる所得（所法161①二）<br>※下記⑦～⑮に該当するものを除く。 | | 【総合課税（一部）（注2）】 | | 無 |
| ② 資産の譲渡により生ずる所得（〃 三） | | | | 無 |
| ③ 組合契約事業利益の配分（〃 四） | 【源泉徴収の上、総合課税】（所法161①一） | 【課税対象外】 | | 20.42% |
| ④ 土地等の譲渡対価（〃 五） | | 【源泉徴収の上、総合課税】 | | 10.21% |
| ⑤ 人的役務の提供事業の対価（〃 六） | | | | 20.42% |
| ⑥ 不動産の賃貸料等（〃 七） | | | | 20.42% |
| ⑦ 利子等（〃 八） | | 【源泉分離課税】 | | 15.315% |
| ⑧ 配当等（〃 九） | | | | 20.42% |
| ⑨ 貸付金利子（〃 十） | | | | 20.42% |
| ⑩ 使用料等（〃 十一） | | | | 20.42% |
| ⑪ 給与その他人的役務の提供に対する報酬、公的年金等、退職手当等（〃 十二） | | | | 20.42% |
| ⑫ 事業の広告宣伝のための賞金（〃 十三） | | | | 20.42% |
| ⑬ 生命保険契約に基づく年金等（〃 十四） | | | | 20.42% |
| ⑭ 定期積金の給付補塡金等（〃 十五） | | | | 15.315% |
| ⑮ 匿名組合契約等に基づく利益の分配（〃 十六） | | | | 20.42% |
| ⑯ その他の国内源泉所得（〃 十七） | 【総合課税】（所法161①一） | 【総合課税】 | | 無 |

（注） 1 恒久的施設帰属所得が、上記の表①から⑯までに掲げる国内源泉所得に重複して該当する場合があります。

2 上記の表②資産の譲渡により生ずる所得のうち恒久的施設帰属所得に該当する所得以外のものについては、所令第281条第1項第1号から第8号までに掲げるもののみ課税されます。

3 措置法の規定により、上記の表において総合課税の対象とされる所得のうち一定のものについては、申告分離課税又は源泉分離課税の対象とされる場合があります。

4 措置法の規定により、上記の表における源泉徴収税率のうち一定の所得に係るものについては、軽減又は免除される場合があります。

## (5) 外国法人に対する課税関係の概要

（網かけ部分が法人税の課税範囲）

| 所得の種類（法法138） ＼ 外国法人の区分（法法141） | | 恒久的施設を有する法人 | | 恒久的施設を有しない法人 | 源泉徴収（所法212①213①） |
|---|---|---|---|---|---|
| | | 恒久的施設帰属所得（法法141一イ） | その他の国内源泉所得（法法141一ロ） | （法法141二） | |
| （事業所得） | | ①恒久的施設に帰せられるべき所得（法法138①一）【法人税】 | 【課税対象外】 | | 無（注1） |
| ② 資産の運用・保有　（法法138①二）※下記(7)～(14)に該当するものを除く。 | | | 【法人税】 | | 無（注2） |
| ③ 資産の譲渡（法法138①三）※右のものに限る。 | 不動産の譲渡（法令178一） | | | | 無（注3） |
| | 不動産の上に存する権利等の譲渡（〃　二） | | | | |
| | 山林の伐採又は譲渡（〃　三） | | | | 無 |
| | 買集めした内国法人株式の譲渡（〃　四イ） | | | | |
| | 事業譲渡類似株式の譲渡（〃　四ロ） | | | | |
| | 不動産関連法人株式の譲渡（〃　五） | | | | |
| | ゴルフ場の所有・経営に係る法人の株式の譲渡等（〃　六、七） | | | | |
| ④ 人的役務の提供事業の対価（法法138①四） | | | | | 20.42% |
| ⑤ 不動産の賃貸料等（〃　五） | | | | | 20.42% |
| ⑥ その他の国内源泉所得（〃　六） | | | | | 無 |
| (7) 債券利子等（所法161①八）（注5） | | | 【源泉徴収のみ】 | | 15.315% |
| (8) 配当等（〃　九）（注5） | | | | | 20.42%（注4） |
| (9) 貸付金利子（〃　十）（注5） | | | | | 20.42% |
| (10) 使用料等（〃　十一）（注5） | | | | | 20.42% |
| (11) 事業の広告宣伝のための賞金（〃　十三）（注5） | | | | | 20.42% |
| (12) 生命保険契約に基づく年金等（〃　十四）（注5） | | | | | 20.42% |
| (13) 定期積金の給付補填金等（〃　十五）（注5） | | | | | 15.315% |
| (14) 匿名組合契約等に基づく利益の分配（〃　十六）（注5） | | | | | 20.42% |

（注） 1　事業所得のうち、組合契約事業から生ずる利益の配分については、20.42％の税率で源泉徴収が行われます。

2　措法第41条の12の規定により同条に規定する一定の割引債の償還差益については、18.378％（一部のものは16.336％）の税率で源泉徴収が行われます。
また、措法第41条の12の２の規定により同条に規定する一定の割引債の償還金に係る差益金額については、15.315％の税率で源泉徴収が行われます。

3　資産の譲渡による所得のうち、国内にある土地若しくは土地の上に存する権利又は建物及びその附属設備若しくは構築物の譲渡による対価（所令281の3に規定するものを除きます。）については、10.21％の税率で源泉徴収が行われます。

4　上場株式等に係る配当等、公募証券投資信託（公社債投資信託及び特定株式投資信託を除きます。）の収益の分配に係る配当等及び特定投資法人の投資口の配当等については15.315％の税率が適用されます。

5　(7) から (14) の国内源泉所得の区分は所得税法上のもので、法人税法にはこれらの国内源泉所得の区分は設けられていません。

## (6) 令和2年3月分（4月納付分）からの健康保険・厚生年金保険の保険料額表

▶健康保険料率：令和2年3月分～　適用
▶厚生年金保険料率：平成29年9月分～　適用
▶介護保険料率：令和2年3月分～　適用
▶子ども・子育て拠出金率：平成31年4月分～　適用

（東京都）

（単位：円）

| 標準報酬 | | 報酬月額 | | | 全国健康保険協会管掌健康保険料 | | | | 厚生年金保険料（厚生年金基金加入員を除く） | |
|---|---|---|---|---|---|---|---|---|---|---|
| | | | | | 介護保険第2号被保険者 に該当しない場合 | | 介護保険第2号被保険者 に該当する場合 | | 一般、坑内員・船員 | |
| | | | | | 9.87% | | 11.66% | | 18.300% ※ | |
| 等級 | 月額 | | | | 全額 | 折半額 | 全額 | 折半額 | 全額 | 折半額 |
| | | 円以上 | | 円未満 | | | | | | |
| 1 | 58,000 | | ～ | 63,000 | 5,724.6 | 2,862.3 | 6,762.8 | 3,381.4 | | |
| 2 | 68,000 | 63,000 | ～ | 73,000 | 6,711.6 | 3,355.8 | 7,928.8 | 3,964.4 | | |
| 3 | 78,000 | 73,000 | ～ | 83,000 | 7,698.6 | 3,849.3 | 9,094.8 | 4,547.4 | | |
| 4 (1) | 88,000 | 83,000 | ～ | 93,000 | 8,685.6 | 4,342.8 | 10,260.8 | 5,130.4 | 16,104.00 | 8,052.00 |
| 5 (2) | 98,000 | 93,000 | ～ | 101,000 | 9,672.6 | 4,836.3 | 11,426.8 | 5,713.4 | 17,934.00 | 8,967.00 |
| 6 (3) | 104,000 | 101,000 | ～ | 107,000 | 10,264.8 | 5,132.4 | 12,126.4 | 6,063.2 | 19,032.00 | 9,516.00 |
| 7 (4) | 110,000 | 107,000 | ～ | 114,000 | 10,857.0 | 5,428.5 | 12,826.0 | 6,413.0 | 20,130.00 | 10,065.00 |
| 8 (5) | 118,000 | 114,000 | ～ | 122,000 | 11,646.6 | 5,823.3 | 13,758.8 | 6,879.4 | 21,594.00 | 10,797.00 |
| 9 (6) | 126,000 | 122,000 | ～ | 130,000 | 12,436.2 | 6,218.1 | 14,691.6 | 7,345.8 | 23,058.00 | 11,529.00 |
| 10 (7) | 134,000 | 130,000 | ～ | 138,000 | 13,225.8 | 6,612.9 | 15,624.4 | 7,812.2 | 24,522.00 | 12,261.00 |
| 11 (8) | 142,000 | 138,000 | ～ | 146,000 | 14,015.4 | 7,007.7 | 16,557.2 | 8,278.6 | 25,986.00 | 12,993.00 |
| 12 (9) | 150,000 | 146,000 | ～ | 155,000 | 14,805.0 | 7,402.5 | 17,490.0 | 8,745.0 | 27,450.00 | 13,725.00 |
| 13 (10) | 160,000 | 155,000 | ～ | 165,000 | 15,792.0 | 7,896.0 | 18,656.0 | 9,328.0 | 29,280.00 | 14,640.00 |
| 14 (11) | 170,000 | 165,000 | ～ | 175,000 | 16,779.0 | 8,389.5 | 19,822.0 | 9,911.0 | 31,110.00 | 15,555.00 |
| 15 (12) | 180,000 | 175,000 | ～ | 185,000 | 17,766.0 | 8,883.0 | 20,988.0 | 10,494.0 | 32,940.00 | 16,470.00 |
| 16 (13) | 190,000 | 185,000 | ～ | 195,000 | 18,753.0 | 9,376.5 | 22,154.0 | 11,077.0 | 34,770.00 | 17,385.00 |
| 17 (14) | 200,000 | 195,000 | ～ | 210,000 | 19,740.0 | 9,870.0 | 23,320.0 | 11,660.0 | 36,600.00 | 18,300.00 |
| 18 (15) | 220,000 | 210,000 | ～ | 230,000 | 21,714.0 | 10,857.0 | 25,652.0 | 12,826.0 | 40,260.00 | 20,130.00 |
| 19 (16) | 240,000 | 230,000 | ～ | 250,000 | 23,688.0 | 11,844.0 | 27,984.0 | 13,992.0 | 43,920.00 | 21,960.00 |
| 20 (17) | 260,000 | 250,000 | ～ | 270,000 | 25,662.0 | 12,831.0 | 30,316.0 | 15,158.0 | 47,580.00 | 23,790.00 |
| 21 (18) | 280,000 | 270,000 | ～ | 290,000 | 27,636.0 | 13,818.0 | 32,648.0 | 16,324.0 | 51,240.00 | 25,620.00 |
| 22 (19) | 300,000 | 290,000 | ～ | 310,000 | 29,610.0 | 14,805.0 | 34,980.0 | 17,490.0 | 54,900.00 | 27,450.00 |
| 23 (20) | 320,000 | 310,000 | ～ | 330,000 | 31,584.0 | 15,792.0 | 37,312.0 | 18,656.0 | 58,560.00 | 29,280.00 |
| 24 (21) | 340,000 | 330,000 | ～ | 350,000 | 33,558.0 | 16,779.0 | 39,644.0 | 19,822.0 | 62,220.00 | 31,110.00 |
| 25 (22) | 360,000 | 350,000 | ～ | 370,000 | 35,532.0 | 17,766.0 | 41,976.0 | 20,988.0 | 65,880.00 | 32,940.00 |
| 26 (23) | 380,000 | 370,000 | ～ | 395,000 | 37,506.0 | 18,753.0 | 44,308.0 | 22,154.0 | 69,540.00 | 34,770.00 |
| 27 (24) | 410,000 | 395,000 | ～ | 425,000 | 40,467.0 | 20,233.5 | 47,806.0 | 23,903.0 | 75,030.00 | 37,515.00 |
| 28 (25) | 440,000 | 425,000 | ～ | 455,000 | 43,428.0 | 21,714.0 | 51,304.0 | 25,652.0 | 80,520.00 | 40,260.00 |

| | | | | | | | | | | |
|---|---|---|---|---|---|---|---|---|---|---|
| 29 (26) | 470,000 | 455,000 | ～ | 485,000 | 46,389.0 | 23,194.5 | 54,802.0 | 27,401.0 | 86,010.00 | 43,005.00 |
| 30 (27) | 500,000 | 485,000 | ～ | 515,000 | 49,350.0 | 24,675.0 | 58,300.0 | 29,150.0 | 91,500.00 | 45,750.00 |
| 31 (28) | 530,000 | 515,000 | ～ | 545,000 | 52,311.0 | 26,155.5 | 61,798.0 | 30,899.0 | 96,990.00 | 48,495.00 |
| 32 (29) | 560,000 | 545,000 | ～ | 575,000 | 55,272.0 | 27,636.0 | 65,296.0 | 32,648.0 | 102,480.00 | 51,240.00 |
| 33 (30) | 590,000 | 575,000 | ～ | 605,000 | 58,233.0 | 29,116.5 | 68,794.0 | 34,397.0 | 107,970.00 | 53,985.00 |
| 34 (31) | 620,000 | 605,000 | ～ | 635,000 | 61,194.0 | 30,597.0 | 72,292.0 | 36,146.0 | 113,460.00 | 56,730.00 |
| 35 | 650,000 | 635,000 | ～ | 665,000 | 64,155.0 | 32,077.5 | 75,790.0 | 37,895.0 | | |
| 36 | 680,000 | 665,000 | ～ | 695,000 | 67,116.0 | 33,558.0 | 79,288.0 | 39,644.0 | | |
| 37 | 710,000 | 695,000 | ～ | 730,000 | 70,077.0 | 35,038.5 | 82,786.0 | 41,393.0 | | |
| 38 | 750,000 | 730,000 | ～ | 770,000 | 74,025.0 | 37,012.5 | 87,450.0 | 43,725.0 | | |
| 39 | 790,000 | 770,000 | ～ | 810,000 | 77,973.0 | 38,986.5 | 92,114.0 | 46,057.0 | | |
| 40 | 830,000 | 810,000 | ～ | 855,000 | 81,921.0 | 40,960.5 | 96,778.0 | 48,389.0 | | |
| 41 | 880,000 | 855,000 | ～ | 905,000 | 86,856.0 | 43,428.0 | 102,608.0 | 51,304.0 | | |
| 42 | 930,000 | 905,000 | ～ | 955,000 | 91,791.0 | 45,895.5 | 108,438.0 | 54,219.0 | | |
| 43 | 980,000 | 955,000 | ～ | 1,005,000 | 96,726.0 | 48,363.0 | 114,268.0 | 57,134.0 | | |
| 44 | 1,030,000 | 1,005,000 | ～ | 1,055,000 | 101,661.0 | 50,830.5 | 120,098.0 | 60,049.0 | | |
| 45 | 1,090,000 | 1,055,000 | ～ | 1,115,000 | 107,583.0 | 53,791.5 | 127,094.0 | 63,547.0 | | |
| 46 | 1,150,000 | 1,115,000 | ～ | 1,175,000 | 113,505.0 | 56,752.5 | 134,090.0 | 67,045.0 | | |
| 47 | 1,210,000 | 1,175,000 | ～ | 1,235,000 | 119,427.0 | 59,713.5 | 141,086.0 | 70,543.0 | | |
| 48 | 1,270,000 | 1,235,000 | ～ | 1,295,000 | 125,349.0 | 62,674.5 | 148,082.0 | 74,041.0 | | |
| 49 | 1,330,000 | 1,295,000 | ～ | 1,355,000 | 131,271.0 | 65,635.5 | 155,078.0 | 77,539.0 | | |
| 50 | 1,390,000 | 1,355,000 | ～ | | 137,193.0 | 68,596.5 | 162,074.0 | 81,037.0 | | |

※厚生年金基金に加入している方の厚生年金保険料率は、基金ごとに定められている免除保険料率（2.4%～5.0%）を控除した率となります。

加入する基金ごとに異なりますので、免除保険料率および厚生年金基金の掛金については、加入する厚生年金基金にお問い合わせください。

◆介護保険第2号被保険者は、40歳から64歳までの方であり、健康保険料率（9.87%）に介護保険料率（1.79%）が加わります。
◆等級欄の（　）内の数字は、厚生年金保険の標準報酬月額等級です。
4 (1) 等級の「報酬月額」欄は、厚生年金保険の場合「93.000円未満」と読み替えてください。
34 (31) 等級の「報酬月額」欄は、厚生年金保険の場合「605,000円以上」と読み替えてください。
◆令和2年度における全国健康保険協会の任意継続被保険者について、標準報酬月額の上限は、300,000円です。

○被保険者負担分（表の折半額の欄）に円未満の端数がある場合

①事業主が、給与から被保険者負担分を控除する場合、被保険者負担分の端数が50銭以下の場合は切り捨て、50銭を超える場合は切り上げて1円となります。
②被保険者が、被保険者負担分を事業主へ現金で支払う場合、被保険者負担分の端数が50銭未満の場合は切り捨て、50銭以上の場合は切り上げて1円となります。
（注）①、②にかかわらず、事業主と被保険者の間で特約がある場合には、特約に基づき端数処理をすることができます。

○納入告知書の保険料額

納入告知書の保険料額は、被保険者個々の保険料額を合算した金額になります。ただし、合算した金額に円未満の端数がある場合は、その端数を切り捨てた額となります。

○賞与に係る保険料

賞与に係る保険料額は、賞与額から1,000円未満の端数を切り捨てた額（標準賞与額）に、保険料率を乗じた額となります。
また、標準賞与額の上限は、健康保険は年間573万円（毎年4月1日から翌年3月31日までの累計額。）となり、厚生年金保険と子ども・子育て拠出金の場合は月間150万円となります。

○子ども・子育て拠出金

事業主の方は、児童手当の支給に要する費用等の一部として、子ども・子育て拠出金を負担いただくことになります。（被保険者の負担はありません。）
この子ども・子育て拠出金の額は、被保険者個々の厚生年金保険の標準報酬月額および標準賞与額に、拠出金率(0.34%)を乗じて得た額の総額となります。

## (7) 労災保険率・雇用保険率

### ① 労災保険率表 (単位： 1／1,000)

(平成30年4月1日施行)

| 事業の種類の分類 | 業種番号 | 事業の種類 | 労災保険率 |
|---|---|---|---|
| 林業 | 02又は03 | 林業 | 60 |
| 漁業 | 11 | 海面漁業 (定置網漁業又は海面魚類養殖業を除く。) | 18 |
| | 12 | 定置網漁業又は海面魚類養殖業 | 38 |
| 鉱業 | 21 | 金属鉱業、非金属鉱業<br>(石灰石鉱業又はドロマイト鉱業を除く。) 又は石炭鉱業 | 88 |
| | 23 | 石灰石鉱業又はドロマイト鉱業 | 16 |
| | 24 | 原油又は天然ガス鉱業 | 2.5 |
| | 25 | 採石業 | 49 |
| | 26 | その他の鉱業 | 26 |
| 建設事業 | 31 | 水力発電施設、ずい道等新設事業 | 62 |
| | 32 | 道路新設事業 | 11 |
| | 33 | 舗装工事業 | 9 |
| | 34 | 鉄道又は軌道新設事業 | 9 |
| | 35 | 建築事業 (既設建築物設備工事業を除く。) | 9.5 |
| | 38 | 既設建築物設備工事業 | 12 |
| | 36 | 機械装置の組立て又は据付けの事業 | 6.5 |
| | 37 | その他の建設事業 | 15 |
| 製造業 | 41 | 食料品製造業 | 6 |
| | 42 | 繊維工業又は繊維製品製造業 | 4 |
| | 44 | 木材又は木製品製造業 | 14 |
| | 45 | パルプ又は紙製造業 | 6.5 |
| | 46 | 印刷又は製本業 | 3.5 |
| | 47 | 化学工業 | 4.5 |
| | 48 | ガラス又はセメント製造業 | 6 |
| | 66 | コンクリート製造業 | 13 |
| | 62 | 陶磁器製品製造業 | 18 |
| | 49 | その他の窯業又は土石製品製造業 | 26 |
| | 50 | 金属精錬業 (非鉄金属精錬業を除く。) | 6.5 |
| | 51 | 非鉄金属精錬業 | 7 |
| | 52 | 金属材料品製造業 (鋳物業を除く。) | 5.5 |
| | 53 | 鋳物業 | 16 |
| | 54 | 金属製品製造業又は金属加工業 (洋食器、刃物、手工具又は一般金物製造業及びめつき業を除く。) | 10 |
| | 63 | 洋食器、刃物、手工具又は一般金物製造業 (めつき業を除く。) | 6.5 |
| | 55 | めつき業 | 7 |

| 事業の種類の分類 | 業種番号 | 事業の種類 | 労災保険率 |
|---|---|---|---|
| 製造業 | 55 | めつき業 | 7 |
| | 56 | 機械器具製造業<br>(電気機械器具製造業、輸送用機械器具製造業、船舶製造又は修理業及び計量器、光学機械、時計等製造業を除く。) | 5 |
| | 57 | 電気機械器具製造業 | 2.5 |
| | 58 | 輸送用機械器具製造業（船舶製造又は修理業を除く。） | 4 |
| | 59 | 船舶製造又は修理業 | 23 |
| | 60 | 計量器、光学機械、時計等製造業（電気機械器具製造業を除く。） | 2.5 |
| | 64 | 貴金属製品、装身具、皮革製品等製造業 | 3.5 |
| | 61 | その他の製造業 | 6.5 |
| 運輸業 | 71 | 交通運輸事業 | 4 |
| | 72 | 貨物取扱事業（港湾貨物取扱事業及び港湾荷役業を除く。） | 9 |
| | 73 | 港湾貨物取扱事業（港湾荷役業を除く。） | 9 |
| | 74 | 港湾荷役業 | 13 |
| 電気、ガス、水道又は熱供給の事業 | 81 | 電気、ガス、水道又は熱供給の事業 | 3 |
| その他の事業 | 95 | 農業又は海面漁業以外の漁業 | 13 |
| | 91 | 清掃、火葬又はと畜の事業 | 13 |
| | 93 | ビルメンテナンス業 | 5.5 |
| | 96 | 倉庫業、警備業、消毒又は害虫駆除の事業又はゴルフ場の事業 | 6.5 |
| | 97 | 通信業、放送業、新聞業又は出版業 | 2.5 |
| | 98 | 卸売業・小売業、飲食店又は宿泊業 | 3 |
| | 99 | 金融業、保険業又は不動産業 | 2.5 |
| | 94 | その他の各種事業 | 3 |
| | 90 | 船舶所有者の事業 | 47 |

② 平成29年4月1日からの雇用保険率

| 事業の種類 | 雇用保険率 | 事業主負担分 | 被保険者負担分 |
|---|---|---|---|
| 一般の事業 | 9/1,000 | 6/1,000 | 3/1,000 |
| 農林水産清酒製造の事業 | 11/1,000 | 7/1,000 | 4/1,000 |
| 建設の事業 | 12/1,000 | 8/1,000 | 4/1,000 |

（出典：厚生労働省資料より）

## (8) 10年カレンダー（国民の休日に関しては変更になる可能性があります）

| | 日 | 月 | 火 | 水 | 木 | 金 | 土 | 日 | 月 | 火 | 水 | 木 | 金 | 土 | 日 | 月 | 火 | 水 | 木 | 金 | 土 | 日 | 月 | 火 | 水 | 木 | 金 | 土 | 日 | 月 | 火 | 水 | 木 | 金 | 土 | 日 | 月 |
|---|---|---|---|---|---|---|---|---|---|---|---|---|---|---|---|---|---|---|---|---|---|---|---|---|---|---|---|---|---|---|---|---|---|---|---|---|---|
| 2015年1月 | | | | | 1 | 2 | 3 | 4 | 5 | 6 | 7 | 8 | 9 | 10 | 11 | 12 | 13 | 14 | 15 | 16 | 17 | 18 | 19 | 20 | 21 | 22 | 23 | 24 | 25 | 26 | 27 | 28 | 29 | 30 | 31 | | |
| 2月 | 1 | 2 | 3 | 4 | 5 | 6 | 7 | 8 | 9 | 10 | 11 | 12 | 13 | 14 | 15 | 16 | 17 | 18 | 19 | 20 | 21 | 22 | 23 | 24 | 25 | 26 | 27 | 28 | | | | | | | | | |
| 3月 | 1 | 2 | 3 | 4 | 5 | 6 | 7 | 8 | 9 | 10 | 11 | 12 | 13 | 14 | 15 | 16 | 17 | 18 | 19 | 20 | 21 | 22 | 23 | 24 | 25 | 26 | 27 | 28 | 29 | 30 | 31 | | | | | | |
| 4月 | | | | 1 | 2 | 3 | 4 | 5 | 6 | 7 | 8 | 9 | 10 | 11 | 12 | 13 | 14 | 15 | 16 | 17 | 18 | 19 | 20 | 21 | 22 | 23 | 24 | 25 | 26 | 27 | 28 | 29 | 30 | | | | |
| 5月 | | | | | | 1 | 2 | 3 | 4 | 5 | 6 | 7 | 8 | 9 | 10 | 11 | 12 | 13 | 14 | 15 | 16 | 17 | 18 | 19 | 20 | 21 | 22 | 23 | 24 | 25 | 26 | 27 | 28 | 29 | 30 | 31 | |
| 6月 | | 1 | 2 | 3 | 4 | 5 | 6 | 7 | 8 | 9 | 10 | 11 | 12 | 13 | 14 | 15 | 16 | 17 | 18 | 19 | 20 | 21 | 22 | 23 | 24 | 25 | 26 | 27 | 28 | 29 | 30 | | | | | | |
| 7月 | | | | 1 | 2 | 3 | 4 | 5 | 6 | 7 | 8 | 9 | 10 | 11 | 12 | 13 | 14 | 15 | 16 | 17 | 18 | 19 | 20 | 21 | 22 | 23 | 24 | 25 | 26 | 27 | 28 | 29 | 30 | 31 | | | |
| 8月 | | | | | | | 1 | 2 | 3 | 4 | 5 | 6 | 7 | 8 | 9 | 10 | 11 | 12 | 13 | 14 | 15 | 16 | 17 | 18 | 19 | 20 | 21 | 22 | 23 | 24 | 25 | 26 | 27 | 28 | 29 | 30 | 31 |
| 9月 | | | 1 | 2 | 3 | 4 | 5 | 6 | 7 | 8 | 9 | 10 | 11 | 12 | 13 | 14 | 15 | 16 | 17 | 18 | 19 | 20 | 21 | 22 | 23 | 24 | 25 | 26 | 27 | 28 | 29 | 30 | | | | | |
| 10月 | | | | | 1 | 2 | 3 | 4 | 5 | 6 | 7 | 8 | 9 | 10 | 11 | 12 | 13 | 14 | 15 | 16 | 17 | 18 | 19 | 20 | 21 | 22 | 23 | 24 | 25 | 26 | 27 | 28 | 29 | 30 | 31 | | |
| 11月 | 1 | 2 | 3 | 4 | 5 | 6 | 7 | 8 | 9 | 10 | 11 | 12 | 13 | 14 | 15 | 16 | 17 | 18 | 19 | 20 | 21 | 22 | 23 | 24 | 25 | 26 | 27 | 28 | 29 | 30 | | | | | | | |
| 12月 | | | 1 | 2 | 3 | 4 | 5 | 6 | 7 | 8 | 9 | 10 | 11 | 12 | 13 | 14 | 15 | 16 | 17 | 18 | 19 | 20 | 21 | 22 | 23 | 24 | 25 | 26 | 27 | 28 | 29 | 30 | 31 | | | | |
| 2016年1月 | | | | | | 1 | 2 | 3 | 4 | 5 | 6 | 7 | 8 | 9 | 10 | 11 | 12 | 13 | 14 | 15 | 16 | 17 | 18 | 19 | 20 | 21 | 22 | 23 | 24 | 25 | 26 | 27 | 28 | 29 | 30 | 31 | |
| 2月 | | 1 | 2 | 3 | 4 | 5 | 6 | 7 | 8 | 9 | 10 | 11 | 12 | 13 | 14 | 15 | 16 | 17 | 18 | 19 | 20 | 21 | 22 | 23 | 24 | 25 | 26 | 27 | 28 | 29 | | | | | | | |
| 3月 | | | 1 | 2 | 3 | 4 | 5 | 6 | 7 | 8 | 9 | 10 | 11 | 12 | 13 | 14 | 15 | 16 | 17 | 18 | 19 | 20 | 21 | 22 | 23 | 24 | 25 | 26 | 27 | 28 | 29 | 30 | 31 | | | | |
| 4月 | | | | | | 1 | 2 | 3 | 4 | 5 | 6 | 7 | 8 | 9 | 10 | 11 | 12 | 13 | 14 | 15 | 16 | 17 | 18 | 19 | 20 | 21 | 22 | 23 | 24 | 25 | 26 | 27 | 28 | 29 | 30 | | |
| 5月 | 1 | 2 | 3 | 4 | 5 | 6 | 7 | 8 | 9 | 10 | 11 | 12 | 13 | 14 | 15 | 16 | 17 | 18 | 19 | 20 | 21 | 22 | 23 | 24 | 25 | 26 | 27 | 28 | 29 | 30 | 31 | | | | | | |
| 6月 | | | | 1 | 2 | 3 | 4 | 5 | 6 | 7 | 8 | 9 | 10 | 11 | 12 | 13 | 14 | 15 | 16 | 17 | 18 | 19 | 20 | 21 | 22 | 23 | 24 | 25 | 26 | 27 | 28 | 29 | 30 | | | | |
| 7月 | | | | | | 1 | 2 | 3 | 4 | 5 | 6 | 7 | 8 | 9 | 10 | 11 | 12 | 13 | 14 | 15 | 16 | 17 | 18 | 19 | 20 | 21 | 22 | 23 | 24 | 25 | 26 | 27 | 28 | 29 | 30 | 31 | |
| 8月 | | 1 | 2 | 3 | 4 | 5 | 6 | 7 | 8 | 9 | 10 | 11 | 12 | 13 | 14 | 15 | 16 | 17 | 18 | 19 | 20 | 21 | 22 | 23 | 24 | 25 | 26 | 27 | 28 | 29 | 30 | 31 | | | | | |
| 9月 | | | | | 1 | 2 | 3 | 4 | 5 | 6 | 7 | 8 | 9 | 10 | 11 | 12 | 13 | 14 | 15 | 16 | 17 | 18 | 19 | 20 | 21 | 22 | 23 | 24 | 25 | 26 | 27 | 28 | 29 | 30 | | | |
| 10月 | | | | | | | 1 | 2 | 3 | 4 | 5 | 6 | 7 | 8 | 9 | 10 | 11 | 12 | 13 | 14 | 15 | 16 | 17 | 18 | 19 | 20 | 21 | 22 | 23 | 24 | 25 | 26 | 27 | 28 | 29 | 30 | 31 |
| 11月 | | | 1 | 2 | 3 | 4 | 5 | 6 | 7 | 8 | 9 | 10 | 11 | 12 | 13 | 14 | 15 | 16 | 17 | 18 | 19 | 20 | 21 | 22 | 23 | 24 | 25 | 26 | 27 | 28 | 29 | 30 | | | | | |
| 12月 | | | | | 1 | 2 | 3 | 4 | 5 | 6 | 7 | 8 | 9 | 10 | 11 | 12 | 13 | 14 | 15 | 16 | 17 | 18 | 19 | 20 | 21 | 22 | 23 | 24 | 25 | 26 | 27 | 28 | 29 | 30 | 31 | | |
| 2017年1月 | 1 | 2 | 3 | 4 | 5 | 6 | 7 | 8 | 9 | 10 | 11 | 12 | 13 | 14 | 15 | 16 | 17 | 18 | 19 | 20 | 21 | 22 | 23 | 24 | 25 | 26 | 27 | 28 | 29 | 30 | 31 | | | | | | |
| 2月 | | | | 1 | 2 | 3 | 4 | 5 | 6 | 7 | 8 | 9 | 10 | 11 | 12 | 13 | 14 | 15 | 16 | 17 | 18 | 19 | 20 | 21 | 22 | 23 | 24 | 25 | 26 | 27 | 28 | | | | | | |
| 3月 | | | | 1 | 2 | 3 | 4 | 5 | 6 | 7 | 8 | 9 | 10 | 11 | 12 | 13 | 14 | 15 | 16 | 17 | 18 | 19 | 20 | 21 | 22 | 23 | 24 | 25 | 26 | 27 | 28 | 29 | 30 | 31 | | | |
| 4月 | | | | | | | 1 | 2 | 3 | 4 | 5 | 6 | 7 | 8 | 9 | 10 | 11 | 12 | 13 | 14 | 15 | 16 | 17 | 18 | 19 | 20 | 21 | 22 | 23 | 24 | 25 | 26 | 27 | 28 | 29 | 30 | |
| 5月 | | 1 | 2 | 3 | 4 | 5 | 6 | 7 | 8 | 9 | 10 | 11 | 12 | 13 | 14 | 15 | 16 | 17 | 18 | 19 | 20 | 21 | 22 | 23 | 24 | 25 | 26 | 27 | 28 | 29 | 30 | 31 | | | | | |
| 6月 | | | | | 1 | 2 | 3 | 4 | 5 | 6 | 7 | 8 | 9 | 10 | 11 | 12 | 13 | 14 | 15 | 16 | 17 | 18 | 19 | 20 | 21 | 22 | 23 | 24 | 25 | 26 | 27 | 28 | 29 | 30 | | | |
| 7月 | | | | | | | 1 | 2 | 3 | 4 | 5 | 6 | 7 | 8 | 9 | 10 | 11 | 12 | 13 | 14 | 15 | 16 | 17 | 18 | 19 | 20 | 21 | 22 | 23 | 24 | 25 | 26 | 27 | 28 | 29 | 30 | 31 |
| 8月 | | | 1 | 2 | 3 | 4 | 5 | 6 | 7 | 8 | 9 | 10 | 11 | 12 | 13 | 14 | 15 | 16 | 17 | 18 | 19 | 20 | 21 | 22 | 23 | 24 | 25 | 26 | 27 | 28 | 29 | 30 | 31 | | | | |
| 9月 | | | | | | 1 | 2 | 3 | 4 | 5 | 6 | 7 | 8 | 9 | 10 | 11 | 12 | 13 | 14 | 15 | 16 | 17 | 18 | 19 | 20 | 21 | 22 | 23 | 24 | 25 | 26 | 27 | 28 | 29 | 30 | | |
| 10月 | 1 | 2 | 3 | 4 | 5 | 6 | 7 | 8 | 9 | 10 | 11 | 12 | 13 | 14 | 15 | 16 | 17 | 18 | 19 | 20 | 21 | 22 | 23 | 24 | 25 | 26 | 27 | 28 | 29 | 30 | 31 | | | | | | |
| 11月 | | | | 1 | 2 | 3 | 4 | 5 | 6 | 7 | 8 | 9 | 10 | 11 | 12 | 13 | 14 | 15 | 16 | 17 | 18 | 19 | 20 | 21 | 22 | 23 | 24 | 25 | 26 | 27 | 28 | 29 | 30 | | | | |
| 12月 | | | | | | 1 | 2 | 3 | 4 | 5 | 6 | 7 | 8 | 9 | 10 | 11 | 12 | 13 | 14 | 15 | 16 | 17 | 18 | 19 | 20 | 21 | 22 | 23 | 24 | 25 | 26 | 27 | 28 | 29 | 30 | 31 | |
| 2018年1月 | | 1 | 2 | 3 | 4 | 5 | 6 | 7 | 8 | 9 | 10 | 11 | 12 | 13 | 14 | 15 | 16 | 17 | 18 | 19 | 20 | 21 | 22 | 23 | 24 | 25 | 26 | 27 | 28 | 29 | 30 | 31 | | | | | |
| 2月 | | | | | 1 | 2 | 3 | 4 | 5 | 6 | 7 | 8 | 9 | 10 | 11 | 12 | 13 | 14 | 15 | 16 | 17 | 18 | 19 | 20 | 21 | 22 | 23 | 24 | 25 | 26 | 27 | 28 | | | | | |
| 3月 | | | | | 1 | 2 | 3 | 4 | 5 | 6 | 7 | 8 | 9 | 10 | 11 | 12 | 13 | 14 | 15 | 16 | 17 | 18 | 19 | 20 | 21 | 22 | 23 | 24 | 25 | 26 | 27 | 28 | 29 | 30 | 31 | | |
| 4月 | 1 | 2 | 3 | 4 | 5 | 6 | 7 | 8 | 9 | 10 | 11 | 12 | 13 | 14 | 15 | 16 | 17 | 18 | 19 | 20 | 21 | 22 | 23 | 24 | 25 | 26 | 27 | 28 | 29 | 30 | | | | | | | |
| 5月 | | | 1 | 2 | 3 | 4 | 5 | 6 | 7 | 8 | 9 | 10 | 11 | 12 | 13 | 14 | 15 | 16 | 17 | 18 | 19 | 20 | 21 | 22 | 23 | 24 | 25 | 26 | 27 | 28 | 29 | 30 | 31 | | | | |
| 6月 | | | | | | 1 | 2 | 3 | 4 | 5 | 6 | 7 | 8 | 9 | 10 | 11 | 12 | 13 | 14 | 15 | 16 | 17 | 18 | 19 | 20 | 21 | 22 | 23 | 24 | 25 | 26 | 27 | 28 | 29 | 30 | | |
| 7月 | 1 | 2 | 3 | 4 | 5 | 6 | 7 | 8 | 9 | 10 | 11 | 12 | 13 | 14 | 15 | 16 | 17 | 18 | 19 | 20 | 21 | 22 | 23 | 24 | 25 | 26 | 27 | 28 | 29 | 30 | 31 | | | | | | |
| 8月 | | | | 1 | 2 | 3 | 4 | 5 | 6 | 7 | 8 | 9 | 10 | 11 | 12 | 13 | 14 | 15 | 16 | 17 | 18 | 19 | 20 | 21 | 22 | 23 | 24 | 25 | 26 | 27 | 28 | 29 | 30 | 31 | | | |
| 9月 | | | | | | | 1 | 2 | 3 | 4 | 5 | 6 | 7 | 8 | 9 | 10 | 11 | 12 | 13 | 14 | 15 | 16 | 17 | 18 | 19 | 20 | 21 | 22 | 23 | 24 | 25 | 26 | 27 | 28 | 29 | 30 | |
| 10月 | | 1 | 2 | 3 | 4 | 5 | 6 | 7 | 8 | 9 | 10 | 11 | 12 | 13 | 14 | 15 | 16 | 17 | 18 | 19 | 20 | 21 | 22 | 23 | 24 | 25 | 26 | 27 | 28 | 29 | 30 | 31 | | | | | |
| 11月 | | | | | 1 | 2 | 3 | 4 | 5 | 6 | 7 | 8 | 9 | 10 | 11 | 12 | 13 | 14 | 15 | 16 | 17 | 18 | 19 | 20 | 21 | 22 | 23 | 24 | 25 | 26 | 27 | 28 | 29 | 30 | | | |
| 12月 | | | | | | | 1 | 2 | 3 | 4 | 5 | 6 | 7 | 8 | 9 | 10 | 11 | 12 | 13 | 14 | 15 | 16 | 17 | 18 | 19 | 20 | 21 | 22 | 23 | 24 | 25 | 26 | 27 | 28 | 29 | 30 | 31 |
| 2019年1月 | | | 1 | 2 | 3 | 4 | 5 | 6 | 7 | 8 | 9 | 10 | 11 | 12 | 13 | 14 | 15 | 16 | 17 | 18 | 19 | 20 | 21 | 22 | 23 | 24 | 25 | 26 | 27 | 28 | 29 | 30 | 31 | | | | |
| 2月 | | | | | | 1 | 2 | 3 | 4 | 5 | 6 | 7 | 8 | 9 | 10 | 11 | 12 | 13 | 14 | 15 | 16 | 17 | 18 | 19 | 20 | 21 | 22 | 23 | 24 | 25 | 26 | 27 | 28 | | | | |
| 3月 | | | | | | 1 | 2 | 3 | 4 | 5 | 6 | 7 | 8 | 9 | 10 | 11 | 12 | 13 | 14 | 15 | 16 | 17 | 18 | 19 | 20 | 21 | 22 | 23 | 24 | 25 | 26 | 27 | 28 | 29 | 30 | 31 | |
| 4月 | | 1 | 2 | 3 | 4 | 5 | 6 | 7 | 8 | 9 | 10 | 11 | 12 | 13 | 14 | 15 | 16 | 17 | 18 | 19 | 20 | 21 | 22 | 23 | 24 | 25 | 26 | 27 | 28 | 29 | 30 | | | | | | |
| 5月 | | | | 1 | 2 | 3 | 4 | 5 | 6 | 7 | 8 | 9 | 10 | 11 | 12 | 13 | 14 | 15 | 16 | 17 | 18 | 19 | 20 | 21 | 22 | 23 | 24 | 25 | 26 | 27 | 28 | 29 | 30 | 31 | | | |
| 6月 | | | | | | | 1 | 2 | 3 | 4 | 5 | 6 | 7 | 8 | 9 | 10 | 11 | 12 | 13 | 14 | 15 | 16 | 17 | 18 | 19 | 20 | 21 | 22 | 23 | 24 | 25 | 26 | 27 | 28 | 29 | 30 | |
| 7月 | | 1 | 2 | 3 | 4 | 5 | 6 | 7 | 8 | 9 | 10 | 11 | 12 | 13 | 14 | 15 | 16 | 17 | 18 | 19 | 20 | 21 | 22 | 23 | 24 | 25 | 26 | 27 | 28 | 29 | 30 | 31 | | | | | |
| 8月 | | | | | 1 | 2 | 3 | 4 | 5 | 6 | 7 | 8 | 9 | 10 | 11 | 12 | 13 | 14 | 15 | 16 | 17 | 18 | 19 | 20 | 21 | 22 | 23 | 24 | 25 | 26 | 27 | 28 | 29 | 30 | 31 | | |
| 9月 | 1 | 2 | 3 | 4 | 5 | 6 | 7 | 8 | 9 | 10 | 11 | 12 | 13 | 14 | 15 | 16 | 17 | 18 | 19 | 20 | 21 | 22 | 23 | 24 | 25 | 26 | 27 | 28 | 29 | 30 | | | | | | | |
| 10月 | | | 1 | 2 | 3 | 4 | 5 | 6 | 7 | 8 | 9 | 10 | 11 | 12 | 13 | 14 | 15 | 16 | 17 | 18 | 19 | 20 | 21 | 22 | 23 | 24 | 25 | 26 | 27 | 28 | 29 | 30 | 31 | | | | |
| 11月 | | | | | | 1 | 2 | 3 | 4 | 5 | 6 | 7 | 8 | 9 | 10 | 11 | 12 | 13 | 14 | 15 | 16 | 17 | 18 | 19 | 20 | 21 | 22 | 23 | 24 | 25 | 26 | 27 | 28 | 29 | 30 | | |
| 12月 | 1 | 2 | 3 | 4 | 5 | 6 | 7 | 8 | 9 | 10 | 11 | 12 | 13 | 14 | 15 | 16 | 17 | 18 | 19 | 20 | 21 | 22 | 23 | 24 | 25 | 26 | 27 | 28 | 29 | 30 | 31 | | | | | | |

| | 日 | 月 | 火 | 水 | 木 | 金 | 土 | 日 | 月 | 火 | 水 | 木 | 金 | 土 | 日 | 月 | 火 | 水 | 木 | 金 | 土 | 日 | 月 | 火 | 水 | 木 | 金 | 土 | 日 | 月 | 火 | 水 | 木 | 金 | 土 | 日 | 月 |
|---|---|---|---|---|---|---|---|---|---|---|---|---|---|---|---|---|---|---|---|---|---|---|---|---|---|---|---|---|---|---|---|---|---|---|---|---|---|
| 2020年1月 | | | | 1 | 2 | 3 | 4 | 5 | 6 | 7 | 8 | 9 | 10 | 11 | 12 | 13 | 14 | 15 | 16 | 17 | 18 | 19 | 20 | 21 | 22 | 23 | 24 | 25 | 26 | 27 | 28 | 29 | 30 | 31 | | | |
| 2月 | | | | | | | 1 | 2 | 3 | 4 | 5 | 6 | 7 | 8 | 9 | 10 | 11 | 12 | 13 | 14 | 15 | 16 | 17 | 18 | 19 | 20 | 21 | 22 | 23 | 24 | 25 | 26 | 27 | 28 | 29 | | |
| 3月 | 1 | 2 | 3 | 4 | 5 | 6 | 7 | 8 | 9 | 10 | 11 | 12 | 13 | 14 | 15 | 16 | 17 | 18 | 19 | 20 | 21 | 22 | 23 | 24 | 25 | 26 | 27 | 28 | 29 | 30 | 31 | | | | | | |
| 4月 | | | | 1 | 2 | 3 | 4 | 5 | 6 | 7 | 8 | 9 | 10 | 11 | 12 | 13 | 14 | 15 | 16 | 17 | 18 | 19 | 20 | 21 | 22 | 23 | 24 | 25 | 26 | 27 | 28 | 29 | 30 | | | | |
| 5月 | | | | | | 1 | 2 | 3 | 4 | 5 | 6 | 7 | 8 | 9 | 10 | 11 | 12 | 13 | 14 | 15 | 16 | 17 | 18 | 19 | 20 | 21 | 22 | 23 | 24 | 25 | 26 | 27 | 28 | 29 | 30 | 31 | |
| 6月 | | 1 | 2 | 3 | 4 | 5 | 6 | 7 | 8 | 9 | 10 | 11 | 12 | 13 | 14 | 15 | 16 | 17 | 18 | 19 | 20 | 21 | 22 | 23 | 24 | 25 | 26 | 27 | 28 | 29 | 30 | | | | | | |
| 7月 | | | | 1 | 2 | 3 | 4 | 5 | 6 | 7 | 8 | 9 | 10 | 11 | 12 | 13 | 14 | 15 | 16 | 17 | 18 | 19 | 20 | 21 | 22 | 23 | 24 | 25 | 26 | 27 | 28 | 29 | 30 | 31 | | | |
| 8月 | | | | | | | 1 | 2 | 3 | 4 | 5 | 6 | 7 | 8 | 9 | 10 | 11 | 12 | 13 | 14 | 15 | 16 | 17 | 18 | 19 | 20 | 21 | 22 | 23 | 24 | 25 | 26 | 27 | 28 | 29 | 30 | 31 |
| 9月 | | | 1 | 2 | 3 | 4 | 5 | 6 | 7 | 8 | 9 | 10 | 11 | 12 | 13 | 14 | 15 | 16 | 17 | 18 | 19 | 20 | 21 | 22 | 23 | 24 | 25 | 26 | 27 | 28 | 29 | 30 | | | | | |
| 10月 | | | | | 1 | 2 | 3 | 4 | 5 | 6 | 7 | 8 | 9 | 10 | 11 | 12 | 13 | 14 | 15 | 16 | 17 | 18 | 19 | 20 | 21 | 22 | 23 | 24 | 25 | 26 | 27 | 28 | 29 | 30 | 31 | | |
| 11月 | 1 | 2 | 3 | 4 | 5 | 6 | 7 | 8 | 9 | 10 | 11 | 12 | 13 | 14 | 15 | 16 | 17 | 18 | 19 | 20 | 21 | 22 | 23 | 24 | 25 | 26 | 27 | 28 | 29 | 30 | | | | | | | |
| 12月 | | | 1 | 2 | 3 | 4 | 5 | 6 | 7 | 8 | 9 | 10 | 11 | 12 | 13 | 14 | 15 | 16 | 17 | 18 | 19 | 20 | 21 | 22 | 23 | 24 | 25 | 26 | 27 | 28 | 29 | 30 | 31 | | | | |
| 2021年1月 | | | | | | 1 | 2 | 3 | 4 | 5 | 6 | 7 | 8 | 9 | 10 | 11 | 12 | 13 | 14 | 15 | 16 | 17 | 18 | 19 | 20 | 21 | 22 | 23 | 24 | 25 | 26 | 27 | 28 | 29 | 30 | 31 | |
| 2月 | | 1 | 2 | 3 | 4 | 5 | 6 | 7 | 8 | 9 | 10 | 11 | 12 | 13 | 14 | 15 | 16 | 17 | 18 | 19 | 20 | 21 | 22 | 23 | 24 | 25 | 26 | 27 | 28 | | | | | | | | |
| 3月 | | 1 | 2 | 3 | 4 | 5 | 6 | 7 | 8 | 9 | 10 | 11 | 12 | 13 | 14 | 15 | 16 | 17 | 18 | 19 | 20 | 21 | 22 | 23 | 24 | 25 | 26 | 27 | 28 | 29 | 30 | 31 | | | | | |
| 4月 | | | | | 1 | 2 | 3 | 4 | 5 | 6 | 7 | 8 | 9 | 10 | 11 | 12 | 13 | 14 | 15 | 16 | 17 | 18 | 19 | 20 | 21 | 22 | 23 | 24 | 25 | 26 | 27 | 28 | 29 | 30 | | | |
| 5月 | | | | | | | 1 | 2 | 3 | 4 | 5 | 6 | 7 | 8 | 9 | 10 | 11 | 12 | 13 | 14 | 15 | 16 | 17 | 18 | 19 | 20 | 21 | 22 | 23 | 24 | 25 | 26 | 27 | 28 | 29 | 30 | 31 |
| 6月 | | | 1 | 2 | 3 | 4 | 5 | 6 | 7 | 8 | 9 | 10 | 11 | 12 | 13 | 14 | 15 | 16 | 17 | 18 | 19 | 20 | 21 | 22 | 23 | 24 | 25 | 26 | 27 | 28 | 29 | 30 | | | | | |
| 7月 | | | | | 1 | 2 | 3 | 4 | 5 | 6 | 7 | 8 | 9 | 10 | 11 | 12 | 13 | 14 | 15 | 16 | 17 | 18 | 19 | 20 | 21 | 22 | 23 | 24 | 25 | 26 | 27 | 28 | 29 | 30 | 31 | | |
| 8月 | 1 | 2 | 3 | 4 | 5 | 6 | 7 | 8 | 9 | 10 | 11 | 12 | 13 | 14 | 15 | 16 | 17 | 18 | 19 | 20 | 21 | 22 | 23 | 24 | 25 | 26 | 27 | 28 | 29 | 30 | 31 | | | | | | |
| 9月 | | | | 1 | 2 | 3 | 4 | 5 | 6 | 7 | 8 | 9 | 10 | 11 | 12 | 13 | 14 | 15 | 16 | 17 | 18 | 19 | 20 | 21 | 22 | 23 | 24 | 25 | 26 | 27 | 28 | 29 | 30 | | | | |
| 10月 | | | | | | 1 | 2 | 3 | 4 | 5 | 6 | 7 | 8 | 9 | 10 | 11 | 12 | 13 | 14 | 15 | 16 | 17 | 18 | 19 | 20 | 21 | 22 | 23 | 24 | 25 | 26 | 27 | 28 | 29 | 30 | 31 | |
| 11月 | | 1 | 2 | 3 | 4 | 5 | 6 | 7 | 8 | 9 | 10 | 11 | 12 | 13 | 14 | 15 | 16 | 17 | 18 | 19 | 20 | 21 | 22 | 23 | 24 | 25 | 26 | 27 | 28 | 29 | 30 | | | | | | |
| 12月 | | | | 1 | 2 | 3 | 4 | 5 | 6 | 7 | 8 | 9 | 10 | 11 | 12 | 13 | 14 | 15 | 16 | 17 | 18 | 19 | 20 | 21 | 22 | 23 | 24 | 25 | 26 | 27 | 28 | 29 | 30 | 31 | | | |
| 2022年1月 | | | | | | | 1 | 2 | 3 | 4 | 5 | 6 | 7 | 8 | 9 | 10 | 11 | 12 | 13 | 14 | 15 | 16 | 17 | 18 | 19 | 20 | 21 | 22 | 23 | 24 | 25 | 26 | 27 | 28 | 29 | 30 | 31 |
| 2月 | | | 1 | 2 | 3 | 4 | 5 | 6 | 7 | 8 | 9 | 10 | 11 | 12 | 13 | 14 | 15 | 16 | 17 | 18 | 19 | 20 | 21 | 22 | 23 | 24 | 25 | 26 | 27 | 28 | | | | | | | |
| 3月 | | | 1 | 2 | 3 | 4 | 5 | 6 | 7 | 8 | 9 | 10 | 11 | 12 | 13 | 14 | 15 | 16 | 17 | 18 | 19 | 20 | 21 | 22 | 23 | 24 | 25 | 26 | 27 | 28 | 29 | 30 | 31 | | | | |
| 4月 | | | | | | 1 | 2 | 3 | 4 | 5 | 6 | 7 | 8 | 9 | 10 | 11 | 12 | 13 | 14 | 15 | 16 | 17 | 18 | 19 | 20 | 21 | 22 | 23 | 24 | 25 | 26 | 27 | 28 | 29 | 30 | | |
| 5月 | 1 | 2 | 3 | 4 | 5 | 6 | 7 | 8 | 9 | 10 | 11 | 12 | 13 | 14 | 15 | 16 | 17 | 18 | 19 | 20 | 21 | 22 | 23 | 24 | 25 | 26 | 27 | 28 | 29 | 30 | 31 | | | | | | |
| 6月 | | | | 1 | 2 | 3 | 4 | 5 | 6 | 7 | 8 | 9 | 10 | 11 | 12 | 13 | 14 | 15 | 16 | 17 | 18 | 19 | 20 | 21 | 22 | 23 | 24 | 25 | 26 | 27 | 28 | 29 | 30 | | | | |
| 7月 | | | | | | 1 | 2 | 3 | 4 | 5 | 6 | 7 | 8 | 9 | 10 | 11 | 12 | 13 | 14 | 15 | 16 | 17 | 18 | 19 | 20 | 21 | 22 | 23 | 24 | 25 | 26 | 27 | 28 | 29 | 30 | 31 | |
| 8月 | | 1 | 2 | 3 | 4 | 5 | 6 | 7 | 8 | 9 | 10 | 11 | 12 | 13 | 14 | 15 | 16 | 17 | 18 | 19 | 20 | 21 | 22 | 23 | 24 | 25 | 26 | 27 | 28 | 29 | 30 | 31 | | | | | |
| 9月 | | | | | 1 | 2 | 3 | 4 | 5 | 6 | 7 | 8 | 9 | 10 | 11 | 12 | 13 | 14 | 15 | 16 | 17 | 18 | 19 | 20 | 21 | 22 | 23 | 24 | 25 | 26 | 27 | 28 | 29 | 30 | | | |
| 10月 | | | | | | | 1 | 2 | 3 | 4 | 5 | 6 | 7 | 8 | 9 | 10 | 11 | 12 | 13 | 14 | 15 | 16 | 17 | 18 | 19 | 20 | 21 | 22 | 23 | 24 | 25 | 26 | 27 | 28 | 29 | 30 | 31 |
| 11月 | | | 1 | 2 | 3 | 4 | 5 | 6 | 7 | 8 | 9 | 10 | 11 | 12 | 13 | 14 | 15 | 16 | 17 | 18 | 19 | 20 | 21 | 22 | 23 | 24 | 25 | 26 | 27 | 28 | 29 | 30 | | | | | |
| 12月 | | | | | 1 | 2 | 3 | 4 | 5 | 6 | 7 | 8 | 9 | 10 | 11 | 12 | 13 | 14 | 15 | 16 | 17 | 18 | 19 | 20 | 21 | 22 | 23 | 24 | 25 | 26 | 27 | 28 | 29 | 30 | 31 | | |
| 2023年1月 | 1 | 2 | 3 | 4 | 5 | 6 | 7 | 8 | 9 | 10 | 11 | 12 | 13 | 14 | 15 | 16 | 17 | 18 | 19 | 20 | 21 | 22 | 23 | 24 | 25 | 26 | 27 | 28 | 29 | 30 | 31 | | | | | | |
| 2月 | | | | 1 | 2 | 3 | 4 | 5 | 6 | 7 | 8 | 9 | 10 | 11 | 12 | 13 | 14 | 15 | 16 | 17 | 18 | 19 | 20 | 21 | 22 | 23 | 24 | 25 | 26 | 27 | 28 | | | | | | |
| 3月 | | | | 1 | 2 | 3 | 4 | 5 | 6 | 7 | 8 | 9 | 10 | 11 | 12 | 13 | 14 | 15 | 16 | 17 | 18 | 19 | 20 | 21 | 22 | 23 | 24 | 25 | 26 | 27 | 28 | 29 | 30 | 31 | | | |
| 4月 | | | | | | | 1 | 2 | 3 | 4 | 5 | 6 | 7 | 8 | 9 | 10 | 11 | 12 | 13 | 14 | 15 | 16 | 17 | 18 | 19 | 20 | 21 | 22 | 23 | 24 | 25 | 26 | 27 | 28 | 29 | 30 | |
| 5月 | | 1 | 2 | 3 | 4 | 5 | 6 | 7 | 8 | 9 | 10 | 11 | 12 | 13 | 14 | 15 | 16 | 17 | 18 | 19 | 20 | 21 | 22 | 23 | 24 | 25 | 26 | 27 | 28 | 29 | 30 | 31 | | | | | |
| 6月 | | | | | 1 | 2 | 3 | 4 | 5 | 6 | 7 | 8 | 9 | 10 | 11 | 12 | 13 | 14 | 15 | 16 | 17 | 18 | 19 | 20 | 21 | 22 | 23 | 24 | 25 | 26 | 27 | 28 | 29 | 30 | | | |
| 7月 | | | | | | | 1 | 2 | 3 | 4 | 5 | 6 | 7 | 8 | 9 | 10 | 11 | 12 | 13 | 14 | 15 | 16 | 17 | 18 | 19 | 20 | 21 | 22 | 23 | 24 | 25 | 26 | 27 | 28 | 29 | 30 | 31 |
| 8月 | | | 1 | 2 | 3 | 4 | 5 | 6 | 7 | 8 | 9 | 10 | 11 | 12 | 13 | 14 | 15 | 16 | 17 | 18 | 19 | 20 | 21 | 22 | 23 | 24 | 25 | 26 | 27 | 28 | 29 | 30 | 31 | | | | |
| 9月 | | | | | | 1 | 2 | 3 | 4 | 5 | 6 | 7 | 8 | 9 | 10 | 11 | 12 | 13 | 14 | 15 | 16 | 17 | 18 | 19 | 20 | 21 | 22 | 23 | 24 | 25 | 26 | 27 | 28 | 29 | 30 | | |
| 10月 | 1 | 2 | 3 | 4 | 5 | 6 | 7 | 8 | 9 | 10 | 11 | 12 | 13 | 14 | 15 | 16 | 17 | 18 | 19 | 20 | 21 | 22 | 23 | 24 | 25 | 26 | 27 | 28 | 29 | 30 | 31 | | | | | | |
| 11月 | | | | 1 | 2 | 3 | 4 | 5 | 6 | 7 | 8 | 9 | 10 | 11 | 12 | 13 | 14 | 15 | 16 | 17 | 18 | 19 | 20 | 21 | 22 | 23 | 24 | 25 | 26 | 27 | 28 | 29 | 30 | | | | |
| 12月 | | | | | | 1 | 2 | 3 | 4 | 5 | 6 | 7 | 8 | 9 | 10 | 11 | 12 | 13 | 14 | 15 | 16 | 17 | 18 | 19 | 20 | 21 | 22 | 23 | 24 | 25 | 26 | 27 | 28 | 29 | 30 | 31 | |
| 2024年1月 | | 1 | 2 | 3 | 4 | 5 | 6 | 7 | 8 | 9 | 10 | 11 | 12 | 13 | 14 | 15 | 16 | 17 | 18 | 19 | 20 | 21 | 22 | 23 | 24 | 25 | 26 | 27 | 28 | 29 | 30 | 31 | | | | | |
| 2月 | | | | | 1 | 2 | 3 | 4 | 5 | 6 | 7 | 8 | 9 | 10 | 11 | 12 | 13 | 14 | 15 | 16 | 17 | 18 | 19 | 20 | 21 | 22 | 23 | 24 | 25 | 26 | 27 | 28 | 29 | | | | |
| 3月 | | | | | | 1 | 2 | 3 | 4 | 5 | 6 | 7 | 8 | 9 | 10 | 11 | 12 | 13 | 14 | 15 | 16 | 17 | 18 | 19 | 20 | 21 | 22 | 23 | 24 | 25 | 26 | 27 | 28 | 29 | 30 | 31 | |
| 4月 | | 1 | 2 | 3 | 4 | 5 | 6 | 7 | 8 | 9 | 10 | 11 | 12 | 13 | 14 | 15 | 16 | 17 | 18 | 19 | 20 | 21 | 22 | 23 | 24 | 25 | 26 | 27 | 28 | 29 | 30 | | | | | | |
| 5月 | | | | 1 | 2 | 3 | 4 | 5 | 6 | 7 | 8 | 9 | 10 | 11 | 12 | 13 | 14 | 15 | 16 | 17 | 18 | 19 | 20 | 21 | 22 | 23 | 24 | 25 | 26 | 27 | 28 | 29 | 30 | 31 | | | |
| 6月 | | | | | | | 1 | 2 | 3 | 4 | 5 | 6 | 7 | 8 | 9 | 10 | 11 | 12 | 13 | 14 | 15 | 16 | 17 | 18 | 19 | 20 | 21 | 22 | 23 | 24 | 25 | 26 | 27 | 28 | 29 | 30 | |
| 7月 | | 1 | 2 | 3 | 4 | 5 | 6 | 7 | 8 | 9 | 10 | 11 | 12 | 13 | 14 | 15 | 16 | 17 | 18 | 19 | 20 | 21 | 22 | 23 | 24 | 25 | 26 | 27 | 28 | 29 | 30 | 31 | | | | | |
| 8月 | | | | | 1 | 2 | 3 | 4 | 5 | 6 | 7 | 8 | 9 | 10 | 11 | 12 | 13 | 14 | 15 | 16 | 17 | 18 | 19 | 20 | 21 | 22 | 23 | 24 | 25 | 26 | 27 | 28 | 29 | 30 | 31 | | |
| 9月 | 1 | 2 | 3 | 4 | 5 | 6 | 7 | 8 | 9 | 10 | 11 | 12 | 13 | 14 | 15 | 16 | 17 | 18 | 19 | 20 | 21 | 22 | 23 | 24 | 25 | 26 | 27 | 28 | 29 | 30 | | | | | | | |
| 10月 | | | 1 | 2 | 3 | 4 | 5 | 6 | 7 | 8 | 9 | 10 | 11 | 12 | 13 | 14 | 15 | 16 | 17 | 18 | 19 | 20 | 21 | 22 | 23 | 24 | 25 | 26 | 27 | 28 | 29 | 30 | 31 | | | | |
| 11月 | | | | | | 1 | 2 | 3 | 4 | 5 | 6 | 7 | 8 | 9 | 10 | 11 | 12 | 13 | 14 | 15 | 16 | 17 | 18 | 19 | 20 | 21 | 22 | 23 | 24 | 25 | 26 | 27 | 28 | 29 | 30 | | |
| 9月 | 1 | 2 | 3 | 4 | 5 | 6 | 7 | 8 | 9 | 10 | 11 | 12 | 13 | 14 | 15 | 16 | 17 | 18 | 19 | 20 | 21 | 22 | 23 | 24 | 25 | 26 | 27 | 28 | 29 | 30 | 31 | | | | | | |

## (9) 度量衡換算表

| 長さ（※1） | | | | | | | |
|---|---|---|---|---|---|---|---|
| 尺 | 間 | 里 | メートル | インチ | フィート | ヤード | マイル |
| 1 | 0.166666 | 0.000077 | 0.30303 | 11.9305 | 0.994211 | 0.331403 | 0.000188 |
| 6 | 1 | 0.000462 | 1.81818 | 71.5832 | 5.9652 | 1.98842 | 0.001129 |
| 12960.0 | 2160.0 | 1 | 3927.27 | 154619 | 12884.9 | 4294.99 | 2.44033 |
| 3.3 | 0.55 | 0.000254 | 1 | 39.3707 | 3.28089 | 1.09363 | 0.000621 |
| 0.083818 | 0.013969 | 0.000006 | 0.025399 | 1 | 0.08333 | 0.027777 | 0.000015 |
| 1.00582 | 0.167637 | 0.000077 | 0.304794 | 12 | 1 | 0.333333 | 0.000189 |
| 3.01746 | 0.50291 | 0.000232 | 0.914383 | 36 | 3 | 1 | 0.000568 |
| 5310.83 | 885.123 | 0.409779 | 1609.31 | 63360 | 5280 | 1760 | 1 |

| 広さ（※2） | | | | | | | |
|---|---|---|---|---|---|---|---|
| 坪 | 反 | 町 | 平方メートル | アール | 平方キロメートル | エーカー | 平方マイル |
| 1 | 0.003333 | 0.000333 | 3.305785 | 0.033058 | 0.000003 | 0.000816 | 0.000001 |
| 300 | 1 | 0.1 | 991.736 | 9.91736 | 0.000991 | 0.245072 | 0.000382 |
| 3000 | 10 | 1 | 9917.36 | 99.1736 | 0.009917 | 2.45072 | 0.003829 |
| 0.3025 | 0.001008 | 0.0001 | 1 | 0.01 | 0.000001 | 0.000247 | − |
| 3.25 | 0.100833 | 0.010083 | 100 | 1 | 0.0001 | 0.024711 | 0.000038 |
| 302500 | 1008.33 | 100.833 | − | 10000 | 1 | 247.114 | 0.386116 |
| 1224.12 | 4.08043 | 0.40804 | 4046.87 | 0.004066 | 0.004066 | 1 | 0.001562 |
| 783443 | 2611.47 | 261.147 | − | 25899.9 | 2.589998 | 640 | 1 |

| 容積（※3、※4） | | | | | | | |
|---|---|---|---|---|---|---|---|
| 合 | 立方センチメートル | リットル | 立方インチ | 立方フィート | ガロン(英) | ガロン(米) | ブッシェル(英) |
| 1 | 180.39 | 0.18039 | 11 | 0.00632 | 0.0397 | 0.04755 | 0.00496 |
| 0.00554 | 1 | 0.001 | 0.06102 | 0.000035 | 0.00022 | 0.00026 | 0.000002 |
| 5.5435 | 1000 | 1 | 61.024 | 0.0353 | 0.21998 | 0.26418 | 0.02745 |
| 0.0908 | 16.387 | 0.01639 | 1 | 0.00058 | 0.0036 | 0.0042 | 0.00045 |
| 156.9 | 28317 | 28.317 | 1728 | 1 | 6.22 | 7.45 | 0.775 |
| 25.2 | 4546 | 4.546 | 277.26 | 0.1608 | 1 | 1.20026 | 0.1249 |
| 20.9 | 3785 | 3.785 | 231 | 0.0134 | 0.833 | 1 | 0.104 |
| 200.19 | 36368 | 36.368 | 2220 | 1.2836 | 8 | 9.6021 | 1 |

| 重さ | | | | | | | |
|---|---|---|---|---|---|---|---|
| 貫 | 斤 | グラム | キログラム | オンス | ポンド | トン（英） | トン（米） |
| 1 | 6.25 | 3750 | 3.75 | 132.277 | 8.26732 | 0.00369 | 0.004133 |
| 0.16 | 1 | 600 | 0.6 | 21.164 | 11.32277 | 0.00059 | 0.000661 |
| 0.000266 | 0.001666 | 1 | 0.001 | 0.035273 | 0.002204 | 0.0000009 | 0.000001 |
| 0.266666 | 1.66666 | 100 | 1 | 35.2739 | 2.20462 | 0.000984 | 0.001102 |
| 0.007559 | 0.047249 | 28.3495 | 0.028349 | 1 | 0.0625 | 0.000027 | 0.000031 |
| 0.120958 | 0.755988 | 453.592 | 0.453592 | 16 | 1 | 0.000446 | 0.0005 |
| 270.946 | 1693.41 | 1016047 | 1016 | 35840 | 2240 | 1 | 1.12 |
| 241.916 | 1511.97 | 907178 | 907.178 | 32000 | 2000 | 0.892857 | 1 |

| 換算速算法 | |
|---|---|
| 尺をメートルに……………3倍して10で割る | メートルを間に……………1割加えて2で割る |
| 間をメートルに……………1割引いて2倍する | メートルを町に……………1割引いて100で割る |
| 町をメートルに……………1割加えて100倍する | キロメートルを里に………2分加えて4で割る |
| 里をキロメートルに………3割加えて3倍する | 平方キロメートルを坪に…1割引いて3で割る |
| 坪を平方メートルに………1割加えて3倍する | キログラムをポンドに……1割加えて2倍する |
| ポンドをキログラムに……1割引いて2で割る | 貫をキログラムに…………4で割って15倍する |
| グラムを匁に………………4倍して15で割る | 斤をキログラムに…………5で割って3倍する |
| キログラムを斤に…………5倍して3で割る | リットルを升に……………5倍して9で割る |
| キロメートルをマイルに…5倍して8で割る | 鯨尺をメートルに…………5割加えて4で割る |
| 升をリットルに……………9倍して5で割る | 摂氏を華氏に………………9/5×(摂氏＋32℃) |
| メートルを尺に……………1割加えて3倍する | 華氏を摂氏に………………5/9×(華氏－32℃) |
| 上記数値は換算の便宜上出した数値です。小数点以下の数字の取り方で多少違ってくる場合もあります。 | |

※1　尺貫法による表示からメートル法による表示への換算を行う場合における換算率は、1間当たり60/33メートルです。

※2　「坪」から「平方メートル」への換算を行う場合における換算率は、1坪当たり400/121平方メートルです。

※3　「石」から「立方メートル」への換算を行う場合における換算率は、1石当たり240.1/1,331立方メートルです。

※4　「立木石」から「立方メートル」への換算を行う場合における換算率は、1石当たり0.2783立方メートルです。

## (10) 年齢早見表

| 年号 | 西暦 | 年齢 |
|---|---|---|
| 大正元年 | 1912 | 108 |
| 大正2 | 1913 | 107 |
| 大正3 | 1914 | 106 |
| 大正4 | 1915 | 105 |
| 大正5 | 1916 | 104 |
| 大正6 | 1917 | 103 |
| 大正7 | 1918 | 102 |
| 大正8 | 1919 | 101 |
| 大正9 | 1920 | 100 |
| 大正10 | 1921 | 99 |
| 大正11 | 1922 | 98 |
| 大正12 | 1923 | 97 |
| 大正13 | 1924 | 96 |
| 大正14 | 1925 | 95 |
| 昭和元 | 1926 | 94 |
| 昭和2 | 1927 | 93 |
| 昭和3 | 1928 | 92 |
| 昭和4 | 1929 | 91 |
| 昭和5 | 1930 | 90 |
| 昭和6 | 1931 | 89 |
| 昭和7 | 1932 | 88 |
| 昭和8 | 1933 | 87 |
| 昭和9 | 1934 | 86 |
| 昭和10 | 1935 | 85 |
| 昭和11 | 1936 | 84 |
| 昭和12 | 1937 | 83 |
| 昭和13 | 1938 | 82 |
| 昭和14 | 1939 | 81 |
| 昭和15 | 1940 | 80 |
| 昭和16 | 1941 | 79 |
| 昭和17 | 1942 | 78 |
| 昭和18 | 1943 | 77 |
| 昭和19 | 1944 | 76 |
| 昭和20 | 1945 | 75 |
| 昭和21 | 1946 | 74 |
| 昭和22 | 1947 | 73 |

| 年号 | 西暦 | 年齢 |
|---|---|---|
| 昭和23 | 1948 | 72 |
| 昭和24 | 1949 | 71 |
| 昭和25 | 1950 | 70 |
| 昭和26 | 1951 | 69 |
| 昭和27 | 1952 | 68 |
| 昭和28 | 1953 | 67 |
| 昭和29 | 1954 | 66 |
| 昭和30 | 1955 | 65 |
| 昭和31 | 1956 | 64 |
| 昭和32 | 1957 | 63 |
| 昭和33 | 1958 | 62 |
| 昭和34 | 1959 | 61 |
| 昭和35 | 1960 | 60 |
| 昭和36 | 1961 | 59 |
| 昭和37 | 1962 | 58 |
| 昭和38 | 1963 | 57 |
| 昭和39 | 1964 | 56 |
| 昭和40 | 1965 | 55 |
| 昭和41 | 1966 | 54 |
| 昭和42 | 1967 | 53 |
| 昭和43 | 1968 | 52 |
| 昭和44 | 1969 | 51 |
| 昭和45 | 1970 | 50 |
| 昭和46 | 1971 | 49 |
| 昭和47 | 1972 | 48 |
| 昭和48 | 1973 | 47 |
| 昭和49 | 1974 | 46 |
| 昭和50 | 1975 | 45 |
| 昭和51 | 1976 | 44 |
| 昭和52 | 1977 | 43 |
| 昭和53 | 1978 | 42 |
| 昭和54 | 1979 | 41 |
| 昭和55 | 1980 | 40 |
| 昭和56 | 1981 | 39 |
| 昭和57 | 1982 | 38 |
| 昭和58 | 1983 | 37 |

| 年号 | 西暦 | 年齢 |
|---|---|---|
| 昭和59 | 1984 | 36 |
| 昭和60 | 1985 | 35 |
| 昭和61 | 1986 | 34 |
| 昭和62 | 1987 | 33 |
| 昭和63 | 1988 | 32 |
| 平成元 | 1989 | 31 |
| 平成2 | 1990 | 30 |
| 平成3 | 1991 | 29 |
| 平成4 | 1992 | 28 |
| 平成5 | 1993 | 27 |
| 平成6 | 1994 | 26 |
| 平成7 | 1995 | 25 |
| 平成8 | 1996 | 24 |
| 平成9 | 1997 | 23 |
| 平成10 | 1998 | 22 |
| 平成11 | 1999 | 21 |
| 平成12 | 2000 | 20 |
| 平成13 | 2001 | 19 |
| 平成14 | 2002 | 18 |
| 平成15 | 2003 | 17 |
| 平成16 | 2004 | 16 |
| 平成17 | 2005 | 15 |
| 平成18 | 2006 | 14 |
| 平成19 | 2007 | 13 |
| 平成20 | 2008 | 12 |
| 平成21 | 2009 | 11 |
| 平成22 | 2010 | 10 |
| 平成23 | 2011 | 9 |
| 平成24 | 2012 | 8 |
| 平成25 | 2013 | 7 |
| 平成26 | 2014 | 6 |
| 平成27 | 2015 | 5 |
| 平成28 | 2016 | 4 |
| 平成29 | 2017 | 3 |
| 平成30 | 2018 | 2 |
| 令和元 | 2019 | 1 |
| 令和2 | 2020 | 0 |

※年号換算式

・昭和X年→西暦（1925＋X）年
・平成Y年→西暦（1988＋Y）年
・令和Z年→西暦（2018＋Z）年

・年齢は誕生日以後の満年齢数
・誕生日前の場合は1を減ずる

## (11) 情報ダイヤル

### ① 税務

| | |
|---|---|
| 札幌国税局 | 011-231-5011 |
| 仙台国税局 | 022-263-1111 |
| 東京国税局 | 03-3542-2111 |
| 関東信越国税局 | 048-600-3111 |
| 名古屋国税局 | 052-951-3511 |
| 大阪国税局 | 06-6941-5331 |
| 金沢国税局 | 076-231-2131 |
| 広島国税局 | 082-221-9211 |
| 高松国税局 | 087-831-3111 |
| 福岡国税局 | 092-411-0031 |
| 熊本国税局 | 096-354-6171 |
| 沖縄国税事務所 | 098-867-3601 |
| 東京国税不服審判所管理課 | 03-3239-7181 |
| 日本税理士会連合会 | 03-5435-0931 |
| 東京都主税局都税相談コーナー | 03-5388-2925 |
| 国税庁 | 03-3581-4161 |

### ② 法務

| | |
|---|---|
| 日本弁護士連合会 | 03-3580-9841 |
| 日本公認会計士協会 | 03-3515-1120 |
| 公正取引委員会 | 03-3581-5471 |
| 東京法務局 | 03-5213-1234 |

### ③ 評価

| | |
|---|---|
| 金・地金の相場案内 | 03-6311-5511 |
| 関東ゴルフ会員権取引業協同組合 | 03-3256-6064 |

### ④ その他

| | |
|---|---|
| 全国銀行協会 | 03-3216-3761 |
| 東京証券取引所 | 03-3666-1361 |
| 日本証券業協会 | 03-3667-8451 |
| 投資信託協会 | 03-5614-8400 |
| 生命保険協会 | 03-3286-2624 |
| 生命保険文化センター | 03-5220-8510 |
| 日本損害保険協会 | 03-3255-1306 |
| 全国公益法人協会 | 03-3278-8471 |
| 勤労者退職金共済機構 | 03-6907-1234 |
| 日本商工会議所 | 03-3283-7823 |
| 東京商工会議所 | 03-3283-7500 |
| 東京都都市整備局住宅政策推進部不動産業課指導相談係 | 03-5320-5071 |
| 財務省 | 03-3581-4111 |
| 内閣府 | 03-5253-2111 |
| 経済産業省 | 03-3501-1511 |
| 日本郵政株式会社 | 03-3504-4411 |
| 厚生労働省 | 03-5253-1111 |
| 国土交通省 | 03-5253-8111 |
| 総務省 | 03-5253-5111 |
| 国立国会図書館 | 03-3581-2331 |

## 辻・本郷 税理士法人

平成14年4月設立。東京新宿に本部を置き、日本国内に60以上の拠点、海外5拠点を持つ、国内最大規模を誇る税理士法人。

税務コンサルティング、相続、事業承継、医療、M&A、企業再生、公益法人、移転価格、国際税務など各税務分野に専門特化したプロ集団。

弁護士、不動産鑑定士、司法書士との連携により顧客の立場に立ったワンストップサービスと、あらゆるニーズに応える総合力をもって業務展開している。

〒160-0022
東京都新宿新宿4丁目1番6号
JR新宿ミライナタワー28階
電話　03-5323-3301（代）
FAX　03-5323-3302
URL　https://www.ht-tax.or.jp/

今年の税務・法務まるわかり！　税理士・会計士・FP必携
**税務・法務モバイルブック2020**

2020年5月13日　初版第1刷発行

| | |
|---|---|
| 編著 | 辻・本郷 税理士法人 |
| 発行者 | 鏡渕　敬 |
| 発行所 | 株式会社 東峰書房 |
| | 〒150-0002　東京都渋谷区渋谷3-15-2 |
| | 電話　03-3261-3136　FAX　03-6682-5979 |
| | https://tohoshobo.info/ |
| 装幀・デザイン | 小谷中一愛 |
| 印刷・製本 | 株式会社 シナノパブリッシングプレス |


ISBN978-4-88592-203-9　C0034
Printed in Japan